文化新知
爱文化 学新知

美国与新闻界

迈克尔·埃默里（Michael Emery）
[美] 埃德温·埃默里（Edwin Emery） 著
南希·L·罗伯茨（Nancy L. Roberts）

展 江 译
钟婧怡 翟江虹 改编

The Press and America
An Interpretive History of the Mass Media, 9e

中国人民大学出版社
·北京·

前　言

　　本书侧重反映新闻史与美国政治、社会、经济及文化潮流的相互关联。在这种互动中，媒介影响了美国所走过的道路。反过来，每一个历史时期所出现的各种条件和影响，也累积性地决定了媒介的形态和特点。新闻界的男男女女所特有的历史，以及他们所创立的公共机构和传统所特有的历史，就是在这样的背景下形成的。因此，这部历史从报纸主编詹姆斯·富兰克林写到凯瑟琳·格雷厄姆；从舆论制造家霍勒斯·格里利写到爱德华·R·默罗；从激进的政论家萨姆·亚当斯写到I.F.斯通；从才华横溢的撰稿人汤姆·潘恩写到汤姆·沃尔夫。

　　本书对各类媒介进行了广泛的考察，其中包括报纸、通讯社、杂志、图书出版、广告、公共关系、新闻摄影、电影、广播、电视、有线电视和互联网。这样就有了关于20世纪20年代如下人物和媒介的故事：广播界的戴维·萨尔诺夫与《阿莫斯与安迪》、好莱坞的戴维·沃克·格里菲斯与查利·卓别林、报界的阿道夫·奥克斯与《纽约每日新闻》、杂志界的《读者文摘》和《纽约人》，此外还有广告公司和公共关系顾问的崛起，而这些人物和媒介的历史是相互关联的。本书通过文字和图片对传播史上的里程碑式的事件进行了概述，对重要的议题、人物、媒介组织和潮流进行了探究，与此同时，对报刊记者、主编和广播电视记者如何报道美国历史上的重大事件，对其他的撰稿人、广告商和辩护士如何影响美国人的生活进行了追溯。

　　对于这部历史来说，同样重要的是那些正面和反面主角，还有那些配角，是他们创造了当代传播业的缤纷景观。美国新闻事业的发展因此才与美国人民的文化认同休戚相关，水乳交融。

南希·L·罗伯茨

目录 contents

第一章　美国报业的历史遗产 / 1

印刷术的发展 / 2
印刷机作为一种变革动因 / 2
都铎王朝的统治：通过发放许可证实行事先约束 / 3
最初的英文"科兰特" / 4
内战：弥尔顿的《论出版自由》 / 4
许可证制度寿终正寝 / 6
中产阶级的崛起 / 6
18 世纪的新闻事业 / 6
"加图来信" / 7

第二章　殖民地时代 / 9

新英格兰的环境 / 11
商业：报业的先声 / 12
印刷商本杰明·哈里斯 / 12
《公共事件》，1690 年 / 13
约翰·坎贝尔的《新闻信》，1704 年 / 13
《新英格兰新闻报》，1721 年 / 14
学徒工本杰明·富兰克林 / 16
本杰明·富兰克林的《宾夕法尼亚公报》 / 17
第四等级的崛起 / 19
早期广告讯息 / 19
政治紧张局势加剧 / 20
曾格案（1734—1735）/ 21
曾格案件分析 / 24

第三章　报刊与革命 / 27

迈向革命的步骤 / 28
詹姆斯·里文顿，托利党发言人 / 30
约翰·迪金森，辉格党哲学家 / 32
塞缪尔·亚当斯，激进派宣传家 / 33
"自由之子社" / 34
萨姆·亚当斯的关键作用 / 34
艾赛亚·托马斯，爱国派主编 / 35
激进派作家汤姆·潘恩 / 36
《独立宣言》/ 37
潘恩的《危机》文集 / 37
革命报刊 / 39
殖民地时期的女印刷商 / 40

第四章　建立新国家 / 41

《权利法案》与新闻出版自由 / 42
联邦党人领袖亚历山大·汉密尔顿 / 44
联邦党人主编：芬诺、韦伯斯特、科贝特和拉塞尔 / 45
法国革命 / 46
反联邦党人领袖托马斯·杰斐逊 / 46
杰斐逊的主编——菲利普·弗雷诺 / 47
弗雷诺对芬诺：党派辱骂 / 48

贝奇与《曙光女神报》/ 49
1798 年的《外侨法》与《煽动法》/ 49
争斗的结束 / 50

第五章　向西扩张 / 53

《纽约晚邮报》，1801 年 / 54
杰斐逊的新闻观 / 55
报业的发展：最初的日报 / 56
报业向西部发展 / 56
边疆报纸 / 58
政府报道：《国民通讯员报》/ 58
杂志获得立足点 / 60
印刷文字的扩展 / 60
市场革命 / 61
最初的劳工报纸 / 63
肯德尔与布莱尔的《华盛顿环球报》/ 64
为了人民报刊的发明 / 64

第六章　面向大众的报业 / 67

本杰明·戴创办《纽约太阳报》，1833 年 / 68
面向平民百姓的便士报 / 69
贝内特的《纽约先驱报》，1835 年 / 71
格里利的《纽约论坛报》，1841 年 / 74
雷蒙德的《纽约时报》，1851 年 / 75
新闻竞逐 / 76
邮寄新闻 / 76
第一批驻华盛顿记者 / 77
外国新闻 / 78
快马、信鸽、火车、汽船 / 78

电报发新闻 / 79
美联社的起源 / 80
墨西哥战争新闻 / 81
用于大量发行的印刷机 / 82

第七章　压抑不住的冲突 / 83

加里森和《解放者报》/ 85
废奴主义者和"火性子" / 86
黑人新闻工作者为自己声辩 / 87
主编弗雷德里克·道格拉斯 / 88
北部报刊和奴隶制问题 / 90
内战与纽约报界 / 92
北部的军方新闻检查 / 93
北部对内战的报道 / 94
南部对战争的报道 / 96
画家与摄影师们：马修·布雷迪 / 97
战时的技术发展 / 98

第八章　国家生活中的一场革命 / 99

政治和金融危机 / 101
格里利的"脱党者"总统竞选 / 102
政府中的丑闻 / 102
达纳和《纽约太阳报》/ 103
戈德金、《民族》与《晚邮报》/ 104
工业经济 / 106
城市的兴起 / 106
报纸的发展 / 107
新的社会经济哲学思想 / 107
杂志的影响 / 108
社会弊端与不满 / 109
"新式新闻事业"的出现 / 109

中西部的一场革命：E.W. 斯克里普斯 / 110
斯通的《芝加哥每日新闻》 / 111
纳尔逊的《堪萨斯城明星报》 / 112

第九章　新式新闻事业 / 113

约瑟夫·普利策 / 114
《世界报》取得成功的原因 / 117
编辑部的出现 / 120
新闻界的女性 / 121
协作性新闻采集的改进 / 121
经营方面：广告的发展 / 122
新杂志：竞争广告的对手 / 124
照相制版造就摄影记者 / 125
视觉媒介：纪实摄影与电影 / 126
黄色新闻年代 / 127
威廉·伦道夫·赫斯特 / 128
赫斯特的《旧金山考察家报》 / 128
普利策的《星期日世界报》 / 130
"黄色新闻"与美西战争 / 130
"显然天命"精神 / 132
报道古巴新闻（1895—1898） / 133
奔赴战地的记者 / 134
"显然天命"论的胜利 / 137

第十章　人民的斗士 / 139

经济权力的危机 / 140
总统与新闻界 / 141
"人民的斗士" / 142
普利策在《世界报》上的讨伐 / 142
《世界报》日落西山 / 144

赫斯特扩大其影响 / 144
斯克里普斯及其"人民的报纸" / 145
杂志：黑幕揭发时代 / 147
少数族裔报纸的发展 / 149
黑人报刊的发展 / 149
杜波依斯与《危机》 / 151

第十一章　新闻进取精神的标兵 / 153

阿道夫·S·奥克斯与《纽约时报》 / 154
1896年奥克斯购买《纽约时报》 / 155
编辑主任卡尔·范安达 / 156
新闻领袖《纽约先驱报》 / 158
《纽约太阳报》日落西山 / 159
《洛杉矶时报》的缔造 / 160
通讯社的兴起 / 160
美联社的由来 / 161
1900年的新联合通讯社（美联社） / 163
斯克里普斯和赫斯特向美联社挑战 / 163
第二个合众社和罗伊·霍华德 / 164
国际新闻社 / 165
特稿辛迪加：消遣娱乐 / 166

第十二章　战争降临美国 / 167

美国迈向战争 / 168
乔治·克里尔的公共资讯委员会 / 169
对德文和社会党报纸的新闻检查 / 170

1918年的《煽动法》/ 171
著名的战地记者 / 171
和约与国际联盟的失败 / 172
严重的"恐赤病" / 173
司法案例:"明显而现实的危险" / 175
"恐赤病"的长期效应 / 176

第十三章 20世纪20年代:广播、电影与爵士新闻事业 / 177

早期的广播试验 / 179
第一批无线电广播电台 / 181
美国电话电报公司、威斯汀豪斯公司和通用电气公司 / 182
美国无线电公司 / 183
萨尔诺夫、美国无线电公司和全国广播公司 / 183
哥伦比亚广播公司与佩利 / 184
联邦管制:联邦通讯委员会 / 185
电台新闻引发的冲突 / 186
广受欢迎的电台娱乐节目 / 186
电影的兴起 / 188
去看电影:"有声电影" / 189
爵士新闻事业:小报 / 189
《纽约每日新闻》的创刊 / 190
《每日镜报》与《每日写真报》/ 190
帕特森改变新闻价值观 / 192
小报时代的结束 / 193
《丹佛邮报》的"血桶"时代 / 194
连环漫画世界 / 194
报纸的合并(1910—1930) / 195
大城市日报(1890—1930):芒西 / 196
广告:广告公司和文案撰写人 / 197
公共关系的基础 / 200

第十四章 大萧条与改革 / 203

总统与新闻界:FDR / 206
对"报阀"的批评 / 207
威廉·伦道夫·赫斯特 / 207
麦考密克上校和《芝加哥论坛报》/ 208
解释性报道的兴起 / 209
驻外记者:杜兰蒂与莫勒兄弟 / 209
政治专栏作家 / 211
社论性漫画家 / 212
电台新闻进入成年 / 214
报纸—电台之战 / 215
相互广播网:《时代在前进》/ 215
新闻评论员辩论全国性问题 / 216
广播网延伸到海外 / 217
电视:20世纪30年代的竞争 / 218
萨尔诺夫、兹沃雷金和法恩斯沃思 / 218
电影中的新闻片 / 219
意见和解释性杂志:门肯的《美国信使》/ 220
罗斯与《纽约人》/ 220
华莱士的《读者文摘》/ 221
卢斯与《时代》/ 222
《新闻周刊》、《美国新闻与世界报道》和《商业周刊》/ 223
新闻摄影:《生活》、《展望》与纪录片 / 224
图书出版渡过难关 / 225

第十五章　战争中的世界 / 227

美国人知悉欧洲战争 / 228
罗斯福的第三任期竞选 / 229
民主制度的兵工厂 / 229
战争在太平洋爆发 / 229
恢复新闻检查和宣传 / 230
军方新闻检查制度 / 231
报刊和电台报道战况 / 232
通讯社拍发胜利和 FDR 逝世消息 / 232
杜鲁门与原子弹：冷战开始 / 233
战后国内外的调整 / 234
"中国观察家"出现 / 235
纽约诸日报盛极一时 / 237
杜鲁门当选：1948 年的奇迹 / 237
杜鲁门与记者招待会 / 238
朝鲜战争（1950—1953）/ 239
麦克阿瑟与新闻界：新闻检查的实施 / 241
杜鲁门撤换麦克阿瑟：一场总统危机 / 241
朝鲜停战 / 242

第十六章　电视占据中心舞台 / 243

电视影响 1952 年竞选 / 245
艾森豪威尔与新闻界 / 245
电视网的扩展：电视的黄金时代 / 246
默罗对麦卡锡："不忠与异见"之辩 / 248
全国广播公司新闻：亨特利与布林克利 / 250
电台适应电视 / 250
通讯社：美联社的肯特·库珀 / 251
合众社和国际新闻社合并为合众国际社 / 252
美国新闻署与美国之音 / 253
广告业：美国麦迪逊大街 / 254
公司公共关系的扩展 / 256
20 世纪 50 年代的杂志 / 257
《哈泼斯》、《大西洋》和《星期六评论》/ 257
巴克利的《国民评论》/ 258
自由派左翼意见刊物 / 259
宗教报刊 / 259
新闻摄影事业：《黑檀》、《全国地理》和《史密森学会》/ 260
图书出版：老牌出版社引领战后繁荣 / 261
电影面临电视的挑战 / 262
一连串的警报 / 264

第十七章　挑战与异议 / 267

尼克松对肯尼迪："大辩论" / 268
肯尼迪与新闻界：直播记者招待会 / 269
肯尼迪遇刺："1 000 天"的终结 / 270
反种族主义、性别歧视和帝国主义抗议运动 / 273
电视新闻：克朗凯特与哥伦比亚广播公司 / 276
全国广播公司：钱塞勒与麦吉 / 279
美国广播公司新闻：沃尔特斯与雷诺兹 / 280
越南泥潭 / 282
驻西贡记者团 / 283
约翰逊与新闻界：战争升级 / 284
1968 年的芝加哥和《沃克

报告》/ 286
地下报刊 / 287
另类新闻工作者 / 288
调查性报道 / 290
新新闻工作者 / 291
黑人报刊存活 / 292
黑人报纸领袖 / 292
黑人杂志 / 294
拉美裔人媒介 / 295
印第安人报纸 / 296
男女同性恋者报刊 / 297

第十八章 信任危机 / 299

尼克松与阿格纽 / 302
事先约束："五角大楼文件"
　案 / 303
"水门事件"报道 / 304
记者团：获奖与伤亡 / 308
在越南实施的军方新闻检查 / 310
失败与投降 / 310
越南反思：战争的教训 / 311
中国与环太平洋地区 / 313
总统竞选 / 315
卡特年代：伊朗危机 / 316
里根与媒介：争取享用的
　斗争 / 317
伊朗—尼加拉瓜反政府武装
　丑闻 / 319
在中美洲和加勒比海的干预
　行动 / 322
布什与"世界新秩序" / 323
美国在中东的作用增长＆海湾
　战争 / 323
克林顿争取获得支持 / 327
公众对新闻媒介信度的看法 / 329
对电视新闻的批评 / 331

电视的最大受众群 / 333
哥伦比亚广播公司新闻 / 334
全国广播公司新闻 / 335
美国广播公司新闻 / 337
有线新闻电视网 / 338
福克斯广播公司 / 341
联合派拉蒙电视网和华纳兄弟电视
　网 / 342
公共广播电视：麦克尼尔—
　莱勒 / 342
少数族裔的雇用 / 344
对电视节目的担忧 / 346
联邦通讯委员会与广播电视业者：
　营业执照发放 / 349
联邦通讯委员会的公正原则 / 350
隐私问题 / 351

第十九章 改进传播媒介的努力 / 353

报界在总统选举中 / 354
报业公会 / 356
美国报纸发行人协会/美国报纸
　协会 / 359
美国报纸主编协会、全国广播电视
　业者协会与《行为规约》/ 359
全国社论撰稿人联合会、美联社编
　辑主任协会和电台—电视台新闻
　部主任协会 / 361
改进的努力：报业评议会 / 362
改进的努力：公共/公民新闻
　事业 / 362
媒介中的女性 / 363
划时代的诉讼案：诽谤 / 364
淫秽与色情作品 / 366
媒介内容检查 / 367
商业言论 / 367
公众享用媒介 / 368

新闻自由，公正审判 / *369*

知情权 / *370*

第二十章　结语：21世纪的挑战 / *373*

20世纪90年代的美国 / *374*

新闻事业令人不安的趋势 / *377*

互联网 / *382*

特纳广播公司 / *383*

国际新闻流通 / *384*

美国的通讯社：美联社与合众国际社 / *385*

世界新闻新秩序 / *387*

技术时代的教益 / *387*

第一章

美国报业的历史遗产

第一份英文日报

印刷术的发展

印刷机作为一种变革动因

都铎王朝的统治：通过发放许可证实行事先约束

最初的英文"科兰特"

内战：弥尔顿的《论出版自由》

许可证制度寿终正寝

中产阶级的崛起

18 世纪的新闻事业

"加图来信"

若不给我新闻出版自由，我就将给这位大臣一个腐败的贵族院……和一个卑躬屈膝的平民院……我就将使他享有那个职位所能授予他的一切权力，去进行威胁利诱——但是，一旦我拥有新闻出版自由的武装……我就要向他所精心建立的强大体制进攻……把它埋葬在它要庇护的贪权枉法的垃圾堆中。

——理查德·布林斯利·谢里登[1]

现代新闻体系并不是单个国家的馈赠，它只是人们进行的传播努力不断演变的现今阶段的产物，这种演变遍及各大洲，历时至少已有1万年。一系列印刷与写作方面的技术发展始于中东和亚洲，并缓慢地向欧洲、最后是美洲扩散，导致了当今的报道才能与计算机、高速彩印机和卫星通信奇妙结合。每一项历史性突破都是在某种需要的驱动下实现的，这些需要包括：保存贸易记录、与偏远的帝国进行联系、传播宗教思想，或者留下有关业绩的美好记录。若不追溯众多这样的显赫业绩，美国新闻史就是不完整的。

[1] 理查德·布林斯利·谢里登（1751—1816），爱尔兰剧作家、政治家。1806年当选为英国国会议员。——译者注

本书边栏均为译者注，以下不再一一注明。

印刷术的发展

最先进行的采集和发布信息的系统性尝试当属《每日纪闻》——公元前59年至公元222年间定期张贴在古罗马广场上的手工抄写的"每日公报"。在大约公元前500年，古埃及人利用在尼罗河沿岸发现的一种野草制造出莎草纸。书写者因此可以使用毛笔或羽毛笔"书写"象形文字，这种莎草纸可以连接起来制成纸卷。数百年来，这种纸卷被收藏在学府里。

从大约公元100年开始，皮革被用作另一种书写材料。在同一时期，中国人用树浆和纤维发明了一种光洁的白纸，他们还发明了一种方法，把石刻字模蘸上油墨后转印到纸张上。把这些字模排列在一块就可以制出精美的彩色文卷来。

雕版印刷术由马可·波罗于1295年从中国返回后介绍到欧洲，并从14世纪和15世纪开始在欧洲流行。

欧洲最先发明活字印刷术的人是美因茨和斯特拉斯堡的约翰·古登堡。

印刷机作为一种变革动因

在西欧，印刷机的出现对生活所产生的影响是巨大的。伊丽莎白·爱

森斯坦博士在她所做的研究报告中收集了一些证据来证明她所提出的如下论点：在15世纪末和16世纪，印刷术的扩散撕裂了西欧的社会生活结构，并用新的方式将它重新组合，从而形成了近现代模式的雏形。印刷材料的使用促成了社会、文化、家庭和工业的变革，从而推动了文艺复兴、宗教改革和科学革命。

活字印刷术是如何促使在几个世纪来公认的思维和习惯发生这样一种变革的呢？首先，它降低了文学作品和印刷材料的价格，使大众能够获得它们。用手工制作每一本书籍或一封新闻信，既是成本高昂的，又是费时费力的。印刷机不仅降低了单位成本，而且可以批量生产。这意味着知识不再是特权阶级的独有财富。廉价的印刷读物有助于提高识字率，读书识字则可能激发一个人的好奇心，道理很简单：一些原本没想到过的事情引起了人们的关注。随着中世纪的终结，许多社会新趋势打破了陈规陋习，开辟了一个讨论的时代。

报纸是印刷机制造的最新奇的产品。随着报纸开始发展出提供新闻和娱乐的功能，它就成了印刷机影响社会和政治变革的主要催化剂。

都铎王朝的统治：通过发放许可证实行事先约束

1485年的博斯沃思战役催生了一个新的英国王朝。胜利者亨利·都铎结束了约克王朝与兰开斯特王朝两个王族间的世仇，从而使国家恢复了人们盼望已久的安定局面。

印刷业在传入英国后的大约头50年里尚未形成一支社会力量，但在都铎王朝的统治下，出版业已经成为一件国王所关心的事情，这个强大的王朝是以试图将一切可能的权力都抓在手中而著称的。在1529年，亨利八世开列了一张禁书单，从而开始了对出版业的控制，其目的在于筑起一道"防波堤"，以阻挡日益高涨的新教潮流。翌年，第一个在政府控制下颁发许可证的制度得以建立。在1534年的圣诞节，亨利八世又发布公告，规定印刷商在开张营业前须先行获得皇家许可，"事先约束"这一想法从此成为法律。

声名狼藉的星法院最初是为保护公众而设立的，后来却成为欺压百姓的象征，它在英国报纸诞生之前的一长段时期成了禁止自由表达思想的又一障碍。

都铎王朝声称它是出于维护公众安全的目的而对出版业实行控制的。从亨利八世到伊丽莎白一世，王室行事所依据的原则就是：要确保安定，就必须对那些异见人士进行镇压。

17世纪初，新闻对英国人开始显得重要起来。宗教纠纷、英国作为一支海上力量的崛起、国王与国会间的斗争和社会形势的变化等，使公众对本地外发生的事件越来越感兴趣。民谣歌手和大幅单页印刷品小贩已不能满足人们的需要。马普里莱特的传单取得成功的经验虽然证明了散文小册子要有效得多，但是这种出版物仍然远远满足不了需求。那些新闻信的作者，即被称作"报信者"的手抄印刷品的出版商们，固然是熟练的新闻工作者，但他们的产品售价太高，一般人负担不起。出现一种新型出版物的时机已见成熟。

最初的英文"科兰特"

1621年夏季，即卡克斯顿将印刷术引入英国近一个半世纪以后，现代报纸的雏形出现在伦敦街头。这些原始的报纸被称为"科兰特"，它们尚缺乏作为真正报纸所必要的条件：定期性，此外，其内容也太专门化，但是确实满足了某种需要。

直到1624年，"科兰特"才开始有名称，像一份真正的报纸所要求的那样，具有了某种连续性。已知的最早的有刊名的"科兰特"是由伯恩和巴特合办的《吾侪每周新闻续编》，由于该名称至少连续出现了23期，因此这标志着报纸的发展又前进了一步。

最初的"科兰特"只刊印国外新闻。最先刊登的国内消息可以追溯到1628年，当时威斯敏斯特的高级职员们刊登了关于国会活动的记录。这类记载进而发展为日记（diurnals），即关于当地事件的每日报道。在国王与国会斗争期间，这种日记最为盛行，这是因为当时国王与国会双方都没有足够力量对新闻出版采取惩罚措施，评论本地事件是平安无事的，更何况两派都在竞相争取公众的支持呢。同时，长期国会修改了对新闻出版业的大部分限制规定，因而在1640年后有大量的类似日记出现。迄今所知最早的这类报纸是由约翰·托马斯于1641年11月29日出版的《每日事件报》。

内战：弥尔顿的《论出版自由》

从1642年起，英国就陷入了一场内战，由奥利弗·克伦威尔带领清教徒反抗斯图亚特和詹姆斯王朝的继承者查理一世。这场冲突触发了这两派为争夺公众支持而展开的角逐，导致出现了一个对新闻出版业来说是宽松的阶段。长期国会取消了令人生畏的星法院，要求在表达思想方面享有更大自由的呼声开始高涨。1644年11月24日，诗人约翰·弥尔顿发行了著名的《阿里奥帕吉蒂卡》[1]，也许可以说这是最负盛名的对新闻出版自由的伟大请愿。弥尔顿以其滔滔雄辩要求得到自由讨论的权利，他宣称：

[1] 现通译为《论出版自由》。

1643年出版的《完整日记》第45期

虽然各种学说流派可以随便在大地上传播，然而真理却已经亲自上阵；我们如果怀疑她的力量而实行许可制和查禁制，那就是伤害了她。让她与虚伪交手吧。谁又看见过真理在放胆地交手时吃过败仗呢？

弥尔顿最恰当地表达了新闻出版自由的思想。事实上，弥尔顿对改善当时情况方面很少起到什么作用，他的那些言论当时并未得到广泛传播。大约过了100年，当全世界、特别是美洲人们，为赢得比他们已经享有的还要更大的自由而斗争时，《论出版自由》所表述的那些思想才被重新提了出来。

许可证制度寿终正寝

在复辟时期将近结束时,原来发放许可证的政治力量似乎土崩瓦解了,这并非出于当局的本意,而是由日益增长的各阶级和政治力量结成联盟的趋势所造成的结果。1679年,国会批准1662年的《许可证法》失效,之后虽不时又有恢复,但是随着王室与国会之间的关系日趋紧张,双方都力图保护自己的代言人。1694年,所谓的《印刷管制法》,或称《许可证法》停止生效。这当然不是因为当局确信许可证制度不对,而是由于它在政治上行不通。从1694年起直到1712年通过第一个《印花税法》,官方对新闻出版的控制措施只保留了关于叛国罪和煽动性诽谤罪的法律,以及关于禁止报道国会活动的规定。"事先约束"的时代已经结束。

中产阶级的崛起

英国政党治理制度的发展,加速了新闻事业的进步。值得注意的是,党派的出现恰逢报纸在对政府日益关心的人们的政治生活和社会事务中开始形成一支力量的时候。"科兰特"正好是在一个气数已尽的社会制度做垂死挣扎的时候诞生的。当时的英国正稳步地从封建制度向资本主义迈进,封建制度的经济特征是为使用而生产,而资本主义则是从经济上转入为利润而生产。这一转化造成了社会的紧张局势,因为权力是由一个阶级牺牲另一个阶级的利益而实现的。

这时,一类新型公民开始出现了,他们就是商界人士——交易人、批发商以及(后来的)制造商。一个庞大的中产阶级正在崛起,它介于生产者与消费者之间,在商品的加工和销售中获取利润。这样做的结果,使生活水平提升到尽可能高的水平,而在这一过程中积累的财富,不可避免地必然转化为权力。新崛起的中产阶级只有通过获取原来的世袭阶级的某些封建特权和权力,才能赢得社会的承认并产生影响。

有三个集团角逐权力。第一个集团是贵族阶级,宗教上大都是英国圣公会教徒,政治上属托利党人;第二个集团可能是中产阶级,宗教上多是长老会教徒,政治上属辉格党人;第三个集团是宗教异见者,政治上激进,社会地位低下。这三个阶级都产生了自己的报纸和新闻工作者,也许不可避免的是,辉格党中产阶级向那些作者和编辑提供资金和印刷设备,尽管他们可能是工人阶级出身、异见者或激进人士。

18世纪的新闻事业

报纸深受大众的欢迎,因而激励了出版商们出版日报。1702年3月11日,《每日新闻》

出现在伦敦街头，这是第一份用英文印刷的日报，是由"E. 马利特"发售和印制的。关于这份报纸的创办人的性别，权威人士尚有争议，是伊丽莎白呢，还是爱德华呢？无论男女，都无关紧要，因为这家新创办的报纸只维持了几天。

《每日新闻》的真正英雄是塞缪尔·巴克利，他把这份报纸复刊，办成了一份出色的报纸。他坚持了一条当时前所未闻的新闻标准，即这是一张**新闻纸**，而不是谣言作坊。巴克利坚持报道事实性新闻，而不是报道见解。在报道事实中，他做到了不偏不倚；他非常仔细地给文章加注发稿地。"……当看到一条新闻是从某个国家发来并得到该国政府允许的时候，公众就更有把握去鉴别该报道是否可靠和公正……"他是这样倡导的，也是这样实践的。

这一时期最伟大的英国新闻工作者是丹尼尔·笛福，他在1717年至1720年间编辑出版了《雾霭新闻报》，斯蒂尔可能就是在阅读笛福刊登在较早报纸上的才华横溢的作品时得到启发，产生了创办《闲谈者》的想法的。某些权威人士甚至认为，笛福是现代社论之父。他以最为动人和极富说服力的文笔探讨各类问题，他也同样成为了美洲新闻工作者的榜样。但是，像其他所有的报纸编辑一样，笛福也经常面临因煽动性诽谤罪而被捕的危险，特别是由于报道国会活动的新闻。然而新闻信札的作者们，如托利党的追随者约翰·戴尔，则可以偷偷地将手抄的新闻报道带给经过精心选择的读者。

"加图来信"

在托利党人与辉格党人之间进行大论战的时候，斯威夫特教长[1]正在编辑《考察家报》（1710），他创作了一部分他最优秀的讽刺作品。这场论战还造就了其他伟大的作家。他们的思想主要是通过报纸传达给大众的。其中约翰·特伦查德和托马斯·戈登以笔名"加图"发表的"加图来信"，在英国和美洲都卓有影响。他们的一系列"来信"刊登在1720年至1723年间的《伦敦新闻报》即后来的《不列颠新闻报》上。他们以令人信服、引人入胜的文体，讨论关于自由权利、代议制政府以及言论自由等理论问题。1724年，这些论文被汇集成册，分4卷出版。这些书在当时的美洲殖民地深受欢迎，需求量很大。在那里，已经可以感觉到在未来革命爆发前出现的最初躁动。从那一时期出版的美洲报纸和小册子中可以看到，"加图"的影响一直延续到《独立宣言》的签字。

[1] 即乔纳森·斯威夫特（1667—1745），英国作家、讽刺文学大师。曾任都柏林圣帕特里克大教堂主持牧师。

然而，这种进步是付出了极大代价才取得的。虽然党派斗争使要求言论自由的呼声日益高涨，但是处于统治地位的反动政府却可以对新闻出版实行新的限制。1712年，托利党人成功地通过了对报纸和广告征税的决定，企图用所谓的"知识税"（"taxes on knowledge"）作为经济制裁的手段，以约束新闻出版。更糟的是，他们还抬高了纸张的售价，致使广大民众不易读到这类出版物——这当然是当局的意图之一。在以后的140年间，对新闻出版物征收的广告税和印花税并未完全取消，因而直至19世纪50年代，不列颠的报纸依然版面小，发行量低。18世纪60年代，塞缪尔·约翰逊博士[1]和报纸发行人约翰·威尔克斯均以散布煽动性言论的罪名被关进监狱，从而激起了广泛的社会反响；由于约翰逊的讽刺作品和威尔克斯的勇敢精神，当局于1771年取消了关于报道下议院会议情况的禁令。但是，在那些敢于向当局挑战的人们的头顶，仍然笼罩着可能以煽动性诽谤罪被审判的阴云。

对这段历史的研究清楚地表明，过去的经验对现代新闻工作者有很多可资借鉴之处。新闻出版自由的发展史告诉人们：新闻出版事业是属于统治者的。假如权力集中于一个君主或者一个精英集团之手，那么对于公众来说，就根本没有必要去了解关于政治和社会问题的信息和观点。的确，提供消息（新闻）给公众，事实上会酿成对国家安全和稳定的威胁。因而在这种制度下，新闻报道必须严格限于消遣娱乐，或是不痛不痒的评论。另一方面，如果公众参与政府事务，那么他们必须有机会了解与其在政治体制中的地位相称的信息。

从这段历史中还可吸取另一条教训，那就是：一个政府越是巩固，它就越不怕别人挖它的墙脚，它给予新闻报道的自由就越多。直到目前为止，情况依然如此。在战争期间和停战以后，当政治领袖们以及他们的追随者们对国家安全感到忧心忡忡的时候，言论自由和新闻自由就会面临被限制的危险。亨利八世在建立了英国国教以后的不安全感，导致了出版法规的严格执行；伊丽莎白在她继位的要求尚存疑问时，对新闻出版采取了严厉的压制。而另一种情况是，自17世纪末以来，伴随着政府的稳定而出现了世界上前所未有的新闻出版自由。恰如弗雷德里克·赛伯特博士所言："除非受到攻击，或是认为受到严重威胁，政府是不会竭力去保护自己的——这是一条不言而喻的公理。"

在下一章里，我们将会看到这个进程将在美洲继续下去，新闻自由的观念最终会取得胜利，这是其他任何国家所不能比拟的。但是，促进这一进步的学说则是从英国发展起来的，因此，英国新闻出版的传统对美国新闻出版业的恩惠是不可估量的。

---

[1] 塞缪尔·约翰逊（1709—1784），英国词典编纂者、评论家。

第二章

殖民地时代

1735 年曾格案审理现场

新英格兰的环境

商业:报业的先声

印刷商本杰明·哈里斯

《公共事件》,1690 年

约翰·坎贝尔的《新闻信》,1704 年

《新英格兰新闻报》,1721 年

学徒工本杰明·富兰克林

本杰明·富兰克林的《宾夕法尼亚公报》

第四等级的崛起

早期广告讯息

政治紧张局势加剧

曾格案(1734—1735)

曾格案件分析

> 那些可以放弃基本自由而换取一点暂时安全的人,既不配得到自由,也不配得到安全。
>
> ——本杰明·富兰克林

关于殖民地的历久弥新的观点首先认为以下行动是英勇的:

> 大胆的男男女女,经常受到宗教使命和对更丰富、更公平于欧洲所能提供生活的追求的激发,勇敢地跨越大西洋天险,迎击"号叫的荒野",建起小小的定居点,建立庞大而兴旺的家庭,并且多少还能挤出时间创办自由的公共机构,它们至今仍然是我们的民主社会的基础。

然而,当代美国历史学家总的来说注意到了这一点:当欧洲殖民者到达美洲时,他们遭遇到的是超过 7 000 万的土著人口。最终,欧洲人的剥削、征服和定居意味着至少 4 000 万人甚至可能多达 6 000 万印第安人丧命,其中许多人的免疫系统被欧洲疾病破坏,欧洲定居者与印第安人之间的战争也造成了惨重伤亡。此外,直到 1808 年英裔美国人废除奴隶贸易为止,有 8 000 万以上的非洲黑奴在违逆其意志的情况下被贩卖到美洲。因此,美洲殖民的历史远不止是欧洲定居者(尤其是在新英格兰的定居者,一如较老的叙述所强调的那样)的历史。它是印第安人、欧洲定居者和黑奴这三种人的共同历史,其复合式经验既制造了悲剧,也孕育了创新。

北美殖民地出版的第一种报纸(左)以及禁止它出版的命令

在这样的背景下,新英格兰成了美国报纸的发源地。但是直到 1704 年,即第一个成功的殖民地在这个地区建立 84 年后,才出现了一份符合真正报纸所必须具备的条件的出版物。印刷商从殖民地建立之初就存在了,例如威廉·布鲁斯特和爱德华·温斯洛,他们是 1620 年 12 月来到普利茅斯的清教徒中的两位"长老",或曰领袖。在此之前，布鲁斯特和温斯洛曾经为英国新教徒中更激进的分裂派出版过宗教小册子，他们还曾有一段时间居住在离乔治·维塞勒住处不远的地方。当清教徒们乘"五月花"号赴新大陆途中，维塞勒正在荷兰印刷第一份英文"科兰特"。但是，尽管有上述背景，普利茅斯还是在建立了近一个世纪后才有了一份报纸，或曰流行期刊。

在清教徒移民抵达普利茅斯10年后，另有一个群体定居在波士顿周围，从该地向北航行一天即可驶抵北普利茅斯。这一马萨诸塞湾殖民地——人们当时这样称呼它——将成为美国新闻事业的摇篮。移居此地的人们大都阔绰富有，受教育程度高，其中一些人是颇受尊敬的学者。与普利茅斯新拓居地发展缓慢不一样，马萨诸塞湾殖民地无论在人口和势力范围方面都迅速扩展，它从一开始即拥有高度的自治。他们把组织特许状带到了美洲，起到了像宪法一样的作用，不受英国国内小心眼的政府官员的干预。这块殖民地事实上享有一定的自主权，至少可以说是参与地方自治，这对新英格兰的政治发展具有极其重大的意义。

新英格兰的环境

马萨诸塞湾的殖民者们对其子女们的教育十分关心。由于他们自己拥有曾经受过教育的优势，因而他们希望将这一传统传给子孙后代。

正是由于殖民者们对教育和文化传播的兴趣，波士顿才以文化中心而知名。然而，尽管这里具备了创办报纸的各种条件，比如人们识字率高、对社区事务感兴趣、拥有自治政府、社会繁荣以及文化发达等，但是直到移民们的第4代以前，仍未出现一份像样的报纸。

这种落后状况是不无原因的。起初，开发荒野耗尽了殖民者的精力，从英国开来的每条船上都带来英国的报纸，足以满足人们对新闻的任何需求；再者，殖民者与新大陆的其他居民点很少有联系，多年后，定居者仍心系故国，而不是左邻右舍。

新英格兰的生活深受人们的宗教信仰的影响。清教徒的著名工作伦理——努力工作，就会成功——就来源于以下的普遍看法：兴旺发达就是上帝选召的一个标志。

因此，新英格兰的定居者十分看重财产，特别是以土地为形式的财产。在英国，土地曾经是威望和地位的象征。封建制度的衰亡和资本家阶级的出现，使许多被剥夺了土地的英国农民来到美洲，而他们的庄园主由生产粮食转而生产羊毛。在美洲，他们不仅可以在自己热爱的土地上耕作，而且还可以获得财产——这是上等人的标志。

新英格兰的女性是促进这个地区发展的另一重要因素。这些女性与男人们一道成为最初的定居者，为成家立业而工作。她们还养育了很多儿女，使她们的社会保持了自己的特征。这种情形在英国人、日耳曼人、瑞典人和荷兰人在北美的其他殖民地也同样存在，但是却不见诸于在拉丁美洲的西班牙殖民地，以及某种程度上法国在加拿大的殖民地。新英格兰的拓荒者维护了一个古老种族的传统和一种伟大文化的特性。

商业：报业的先声

推动大众化报业发展的商业刺激是以一种奇特的方式被带入新英格兰的。由于从事农业生产的劳动投入大，产出小，新英格兰北方佬很早就把渔业作为一种更简便的谋生手段，因为附近海面鱼类资源丰富。

由于有充足的水力资源，造船工业和海洋贸易随之刺激了伐木业、木材加工业以及其他小工业的发展。于是，一个精明强悍、独立自主的商人阶级开始使新英格兰名扬天下，他们中的许多人变得十分富有，并且愿意出资帮助办一份出版物，以刊载商品广告，传播重要信息。

曾几何时，咖啡馆就足以发挥新闻媒介的作用，一如集市在先前数个世纪里在欧洲所起的作用一样。在咖啡馆里，趣味相同的人们相聚在一起闲聊，交换有用的信息。无论买主或卖主，都同样关心商船的抵达和起航的消息。商人们总是好奇地打听英国报纸基本上未予报道的各地情况。比如说北美海岸地区商业活动正在缓慢发展，又比如说与西印度群岛的贸易日见兴隆，再比如说正在采取什么措施驱逐当地的海盗呢？还有，女皇陛下的政府真的要在殖民地建立新的邮政制度吗？最后，随着社区的日益扩展，竞争刺激了贸易，商人们终于发现，如果他们能在一个顾客们阅读的出版物上登出通告或广告，那么他们就可以将货物更快地卖给顾客。所以，带"广告报"一词为名的早期报纸的为数众多，说明当时的新闻事业对这一方面的侧重。因此，商业的发展对第一份报纸的创办影响极大，而所有早期的出版物都是在商业中心问世的。

印刷商本杰明·哈里斯

17世纪中后期，一位从伦敦来的书商和出版商决定办一份普通人买得起、看得懂的出版物。波士顿当时拥有近7 000人口，是美洲最大的城市，它为创办者心目中所设想的那种出版物提供了足够的潜在市场。而且波士顿文化发达，识字人多，值得在经济上冒一下风险。商家们也需要这么一种喉舌，因此他们可以提供必要的支持。总之，万事俱备，办报的条件已经成熟，并且办报的人也近在咫尺。

这出戏的主人公就是流亡中的印刷商本杰明·哈里斯。他于1686年抵达波士顿，在国家街与华盛顿街的拐角处开办了一家兼营书籍的咖啡馆。

这家店铺成了波士顿最有趣的公民最喜欢聚会的地方，休厄尔法官就是一个常客，他是他那个时代的编年史家，曾经当过出版商。当地许多骚人墨客都把哈里斯的店铺当作他们的总部。在波士顿，哈里斯的店铺是唯一欢迎高雅女士的地方，这一事实表明了店主人的进步思想。

哈里斯是一位精明的商人，他挫败了难以对付的竞争对手。哈里斯的店铺开张时，周围已有7家书店。他坐了下来，撰写了一本关于英语单词拼写的书，这本书在其后的许多年中都是那里的畅销书。他为上等人出版书籍，从而赢得了他的某些对手所得不到的尊敬和声望。他希望重操旧业，干他最喜欢的事情——出版报纸。

《公共事件》，1690年

1690年9月25日，R.皮尔斯印刷所出版了一份4版的报纸，但是只印了三面，第四版为空白，读者可以在传阅前将自己知道的新闻写上去。报纸的页面大小为6×10¼英寸，版面没有什么装饰。这就是哈里斯的《国内外公共事件》，有些权威人士称它是美国的第一份报纸。要不是由于只出了一期就被查封的话，它本来可以成为美国的第一份报纸的，因为报纸所必备的条件之一就是定期性，即连续性。如果撇开连续性不谈，那么早就出版过关于重大新闻事件的大幅单页印刷品及其复制品。使《公共事件》具有与其他印刷品相区别的是如下特征：它看上去像一份报纸，读起来像一份报纸，而且也是把它作为一份永久性的新闻媒介来办的。哈里斯是他那个时代的一位优秀记者。他的写作风格是简明扼要——就是现代主编所说的"有力度"。《公共事件》报道国外和本地的新闻，这是区别于其他早期新闻出版物的又一特征。的确，哈里斯报道的"事件"涉及形形色色有趣的事情。例如，在第一版外侧一栏的下方有这样一段：

> **天花**以罕见之规模在**波士顿**猖獗一时后，目前势头已大为减弱。据悉，此次染疾者人数远远超过了12年前该瘟疫造访此地时，然而这回袭击却不如前番那样致命。**波士顿**此次蒙受之袭击约致320人死亡，或许不及上回此天祸降临时的半数。

约翰·坎贝尔的《新闻信》，1704年

被英王任命为新建的跨殖民地邮政系统的邮政局长之一的是约翰·坎贝尔，他在1700年接管波士顿邮局。上任伊始，他就利用邮政服务之便，向其他殖民地的特派通信记者提供信息。他的这种消息是以一种新闻信的形式发出的——就是那种原始的、手写的报道，在发明印刷术之前，这曾是欧洲通用的传播媒介。坎贝尔发出去的大部分信息涉及商业和政府事务。当时，波士顿是各殖民地最重要的城市，所以这位邮政局长的信息与大西洋沿岸地区息息相关。诸如各种会议、各类公告、法律诉讼、法律通告、法庭判决、货船舱位以及要员大亨们的抵达等，为坎贝尔的新闻作坊提供了充足的原料。各地对其新闻信的需求量实在太大，致使坎贝尔向巴塞洛缪·格林寻求帮助，此人是当地少数几个印刷商之一。

1704年4月24日清晨，位于纽伯里街的格林印刷所印出了第一份真正连续出版的

美国报纸。它名为《波士顿新闻信》。其新闻写得很简练,而所提供的信息之丰富却是出人意料的。例如:

波士顿4月18日讯 西尔船长从牙买加抵达,行程约4周,他说他的人在那里仍然病重。

本地首屈一指之商人纳撒尼尔·奥利弗先生4月15日逝世,4月18日安葬,终年53岁……

20日,彭伯顿牧师先生根据《帖撒罗尼迦前书》第4章第11节"各尽本分"做了精彩布道;规劝各阶层人士各尽其责,以求**改过自新**;国王陛下已命付印。

21日,国王陛下解散了议会。

坎贝尔将每一篇新闻稿都送到总督或他的秘书那里审批,使他的报纸做到不怕诽谤罪、不怕检查,几乎就不要读者了。坎贝尔却从未赢得足够多的订户使他的报社赢利,该报的发行量很少超过300份。

虽然《波士顿新闻信》没有留给人深刻印象,但是它却像《圣经》中的一粒芥子种。美国伟大的第四等级❶这支不容任何人忽视的力量就是由这颗种子发芽长大的。

坎贝尔以及他的继承者都是些小官僚,因而谨小慎微,生怕得罪他们所依赖的给予他们某些特权和津贴的政府官员。虽然正式的出版许可证法于1700年前已经在母国不再生效,但在殖民地发行的报纸每一期在出版前仍要由一位政府代表审批。同时,在那个时代,出版者很难说明新闻来源和证实某则特殊新闻的可靠性,因此印在报纸上那一行"蒙当局许可出版",也使报道内容增添了一种可信的光环。

《新英格兰新闻报》,1721年

但是,这一出于安全考虑而采取的政策在1721年由于《新英格兰新闻报》的问世而戛然而止。这张生气勃勃的小报是由詹姆斯·富兰克林创办的,他是更有名望的本杰明·富兰克林的哥哥,但詹姆斯也是一位以自己的才能而著称的美国人。

从一开始,造反精神就在《新英格兰新闻报》上得到反映。虽然这份报纸只印行了5年,但它对美国报业却产生了巨大影响。在波士顿新闻界的发霉气氛中,《新英格兰新闻报》是吹来的一股清新的和风,它是美国第一张为读者提供他们所喜闻乐见和迫切需要的新闻的报纸,它不刊登那些只关心自身利益的官僚所控制的消息。它的风格是敢说敢为,而且文学水平高。詹姆斯·富兰克林拥有波士顿市最好的图书馆之一,而且熟谙

❶ 欧洲封建时代根据政治地位把社会成员分为僧侣、贵族、平民三个等级,新闻界后因其影响舆论的力量,一般被称为第四等级。

伦敦最优秀的文学刊物。这位发行人是一位懂得怎样吸引读者兴趣的人，他在报上取笑他的对手，从而为自己的报纸增添了色彩；他的那些人物速写迎合了当地读者的兴趣。

本·富兰克林化名"沉默行善者"撰写的关于酗酒的随笔

　　詹姆斯·富兰克林也是最先使用一种对多年以后的报纸几乎是必不可少的手段，这就是撰写"讨伐"式报道，这种编辑手段的目的是通过富于戏剧性的形式报道新闻以产生效果。一个富于讨伐精神的编辑不满足于单纯的事件报道，而是懂得如何制成公众感兴趣的故事。富兰克林正是使用这一办报方法的专家。

　　詹姆斯·富兰克林岂止是一位强硬而独立的报人，《新英格兰新闻报》还填补了一个巨大的文学空白。在18世纪的最初25年中，供大众阅读的高质量文学作品在北美殖民地是罕见的。偶尔有小贩叫卖一两册像哈克卢伊特[1]的《航海记》之类的古典作品，那时可以买得到的读物中绝大多数充满了浓厚的道德宣教与宗教信条。詹姆斯·富兰克林是他那个时代和社会中有学问的人，当他还在英国学习印刷术的时候，就很喜欢当时十分流行的随笔报纸。

富兰克林和许多仿效他的编辑为如饥似渴的广大读者提供了一种新鲜的文学佳肴。《旁观者》和《前卫》的大部分随笔作品都在殖民地报纸上转载；艾迪生和斯蒂尔的名字通过像《新英格兰新闻报》这样的报刊被介绍给数以百计的美国人。这些作家的风格被殖民地的人们模仿，而且有些模仿作品是极佳的。年轻的本杰明·富兰克林早年在他哥哥詹姆斯那里当学徒的时候，匿名撰写了一些类似的随笔发表在詹姆斯的报纸上。尽管他当时年仅16岁，但是本·富兰克林以"沉默行善者"的化名撰写的随笔文章在美洲的模仿作品中的确是近乎最优秀的。

在《新英格兰新闻报》上发表的作品妙语连珠，贴切中肯，有时甚至可谓才华横溢。不仅如此，在《新英格兰新闻报》出现之后，殖民地报业还作出了更实在的文化贡献。许多殖民地的报纸一从海外搞到丹尼尔·笛福的伟大作品《鲁滨孙漂流记》就连载。笛福用小说形式表达了他对当时社会结构的批评，但并非每个读者都能领会到他的作品的这一重要意义。不过，那些未能理解其中社会意义的读者，仍可以从那优美的叙述中得到享受，确实，今天的人们仍然仅仅出于这一目的才阅读这本书。通过这种方式传播这种新文学，美国报纸为一个新社会的文化发展又作出了贡献。

但是，詹姆斯·富兰克林的最重要贡献是使美洲报业摆脱了许可证发放者的羁绊。尽管实际上许可证法那时已被废止，但是所有其他发行人仍屈服于官方压力，"蒙当局许可"才印行。富兰克林不仅不"蒙当局许可"而印刷他的报纸，并且对之毫不理睬。因此，他帮助建立了编辑权独立的传统。

对新闻出版的限制来自精神的和世俗的两个方面。新闻检查当然是由政府官员们监督执行的，但是教会领袖们的影响，如果不能说那样直接，也几乎有同样大。清教思想在这一地区占统治地位，当时宗教界是由两位意志坚强的杰出教士所左右的。

一个像詹姆斯·富兰克林那样在思想上独立的人，毫无疑问会看不惯那种限制。

学徒工本杰明·富兰克林

詹姆斯对自己直言不讳地批评政府从未表示过丝毫悔恨，在这方面监

---

[1] 即理查德·哈克卢伊特（1552？—1616），英国地理学家、作家。出版了许多英国航海家探险记录，扩大了英国的国际影响。

禁对他也未产生任何影响。一旦获得自由，他更是加紧对宗教和行政当局的批评。1722年底，宗教界与政府两方面至少在一件事上取得了一致意见：詹姆斯·富兰克林太惹是生非，不能不加约束地任其在当地活动。于是议会宣布："严禁詹姆斯·富兰克林……印刷或发行《新英格兰新闻报》，或者其他任何类似的小册子与印刷品，除非先经本殖民地秘书监督。"这当然是重申了过去出版许可证法的权力。

詹姆斯于是让他的兄弟本杰明担任该报的正式发行人，从而规避了这一禁令，因为当局对年轻的富兰克林并没有实行这种限制。但是，为了达到规避该禁令的目的，詹姆斯也就最终失去了他那不可或缺的兄弟为他提供的服务。詹姆斯表面上取消了本杰明的学徒身份，以便让这个孩子做发行人，但是他同时又要本杰明在继续当学徒的秘密合同上签字。这正是本杰明一直等待的机会。的确，这些秘密条款是有约束力的。根据法律，如果本杰明企图逃走，詹姆斯可以把他要回，但詹姆斯要是这么做等于同时承认了他藐视议会的命令。年轻的本杰明十分聪明，足以估计到这种形势。在下次我们谈到他的时候，他将是一位费城的独立印刷商了。

从那以后，《新英格兰新闻报》的影响和受欢迎程度就下降了。在创办该报5年半后，詹姆斯就放弃了这张报纸。后来，他接受了罗得岛政府承印商的职位。1732年，詹姆斯在纽波特创办了这个殖民地的第一份报纸——《罗得岛公报》，它的寿命很短，而且詹姆斯再也没有赢得他过去在新闻界中曾经显赫一时的名声。然而，即使詹姆斯除了在北美确立了"未经当局许可"而发行报纸的原则，他也足以无愧于在美国新闻界名人堂中占有显著的一席之地，更何况他取得的成就远非仅限于此。他向人们表明，当一张报纸在为公众利益服务中敢作敢为、且又不失其可读性时，它就可以获得足够的支持，能在强大的敌人面前保护自己。

本杰明·富兰克林的《宾夕法尼亚公报》

本杰明·富兰克林几乎身无分文地到了费城这座"兄弟友爱之城"。不到5年的时间，本杰明就成为费城一位卓有成就、十分富有的市民了。本杰明·富兰克林的整个生涯可以概括为：事业成功、丰富多彩和有益于社会，历史上从未有过另一位美国人可与他媲美。他是一位"全才"，就像达·芬奇、米开朗琪罗或罗杰·培根。本杰明首先是一位印刷商和新闻工作者，但他同时又是发明家、科学家、政治家、外交家、社会学家先驱、商界领袖、教育家和世界公民。

1729年10月，富兰克林从创办人塞缪尔·凯默那里接管了《宾夕法尼亚公报》。

富兰克林不费吹灰之力便赢得了社会的承认，随之而来的是利润丰厚的大宗广告。他的报纸不但可读性强，而且十分大胆。富兰克林在波士顿的一番经历，再加上他的天赋，使他避免了与当局发生严重冲突，但他在遇到问题时照样坚持己见。他向读者解释说，人们各有其看法，不尽相同，而发表这些意见是印刷商们分内的工作。富兰克林还说："他们被灌输了这样的信念：当人们各持己见的时候，双方均应享有让公众倾听各

《宾夕法尼亚公报》刊登出售黑奴的广告

自意见的平等机会,而当真理与谬误得到公平待遇的时候,前者总是盖过后者(弥尔顿及其《论出版自由》的影子)……假如所有印刷商都决意要在他们确信任何内容不会触犯任何人之后才付印的话,那就没有什么可印刷的了。"

年仅24岁的富兰克林,已经成为美洲各殖民地里最佳报纸的独资老板。他的报纸很快就超过了该地区的任何其他报纸,拥有最大的发行量、最多的版面、最高的广告收入和最有文化修养的专栏。

富兰克林是一位出色的印刷工人、镌版工人和铸字工人。他不仅被看做是印刷商,也被认为是广告界的鼻祖,因为他亲自撰写广告和做生意技巧高超。

但是，富兰克林对美国新闻事业最大的贡献就是使它获得受人尊敬的地位。富兰克林表明，一位优秀的新闻工作者兼商人是可以在出版界赚钱发财的——这过去曾是、现在仍然是使任何行业受人尊敬的有效办法。当聪明而又勤奋的年轻人看到从事新闻事业能像新闻界这位德高望重的长者那样取得成功的潜力时，他们中便有越来越多的人被这个职业所吸引。而将这类受过训练的人员吸收进新闻队伍中，是美国新闻事业最好不过的滋补剂。

第四等级的崛起

在18世纪第二个25年里，报纸找到了自己的位置。诚然，初生的报纸夭折的比率很高，这常常是由于资金不足所致。如在1690年至1820年间问世的2 120份报纸中，有一半以上不足两岁就夭折了。只有34份报纸维持了20年至30年的时间。即便如此，到1750年时，大多数有文化的美国人已经可以读到某种提供信息的出版物。这一年，在人口最多的6个殖民地已有14种周报发行，而且不久以后这类出版物的数目迅速增加。

报刊质量也有改进。周二刊和周三刊的报纸在18世纪中叶以后已经出现，这类出版物的最初出现甚至还要更早。报刊发行量在增长，有少数发行人通过从事报业而名利双收。人口的迅速增长、通信和运输设施的改善，以及政治紧张局势的不断加剧等，是新闻事业得以发展的部分原因。许多殖民者已经相当富裕，在四处寻找投资的门路。

报刊对于雄心勃勃的交易人和批发商来说是很有用处的。新兴的商业阶级要出售商品，做广告是使货物脱手的最省钱的途径。各殖民地之间商业往来在增加，相应的人们便有了对信息的需求，而只有美洲的新闻工作者才能既迅速又廉价地提供这些信息。

道路的改善使交通随之方便起来；教育状况得到了改善，而这从来都是造就一个有利于报业发展的社会的因素之一；印刷技术的大发展是很久以后的事情，但在这一时期已经出现经过改进的印刷字体。

早期广告讯息

商业的发展促进了广告业的发展。几乎从一开始，广告业与印刷业便密切相关。开办英国第一家印刷所的威廉·卡克斯顿在1480年发行了一份传单，为其（宗教）礼拜仪式书《索尔兹伯里礼拜仪式通鉴》做广告。第一份真正的英文报纸《伦敦公报》在第62期刊登了一项声明，预告于1666年6月发行一期特别广告增刊。该报在第94期刊登过一则饶有趣味的广告，1666年秋伦敦大火后，《公报》开辟专栏，帮助人们寻找下落不明的亲人，其他广告还包括关于火灾时抢救出来的家具、失散家人的地址，以及可为那些无家可归的人们提供食宿的避难所等等。

普雷斯布利称约翰·霍顿为现代广告之父。霍顿是一位药剂师、出版商和皇家学会会员，不仅做咖啡、茶叶和巧克力生意，还写书评。1692年，霍顿为商界读者办了一份报纸，它是《华尔街日报》的雏形，是第一份强调广告作用的报纸。在那江湖骗术与专业知识之间的界限比现在要狭窄的时代，霍顿极其看重做广告的道德。他乐于为差不多任何产品做广告，但他绝不将自己17世纪的"认可的印鉴"盖在那些他认为是胡乱吹嘘的广告上面。那位闻名遐迩的博学权威塞缪尔·约翰逊博士在1758年1月20日在《懒汉报》上发表的一篇评论中，暗示了早在200年前，广告就已经和今天一样已经成为辩论的题目和批评的对象。他说：

> 目前，广告已多得不容细读，因而必须用冠冕堂皇的诺言，用有时令人神魂颠倒，有时听来哀婉动人的口才方能引人注目。许愿——许大愿——是广告的灵魂……广告行业现已发展到尽善尽美的地步，要提任何改进都不是容易的。

在有关读者反响方面，广告商可以教给新闻工作者一些重要经验。例如，广告商很快发现广告措词必须简明扼要，才能打动尽可能多的人。但是新闻撰稿人过了很长时间才明白了这个道理。广告商还懂得具有吸引力的广告的价值，他们在字形、插图、版面和文字通俗易懂等方面的实验中起了领路人的作用，新闻界从这些注重实际的心理学家和图文艺术家身上获益匪浅。

政治紧张局势加剧

对这一时期的美洲报业发展最具有刺激作用的，就是后来最终导致独立战争的紧张局势。报业在即将展开的戏剧中扮演了重要角色。报纸是靠争论而兴旺发达的——只要它能够自由参加讨论，哪怕自由程度不大。报业在18世纪上半叶之所以有重大发展，正是由于它战胜了限制那种自由的势力。这一胜利使报业成为美国革命者手中最强有力的武器。而现在几乎被人遗忘的是：为了使这一观念被人们普遍接受曾经作出怎样的斗争和牺牲。

1692年，还在第一份成功的报纸在美洲诞生以前，费城的一位印刷商就大胆陈述了新闻出版自由的基本原则之一。他就是威廉·布雷德福，一个著名印刷业世家的缔造者。当布雷德福开办他的小印刷所的时候，他得同时讨好那疑心重重的政府和神经过敏的贵格教会。由于他在其定期印行的小册子上发表的观点，布雷德福经常受到来自其中一方的威胁。1692年，布雷德福因一次轻微的过失而被捕，他因此宣称，他对这种干涉已经感到厌烦透顶，并通知当局，他要将印刷所搬到比较和他合得来的地方去。这一威胁，使官员们着了慌，因为它们依靠布雷德福去传播政府、宗教以及商业信息。议会撤销了对布雷德福的起诉，并且答应每年赐给他40英镑的聘金，一切印刷事宜均由他自理，以此诱使布雷德福继续留在原地。

由于政府对这一案件的控制，当时布雷德福为自己所做的辩护并未广泛为人所知。然而值得一提的是，这一案件提出了一个在一代人以后将引起激烈争论的问题。印刷商布雷德福坚持认为，在审理这类案件中，陪审团应该同时负责判定**法律**与**事实**。而法庭则认为，当某人被控以煽动性诽谤罪（批评政府）时，陪审团的职责仅仅是确证这些言论的制造者是谁。这是一个**事实**问题。至于这些言论是否应该受到惩罚，则要由法官们来判定。这就是一个**法律**问题。布雷德福反对这种观点。布雷德福于1692年在这个问题上成功地坚持了自己的立场，而这在大约40年后约翰·彼得·曾格审判案中成了最关键的问题。

曾格案（1734—1735）

关系到新闻出版自由的最著名案件是1734年至1735年的曾格案件。此案对法制改革所产生的影响被过高地估计了，而且由于该案件是在暧昧的形势下审理的，结果任何问题也未得到解决。但是，此案所产生的鼓舞人心的效果却是巨大的。

在此我们又遇见了威廉·布雷德福，不久前我们在费城见到过他。这位老布雷德福被授予纽约政府的印刷商一职后，便移居纽约。作为一个享受政府补贴的商人，布雷德福不再印刷任何会得罪他后台老板的东西。1725年11月8日，他发行了该殖民地第一份报纸——《纽约公报》。自然，在所有问题上它都是拥护政府的。布雷德福和随后的许多编辑一样，在受到迫害时便会起来反抗，正如他在费城时那样。然而，当他被本来很可能在另一环境里准备与之对抗的那帮人赐予特权和好处的时候，他就乖乖地听话了。

1733年，纽约发生了一场温和的革命。一群富足的商人和地主坚决主张要对该殖民地事务享有更大的控制权。但他们无法将自己的意见传播开去。布雷德福拥有当时的唯一一份报纸，而他是个坚定的保皇派。这时一位布雷德福过去的学徒与合伙人也开办了印刷所，他就是约翰·彼得·曾格。他是从德意志地区的巴拉丁迁来的移民，从13岁开始做学徒。1733年秋，商界一个代表团询问曾格是否想办一份报纸，作为发表他们的新闻和观点的工具。

促使商界提出这一请求的背景是复杂的。1731年，该殖民地总督逝世，13个月之后，其继任者威廉·科斯比爵士才从伦敦前来赴任。曾经在总督的咨询会议里任职30年的里普·范·达姆是荷兰人的领袖，他在此期间代理总督职务。科斯比要求达姆将他就任期间征集而来的收入分一半给他，但是遭到范·达姆的拒绝。与金钱有关的案件是在普通法庭进行审理的，但是科斯比却将他的案子转到他所控制的一个大法官法院去审理。在随后的斗争中，首席法官刘易斯·莫里斯站在范·达姆一边，因而被总督撤职。于是范·达姆和莫里斯便设法要伦敦方面将科斯比召回英国。此外，这些反政府势力还记下了其他一些不满。

反政府势力的带头人都是能言善辩、神通广大的人。正是这些人与其他重要人物一起,想请曾格办一份报纸以陈述他们的观点。

曾格的《纽约新闻周报》创刊号于1733年11月5日出版。《纽约新闻周报》在出版的头一天便与行政当局发生冲突。《纽约公报》的布雷德福全然不是曾格及其背后智囊的对手。当时的主要发言人是亚历山大律师,他和他的支持者们成功促使刘易斯·莫里斯在一次补缺选举中当选为议员。尽管遭到所谓的就他们的投票资格问题而引发的骚动的干扰,第一期的《纽约新闻周报》仍然报道了莫里斯的当选。12月3日,曾格的报纸刊登一则消息,攻击科斯比总督听任法国军舰侦察南部海湾的防御工事。在同一期上,一名愤怒的新泽西移民(他的写作风格酷似亚历山大)谴责殖民地官僚当局的无能,他指的是范·达姆—莫里斯之争。

这样的表现颇受公众欢迎,曾格不得不加印报纸以满足读者的要求。然而,总督对于这样的新闻机构就不会这样热情了。他一方面指控曾格是"对政府进行无耻中伤和恶毒漫骂,试图煽动反政府情绪",另一方面他命令自己一手提拔的首席法官德兰西想办法对这位胆大妄为的编辑提出起诉。但是大陪审团拒绝提出一项正式的法案,议会也同样不愿提出起诉。最后,总督从咨询会议中挑选了一批人,同意对曾格采取法律行动。在1734年11月17日的那个星期天下午,曾格以"煽动闹事"的罪名被捕。

审判到1735年8月4日才开始。在这之前,科斯比的总检察长理查德·布雷德利提出了一份"起诉书",使曾格一直被关押在狱。在此期间,《纽约新闻周报》继续出版,由曾格之妻安娜主持常务,亚历山大担任主编。当亚历山大和史密斯对起诉的有效性提出质疑时,他们便被剥夺了律师资格。约翰·钱伯斯被指定担任辩护律师,他要求将审讯推迟到8月进行。曾格的辩护问题吸引了费城一位60岁高龄的律师,他不顾年老体弱,赶到纽约出席这一审讯。此人就是以当庭辩护而著称的安德鲁·汉密尔顿,他一到场,好戏就要开场了。

首先,钱伯斯向德兰西法官提出一项请求,接着白发垂肩的汉密尔顿站了起来。他的开场白就是一颗重磅炸弹,他铿锵有力地说:"我不能认为剥夺人们发表控诉的权利是正当行为,我认为发表控诉是每一位生来自由的人都享有的权利。因而,我想不劳烦检察官先生去为这一点而讯问证人。而且我承认(为我的当事人),他不但印刷而且发表了那两篇文章——正如起诉书中所陈述的那样。但我的确希望,他这样做没有罪。"

布雷德利为这一表面上轻而易举地取得的胜利而喜不自禁,于是说,既然被告一方已经承认发表了违法的文章,那么陪审团无须做别的事,只需做出有罪的裁决就是了。对此,汉密尔顿平静而坚定地回答:"检察官先生,不对,都不对。这桩交易牵涉到两个方面,我希望问题并不仅仅是由于我们印刷或发表了一两篇文章就构成诽谤;在宣布我的当事人是一个诽谤者之前,你还得再做一些工作,你须得证明那些言论本身是诽谤性的,也就是说是**虚假的、恶意的和煽动性的**,否则我们就是无罪的。"

布雷德利走近法官席,再次提出他的论点。汉密尔顿则逐一予以驳斥。他援引了英国的《大宪章》❶，追溯了星法院之被取缔，以此证明他的观点（即陈述无可非议的事实真相的自由）早已被过去的法庭所接受，而殖民地纽约是落后于时代的。他在表达自己的论点时用字果断有力，而他却是那样彬彬有礼，声音那样心平气和，致使那些着了迷的听众像是进入了催眠状态一般。当观众在汉密尔顿讲演的间歇为他欢呼时，原告一方却对汉密尔顿的答辩提出抗议，汉密尔顿则坚持说"**谎言**才构成**中伤**，才构成**诽谤**"，然后他主动要求去"证明这几篇被称作诽谤的文章是真实的"。这时法官德兰西却进行劝诫。

"汉密尔顿先生，"法官正颜厉色道，"你的要求是无法接受的，无法允许你将明显的诽谤证明是事实……本庭认为，你不应被允许证明那些文章中的事实。"接着，法官引经据典，列举了一长串例证。

"这些全是星法院的案例，"汉密尔顿耐心回答说，"我原来希望：这种做法早已随着那个法庭一起死亡了。"

这一对其法律知识的隐晦批评，使血气方刚的德兰西大为恼火，于是他气急败坏地吼道："本庭已经表示了意见，我们希望你在对待我们时行为规矩点，不允许你与本庭抗争。"

汉密尔顿稍停片刻。他望了陪审团一眼，然后将目光转向听众，又转向曾格，就像一位杰出的演员在揣度观众的情绪一样。然后他才转向法官，彬彬有礼地鞠了一躬：

"我感谢你。"他回答道，并没有丝毫怨恨的意思。说完，转过身来背对法官席，做了一个潇洒有礼的动作向陪审团致意。接着他便直接对着陪审员们讲了起来，声音洪亮，整个法庭都能听得一清二楚。

"那么，先生们，现在我们必须请你们来做我们提出的但又被剥夺证明权利的那些事实的真实性的证人了……"

汉密尔顿说起话来似乎德兰西压根儿就没在这间房间里一样。他力请陪审团拿出自由人的样子，根据自己的良心采取行动，而不怕官方的报复，因为这是受到英国法律制度的保护的。他在结束语中说：

> 我虽已老迈，然而，一旦有必要，哪怕是走到天涯海角我也在所不辞，只要我自己的服务能为扑灭由检察官根据告发而燃起的起诉火焰起到一点微薄作用；这种做法是由政府实行的，旨在剥夺人民对那些当权者独断专行的企图提出抗议（还有申诉）的权利。**正是那些人伤害和压迫在他们统治下的人民，才激起人民呐喊和控诉，但他们又将人民的控诉作为新的压迫和起诉的根据。**
>
> ……但是总而言之，法庭，还有你们陪审团的先生们所面临的问题，既非小事，亦非私事。你们在此审理的，并不仅仅是那位可怜的印刷商的事业，也不仅仅是**纽约**的事业。不是的！它的后果会影响到**美洲**大陆上在英国政府统治下生活的每一个自由人。它是最重要的事，

❶ 1215年英国大封建领主迫使英王约翰签署的保障部分公民权利和政治权利的文件。

它是自由的事。我毫不怀疑，你们今天的正直行为将不仅赢得你们的同胞们的爱戴和尊敬，而且将受到每一位宁要自由、不要奴役生活的人的赞美和钦佩，因为是你们挫败了暴政的企图；你们以公正清廉的裁决奠定了一个崇高的基础，保证了我们自己、我们的后代，还有我们的朋友应享有的那样东西：即大自然和我们国家的法律赋予我们应有的权利：自由——就是把事实真相说出来和写下来，用以揭露和反抗（至少在世界上的这些地区）专断权力的自由——和真理。

通过答辩，汉密尔顿胜诉。陪审团作出"无罪"裁决，曾格获释，他如今成了美国新闻界的一位英雄。安德鲁·汉密尔顿为自由的事业进行了雄辩，他虽然没有曾格那么有名，但像曾格一样，也是一位英雄。

曾格案件分析

不过，曾格案件也有一些消极方面。在那次审判后的半个多世纪，上述陪审团的裁决对诽谤法并未产生任何影响。宾夕法尼亚是最先在1790年宪法中写入如下原则的州：事实真相可以作为辩护以及陪审团有权就与案件有关的法律和事实作出裁决；纽约于1805年接受上述原则。英国的《福克斯诽谤法》授予陪审团以裁决权，是1792年的事情，而1843年的《坎贝尔勋爵法》承认，事实真相可作为辩护。

现在看来十分可能的是，那次审讯之后，与其说是法律原则，不如说是权宜之计在指导着当局的行动。他们不承认曾格案件确立了新的法律判例。曾格如果第二次犯案有可能再次被捕，除非发生不同情况。在审讯结束后的一段时间里，科斯比慎言谨行，一是因为莫里斯在伦敦游说要求将他罢免，二是这位总督不想为自己招来更坏的名声。之后，在1735年至1736年之间的冬天，他染重病不起，于翌年3月去世。要是他仍活着，他是不会这么轻易认输的。

此外，所有关于那次审讯的报道都是一面之词。唯一的例外是曾格自己的报纸，他对案件作了全面的报道。

德兰西法官总是被描绘成一位妄自尊大的法官，但他这次却表现出极大的克制，他没有将陪审团的裁决置于不顾，也没有驳回汉密尔顿的抗辩。他甚至本来可以将这位老律师以蔑视法庭罪逮捕的，但他没有这样做。就像在1765年的《印花税法》等许多事件中一样，这次英国政府也没有行使它的权力去压制舆论，相反的，它在公众的强烈不满情绪面前让步了。

这一点是十分重要的。法庭犹如报业一样，有责任保卫民主的人民所珍视的自由。在一个涉及新闻出版的案件中，如果出于权宜之计而蔑视法律，那将开创危险的判例。如果并非出于对已知法律进行冷静分析，而是出于某种政治感情而宣判被告无罪，这便构成对制度的威胁，这一制度就像新闻自由一样，对我们的自由权利是至关重要的。

按照德兰西法官的意见，在这类诽谤诉讼中事实是不能被提出来作为辩护的。这在今天看来未免荒唐可笑，然而当时的事实是，他有相当充分的先例支持他的观点。那是法庭承认的一条原则，即"越是事实，就越构成诽谤"，这一理论背后的逻辑是：公众对于执掌权力的人们进行谴责，或是批评，会激起整个社会的不安，从而严重破坏社会安宁。在曾格案件中，民意是支持他的，但这并未能改变殖民时代的作家们在煽动性诽谤这个问题上所持的态度。而他们几乎全部认为：政府是会受到诽谤的，而诽谤政府当然可以被认为是犯罪。然而，杰弗里·史密斯教授所作的研究发现，这些观点与许多新闻工作者所持有的自由主义新闻理论是相对立的，这些人拒绝接受有关煽动性诽谤的理论。但对他们来说，批评政府官员可能遭到惩罚的威胁直到18世纪末仍然存在，当时围绕1798年的《煽动法》的问题所出现的斗争将这一争论推向高潮。

曾格公布他的无罪证明和陪审团名单
（国会图书馆）

曾格和汉密尔顿所作出的鼓舞人心的贡献以及那次审判所产生的心理影响抵消了这

一案件的这些消极方面，因为那次审判确实明确了一条原则——尽管未将其确立为法律判例——而这一原则对我们今天的严格限权自由主义者关于言论自由和新闻自由的学说是至关重要的。对政府官员进行批评的权利是新闻自由的主要支柱之一。从心理学的角度讲，曾格案件的审判促进了这一目标的实现，因为自从1735年以后，再未出现过殖民地法庭以煽动性诽谤罪审判一位印刷商的案例。曾有些印刷商被他们所在殖民地的立法机关或是总督的咨询会议认为犯了蔑视法庭罪，但是英王政府并未进行过一次类似的审判。民意证明了自己的力量，曾格案件作为后来事件的前奏无愧于它在历史上所处的位置。

第三章

报刊与革命

艾赛亚·托马斯的《马萨诸塞侦探报》的报头，它采用了著名口号"不自由，毋宁死"

迈向革命的步骤

詹姆斯·里文顿，托利党发言人

约翰·迪金森，辉格党哲学家

塞缪尔·亚当斯，激进派宣传家

"自由之子社"

萨姆·亚当斯的关键作用

艾赛亚·托马斯，爱国派主编

激进派作家汤姆·潘恩

《独立宣言》

潘恩的《危机》文集

革命报刊

殖民地时期的女印刷商

> 英王陛下在美洲之全体自由而忠诚的臣民的共同声音——要自由和财产,不要印花税。
>
> ——殖民地各报的座右铭

今天,有许多人认为,美国革命纯粹是一场热爱自由的人们为了摆脱英国暴君统治、争取独立而进行的斗争。然而事实上,导致革命的原因要复杂得多。债务人和债权人的冲突是一个原因,英国政策的软弱、治国无方以及对于重商主义(欧洲人正是凭借它对各殖民地进行剥削的)的过分强调,都与这场争端有关。移民对于限制美洲商业和工业发展的做法深感不满。他们抱怨说,在他们辛辛苦苦打败了法国人之后,他们的边疆❶被拒绝给予——他们曾经期望因此而能开拓大片的新地区。英国政府拒不授予地方自治权,则是导致争端的另一个原因。

但是,在所有这些原因中,没有哪一项能构成导致战争的充分**理由**。相反,在英国有那么一些人反对斯图亚特王朝君主以及他们在"光荣革命"后继续享有的君主特权,正是这些人的作品对美洲殖民地的思想产生了影响,而这种影响渐渐导致了革命。在这些作品中,最重要的是约翰·特伦查德和托马斯·戈登写的"加图来信"。博林布鲁克子爵和詹姆斯·伯格也帮助形成了看待政治活动的思想方式。历史学家伯纳德·贝林发现,源自英国的题材出现在殖民地的小册子、著述及讨论中:对常备军的恐惧;关于政府应受到制衡的主张;对农耕社会的向往;对腐败、奢侈和邪恶的深恶痛绝;以及对别有用心的坏人可能会剥夺人民自由权的恐惧。

在理解革命时期的政治文化时,一个关键概念是共和主义。正如历史学家琳达·克伯所解释的那样,共和主义错综复杂,它强调的是公民美德,称之为"凝结共和国的水泥"。对公民美德有种种假定,其中包括"公民为男性,他通过对财产的控制而实现独立,他必须抑制自己的激情和自私",以谋求共和国的更高级的福祉。必须指出,共和主义在强调控制财产的公民的重要性方面是保守的;与此同时,共和主义教导殖民地居民说,"政治可以成为变革的一种力量"。

迈向革命的步骤

很重要的一点是,1765年的《印花税法》得罪了律师和新闻业者这两个颇有势力的集团。这项新法案对于出版报纸所需的纸张以及所有的法律文书课以重税。因此,通过言语左右人民的律师以及可以通过文字对人民产生更大影响的新闻业者,都站出来反对那些支持这项不受欢迎的法律的人。而且,《印花税法》从一开始还激起了大规模的群众行动。历史学家们

---

❶ 在美国历史上指有人群聚居和开垦的最西部的领土界限。1890年人口普查局宣布边疆线在太平洋沿岸已经消失。

已经令人信服地说明了群众对革命的普遍支持。

报纸编辑们以诸多方式来表达对《印花税法》的反感。一些报纸停刊了，另一些继续出版的则隐去了报名或报头，这样从技术上说它们就不属于报纸一类了。还有少数报纸没有按要求加贴印花，却刊登通告说报社连一个印花都没有买到。这可能是真话，因为在每一个殖民地都有暴民阻止印花销售。有几家报纸对征收印花税一事加以讽刺。在开征印花税的前一天，《宾夕法尼亚新闻与广告周报》在报纸分栏的空当处印上了深黑色的边框，即"反嵌线"。这种报界用来表示哀悼的传统标志在这一期中被设计成了墓碑的形状。

抗议 1765 年《印花税法》的著名的"墓碑版式"

然而，直到战胜法国之后，殖民地居民才采取了暴力的反抗手段。人们公开进行走私活动。一些受人尊敬的公民，把走私作为绕开那些被当地人一致认为有害无益的限制措施的正当途径。但是在 1863 年之后，英国政府开始执行旧的法律。事实上，如果把思想观点作为衡量标准的话，可以说革命到 1775 年就完成了。这样的话，战争只不过是保护新思想的手段而已，其目的是捍卫这些新思想，抵御那些不能接受新思想的人。

通过研究三位代表各自所在阶级或集团的新闻业者的作品，可以很方便地探讨伴随着革命进程而出现的各种互相冲突的思想。这三人是：托利党人的代言人詹姆斯·里文顿；人称"革命的笔杆子"、代表辉格党人思想观点的约翰·迪金森；以及民主的传道士、"煽动家"，即激进派的领袖塞缪尔·亚当斯。

詹姆斯·里文顿，托利党发言人

美国人喜欢把托利党人看做是叛国者，因为他们在独立战争中拒绝拿起武器与英国人作战。事实上，正是这些托利党人，在其他人叛变的时候仍然能够忠于自己的国家，只是由于战争的失败才使托利党人成了叛国者。

显而易见，托利党人的目标是为了保持殖民地社会的基本结构。他们希望凭借着财产、门第、地位及传统——这些看起来是贵族的属性——来继续实行统治。按民主的标准，这是奇怪而又令人厌恶的需求，但却有其能言善辩的倡导者。詹姆斯·里文顿便是其中之一。

托利党人认为，国王和主教代表着权威，通过这样的权威，能够最有效地维持社会秩序。于是，里文顿等人坚持认为，对于国家权威的攻击也会威胁到教会的权威，而革命的历史也证明了通常的确是有这样的后果。因此，支持法治的力量、反对无政府势力是所有公民的义务。

里文顿在美洲颇有影响力，对托利党人的事业大有用场。他创办了《里文顿纽约公报又名康涅狄格、哈得孙河、新泽西及魁北克广告周报》。尽管这份报纸的名字里出现了该地区的许多地名，但它仍是一份地方性报纸。这份报纸编辑得十分认真，印刷精良，也很能赚钱，平均约有 55% 的版面用于刊登广告。

里文顿的办报方法值得尊敬，因为他愿意讨论政治问题的两面——这种客观性并不是他那个时代的标准做法。不过，正是这种客观性使他受到了"爱国派"对手们的憎恨。他们对于公正、准确的报道不感兴趣，他们认为这样做根本无益

托利党人主要编辑詹姆斯·里文顿
（《美国史杂志》）

于为了某项事业而进行的斗争。于是，里文顿在1775年4月20日一期报纸上抱怨道：

> 为平衡起见，詹姆斯·里文顿在刊登殖民地方面关于列克星敦战役报道的同时，还发表了本杰明·富兰克林之子、托利党人威廉·富兰克林的一次演讲

本报印刷商斗胆断言，他的报纸一向对**所有党派**的出版物开放……他始终把办报当作是承担一项公职，任何人都有权求助于他的报纸。但是当他以很大的勇气发表了与某些蛊惑家的危险观点与阴谋格格不入的观点之后，他发现自己被人当作是国家的敌人而遭到斥责。

在列克星敦和康科德战役之后，里文顿便不再客观了。在战争期间，他和他的爱国

派对手一样抱有党派偏见。他的报纸在战时更名为《保皇公报》，并且总是凭空捏造给美国领袖们抹黑。1781年，当约克敦战役的新闻出现在《保皇公报》上时，里文顿便开始采取妥协立场。他客观地报道了英国人撤离之后华盛顿将军在纽约城向他的军官们告别的情景。但是，以艾萨克·西尔斯为首的激进派仍然不依不饶。在1783年新年除夕，那些曾在1775年焚烧他模拟像的那伙暴民又找上门来，封了他的报社。与其他托利党人不同的是，里文顿没有离开美国，他于1802年死于纽约。

约翰·迪金森，辉格党哲学家

美国托利党人受到了一个新兴的资本家派别的反对——该派别还称不上党派，其成员通常被称为殖民地辉格党人。宾夕法尼亚的约翰·迪金森是一个能言善辩的辉格党人，人们常常称他为"革命的笔杆子"。

尽管迪金森既非发行人，亦非印刷商，但他无愧为同时代最伟大的新闻业者之一。他利用报纸和小册子传播他的政治信仰。在他题为《宾夕法尼亚一农夫来信》的一系列书信体文章中，可以窥见他的思想要旨。

1767年发生的两个事件使迪金森感到震惊：其一是英国国会根据《汤森诸法案》，对殖民地直接征税；其二是纽约议会由于未向总督上缴税款而被暂停活动。迪金森发表议论称，为了确保财产的安全，辉格党人必须把税收控制在自己议会的手中。这种对财产权的强调是政府健全的标志。

迪金森并不希望为争取独立而发动战争。然而，在为革命进行公众舆论准备方面，除了萨姆·亚当斯之外，没有人能与他相比。这是因为他提出了殖民地辉格党人最终感到他们必须起来捍卫的那些基本原则。具有讽刺意味的是，正是这位温和的贵格会教徒起草了《反印花税大会权利宣言》和两份《致国王的请愿书》，并且还与人联合起草了《邦联条例》❶。

辉格党人对于提高平民的地位没有多大兴趣。对于社会改革中的"天赋人权"学说，他们的认识也极其模糊，因为他们更多的是从财产，而不是从人权角度来考虑问题。不过，他们也为捍卫原则而战斗，并且在冲突中为那些无法以完全公平的条件进行斗争的人带来了权利。而令人匪夷所思的是，美洲辉格党人最恶毒的敌人正是英国的辉格党人。

当革命必须用武装来捍卫时，美洲的辉格党人不得不选择是忠于英国国王、还是忠于当地政府。国王提供了他们十分珍视的法律与秩序，而当地政府有望带给他们迫切希望看到的不受限制的企业精神。这一两难境地迫使辉格党人在战争打响后要么成为亲英派，要么成为爱国派，因为那时已经没有妥协的余地了。迪金森自己也必须作出选择。他不愿支持人们从

❶ 指1783年由第二届大陆会议拟订的宪法，为当时反叛英国的13州提供了基本宪章，1789年为现行合众国宪法所取代。

他所热爱的祖国完全独立出来的立场，于是拒绝了在《独立宣言》上签名，但他却拿起了枪保卫自己的家园。

迪金森有很大的影响力，因为他受到有产阶级的尊敬。这个有产阶级通常被认为是一个头脑冷静、务实和不意气用事的集团。一旦认准了目标，这些商人会比任何人更能影响他们的左邻右舍去支持一项事业，因为他们的邻居们认为，如果某位"殷实"的商人支持人们提议的变革，那么他采取这一立场必定是有他充分的理由。迪金森通过发表迎合他们趣味的文章来影响这一集团。他的书信体文章文采飞扬，说理透彻，读起来趣味盎然，并因此被广为刊载。除三家报纸之外，当时的其他所有报纸都全部刊登了他的"宾夕法尼亚—农夫"系列文章。这些稿件所表达的观点在其后数周，乃至数年内的报纸上都有反映。

殖民地辉格党人领袖约翰·迪金森
（《宾夕法尼亚历史与传记杂志》）

塞缪尔·亚当斯，激进派宣传家

在斗争开始阶段最软弱无力，然而在冲突结束时变得最为重要的集团是所谓的"激进派"，即"爱国派"——不过这两个词到后来变得完全不是同义词了。托利党人对继承权十分关心，辉格党人全神贯注于经济问题，而激进派处心积虑的是一个完全不同的领域。他们是唯一真正对社会变革感兴趣的集团。不过，倘若不是因为有强有力的领导，美洲的激进派也会像英国的激进派一样被人制服。塞缪尔·亚当斯很可能是最有代表性的激进派领袖，他是同时代最多产的新闻工作者之一。

作为一位宣传家，亚当斯是无与伦比的。他知道，要想赢得这场不可避免的冲突，他和他的追随者必须实现以下五个主要目标：第一，他们必须证明他们所倡导的路线是正确的；第二，必须宣传赢得胜利后所能带来的好处；第三，必须通过向大众灌输对敌人的仇恨来发动群众——只有群众才是真正的"突击部队"；第四，必须设法

激进分子塞缪尔·亚当斯
（贝特曼档案馆）

反击反对派所提出的任何合情合理的论点；第五，必须用白纸黑字把所有问题明明白白地写下来。只有这样，即便是那些普通如劳工的人，也能够明确了解斗争的目标。亚当斯有能力做到所有这一切，他的主要工具便是殖民地的报纸。然而，亚当斯的角色不可夸大。

萨姆·亚当斯并不是唯一宣传革命的人，但却是其中最伟大的。正如他的敌人给他起的外号一样，他是名副其实的"木偶操纵大师"，这个外号对他来说确实是实至名归。

"自由之子社"

《波士顿公报》报社里聚集在萨姆·亚当斯周围的那些波士顿激进派人士是革命运动的核心，但是他们需要有办法使其他殖民地居民支持他们正在马萨诸塞酝酿的对付英国人的强硬路线。"自由之子社"提供了这样的办法。"自由之子社"的章程诞生于自发产生的反抗1765年《印花税法》的民众起义过程之中。该组织在波士顿的成员包括《公报》集团中的亚当斯、印刷工本杰明·埃德斯以及镌版工保罗·里维尔。

1767年的《汤森诸法案》使得激进派能够提出他们的"不进口协议"，按照这些协议的规定，商人不得进口英国货物，而市民也不得使用英国货。迪金森的书信体文章对这个波士顿集团予以了支持，而詹姆斯·奥蒂斯和约瑟夫·沃伦则在《公报》上对总督弗朗西斯·伯纳德进行了尖刻的抨击。伯纳德上了他们的圈套，说服伦敦向波士顿增派两个团的士兵来确保自己的控制，从而使他们坐收渔利。波士顿的报界和公众以愤怒和敌视来迎接这些部队。

亚当斯和"自由之子社"决定利用各殖民地之间的宣传交流发动一场密集的攻势。这场攻势曾经被称作"整整20年（1763—1783）里最为持久的通过新闻报道传播思想的运动"。这便是1768年至1769年的"大事记"活动，该活动始于英国增派军队的到来，以伯纳德总督为托马斯·哈钦森所替代而告终。

"大事记"的作者至今仍不为人所知。这些作者在亚当斯的指导下工作，他们编纂据称涉及英国军队的诸多事件的记录，并把这一记录送到约翰·霍尔特手上，发表在他的《纽约新闻报》上。从新英格兰到佐治亚，各地报纸纷纷转载这些报道。这些撰稿人事无巨细地记述了驻扎在波士顿的英军的各种恶行，从侮辱人格和肆意凌辱到武装袭击和未遂强奸，几乎无所不包。波士顿报纸对这些事件的报道与霍尔特在纽约刊印"大事记"并不同步，而是要晚两个月左右，研究人员据此断定，托利党人指责这些报道不实很可能是有根据的。"大事记"的作用是促使公众产生这样一种感觉，即英国占领军正在野蛮地对待人民，也就是说伦敦在惩罚波士顿的爱国者。

萨姆·亚当斯的关键作用

萨姆·亚当斯在1774年就感觉到胜利将会来临。为了实现其目标，他已经不遗余力地进行了 20 年的宣传、组织工作。亚当斯日复一日地利用报纸和小册子抨击敌人。夜深人静的时候，路人总会看到亚当斯家的窗口亮着灯光，他们知道这位身经百战的革命家还在工作，他在为《公报》撰写文章，也许又是一篇令托利党人胆战心惊的檄文。亚当斯知道如何找到托利党人坚硬外壳上的弱点。

"木偶操纵大师"把自己的工作干得有声有色。1775 年 4 月 19 日清晨，列克星敦和康科德战役响起了"响彻世界的枪声"。从此以后，整个国家拿起了武器，为赢得亚当斯曾参与筹划的最终胜利而战斗。

艾赛亚·托马斯，爱国派主编

印刷商、发行人和编辑们在教育公众支持革命以及在独立战争中激励斗志方面发挥了重要的影响。这一时期最伟大的新闻业者是艾赛亚·托马斯，他是美国"第四等级"重要的先驱者之一。

托马斯的职业生涯是从印刷学徒工开始的，当时他只有 6 岁。由于他得帮着供养自己的寡母，因而未能接受正规教育。后来，他成了一位伟大的学者、全国最出色的一家私人图书馆的馆长、学术组织文物家学会的第一任会长，以及殖民地报刊史学家。

1770 年托马斯回到波士顿时，与福尔二人一起创办了《马萨诸塞侦探报》。这家报纸一直出版到 1904 年。

托马斯很快买下了他那无能的合伙人的全部股份。在他一个人的管理下，《侦探报》成为殖民地最成功的报纸之一。名义上这家报纸是无党派的，但该报遵循的大体上是辉格党人的学说。到战争开始时，这家报纸已被奉为新闻业者成功的模式，因为这位年仅 21 岁的英俊的印刷商拥有了一家发行量仅次于里文顿的《保皇公报》的报纸。

爱国派主编艾赛亚·托马斯
（C.K. 希普曼/美国文物协会）

在迪金森等调和主义者明显变得力不从心的时候，托马斯开始改变他的辉格党信条。不久他被公认为所在地区支持反英独立的社团的发言人。当英国军队到达波士顿，强行施行那些先前曾被殖民地居民嘲笑的法律时，托马斯便成了地下运动的领袖。正是他们这些人从老北方教堂的尖塔上发出了信号灯光，提醒民兵的交通员们英国人即将偷袭列克星敦和康科德。

次日，托马斯亲眼目睹了独立战争的第一场战役。即便他没有亲耳听到"响彻世界的枪声"，至少他理解这场战役的重要意义。他对这次战役的报道在今天看来仍然是有关这场冲突的最出色的战事报道。倘若有人说他对这次战斗的"报道"是客观的，也许他会第一个站出来否认。那时他已义无反顾地把他的报纸当作战争的工具，因此他的报道便带有很强烈的偏向于他的同胞的宣传色彩。即使如此，他对这次战事的报道大体上是准确的。他的文笔生动传神，活灵活现，值得在此提及。托马斯报道说：

> 4月18日夜10时许，有人发现波士顿的英军正以极其隐秘之方式开始调动，原来他们正在科芒河尽头登船（这些船只是英军在傍晚时分偷偷弄来的）。于是，快骑信使即刻出发，向全国发出警报，以便使各地有所防备。快骑信使刚刚走出列克星敦约一英里，就被14名骑马的军官挡住了去路。这些军官是当日午后从波士顿城中出来的，有人曾见他们潜伏于乡间僻静处直至天黑。一名快骑信使迅疾逃离（此人很可能是塞缪尔·普雷斯科特医生），但被一军官追出两英里。该军官追上他后，便拿枪对着他，说若再不停下，便要开枪。但该信使依然催马奋蹄，一直到行至一屋舍前时，他才骤然勒马停住，自己则被摔至马下，但他头脑仍然清醒，对屋内大喊（当然是骑手，而非马匹在喊）道：
>
> "快出来！快出来！我捉住他们一个了。"
>
> 那军官闻言立即后退，就像他刚刚追过来时那样快速地逃了回去。另一名信使（保罗·里维尔）通过了严格盘查后，也设法脱身了。
>
> 与此同时，在史密斯中校的指挥下，英军主力已渡过科芒河，在菲普农庄上岸。1 000名士兵即刻悄声向距康科德约6英里的列克星敦进发。有一连民兵，约80人，集合于会议所附近，英军在日出前进入他们的视线内。一见到英军，民兵即开始四散，于是英军开始四下追逐，边喊边赶，距离越来越近，相距仅数竿远了。英军指挥官对民兵喊话，其意大体如下：
>
> "散开，你们这些该死的反贼——妈的，散开。"
>
> 话音未落，英军便再次发起冲锋，旋即有一两名军官扣动手枪扳机，四五个士兵随即开枪，之后似乎英军全都开了枪。我方有8人死亡，9人负伤。

激进派作家汤姆·潘恩

战争时期另一个颇有影响的新闻工作者是个一文不名，而且对于沿海殖民地来说多少有点名声不佳的陌生人。此人便是汤姆·潘恩，一位于战争前夕来自英格兰塞特福德的贵格派教友。当时他37岁，在此之前，他的生活平平淡淡，毫无出众之处。

侥幸的是，他遇到了本杰明·富兰克林。当时富兰克林是美洲在欧洲的发言人，事业如日中天。独具慧眼的富兰克林十分赏识潘恩，为他写了一封推荐信。潘恩到达费城的时候已是心力交瘁。后来他回忆说，美洲的空气就是他的补药，呼吸着自由的空气，他变得越来越强壮起来。他欣喜地谈到自己能够与那些"贵族们"一同坐在咖啡馆里。

潘恩的作品开始时发表在罗伯特·艾特肯的《宾夕法尼亚杂志》上。

1776年，殖民地的许多报纸转载了潘恩撰写的一本小册子，从而使他赢得了作家的名望。这本小册子就是《常识》，它促使那些徘徊观望的爱国派加入到革命运动中。《常识》是在1776年1月，也就是这位粗野的英国移民来到美洲后一年多一点时首次发表的。令人诧异的是，小册子发表后立即走红，在头3个月中销出了12万册。潘恩在书中写道："我要问问最热衷于鼓吹调和的人，要是我们的大陆继续与英国保持联系，他怎样举出哪怕是一个好处来。"这一挑战是向迪金森之类的辉格党人发出的，这些人一听到"独立"一词就会浑身发抖。作为回敬，他们在当地报纸上撰文诋毁一夜成名的潘恩。不过在几周之后，有点文化的美国人差不多都知道了潘恩在《常识》中所阐述的观点。而且值得注意的是，仅仅6个月之后所发表的《独立宣言》表明，各个前殖民地都支持他的理论。

《独立宣言》

国会于1776年7月2日宣布殖民地从英国独立出来，通过了由弗吉尼亚的理查德·亨利·李提出，并得到马萨诸塞的约翰·亚当斯附议的动议。当天，本杰明·汤在他每周出版三期的《宾夕法尼亚晚邮报》即将付印时临时插入了一行字："**大陆会议今日宣布联合起来的殖民地是自由和独立的各州。**"7月4日，国会请《宾夕法尼亚邮报又名广告总报》的印刷商约翰·邓拉普将由托马斯·杰斐逊签署、并经富兰克林和亚当斯校订的这个文件印刷成大幅宣传品。事实上，在4日这天，杰斐逊和富兰克林与邓拉普一起在印刷车间工作，帮助他改正排版错误。汤在7月6日、邓拉普在7月8日的报纸上登载了该文本的全文，到当月月底，至少有29家报纸已经刊登了这条光荣的新闻。

接下来国会的任务是动员世界舆论反对英国。尽管在许多国家存在着新闻检查制度，但要想阻止有关这一震惊世界的新闻传播开来却是不可能的。伦敦的《伦敦纪事报》和《每日广告报》在8月17日登出了报道，两个星期之后，英王乔治三世在上议院谴责了"胆大妄为和孤注一掷"的殖民地居民，从而制造出了更多的新闻。这一新闻在爱尔兰和印度之类的被压迫地区受到欢迎，但在西班牙、日耳曼诸邦国及俄罗斯等专制国家，却被封锁起来，或者被忽略了。在法国，《独立宣言》及各州的宪法被广为印刷，作为反英宣传运动的组成部分，因而产生了最大的影响。

事实上，从1789年的法国大革命，到胡志明在1945年发动的革命，《独立宣言》的文字被一再借用，表明这种对欧洲传统惯例的激烈而又具有创造性的挑战得到了认可。

潘恩的《危机》文集

1776年晚些时候战事爆发之后，反叛者发觉自己的处境十分艰难。这些仓促组建起来的部队对于战争的看法仍然十分模糊，各连队毫无斗志可言。在汤姆·潘恩志愿参战的新泽西安博伊镇，英国人把美国人的部队分割成小股。潘恩在前往华盛顿设在李堡的总部的途中，看到战败的美国人正在舔着他们的伤口，并准备撤退到特拉华河沿线。由于他是外国人，身份特殊，既不是军官，也不是被招募来的士兵，因此他能够与交战双方的人接触。他冒着严寒赶路，一路上与形形色色的美国人攀谈。事实上，这个季节的气候通常是温和的，但是对于这支衣着单薄的部队来说，夜间露营所带来的却只有难当的痛苦。在此关键时刻，潘恩写下了他的第一篇《危机》文章。

潘恩所写的虽然不是什么新鲜的内容，但是他像诗人一样表达了别人只能意会而无法言传的东西。他的笔法是粗糙的，但是对于阅读这篇文章的平民来说，反而更具感召力。那些拖着疲惫双腿的民兵士兵觉得，这是他们中间的某个人在说话。

从古至今，语言使武力倍增，从而使一些本无取胜希望的战争或战役取得了胜利，这样的事例比比皆是。潘恩的《危机》也是如此。他的文笔有如《圣经》一般隽永，韵味无穷。就像温斯顿·丘吉尔在第二次世界大战中作的"我们将在海滩上与他们战斗"的演讲那样，潘恩的这些文字利用献身自由事业的高尚情操作为最强效的精神滋补剂，使灰心丧气的人们重新振作起来。潘恩的文字世代流芳。在第二次世界大战的艰难岁月中，当听不到任何胜利的消息时，敌占区人民对自由的希望变成了绝望，然而当他们偷偷地从收音机中听到下面这些写于1776年12月19日的文字时，心中便油然升起希望的火花：

> 此时此刻，正是考验人的灵魂的时候。在夏天的时候才当兵、在阳光明媚的时候才爱国的人，在这场危机中自然会将为国效力视为畏途；而那些**在现在**这个时候挺身而出的人，才值得同胞的敬爱和感激。暴政如同地狱一样，是不会轻易被征服的，然而我们有一点聊以自慰，那就是战斗越是艰苦，胜利就越是辉煌。得来太便宜的东西，我们就会等闲视之——任何事物，惟其昂贵，才有价值。上天知道怎样给它的产物标定一个恰当的价格，所以，倘若像**自由**这样一件如此神圣的东西竟不能得到高度评价，那才真是咄咄怪事了。

第一篇《危机》文章受欢迎的程度超过了《常识》。这篇文章于1776年12月27日首先发表在约翰·邓拉普的《宾夕法尼亚邮报》上，这一响亮的号角引起了各殖民地爱国派报纸的反响。潘恩这篇文章刚刚脱稿，华盛顿就让人念给他手下已经冻得浑身麻木的士兵听。有意义的一点是，就在潘恩向这支军心涣散的队伍第一次发出恳求之后的那个星期里，他们向敌人发起进攻，在特伦顿打了一场迫切需要的胜仗。

其他《危机》文章也应运而生。潘恩对美国革命重要性的认识超过了战争期间的其

为汤姆·潘恩的第一篇《危机》文章在《宾夕法尼亚邮报》上刊登的广告

他任何作家。别人围绕着政治和经济问题进行争论,而潘恩倡导的还有社会革命。但是,由于他的激进思想,他所投奔的国家抛弃了他。1809年,潘恩这位美国革命和法国革命的参加者、《人的权利》和《理性的时代》的作者在默默无闻中死去。他的墓志铭把他撰写的小册子《常识》列为他对民主政治作出的最大贡献。

革命报刊

在战争开始时出版的35家报纸中只有20家幸存了下来。这些报纸都是周报,其中大多数在情绪上是爱国派。

革命派报纸走进了大约4万个家庭。不过,每一期出版后每份报纸的读者人数要多于现代报纸。每一个字读者都要阅读,甚至是很小的"夹条"和广告也不被放过,这样的进取精神令人感叹。另一方面,任何研究这一时期历史的人都会很快意识到,当时的通信设施十分原始。有关列克星敦和康科德战事的报道在6个星期后才到达萨凡纳❶。但是也有一些新闻报道的质量是很高的。这类报道通常是照当事人的叙述逐字逐句排印的,因此便有了吸引力和真实性。有关约克敦之战的详情就是这样到达费城《自由人新闻报》报社的:

永世铭记

1781年10月17日,查尔斯·厄尔·康沃利斯中将率领约5 000英军,向法美联军总司令乔治·华盛顿将军阁下投降,成为战俘。荣誉归于上帝。

这就是该报要告诉读者的有关独立战争最伟大的、也是最后一次胜利的全部内容。这条消息应当说是真实的,因为这位报道者不是别人,正是华盛顿将军本人。编辑是按照将军发来的稿件原文逐字逐句付排的。

如果说对这样的重大事件只用寥寥数语来报道的话,那么对于当地和殖民地新闻的处理也是如此。仔细研究过殖民地报纸的人会发现,在整个18世纪,见报的地方新闻为数不多。报上的新闻大多是政治性的,而在危机时期,则大多是军事方面的。其他内容包括讣告、布道、火灾、谋杀、自杀、流行病和气象等。最近的研究发现,地方法院的诉讼程序受到相当的关注,但通常报道得颇为简略。在18世纪60年代,外国新闻版面中有2/3登的是政府和军事新闻,只有15%登人情味故事(其中1/3是刑事和司法新闻)。有3/4的外国新闻来自英国。此外,就大多数外国新闻而言,从事件发生到在殖民地见报,其中的时间间隔在6至11个星期。

当时的一个严峻问题是印刷材料供应不足。战前,纸张、油墨和铅字

❶ 今南卡罗来纳州南部城市。

绝大部分是从欧洲舶来的。直到 1769 年，才有一台美国制造的印刷机出售。美国的造纸厂还不能满足纸张需求。当时，纸是用亚麻布造的，但是所有的布料都十分匮乏，在战时尤其如此。正因为如此，华盛顿才不怕有失身份，恳请爱国派的妇女尽可能地节约可以用作新闻纸原料的布料。从中可以看出，在这位总司令心目中，报刊是何等重要。

《康涅狄格新闻报》是战时新闻事业兴旺发达的一个范例。到 1781 年时，该报每期发行 8 000 份，这在当时是个惊人的数字。这家报纸广告甚多，甚至连伦敦的报纸也很少能自吹获得过这样的成就。《康涅狄格新闻报》是用自己造纸厂生产的纸印刷的，它曾是美国印刷质量最好的报纸之一。

殖民地时期的女印刷商

新近研究表明，女性在早期新闻事业的发展中发挥了重要作用。在已知的 17 名殖民地时期女性报纸印刷商中，有许多人是在她们的印刷商丈夫死后接替和继承丈夫的职业的。这是一种常见的做法。萨拉和玛丽·凯瑟琳·戈达德两人则是明显的例外，她们是印刷商威廉·戈达德的母亲和姐姐。

> 汉娜·布鲁斯·沃森在丈夫死于天花后成为《康涅狄格新闻报》的发行人（1778—1779）。当时她 28 岁，有 5 个孩子。她还与另一名寡妇共同拥有一家造纸厂
>
> （《哈特福德新闻报》）

殖民地时期报刊史学家艾赛亚·托马斯认为，玛丽·凯瑟琳符合他所归纳出的"熟练并且准确的排字工"的严格标准。

南卡罗来纳的伊丽莎白·蒂莫西和詹姆斯·富兰克林的两个女儿也是如此。蒂莫西夫人是印刷商刘易斯·蒂莫西的遗孀，她是殖民地第一位出版报纸的妇女（1738 年至 1740 年出版《南卡罗来纳公报》），她也是"自由之子社"的主要人物彼得·蒂莫西的母亲。安妮·富兰克林和她的女儿们 1735 年接管了她丈夫詹姆斯在罗得岛的印刷所。富兰克林夫人管理她儿子的《纽波特信使报》（1762—1763）。《波士顿新闻信》（1774—1776）的最后一任印刷商是玛格丽特·德雷珀，她曾与激进派作过斗争，后来随英国人离开了美国。从殖民地第一位女印刷商黛娜·纳塞德（1696，马里兰）开始，一直到现在，妇女对美国出版业一直在作出她们的贡献。

第四章

建立新国家

约翰·芬诺的联邦党人报纸《合众国公报》创刊号

《权利法案》与新闻出版自由

联邦党人领袖亚历山大·汉密尔顿

联邦党人主编：芬诺、韦伯斯特、科贝特和拉塞尔

法国革命

反联邦党人领袖托马斯·杰斐逊

杰斐逊的主编——菲利普·弗雷诺

弗雷诺对芬诺：党派辱骂

贝奇与《曙光女神报》

1798年的《外侨法》与《煽动法》

争斗的结束

> 拒不相信人民和前途的人或许可以用他们的学识压倒我们,但不能用他们的智慧令我们叹服——谢天谢地。
>
> ——杰拉尔德·约翰逊

在革命期间,托利党人作为政治因素在美国已经消失,但是此时有另外两个集团在争夺对政府的控制。其中一支力量主要是由从事商业、银行业、制造业及财产管理的公民所组成。一般而言,这个集团——即"联邦党人"——把兴趣更多地放在保持和扩大自身经济优势,而不是大胆进行社会实验上面。另一支力量主要由主张平均地权的小农阶层所组成,并且由于城市工人——即"机工"——的加入而得到日益加强,不过这支力量也明显地受到了热心社会改革的知识分子和政治思想家的影响。他们渐渐以"反联邦党人"的称谓而知名。

然而,仅仅根据经济阶层就将这两个集团轻而易举地区分开来,那是做不到的,实际上,许多联邦党人和反联邦党人领袖具有相同的社会背景。主要从经济角度来描述他们就宪法的形式所开展的斗争,那是不准确的。相互冲突的思想观点——关于政府的、关于权力的——为他们的许多争执火上浇油。反联邦党人忧心忡忡的是与一个遥远的政府相对应的权力,他们相信,为了获得成功,一个共和政府不得不与人民保持密切联系,因此强调州和地方的控制权。而联邦党人则认为,一个强大而中央集权的政府是必不可少的。

在美国革命结束时,合众国的人民需要作出一个选择。他们可以继续进行社会变革的实验,把那些曾经作为他们战斗口号的思想付诸现实;也可以把财产权作为最根本的考虑来巩固自己的力量;或者还可以提出某些虽然不能令任何一方心满意足,但却能保证得到双方共同支持的安排。在1781年至1788年间,各州的治理是按照《邦联条例》——即美国的第一部宪法——所概述的法律进行的。尽管13州邦联强调了国家统一的理念,但有一点从一开始就很明白,那就是国会控制不了常常桀骜不驯的各州,因而需要有一个中央集权程度更高的政府。13州邦联的历史给了保守派人士这样的希望:公众舆论或许会转向他们一边。随着有人提议起草新的国家宪章,良机便到来了。

各州立法机构向费城的制宪会议派去了代表,而各州的议会则由有产集团所控制。这是因为大商业中心都是联邦党人的营垒,在这些地方,土地所有权以及有关选民资格的规定剥夺了许多"机工"即体力劳动者的选举权。而正是那些富裕且有社会地位的公民依据宪法从根本上对政府体制进行了改革。他们成功地把财政权交到强有力的中央政府手中,而且还在其他方面保护自己的地位免受各自州内的攻击。但是他们并不能完全随心所欲。如果不是由于宪法的起草人作出了让步,他们是无法使人民接受这部新宪法的。他们所制定的文件成了平衡各方力量的一个杰作。

《权利法案》与新闻出版自由

联邦党人所作出的让步之一是制定了《权利法案》。这一法案的十项条款是作为第一批宪法修正案提出的，此后便被认为是宪法的一部分，这是因为它们是宪法起草者们为了换取反联邦党人的认可、使宪法有可能得到批准而付出的代价。琳达·克伯写道，借助于对《权利法案》的要求，"反联邦党人迫使联邦党人正视保护少数人权利的需要，赋予新的政治秩序以或许是极其鲜明而重要的特色"。然而，宪法（以及《独立宣言》）有它的局限性。在制宪会议期间，奴隶制就没有成为一个公开争论的问题，因为那势必将危及南部各州的批准。最后，宪法将谁应该选举的决定权交给了各州。各州维持的对选举的财产资格限制有效地剥夺了女性和黑奴的选举权。

《权利法案》的第一条对新闻工作者有着特殊的意义。它规定："国会不得制定下列法律：确立宗教或禁止宗教自由；剥夺人民言论或新闻出版自由；剥夺人民和平集会及向政府请愿申冤之权。"这是美国新闻自由的基石，但是有证据表明，宪法的起草者们只用了很少时间讨论这个问题。詹姆斯·麦迪逊对这次大会所作的详细记述表明，会上只是不经意地偶尔提到了新闻出版。

不过，在新闻出版最终得到法律规定的保护之前，类似的先例早已有之。各州所实行的英国习惯法就规定了在当时看来极大的表达自由，尽管它仍然承认煽动性诽谤法的效力。在1774年第一次大陆会议召开时，约翰·迪金森所起草的《人权宣言》提出了同样的基本原则。到1787年，13个州中有9个已经规定了这样的宪法保护。1776年的弗吉尼亚州《权利法案》称："新闻出版自由是自由的重要保障之一，任何政府，除非是暴虐的政府，决不应加以限制。"马萨诸塞州1780年《权利法案》的第16条表达了类似的精神，其他各州也以各自不同的措辞确立了这一原则。

这也许可以解释新的全国性宪章的起草者为什么会忽视新闻出版自由的问题。他们以为各州已经实现了对新闻出版自由的充分保护。其实，南卡罗来纳州的查尔斯·平克尼提交了一份宪法草案，其中包含了一个与后来被采用的那个条款相似的条款，但是他的建议在当时显然没有引起多大的重视。

然而，事态发展很快表明，如果不对公众情绪作出让步，宪法就不可能获得通过。马萨诸塞州的代表报告说，如果没有一项关于表达自由的条款，宪法就不可能在该州得到批准。在弗吉尼亚州，直到埃德蒙·伦道夫州长呼吁宪法起草人增加《权利法案》之后，该州才动员到足够的票数批准宪法。于是一个制宪委员会被任命起草这样一个法案，而最后通过的决议实际上只是对弗吉尼亚州《权利法案》的修改。然后代表们按要求回到各州，使出浑身解数争取得到支持，以使该法的大部分文件得到批准。他们保证说，宪法中将会包含《权利法案》的各项条款。正是基于这样的谅解，纽约州才最后批准了宪法。然而尽管如此，对于联邦党人即逐渐为人所知的保守派来说，这一胜利也是来之不易的。

由于许下了诺言，《权利法案》成了国会第一次会议的一项重要议程。由麦迪逊主管起草修正案的委员会。他起草完毕的读给委员会听的第一稿这样写道："任何一州都不得违反良心或言论自由的平等权利。"审议这个报告的特别委员会加上了"或新闻出版自由（的平等权利）"的字样。经众、参两院修订后，该条款作为第一修正案于1791年获得批准。

联邦党人领袖亚历山大·汉密尔顿

说来奇怪，作为对公众情绪的让步而不得不加以保护的报刊，反而成了联邦党人为赢得对联邦宪章支持的工具。联邦党人勉强承认，该宪章是他们能够得到的照顾其利益的最佳文件。1787年10月至1788年4月间最初刊登在周二刊《纽约独立新闻报》上的一系列文章对联邦党人的观点作了最出色的阐述。这些文章后来被全国各地报纸转载，接着又以小册子（加上6篇新随笔）和书的形式出版。这些文章被统称为《联邦党人文集》。

这些文章与后来的每日社论大同小异，都是匆匆写就的，却至今仍被人诵读，因为它们不仅是很有启发性的政治研究资料，而且也是优秀的文学作品。

《联邦党人文集》稳稳地确立了亚历山大·汉密尔顿在以这一系列总题目为标志的党派内的领袖地位。他把自己看做是与无政府主义恶龙搏斗的圣乔治[1]。他觉得无政府主义是被自由主义派的激进思想和无组织状态纵容出来的。汉密尔顿坚持认为："我们应该从民主中拯救出来"，而且据他的至少一位传记作者所说，他曾期待恢复贵族政体。有人认为，汉密尔顿之所以崇敬贵族政体，不断地寻求得到那些十分看重门第的人的承认，也许是因为他父亲身份不明。那么，汉密尔顿在革命中为什么会是爱国派而不是托利党人呢？汉密尔顿生于英属西印度群岛，并在那里度过了他的少年时代，因此，与其说汉密尔顿是由于对英国社会和政治结构的仇视，倒不如说他是出于对英国的腐化堕落与管理不善的蔑视而成为美国人的。

正因为如此，汉密尔顿力争内政自治，而且早在革命事业得到人们普遍支持之前，汉密尔顿就对自治有着强烈的向往，这一点是毋庸置疑的。他在战争中表现出色，华盛顿将军不但赏识他的优点，而且也了解这位年轻人的不足（列克星敦和康科德战事发生时汉密尔顿年仅18岁）。为了要使这位火爆性子的爱国派从火线上撤下来，到更能发挥他特长的账房里去管账，华盛顿还确实颇费了一番工夫。

就是这个人后来领导了联邦党人。不论是谁，只要提到他，言谈中都不免要带上自己的偏见。在那个时代，他是政府中最受尊敬也是最遭诟骂者之一。他对各种社会力量知之甚少。他从未有过劳苦生活的经历，因而他往往对劳动人民中的问题不屑一顾。他敏锐地看到，一个只会说悦耳动听的漂亮话和喊五光十色的口号的政府注定是无所作为的。他认为，使政府运转起来的方法是让那些与政府事务有特殊利害关系的人来控制它，因

---

[1] 英格兰守护神。

为如果治理不当，他们的损失最大。汉密尔顿坚持要让合格的人才来掌权，他总认为自己是个理想的军人，通过命令，而不是通过协商来实行统治。

汉密尔顿认为，他的职责是要采取强有力的财政措施以建立国家的信誉，至于那些由于不适当的货币制度而造成的不走运的受害者，就不必放在心上了。他对于丹尼尔·谢斯之类的民众领袖没有任何怜悯。谢斯是马萨诸塞州的一名老兵，他于1786年领导了一次注定会失败的起义，反对税收和金本位制货币政策。因为这样的政策威胁到了小农阶级的切身生计，更不用说他们的自由权利了。汉密尔顿看到了这种平民起义的危险，因而他希望匆匆通过宪法，他正确地预见到这样可以解决许多难题。不过他宁可采用武力来对付谢斯之流，也不愿安抚那些愤懑不平的受害者。他崇尚武力，但他一生所证明的却是他作为一位著作家和政治思想家，而不是军人的天才。正如鲍尔斯所说的：

> 他是一位天生的新闻工作者和小册子作者——他是美国报纸社论之父之一。他敏锐的判断力、深刻的洞察力、凝练的本领以及表达的清晰达到了一流社论撰稿人的水准。也正是这些素质，使他成为无与伦比的小册子作者。

正是这样的一个人领导了为使宪法得到批准而进行努力的各种力量，然而奇怪的是，汉密尔顿本人并不喜欢这个宪法文件。他有一次曾经说，这是一个"白白浪费了时间的软弱无力的东西，维持不了多久，唯一的用处就是为下一步得到更好些的东西作铺垫"。对于一个像汉密尔顿这样崇拜贵族政体的人来说，宪法在某些方面自由派色彩太浓了。然而，他还是正视了他所认为的事实，对这部宪法予以了支持。这一文件将汉密尔顿认为应该控制政府的各色人等聚拢到一起。虽然汉密尔顿不赞成宪法为讨好民众而作出的让步，但是他精明地认识到，要想保护财产，这样的妥协是必要的。有一年夏天，汉密尔顿乘纽约班轮沿哈得孙河缓缓顺流而下，在旅途中决定把个人好恶放在一边，开始写作《联邦党人文集》的第一篇，于是他创下了一生中最伟大的成就。即使汉密尔顿在一生中未取得任何别的成就，他在那一天以新闻工作者身份所做的事情就足值他的公民同胞铭记。

联邦党人主编：芬诺、韦伯斯特、科贝特和拉塞尔

《合众国公报》是联邦党在其鼎盛时期出版的一份出色的报纸。该报由汉密尔顿出资创办，由约翰·芬诺主编。芬诺于1789年4月15日在当时的合众国首都纽约发行了第一期报纸。从教师出身的芬诺的身上，我们已经开始看到了专业报人的成长，此前的编辑和发行人大多是出身于印刷所的。芬诺作为一个报人树立其声望并非得益于他的印刷学徒身份。不久之后，由芬诺主编的报纸便被公认为联邦党人的喉舌，并随政府于1791年迁往新选定的首都费城。

联邦党人另一个强有力的发言人是诺亚·韦伯斯特，他以词典编撰家而为世人铭

记，但他又是个多才多艺的人。他是律师、气象预报先驱、翻译家、历史学家、经济学家和一位科学种田的农场主，同时也被公认为他那个时代伟大的编辑。1793年，韦伯斯特作为汉密尔顿的支持者到了纽约，负责主编日报《智慧女神报》、半周报《先驱报》（1797年后分别更名为《商业广告报》和《旁观者报》）。

威廉·科贝特❶是又一位伟大的联邦党人主编。虽然他从未成为美国人，但在1794年至1800年间，他严厉批评了（杰斐逊派）民主共和党人，捍卫了联邦党人的主张。

联邦党人历史最悠久的一份报纸是本杰明·拉塞尔少校在波士顿出版的《马萨诸塞（后为哥伦比亚）哨兵报》。

法国革命

有上面这些新闻大炮对付他们倒霉的对手，联邦党人便迅速地巩固了他们的势力。倘若不是由于法国革命的爆发，联邦党人会把许多美国人曾以战斗争取的思想消灭殆尽，正如托马斯·W·希金森上校❷在他关于这段历史的卷帙浩繁的笔记中所说的，法国革命"拉动了美国历史上一段火红炽热的犁铧"。美国曾经用自己争取自由的斗争引发了法国大革命，而现在法国人正以类似的方式来回报美国——而且来得正是时候。法国革命

本杰明·拉塞尔

的影响阻止了美国的君主主义者在他们的道路上继续走下去，摧毁了贵族政体派的最后一线希望，扭转了与英国重新结盟的趋势。法国革命还为美国提供了急需的文学和哲学方面的弹药，用以回击那些保卫着联邦党人堡垒的技巧娴熟的新闻炮台。此时所需要的就是一位伟大的领袖。通常在这样的紧急时刻，总有伟人应运而出。

反联邦党人领袖托马斯·杰斐逊

这个反联邦党人的英雄就是托马斯·杰斐逊，当时是华盛顿内阁的国务卿。杰斐逊与他的同僚汉密尔顿在禀性和思想方面格格不入。杰斐逊理

---

❶ 威廉·科贝特（1763—1835），英国政治评论家、报人。新闻自由和社会政治改革的鼓吹者，多次被判刑并流亡国外。
❷ 托马斯·W·希金森（1823—1911），美国军人、军事历史学家。

想中的主权公民是美国的自耕农,而不是商人。他深信世界上没有别的什么人能像合众国乡间那些独立的土地所有者那样富裕。在看到了欧洲城市的贫穷肮脏后,杰斐逊更加肯定地觉得美国自耕农的利益必须予以维护。然而应该指出的是,杰斐逊并不是要为所有的平民集团谋福利。他不信任无产阶级——即城市中的工人。贫民窟是他衡量一个病态社会的尺度。

要实现杰斐逊的目标,一个权力下放到各州的分权政府就足够了。由于信贷、商业以及制造业等事务在他看来都是次要的,因此只要有一个必要的可以维持国内秩序的政府,杰斐逊就别无所求了。汉密尔顿的主张刚好相反。这位联邦党人领袖于是坚持要建立一个**负责任**的政府——一个能够保护财产和扶助商业的政府;而杰斐逊对建立一个**富有同情心**的政府的兴趣要大得多,他更加关心的是人民当前的需要,而不是长远的安全保障。

杰斐逊的主编——菲利普·弗雷诺

菲利普·弗雷诺❶一辈子都是叛逆。他促成了第二场国内革命。值得注意的是,他是胡格诺派教徒❷的后人。胡格诺派教徒由于为宗教自由事业进行斗争,世世代代吃尽了苦头。弗雷诺1771年毕业于普林斯顿大学,当时该校是动乱的温床。在弗雷诺与詹姆斯·麦迪逊合住的一间屋子里,经常有"激进派"学生聚会,参加者中有哈里·李❸、艾伦·伯尔❹以及后来进入华盛顿内阁的威廉·布雷德福。在这些人中间,弗雷诺是最富有热情的爱国派。

由于同班同学麦迪逊的引荐,这个人微言轻的叛逆引起了杰斐逊的注意。麦迪逊告诉这位反联邦党人领袖说,弗雷诺正是与芬诺和拉塞尔之类斗士在新闻方面展开较量的人选。杰斐逊对麦迪逊的主张一向是考虑的,这位蒙蒂塞洛庄园的主人把麦迪逊当儿子一样看待。杰斐逊提出,如果弗雷诺肯办一份反联邦党人的报纸,他就给弗雷诺一笔津贴,让他作为一名译员在国务院供职。不过,弗雷诺来到首都费城并非受了金钱的诱惑,他把自己看做是一名新闻讨伐者。

菲利普·弗雷诺

❶菲利普·弗雷诺(1752—1832),美国诗人。
❷指16世纪至17世纪的法国新教徒,属加尔文宗。
❸哈里·李(1756—1818),独立战争时期的著名骑兵指挥官,外号"轻骑哈里"。后任大陆会议代表、弗吉尼亚州长、国会众议员等职。
❹艾伦·伯尔(1756—1836),独立战争时期的军官和政治领袖。后任纽约州检察长、国会参议员,1801年至1805年任副总统。1804年1月11日与汉密尔顿决斗,使后者受了致命伤。曾被控以叛国罪。

弗雷诺对芬诺： 党派辱骂

于是，弗雷诺便于1791年成为《国民公报》的主编。这份报纸最初几期是足够温和的，但是这家报纸后来会怎样，其字里行间已有暗示。他的对手芬诺是绝不会容忍像"公众舆论限定每个政府的职权范围，并且是每一个自由政府的真正主权所在"一类词句的。在开始的几个月里，《国民公报》头版那4栏短短的评论看起来无关痛痒，然而当芬诺嘲弄普通公民对政府官员提出控诉的权利时，弗雷诺向读者说："对政府保持始终不懈的戒备"对于防止"野心勃勃的图谋"是必要的。他还警告说："如果有的地方这种戒备没有达成合理的程度，那么人民很快会受到压迫。"

于是有一天，弗雷诺对着汉密尔顿猛烈开火了，抨击他在把短期借款转为长期借款的过程中有不法行为。那天弗雷诺用了"布鲁图斯"这个笔名，汉密尔顿这位联邦党人领袖马上发现他在新闻界碰上了一位不可等闲视之的劲敌。继第一篇文章之后，弗雷诺日复一日地开火攻击。他的无所顾忌激励着其他能言善辩的喉舌喊出了各就各位的口令，即使那些文采稍逊的反联邦党人编辑，也可以通过转载《国民公报》的"交换稿"来唤起读者。而惊恐万状的联邦党人则连篇累牍地撰写社论，对他极尽污辱谩骂之能事，但是对于这些，弗雷诺也照样能够加倍奉还。

弗雷诺如此令人气恼，惹得汉密尔顿亲自加入论战，从而犯下了错误。汉密尔顿给芬诺的报纸写了一篇不署名的文章，说政府职员不应该批评政府的政策。弗雷诺反击说，杰斐逊的国务院发给他的一点点薪俸并不能封上他的嘴巴。汉密尔顿作为那篇文章作者的身份一经暴露，他便攻击杰斐逊是《国民公报》上那些污言秽语的真正作者。两位内阁官员间的这场纷争只得由华盛顿总统来仲裁，但总统发现这一裂痕是无法弥合的。事实上，华盛顿总统也被他所称的"无赖弗雷诺"搞得甚为狼狈，因为弗雷诺写过这样的报道："一国之首长……几乎不了解国家的真实情况，尤其若是他因身居要职而自认为偶尔到人民中间去一下会有失身份。"弗雷诺把华盛顿当作一个理所应当的攻击目标，因为在这位主编看来，老将军华盛顿把自己的大名提供给了联邦党人做"招牌"。

无论是反对派还是政府，最终都没能制服弗雷诺。到头来，《国民公报》只不过是由于财政拮据才停刊的。与芬诺曾经得到汉密尔顿的资助不同，没有什么好心人向弗雷诺伸出援手。杰斐逊本可以提供一点帮助，但在他于1793年离开内阁后，弗雷诺便基本上得不到任何财政支持了。当黄热病袭来时，他的工人们纷纷逃出城去，弗雷诺关闭了报社，此后再也没有复刊。他的报纸只出版了两年，但很难说当时是否还有别的出版物取得过如此巨大的成功。报纸的停刊差不多也是弗雷诺报人生涯的结束。他一度在新泽西和纽约试了一下身手，但最终还是回到了海上。后来，他作为诗人的才华重新被人发现。

贝奇与《曙光女神报》

本杰明·富兰克林·贝奇是接过弗雷诺扔下的反联邦党人火炬的主要新闻工作者之一，他是本杰明·富兰克林的外孙。1790年，刚刚21岁的贝奇创办了《费城综合广告报》，该报的另一个名字《曙光女神报》名气更大（后一个名字以小号字体排在报名周围）。贝奇是一位性格活泼的年轻人，他感情冲动，才华横溢，常常出言不逊。他的作风受到弗雷诺的影响，他的报纸的党派倾向甚至比《国民公报》还要强烈。进行彻头彻尾的恶毒攻击在他来说简直就是家常便饭。

他在1796年12月23日一期的《曙光女神报》上写道："如果说曾经有人败坏过一个民族的话，那么华盛顿已经败坏了美利坚民族。"作为报复，联邦党人砸烂了《曙光女神报》报社，并且殴打了这位主编。芬诺在大街上杖笞贝奇，科贝特则在《箭猪公报》上这样描写他：

> 这个穷凶极恶的家伙（他不愧是老本杰明的子孙）知道，但凡有点见识的人都瞧不起他，把他当作一个不可救药的骗子、一个工具、一个别人的走狗……他是个容貌丑陋的恶魔。他的眼睛从没有看到别人的膝盖以上。他脸色蜡黄，两颊凹陷，目光呆滞，给人的大体印象就像是一个在绞刑架上吊了一星期或10天的家伙。

由于报刊上谩骂成风，一些历史学家把这一时期称为"新闻事业的黑暗时代"。不过，这只是个过渡阶段，而且也许新闻界所反映出的强烈的党派偏见，恰恰是为了发泄一些战后积累起来的反英怨气。英国与革命的法国之间的战争更加剧了这种紧张局面。华盛顿在他任期快结束的时候曾告诫国人千万不要与外国结盟。要美国人接受他的这个忠告是不很容易的。偏向任何一方对于这个新生的国度来说都没有多少好处。不幸的是，交战双方硬是把美国人的注意力吸引到了这场战争上。

1798年的《外侨法》与《煽动法》

约翰·亚当斯作为合众国第二位总统就职后，两党之间上演了一场斯文扫地的政治和新闻搏杀。

正是在这样的形势下，政府在1798年夏试图制止如此强烈的敌对情绪。国会在当年6月和7月分别通过了《外侨法》和《煽动法》。前者针对那些爱惹麻烦的外国人，后者则是要钳制讨厌的编辑们。

《外侨法》的制定者希望此法能够有助于削弱这些咄咄逼人的外国人的队伍。《外侨法》中的一项条款规定，把归化所需年限从5年延长到14年，另一条款则授权总统把他认为有颠覆行为的外国人驱逐出境（实际上亚当斯并没有行使过这一权力）。

《煽动法》显然是试图约束反联邦党人在新闻界的代言人。该法律宣布：

> 凡书写、印刷、以口头或书面方式发表……任何捏造的、诽谤的和恶意的文字……攻击合众国政府，或国会两院中任何一院……或在职总统，或在合众国善良的人民中间煽动反对他们的情绪……或抵制、反对与蔑视此类法律者……处以2 000美元以内罚金并处两年以内监禁。

这两项法律施行了两年。应该指出，这个新国家当时仍然在试图界定言论自由的范围和限度，新闻自由的基石之一是自由批评政府及其行政官员的权利。《外侨法》与《煽动法》倒转了这种曾使美国成为被压迫者羡慕的目标的进程。

从某些方面来看，《煽动法》可说是通向新闻自由之路上的一个里程碑。该法律并未禁止对政府的批评，而只是试图约束为了败坏政府官员名誉而发表的蓄意捏造的恶意言论。该法律还提供了两项保障，其一是可以用事实真相作为辩护依据，其二是陪审团可就法律和事实两者作出裁决。这就是安德鲁·汉密尔顿曾在约翰·彼得·曾格一案中提出的相互关联的两个论点。至此它被载入1798年的法律中。

乍看起来，《煽动法》似乎是值得予以支持的。但是经验一再表明，执政党必然会出于私利考虑而滥用此类控制权力。

争斗的结束

到1800年，斗争结束了。芬诺与贝奇两人均在1798年夏肆虐费城的那场骇人听闻的黄热病中丧生。当时贝奇正被起诉。弗雷诺慑于瘟疫，离开了费城，他的《国民公报》再也没有复刊。科贝特则被一起诽谤案诉讼搞得破了产，只得远走他国。

总的说来，在这些主要的诽谤能手因种种原因销声匿迹之后，报业便有了进步。

国家首都从费城迁至华盛顿，标志着一个旧时代的结束和一个新时代的开始。与此同时，各政党以及对政府的控制也发生了根本变化。1800年大选时，联邦党人在众议院、参议院、总统职位、内阁、法院、教会、商业及教育等方面均居于主导地位。多达4/5的报纸反对杰斐逊和他的政党，然而杰斐逊却获得了胜利。

专门研究美国建国初期报业的戴维·斯隆教授认为，不能用今天无党派偏见的新闻标准来评价当时的报纸，因为它们的最高目标是为党派事业服务。它们以党徒为政治行动的条件来形成新闻和意见。斯隆认为，这种政党报刊在当时得到了公众和新闻工作者的广泛认可，并且为政党体制的稳定作出了贡献，而这种稳定对于这个新生国家的发展是至关重要的。

但是斯隆又指出，两大政党以及它们在新闻界的支持者扮演了截然不同的角色。联邦党人通常支持传统的价值观，捍卫的是一种行将消亡的政治和社会制度。而反联邦党人则体现了当下的也就是正在出现的状况，他们提倡的是为"人民"创造更大的政治自由和更广泛的政治参与的机会。处于优势的联邦党报纸作出了一项选择，把杰斐逊和他在新闻界的支持者当作极端的颠覆分子来抨击，以此捍卫其现有的地位——这是历代保守派共同的手法。这种做法到1800年行不通了。

正如历史学家小阿瑟·M·施莱辛格在其著作中所言："一个政党如果以欺骗人民开始，那么大抵会以欺骗自己而告终。"有确凿证据表明，这一结论是正确的。正如本章所阐述的那样，新闻界在揭露党派的欺骗性方面所发挥的作用比以往任何时候都更加至关重要，因为如果没有这种对党派欺骗性的揭露，绝大多数公众在很长时间里仍将无法享有自由。不幸的是，在这一点得到广泛理解之前，一些人必须忍辱负重——其中包括像莱昂、贝奇、杜安以及《波士顿独立纪事报》的托马斯·亚当斯等人。亚当斯和他的兄弟阿拜贾在1798年并没有被联邦党人检控官所吓倒，尽管他们面临的是入狱或者更坏的下场。病重弥留之际，托马斯·亚当斯仍然以空行的双倍尺寸的卡斯隆黑体字刊出文章回敬诋毁他的人。他写道："《纪事报》注定要受到起诉……它将与美国的自由共存亡，没有任何力量能够压制它嘹亮的声音，除非引导我们赢得独立的每一条原则都不复存在。"

第五章

向西扩张

亲杰克逊的边疆报纸《美国西部守卫者报》是由阿莫斯·肯德尔和弗朗西斯·P·布莱尔编辑的

《纽约晚邮报》，1801年

杰斐逊的新闻观

报业的发展：最初的日报

报业向西部发展

边疆报纸

政府报道：《国民通讯员报》

杂志获得立足点

印刷文字的扩展

市场革命

最初的劳工报纸

肯德尔与布莱尔的《华盛顿环球报》

为了人民报刊的发明

> 我心甘情愿贡献出自己，作为一次伟大实验的对象……以证明所谓新闻出版自由与安邦定国水火不容这种说法纯属一派胡言。
>
> ——杰斐逊致西摩的信

杰斐逊在 1800 年选举中取胜，从而使他的党遇到了不久前联邦党人当政时曾经遭受到的那种攻击。杰斐逊的"民主共和党人"控制了政府，但是据总统估计，多达 3/5 的报纸主编仍然支持联邦党人的政策。在某些地区，联邦党人报纸的数目是他们政治对手所控制报纸的 5 倍之多。这种"一党"报业显然没有对普通选民产生影响，因为他们仍旧不断选举代表民主共和党的候选人担任公职（反联邦党人在最终采用"民主党"这一名称之前称民主共和党）。

在杰斐逊与安德鲁·杰克逊，以及富兰克林·罗斯福与哈里·杜鲁门当政时期，公众与报纸社论观点的差异引起了报刊研究者的关注。他们指出，有些时候候选人得到一边倒的支持，而同时新闻界众口一词地反对民众的事业，因此评论家们有时怀疑美国的新闻界究竟是不是像新闻工作者们所说的那样有力量。这段历史表明，新闻界的力量并不在于以意见劝服他人，而在于传播信息以及唤起人们对或深刻或肤浅的问题的兴趣。

《纽约晚邮报》，1801 年

1800 年，联邦党人在选举中落败。一年后，亚历山大·汉密尔顿创办了一份报纸，成为该党派的一个重要喉舌。这位联邦党人领袖认为，当前比以往任何时候都更有必要办一份享有信誉的党报，以阻止民主共和党不断上升的声望。于是，《纽约晚邮报》应运而生，并注定成为该城市最古老的报纸。汉密尔顿挑选威廉·科尔曼担任报纸首任主编。科尔曼是一个律师，当过法庭书记官。这再一次反映出从印刷商兼主编的时代以来新闻界的新潮流。科尔曼是个能干的主编，但是当"将军"——汉密尔顿喜欢别人这样称呼他——在的时候，人人心里都明白，科尔曼在报社只是二把手。

不过，科尔曼是一位在文学上颇有抱负的作家。他能以尖刻的文笔来表达他的信念，从而常常能削弱党内外摇摆不定的反对派力量。他还具有非凡的个人魅力和勇气。最后，科尔曼因为他对艾伦·伯尔的忠诚而与汉密尔顿闹翻了。但是在《邮报》刚开办的日子里，科尔曼每逢在社论上采取行动时，总是要与报纸的创办人商量。很重要的一点是，科尔曼是一个速记高手，而这也正是汉密尔顿挑选他的一个原因。夜深人静之时，人们在空旷的街道上还会看到匆匆赶路的科尔曼，他要赶往那位联邦党人伟大领袖的家中，去记录下他的口述，作为第二天报纸的社论。这些社论根本无须润色：它们是汉密尔顿的新闻杰作。全国各地的联邦党人主编纷纷转载这些社论，从而显著扩大了该党的影响。在西部新出现的移民定居点出现了互相敌对的政党报纸，分别作为联邦党人和民主共和党人的代言人，并且使它们向两大政党发展的趋势扩展到全国范围（后来分别演变为共和党和民主党)。

正如任何执政党一样,在 1800 年选举中获胜的党需要有反对党。杰斐逊常常表明他是一个新闻自由的信仰者。他的党曾经秉持这一信条与《外侨法》及《煽动法》进行了斗争。他发起和支持了攻击联邦党人限制新闻界的《弗吉尼亚决议》与《肯塔基决议》。他帮助弗雷诺和托马斯·里奇创办报纸,试图遏制联邦党人一统报业的趋势。然而,在他的党获胜之后,他发现自己被联邦党人谴责为限制新闻界。这是一种在美国新闻史上司空见惯的情形——一旦某个集团掌权,表达自由的政策便会一百八十度大转弯。

杰斐逊的新闻观

杰斐逊似乎一直真诚地捍卫新闻自由。即使当新闻界羞辱他的时候,他仍然捍卫它的自由。杰斐逊在 1787 年致友人卡林顿的信中写道:

> 我相信人民的正确判断力将永远被看做是最精锐的军队。他们也许一时会被引入歧途,但是很快就将自我纠正过来。人民是其统治者唯一的监督者;甚至他们的错误也有助于促使统治者恪守他们制度的真正原则。过于严厉地惩罚这些错误,将会压制公共自由的唯一保障。预防此类对人民的不合常理的干预的办法,就是通过公共报纸的渠道,向人民提供关于他们自己事务的全部信息,并且力争使这些报纸渗透到全体人民群众中间。民意是我国政府赖以存在的基础,所以我们首要的目标就是要保持这种权利;若由我来决定我们是要一个没有报纸的政府,还是没有政府的报纸,我会毫不犹豫地选择后者。

杰斐逊致卡林顿信中的这一段被广为引用。但是这封信的第二部分却没有那么出名,尽管它是对作者上一段论述的必不可少的限定。这位伟大的政治家继续写道:

> 但是我必须说明,每个人都应该得到这些报纸,并且有能力阅读它们。

后来,当联邦党人主编们把他折腾得痛苦不堪时,他在致友人的信中愤怒地写道:

> 我国的报纸造假无度,已经比波拿巴所发明的锁链更有效地败坏了新闻界的作用。

不过,杰斐逊写这封信的时候是 1813 年,当时他已经感到心灰意冷。下面这封信写于 1802 年,它较为真实地反映出了他在深思熟虑之后对恶毒的反对派报纸的看法:

> 他们(联邦党人)让自己的报纸充斥着谎话、诽谤和狂言……我们正在进行这样的实验,看一看不借助强制,光凭自由讨论,是否不足以宣传和保护真理,是否不足以使政府在行动和观点方面保持纯洁和正直……我将保护它们撒谎和诽谤的权利。

尽管杰斐逊的新闻观在他的追随者中尽人皆知，尽管他牢牢地控制着自己的党，但是他仍然未能阻止手下人试图给反对派主编施加限制——现在可是杰斐逊派在掌权。

报业的发展：最初的日报

美国的第一家日报是由本杰明·汤于1783年在费城创办的。他的《宾夕法尼亚晚邮报》与其发行人一样没有个性。汤在1776年的时候是一个爱国派，是最早为公众印刷《独立宣言》的印刷商之一，后来成为托利党人。英军投降以后，他承认了自己的罪过，从而在社会上保住了一点体面。不过，这份平庸的小日报只维持了17个月。

此后出现了一张很出色的日报，即戴维·C·克莱普尔和约翰·邓拉普合伙出版的《宾夕法尼亚每日广告邮报》。像汤的《晚邮报》一样，《邮报》最初也是周刊，由邓拉普在1771年创办。邓拉普和克莱普尔在1784年把这份报纸从周三刊改为日报，他们的事业一开始就获得了成功。美国的第一家外文报纸是1794年至1798年在费城出版的《法兰西信使报》，它是美国保皇党人分化成亲法和亲英两派过程中出现的几家短命的法语报纸之一。

到1800年，美国的大多数大港口和商业中心都有了自己的日报：费城6家，纽约5家，巴尔的摩3家，查尔斯顿2家。但是由于某种奇怪的原因，美国报纸的发源地波士顿此时还没有日报。这些报纸许多是被迫挤入日报行列的，为的是与出售伦敦报纸的咖啡馆进行竞争。在这些咖啡馆里，新闻是免费交换的。美国的新闻业者迎接了这一挑战，他们先是发行周二刊，继而发行周三刊，最后出版了日报。

费城甚至曾经有过一份全天候报纸。它是由塞缪尔·哈里森·史密斯出版的《新世界报》，分晨报版和晚报版。这份报纸办得不成功，但它显示出人们对具有时效的新闻报道的兴趣正与日俱增。在1820年印行的512份报纸中，有24份是日报，66份是周二刊或周三刊的报纸，还有422份周报。这些报纸总的来说仍然面向比较富裕的公民，因为报纸的售价不是普通人能够负担得起的。报纸的发行量并不很大，除那些最大的商业中心以外，在其他地方，1 500份的发行量就算不少了。

在边远地区，报业也开始兴旺起来。这一时期，城市郊区边缘以外地区报纸的数量增加了6倍。广告促进了报业的繁荣，因为尽管大多数家庭成批购买和储存生活用品，但是零售业也有了一定规模的发展，从而在以后的年月里支持报业。邮政系统的发展也对报业的扩张起了一些作用。根据1782年和1792年的邮政法案，教育和信息类材料能够以很低廉的邮费邮递。

报业向西部发展

报业的扩张反映了国家的精神。1803年，一贯反对国家帝国主义的杰斐逊获得机会购买了广袤的路易斯安那准州。这笔交易十分划算，因此不能拘泥于原则而加以拒绝。这片土地作为有待开发的地区划入合众国的版图之后，移民从东部蜂拥而至。在此期间，政府收到了许多申请，要求赋予这一地区以州的地位，表明人们对西部土地的垂涎。在1790年至1820年间，有9个新州加入了联邦。

在新开拓的西部地区出现的第一家报纸是约翰·斯卡尔1786年创办的《匹兹堡公报》，现在仍以《新闻邮报》之名印行。到1800年，阿巴拉契亚山脉以西地区已经有21家报纸在出版。在这早期阶段，俄亥俄河是最重要的商业命脉，但是，沿沃巴什河及其他较小的河流，如马斯金格姆河、赛欧托河、莫米河及凯霍加河等，也出现了一些重要的定居点，并出版了报纸。

在这个新开拓的地区，广告还不足以支持新闻业。然而幸运的是，需要有某种发表法律信息的手段，而这便常常足以诱使人们办报了。

美国印第安人最早的出版物之一《彻罗基信使报》

1828年，彻罗基部落在佐治亚州创办了第一份印第安人报纸《彻罗基凤凰报》。该报由埃利亚斯·布迪诺特主编，每期4版，用英文和由印第安人学者塞阔雅发明的有86

个字母的彻罗基文混合出版。

边疆报纸

在各自孤立的村落和欣欣向荣的河畔城镇,这些薄薄的小小的周报对于形成公众舆论发挥了很大的作用,使得西部地区成为美国政治中一支新力量。那么,这些在西部发挥了如此巨大影响的报纸究竟是什么样子的呢?总的来说,这些报纸都很小,手工排版,质量低劣。显然,它们不可能有大量的人手、常驻外埠记者以及为那些忙碌得顾不上形成自己观点的读者提供见解的专栏作家。当然,这些报纸上也刊登了不少意见,但其中大部分是读者投来的。通常各报都有一两栏本地新闻,有时则不加标题地散印。有时也刊登半栏交换文章或是转载最新邮寄来的其他报纸上的新闻。除通告或广告之外,报上刊登的其他材料大多是读者的投稿。每一个会舞文弄墨的订户迟早会有文字见报。凡有冤屈的,都可以在地方报纸的版面上抒发他们心中最大的怨气。甚至连政府官员也加入了进来,尽管他们并不总是公开身份,但是总会露出真面目,从而招致猛烈的回敬。通常这类文字是尖锐、刺耳和低级趣味的。"如实报道的新闻"则往往有歪曲事实、华而不实和打击报复之嫌。但是无论这样的报纸有什么缺点,它们还是办得生气勃勃、有声有色。伟大的法国观察家亚历克西·德·托克维尔[1]稍后对这种公共机构作过描述,不过他的评论对于这个 10 年来说也是很贴切的。他虽然讨厌美国报业褊狭的地方习气,但同时也对其活力产生了印象。他震惊于西部的粗野,但也对民主实验的成功感到惊喜。而且他认为,新闻界是促进这一发展的重要工具。托克维尔发现了新闻界与公众之间的密切关系,毋庸置疑,这是通过读者积极参与地方新闻活动而培育起来的。他写道,公众看来是尊敬第四等级的,这从新闻界享有的巨大自由中表现得一清二楚。

到 19 世纪第一个 10 年结束时,西部报业已经兴旺发达起来,而且颇具影响力。编辑和了解自己选区的政客们都知道,西部地区有其特殊的问题。在关于普通民众权利的问题上,他们往往站在杰斐逊派一边;但是,由于要依赖联邦政府来保卫他们在印第安人领地的定居点,他们又赞成强大的中央集权政府。

政府报道:《国民通讯员报》

在这一时期,报业最重要的发展便是开始报道政府活动。按照英美的

---

[1] 亚历克西·德·托克维尔(1805—1852),法国政治学家、历史学家。1831 年至 1832 年到美国考察,1835 年出版《论美国的民主》一卷、二卷,1840 年出版三卷、四卷。

理念，新闻界是否拥有向大众报道与他们有利害关系的会议的权利，是检验新闻自由的标准之一。1789年4月8日，即联邦众议院成立两天后，记者便可进行采访。而参议院有一段时间曾经比较保密，不但将记者拒之门外，甚至也不让众议员了解其辩论情况。但是到1795年12月9日，参议院设立了记者席。当首都从纽约迁至费城之后，记者席距离讲坛太远，记者们无法听清发言，于是在1802年1月2日，参议院（此时已迁往华盛顿）投票批准记者直接进入议员席。在有关记者席的安排上，记者与众议院曾有过争执。在费城时，众议院划给记者"4个窗台上的位子"；迁到华盛顿后，记者们费了一番口舌，才赢得了报道议会辩论的权利。

关于政府活动，最有效的报道之一是由《国民通讯员报》这家当时的出色报纸提供的，其创办人是塞缪尔·哈里森·史密斯。当杰斐逊劝其放弃原来在费城很有前途的出版事业，到新首都华盛顿开办一家报纸时，史密斯年仅28岁。杰斐逊当过费城的学术团体美国哲学学会（由富兰克林创办）的会长，而史密斯曾任该组织秘书。杰斐逊对这位年轻人印象很深。《国民通讯员报》很快便成为政府的半官方喉舌，但它也利用其相当客观的国会辩论报道，为华盛顿以外所有派系的报纸提供服务。

《国民通讯员报》报道1820年密苏里妥协案的通过

《国民通讯员报》（1823）和《美国西部守卫者报》（1836）刊登的广告

杂志获得立足点

《国民通讯员报》在"善意时代"❶的新闻界中并不具有典型意义。当时很少有其他报纸获得了历史地位。而另一方面，这一时期的杂志界获得了有趣的发展。1741年，安德鲁·布雷德福比本杰明·富兰克林抢先三天出版了一份期刊，从而使富兰克林的计划受挫，从此以后，不时有人尝试出版杂志。

革命时期共有5家杂志创刊。那时，就有某种迹象，表明有朝一日杂志也能自给自足。罗伯特·艾特肯在费城出版的《宾夕法尼亚杂志》使美国公众第一次领略了汤姆·潘恩的风格。这份杂志编辑得很考究，其中充满了趣味盎然的政治消息、优秀的文学作品以及关于重大问题的探讨。虽然它未获成功，但它证明了办杂志是有前途的。

18世纪末出版的其他杂志如今成了历史学家宝贵的资料来源。1786年创刊的《哥伦比亚杂志》刊登（用铜版镌刻印刷的）精美插图，显示了向画报发展的趋势。一年以后，马修·凯里创办了《美国博物馆》杂志。按照研究美国杂志发展史的知名权威弗兰克·卢瑟·莫特的说法，这家杂志是当时编辑水平最高的期刊，它对于那个时期的研究者始终是一个富含政治、社会及经济史资料的宝库，有几期厚达100页以上。

印刷文字的扩展

政治参与的扩大刺激了人们对政治的兴趣。所有新成立的州都效仿佛蒙特州让全部白人男子都取得了选举权。

事实上，人们越来越多地依赖新闻界提供信息、灵感、鼓动和学校常常供不应求的一个社会的教育。这一时期，报纸、书籍和杂志增加得很快，以至于印刷机不能满足对这类材料的渴望。1810年时共有375家印刷所，到1825年，这个数字增加了两倍。在1820年至1830年间，单是书籍的出版就增加了10%，可仍未满足需求，因此美国人继续向欧洲出版商购买70%的书籍。尽管存在着这种对欧洲文学的依赖，但美国人在千方百计地鼓励人们创办报刊。引人注目的是，到1820年，在册的美国出版物，包括书籍、杂志和报纸，已经超过了5万种。在19世纪20年代，这些出版物的销售额增加了100万美元以上，总收入大

---

❶ 指1812年战争结束到19世纪20年代中期政党争斗不复存在的十几年。

约为 250 万美元。

说实话，美国的出版物大多是极为浅薄和褊狭的。《公文包》是最有文化品位的杂志之一，其订数也难得超过 2 000 份。权威的《北美评论》正常发行量约为 3 000 份。当时纽约最大的几份报纸每期发行量可达 4 000 份，而发行量在 1 500 份至 2 500 份的报纸则要常见得多。只有宗教报刊才会有很大的发行量。例如，卫理公会的《基督教新闻与鼓动报》在 1826 年自己估计有 25 000 个订户。尽管发行量不大，但是通俗出版物正在接触到越来越多的公民，而且它们的数量在逐年增长。

不幸的是，大多数普通公民无力每年预付 5 到 10 美元来订阅这样的出版物。由于当时工资水平的限制，许多工人每个星期只能挣大约 8 美元，这使他们几乎没有能力购买任何杂志和大多数的报纸。尽管如此，还是有足够多的报刊到了平民百姓的手里，从而使美国报纸的按人口计算的读者人数在全世界首屈一指。1826 年，美国报纸的年发行量超过英国 300 多万份。1810 年，美国有 376 家报纸。到 1828 年杰克逊当选总统时，已有将近 900 家（其中大多是周报）。然而，美国所需要的是一种报业：它能够更加深入地接触民众——首先是中产阶级，然后是工人。

在许多社区，报纸是大多数居民所能接触到的唯一的文学材料。在其他文化机构发展成熟之前，它们充当了主要的教育工具。事实上，当时美国正在开始填补这方面的空白。在文学领域，美国涌现出了华盛顿·欧文、詹姆斯·费尼莫尔·库珀、威廉·卡伦·布赖恩特、玛格丽特·富勒、纳撒尼尔·霍桑和拉尔夫·沃尔多·爱默生，所有这些作家将很快得到承认，甚至在欧洲也是如此。

早期崇拜美国的匈牙利知识分子山多尔·福尔考什，他在 1831 年访问美国之后编纂了《北美游记》。在欧洲，各国政府代人民行动和思考，而在美国，福尔考什记录下了颇有人情味的内容：

> 在欧洲，人们认为美国能如此迅速地在全国范围提高启蒙水平是有魔法相助。在美国生效的这种魔法其实就是印行报纸。例如，公共马车定期运送报纸，在荒野地区有报纸投递令我惊喜交加。任何一个拓荒者都阅读报纸，无论他离文明多么遥远，也不管他多么贫穷。公共马车驶近荒野新近开辟的定居点时，便会吹响喇叭，接着，马车夫从座位下的箱子里取出报纸，扔到路边。这种景象一天到晚不断重复：向路边的定居点（有时不过是一座孤零零的小木屋）扔报纸。

市场革命

安德鲁·杰克逊的名字经常作为一个形容词来修饰从 1815 到 1848 年的那个时代。

这一时期也被称为"平民百姓的时代",意指当时进行的民主改革。到1824年的时候,美国政治的重组正进行得如火如荼。

1824年,总统竞选势力分散,党派界线也模糊不清。军界英雄西部人安德鲁·杰克逊以较少的普选人票和最多的选举人票领先,但还不是多数票。约翰·昆西·亚当斯代表着典型的联邦党人"贵族"政治传统,是强劲的二号候选人。1828年,杰克逊赢得了56%的普选票,并在选举人团投票中以178对83票击败了亚当斯。1832年大选时,杰克逊获胜的东部州中增加了缅因、新罕布什尔和新泽西3州,得到54%的普选票,领先于其毫无竞争力的对手、辉格党候选人亨利·克莱❶——在西部地区,克莱只在家乡肯塔基州获胜。1836年,马丁·范布伦作为民主党候选人参加了竞选。他来自东部,是杰克逊手下一位很有手腕的政治干事。他在除马萨诸塞和新泽西之外的所有东部州中击败了他的3个辉格党对手而获得胜利。但是在1840年,当辉格党人团结起来,支持来自西部的军界英雄威廉·亨利·哈里森参加竞选,与被经济萧条困扰的范布伦对垒时,杰克逊民主党的联盟被击溃了。

杰克逊领导集团中的西部人阿莫斯·肯德尔对这场角逐有不同的看法。他把两党间的斗争描述为"生产"阶级即农民、工人和手工艺人与"非生产"阶级即资本家和地主之间的斗争。虽然在人数上非生产阶级处于劣势,但他们却通过控制银行、教育、大多数教会以及大部分新闻出版界而维持着主导地位。因此肯德尔指出:"那些创造了全部财富的人自己反倒陷入贫困。"

与此同时,在费城出版的极端辉格党刊物《美国评论季刊》非常心安理得地解释了财产的神圣不可侵犯。这份杂志在19世纪20年代结束之际曾报道说:"社会的最底层通常指最贫穷者——社会的最上层则指最富有者。纵欲无度、智力不全和道德低下是前者的特性——而富有知识、才智超群、举止优雅以及对社会和家庭的热爱则是后者的标志。"普利策奖获得者、专门研究这一时期历史的小阿瑟·M·施莱辛格评论道:"财产,反映在(辉格党人)心目中,几乎等同于身份。"实力雄厚的第二合众国银行行长尼古拉斯·比德尔就曾相信,他所领导的阶级十分强大,杰克逊的追随者作出的任何束缚它的企图都是徒劳的,他自作聪明地把反对派民主党形容为一个由"既无财产可以评估,又无身份可以失去的人"所组成的政党。

1832年夏天,杰克逊否决了一项延长合众国银行特许状的议案,这使傲气十足的比德尔完全惊呆了。关于杰克逊否决上述议案一事,《波士顿邮

---

❶ 亨利·克莱(1777—1852),美国政界领袖。1806—1807年、1810—1811年、1831—1842年任国会参议员,1811—1820年、1823—1825年任众议院议长。由于支持约翰·亚当斯在1824年当选总统而获得了"总统制造者"的称号,1825年任国务卿。后两次竞选总统。以"伟大的妥协者"闻名。

报》的查尔斯·戈登·格林这样写道，"涮了比德尔，骗了（其他人），废了（特许状）"。杰克逊在其否决该议案的咨文中，对正在寻求保护以逃避政府不公正做法的农民、机工及劳工表示了敬意，但他同时宣布，无论是对社会上层还是下层、富人还是穷人，政府将提供同等的保护——新出现的企业家对此举是赞成的。对于杰克逊和他的党来说不幸的是，比德尔银行的垮台向拙劣的财政政策、野猫银行业以及通货膨胀打开了门户。到1837年，无论贫富，人人都成了一场大规模"恐慌"的受害者。然而受到抱怨的却是范布伦，而不是绰号"老核桃"的杰克逊。但是总的来说，杰克逊有资格将自己的名字与一个进行政治改革、扩大经济机会、改善学校教育、发展文学事业和报刊实现大众化的"时代"联系在一起吗？长期以来这已经成为一个定论，但是大多数历史学家今天就此展开了争论。有的认为，杰克逊着手进行的改革是真正民主的，例如，他们强调，由国会领袖遴选总统候选人的制度为政党全国代表大会所取代，这让平民百姓更容易竞选公职，他们认为，由于更多的公民能够投票，政党领袖不能轻易地忽略他们的愿望了。但是其他历史学家注意到，种族和性别仍然限制着公民权。他们认为，即便有更多的白人参加投票，但是仍然不能以有意义的方式进行权力再分配。政治领袖仍然比他们的选民更富有，教育程度更高。历史学家们还观察到，杰克逊的改革对某些企业家和投机商的帮助要大于对"平民百姓"的帮助。此外，安东尼·华莱士等历史学家提醒我们，印第安人的迁移对于杰克逊的许多改革来说是带有根本性影响的。华莱士将这一时期引人注目的市场转型和经济发展与杰克逊对印第安人的政策联系起来，而肖恩·威伦茨对许多这样的辩论提供了出色的全面概述。也许可以给这一时期加上这样一个最准确的标签：它强调的是对社会关系和实际上美国生活的每一个方面产生了冲击的经济发展和变革——即市场革命。

最初的劳工报纸

劳工报刊的发展，是工业革命以及一类新型公民日益迫切地需要得到承认的直接结果。1828年至1829年间寒冬时节的经济萧条，加上生活费用上涨，酝酿了一场早该爆发的劳工起义。1827年，第一份劳工报纸——在费城出版的《熟练机工鼓动报》问世，它是一个明确的信号，表明劳工们也希望为自己的利益进行斗争，就像有产者长期以来为自己的利益而斗争一样。第一家劳工报纸只存在了一年，当时工人的境遇十分艰难，无法给报纸以足够的支持。不过，这份报纸是很有意义的"第一家"，因为联系到1828年平民派在选举中取得的胜利，劳工们为表达自己的要求而作出的这一尝试实际上是有预示性的。在杰克逊当选前两个月，"机工工会联盟"创建了第一个工人党。同年,《机工自由新闻报》创刊,这是第一份成功的劳工报纸,在1837年的经济萧条将它扼杀之前,《自由新闻报》每周平均发行量在1 500份左右——当时连纽约几家最大日报的发行量也极少超过4 000份,因此这已是相当可观的了。

在许多方面,早期的劳工报纸比现代的劳工报纸还要出色。当时,它们最基本的职能是反击对工人的偏见,提供商业报刊不屑于刊登的劳工信息,并且使精神颓废者振作起来。它们的报道简明扼要,在当时来说是相当真实的,而且文笔甚佳。

肯德尔与布莱尔的《华盛顿环球报》

与劳工运动一样使辉格党人感到不快的是杰克逊总统的"厨房内阁"。杰克逊政党背后的两名最重要的干将是阿莫斯·肯德尔和弗朗西斯·普雷斯顿·布莱尔。

肯德尔是一个诚实、能干的新闻工作者,他作为民主党发言人的声望最终引起了杰克逊将军的注意。也许是由于体弱导致的同病相怜,他们之间有了一种特殊的联系。总统年事已高,疾病缠身。肯德尔则有点像是疑病症患者,但他确实一向脆弱,也许正是因为如此,他才会有那样的行为。不管怎样,两人之间有一种很牢靠的关系。杰克逊的文笔不算好,他很乐于让肯德尔校改他的重要声明。肯德尔一次次地记下这位面容憔悴的斗士口授的内容。杰克逊总是躺在他爱妻雷切尔肖像下的一张褪色沙发上,而肯德尔则熟练地诠释这位上司的大致想法,并组织成为像样的文字。

布莱尔的《华盛顿环球报》于1830年末问世,那正是杰克逊和布莱尔关系最密切的时候。每当总统手头有一份言辞犀利的声明需要讲究一点新闻策略的时候,他总是说"交给布莱……莱尔吧"。布莱尔手持铅笔,在膝盖的纸片上写写画画,一篇篇战斗性的社论便制作出来,从而把民主党团结得更加紧密。

然而,肯德尔是他们中间最重要的一位。正如杰克逊的一个对手所说的,肯德尔是"**总统思考机器,他的写作机器**——当然也是他的**说谎**机器……他是总监工、首席记者、听写员、文牍员、总会计师,他无所不能——没有他的鬼才,就没有什么事情能干得好"。前总统亚当斯曾有一次在谈到范布伦和杰克逊时毫不夸张地说:"他们两人……12年来一直是阿莫斯·肯德尔的工具,他是他们的幕后操纵者。"肯德尔于1835年成为邮政管理局局长。

为了人民报刊的发明

工业革命的结果是商品售价低廉,同时也使出版价钱不那么昂贵的报纸成为可能。

现在，报纸发行人可以给报纸扩版，并且提供更多的版面为这些商品以及其他服务刊登比以往更有气派的广告。有一大批未得到新闻界开发的公众吸引着报刊创办人，而关键只是要把产品做得具有吸引力。到1833年，技术的发展已经达到了使这一切成为可能的地步。

让我们来看看殖民地时期的印刷工人是怎样工作的吧。印刷机的印床是用一个轮子和一组滑轮装置拉出来的；手工检排的铅字被紧密地固定在印版上，置于印刷机的床台上；一名青年学徒，当时叫做"小鬼"，用一根木棒裹上软山羊皮，将自制的印墨涂在铅字上；然后将纸在水槽里浸湿以便更好地吸墨，再小心翼翼地把纸铺在铅字上；接着把床台推回到印刷机下。这时，"压盘"即上面的压力盘便通过一个螺丝或杠杆装置压到铅字上来。再升起压盘，拉出床台，取下印张，晾于绳上，待干后作第二次"操作"，印刷反面。

1830年，英国人戴维·内皮尔改进了科尼希的蒸汽印刷机，将印刷速度提高了两倍。美国的R.霍公司（该公司的名字后来成为新闻印刷设备的同义词）选择了内皮尔的印刷机作为原型，为美国印刷商生产新机器。该公司的新印刷机实际上对内皮尔印刷机作了很大的改进，一小时能够印刷双面报纸4 000份。这样的技术改进对于出版大众能买得起的报纸是必不可少的。

一架殖民地时代的木制手工印刷机

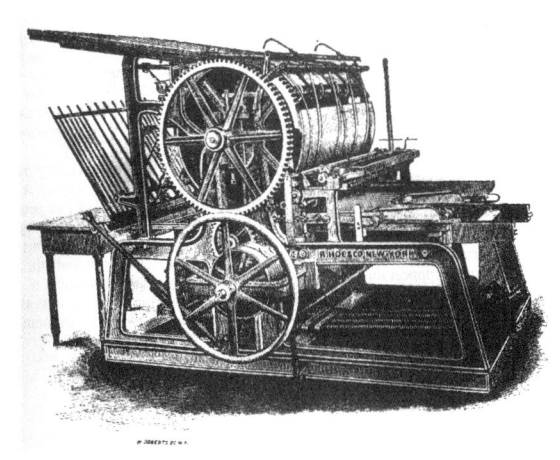

弗里德里希·科尼希动力印刷机的美国改进型（R.霍公司）

到1833年，创办这样一份大众化报纸所需的各种条件已经具备。那时已经可以出版只卖1美分的报纸了，而市面上普通的商业性报纸的售价是6美分。对于一个工人来说，6美分可以买到1/4磅咸猪肉或一品脱本地产威士忌。在英国，亨利·赫瑟林顿❶为大众出版了两份出版物。他失败了,这倒不是因为他定的价太高,而是因为他逃避所谓的"知识税"。这项税收的目的是故意抬高英国报纸的售价,使平民百姓无力购买。

1829年,西巴·史密斯在缅因州的波特兰创办了一份日报。这份报纸比标准报纸小些,售价相当于一般日报的一半,全年预收订费4美元。一年之后,波士顿的一名望族子弟林德·M·沃尔特买下了一家现成的报纸,把它改名为日报《纪录报》,全年订费也是4美元。更受欢迎的报纸也许是1831年由查尔斯·G·格林创办的每年订费4美元的《波士顿晨邮报》,因为该报的文章更具消遣性。两年后,约翰·S·斯利珀上尉创办《波士顿商业新闻》,也是这个价格。所有这些报纸都获得了成功,但它们都只接受订阅。

尽管如此,出版成功的便士报的时机已经成熟。事实上,人们后来在出版便士报方面的尝试将会给美国新闻事业带来重大的变化,这种变化甚至可以用"革命性的"这个字眼来形容。

❶ 亨利·赫瑟林顿(1792—1849),排字工人出身的英国工人报刊主编,主持过《穷人卫报》等报刊。

第六章

面向大众的报业

《纽约论坛报》的霍勒斯·格里利
(《哈泼斯周刊》)

本杰明·戴创办《纽约太阳报》，1833 年

面向平民百姓的便士报

贝内特的《纽约先驱报》，1835 年

格里利的《纽约论坛报》，1841 年

雷蒙德的《纽约时报》，1851 年

新闻竞逐

邮寄新闻

第一批驻华盛顿记者

外国新闻

快马、信鸽、火车、汽船

电报发新闻

美联社的起源

墨西哥战争新闻

用于大量发行的印刷机

但是，世界的确是运动着的，而它在人世间的动力便是敢于走在时代前面的那些人的无畏思想和言论——在他们进行斗争的日子里，这些人被嘲讽为疯子、梦想家、不切实际的空想家和幻想家，并被他人避而远之；他们被当作头脑里充斥种种荒诞不经、异想天开的怪念头以及形形色色的主义的人。然而，他们是航船的桅杆和风帆，而保守主义则是与此相应的压舱之物。压舱之物固然重要——有时甚至是必不可少的——但是如若航船不向前行进，压舱之物便毫无意义。

——霍勒斯·格里利

任何时候，只要现有的传播机构长期忽视了大批民众，那么最终总会有人设计出新的机构来满足这一需求。这类大众报刊不可避免要被高雅的读者嗤之以鼻，因为这类报刊所刊登的内容往往是粗浅而又煽情的。然而，这种蔑视的态度并非总是有理。正如儿童读书一样，一般都是先从《鹅妈妈》或童话故事之类开始，而后才能读比较深奥的书。所以，当公众第一次接触到一家新的新闻机构时，常常喜欢评论家称之为煽情主义的东西，即为追求轰动而追求轰动。这种情形可见诸于大众化新闻事业发展最迅猛的时期。在1620年、1833年、19世纪90年代以及1920年的时候，报界都曾为了发掘久受新闻界忽视的新的读者群，而掀起煽情主义的浪潮。

这种现象在本章所述及的19世纪30年代和40年代清楚地展现出来。1832年，第一份成功的便士报发掘了大批被统称为"平民"的读者，最初发售的这种穷人报纸内容大多是高度煽情的。然而，这仅仅是处于发展阶段，没过多久，便士报便吸引了不同经济和社会地位的读者。而平民百姓也随着他们文化水平的提高而要求报纸提高写作水平。在第一份便士报问世后的10年内，为平民百姓出版的报刊中还出现了一些值得尊敬的报刊，它们为公众提供重要的信息，并起着领航的作用。

在这些便士报出现之前，发行人们每年对每一份报纸的订户预收6美元至10美元的订费。这笔钱超过了大多数熟练工人一周的收入，所以对于一个收入有限的人来说，无论如何也无力支付这么多一笔钱。当时的一般报纸通常是针对有产者编辑出版的，在某种程度上，这成为保守主义在新闻界占优势的原因，同时也是造成报刊发行量一直上不去的原因，尽管机械方面的条件限制无疑也有类似影响。1833年纽约最大的几家日报中包括由性格活泼、脾气焦躁的詹姆斯·沃森·韦布上校出版的晨报《信使与问询报》以及由阿瑟·坦潘在1827年创办，不久即由杰勒德·哈洛克和戴维·黑尔接办的《商业新闻报》。最大的下午报是由威廉·卡伦·布赖恩特发行出版的《邮报》。上述各报与纽约另外8家报纸的售价都是每份6美分，其中多数报纸通过订阅发行，而不是像典型的一便士报那样在街头巷尾零售。

本杰明·戴创办 《纽约太阳报》，1833年

1833年9月3日，一张新颖的小报与读者见面，开创了新闻事业的新纪元。这张小报

就是《纽约太阳报》（"它为人人发光"），由本杰明·H·戴创办。

在9月份面世的那一天，《太阳报》并未让人觉得它的发行量会很快超过所有的竞争对手。该报有4版，每版的大小相当于现代小报的2/3。头版分3栏，没有任何花哨的编排。报道的内容主要是当地发生的事情及暴力新闻，取材大多是无足轻重的琐事，但读来却饶有趣味。最重要的一点是该报售价低廉。在短短6个月里，《太阳报》的发行量便达到了8 000份左右，几乎是与之最接近的报纸的两倍。

该报获得成功的部分原因是因为有了乔治·威斯纳的精彩报道。戴记得当年伦敦最早出现的几家便士报报道博街警察局新闻很受欢迎的情况，于是便雇了威斯纳为《太阳报》如法炮制，并很快就大获成功。威斯纳采写法庭新闻的报酬是每星期4美元，此外他还可得到报纸的一份红利。一年之内，威斯纳便成了报纸的共同业主。

"人情味"新闻是《太阳报》的专长。下面是《太阳报》写作技巧的一则实例，是从该报发行量稳定之后具有代表性的一期报纸上摘录的：

> 大约6年前，一位年轻的绅士、英国一位高贵的准男爵的长子，学业期满后返回故里探望双亲，并与他们一起分享其社交圈的乐趣。

接着，这则报道描写了这位英俊的青年如何爱上了他父亲收养的一个女孩。这对恋人因为被禁止成婚而出逃，恼怒的男爵剥夺了儿子的继承权。然而当这位父亲去世时，其子却被宣布继承爵位，于是次子企图控告其兄乱伦以争夺产业。故事的这部分占了当天《太阳报》头版的全部版面。报道中未用当事人的姓名。这则报道很可能完全是捏造的，只不过"最近"这个词才使报道有了一点新闻的味道。文中根本没有交代继承人的结局，虽然作者不惜笔墨作了如下的渲染：

> 而当我们的主人公无忧无虑地依偎在新娘的酥胸上时，一只被兄弟之恨驱使的兄弟之手却深怀着同室操戈的凶残高高举起，欲置他于死地。

在这期具有代表性的报纸上，留给本地商界的唯一版面是在第三版上的一栏航运新闻。显然，这家报纸不是为有产阶级服务的。然而任何人都会注意到，这家报纸获得了大量的广告收入。最后一版全是广告，第三版约半个版面专门用来刊登分类广告，其中包括"招聘广告"。甚至在头版上也刊登广告，如为罗伯特·霍父子公司所做的一则广告。这家位于戈尔德街29号的印刷机生产商刚刚为《太阳报》安装了一台新型的圆压印刷机。这种机器在当时是该市印刷速度最快的，每小时可印报1 500份。

面向平民百姓的便士报

我们已经提到，便士报的出现与在杰克逊式民主之下平民百姓的崛起密不可分。社会学家迈克尔·舒德森对这一说法表示支持。他认为，大众民主、市场观念及城市社会的发展造就了他所谓的"民主的市场社会"，为了适应这样一种社会的需求，便士报便应运而生。他言简意赅地说，这些新报纸"通过组织销售、吸引广告、强调新闻性、迎合大批读者以及减少对社论的关注，充当起了政治、经济及社会生活中平等主义理想的代言人"，总之，它们的版面详细地记载了所有的潮流走向。舒德森在他的论文中深刻地分析并驳斥了三种假设，它们分别把便士报的出现归因于一种简单的原因，即技术革新、识字率提高（二者都有贡献）以及报刊发展的自然演进。

在杰克逊时代，劳工阶级政治开始赢得承认，它的某些缺点与当时工厂制度中的弊病是一脉相承的。多数统治的原则常常纵容了政府中的政党分肥制、长官意志和庸庸碌碌的现象。而早期的便士报也常常降格以求。就拿《太阳报》来说，该报为了招揽更多的顾客，随时可以歪曲事实真相。事实上，该报在1835年时的发行量增长了近两倍，当时，该报有一位记者是政治哲学家约翰·洛克的后人，他写了一系列文章，自称描写的是月球上的生活。理查德·亚当斯·洛克炮制的这出所谓的"月球骗局"或许没能加深公众对《太阳报》的信任，但是读者似乎没有因为该报用新闻骗术捉弄他们而产生怨恨。

然而当这种新式新闻事业如旭日初升之时，总会有许多美妙的东西得以展现。其时，白人男性工人已经赢得了选举权。便士报可以进入他们的生活，提供作为正统报刊主要内容的博学深奥的言论之外的信息。刚刚获得承认的公众对**新闻**比对**观点**更感兴趣。便士报把精力集中在以有趣的方式提供此类消息上面。《太阳报》及其他许多效仿其风格的报纸的出现证明，新闻如果采取了轻松活泼的表现方式，那么就会成为一种有价值的商品。

另外一批人开始对面向大众的报纸产生特殊的兴趣。这批人就是被这批新媒介惊人的发行量所打动的广告商。在只有少数人购买的每一种出版物上刊登广告是一种昂贵而收效甚微的推销行为。现在，便士报巨大的发行量有可能使那些以往得不到广告费的商品得到宣传机会。第一个广告代理商沃尔尼·B·帕尔默于1849年开了业，开始充当报纸与商人之间的联系人。他很快在好几个城市开设了分号。

另一方面，广告收入使报刊主编和发行人有可能扩大报道范围，以新的新闻采集手段进行实验。由于广告要流向发行量名列前茅的报纸，而且新闻看起来是当时最受欢迎的文学形式，报纸发行人开始把大量资金投入到各种改进新闻报道的手段上。不过广告与便士报纸间的关系是值得在此一提的。随着发行人日益了解到实现大量发行的技巧，他们需要有更先进的印刷机。

便士报还带来了发行方式的改变。此前，标准的商业报纸一直是以订阅方式销售的。工人不仅无力预付大笔订费，而且许多人流动频繁，无法长期订阅报纸。工人因为工作或贫穷而根本看不到报纸的情况常常出现。而便士报主要是依照所谓的"伦敦售报方式"在街头叫卖，因此可以到达这类读者手上。报贩以100份报纸67美分的价格从发行人手上购买报纸，再以每份1美分的价格售出。这样的发行体系还不可避免地改变了报纸的外观，主编们设法通过美化版面和采用易于阅读的字体从竞争对手那里将读者吸引过来。

贝内特的《纽约先驱报》，1835年

詹姆斯·戈登·贝内特是抛弃了那个时代党派偏见的最成功的办报人之一。贝内特是个真正的报人，既当记者又当主编，他与这一历史阶段中地位十分突出的印刷商兼发行人们形成了鲜明对照。他当过驻华盛顿记者，获得了宝贵的经验，这使他在开始把全国性新闻作为商品开发时大受裨益。作为詹姆斯·沃森·韦布上校的主编，他一手促成了《信使报》与《问询报》的合并，使之成为纽约最大的报纸。他先前曾尝试创办自己的报纸，但没有成功。他在1835年5月6日上午出版的报纸改变了这种局面。

贝内特创办《纽约先驱晨报》时年已四旬，当时他意志消沉，债台高筑。他只有500美元资本，还从他的印刷商那里赊了一些账。他的报社设在华尔街20号一幢楼房的地下室里，办公设备包括一块用木板搁在两只干货包装箱上做成的办公桌、一把别人用过的旧椅子以及一个放卡片的盒子。他的全部职员就是他自己。靠这点家底，贝内特办出了他那个时代赢利状况最好的报纸之一。

从《先驱报》创刊号面世到第二期出版，其间耽搁了一个月，但是从1835年6月起，该报便开始兴旺起来，《先驱报》仿效《太阳报》报道耸人听闻题材，不过贝内特还加上了自己的许多花招。在犯罪报道方面，《先驱报》是无与伦比的。在定期出版一年后的1836年6月4日那一期报纸上，《先驱报》表现出了处理此类新闻的典型手法，头版用整版篇幅报道了鲁滨逊-朱厄特案，并配以大字标题。此案涉及本市一个臭名昭著的男子在妓院对一名妓女的谋杀，贝内特动用了他报纸的全部手段报道这起肮脏的谋杀。他激起了公众对此案的极大兴趣，因此当被告出庭受审时，法庭竟然无法继续听取证词。《先驱报》报道此案所用的笔调，从该报在对法庭开庭及庭上骚乱的主要报道之前加上的这则"引子"中可见一斑：

> 少校——县治安官，均致力于恢复维持秩序——然而均无济于事。室外暴雨滂沱——室内暴民作乱。法官和法警们离开了审判庭。鲁滨逊被带下法庭。就在本期

《纽约先驱报》的詹姆斯·戈登·贝内特（贝特曼档案馆）

号外付印之时,公共当局正在设法清理厅内的暴民。

为何不召集民兵呢?

我们还将提供最后一刻的情况……这场血淋淋的活剧的神秘性在增加——增加——增加。

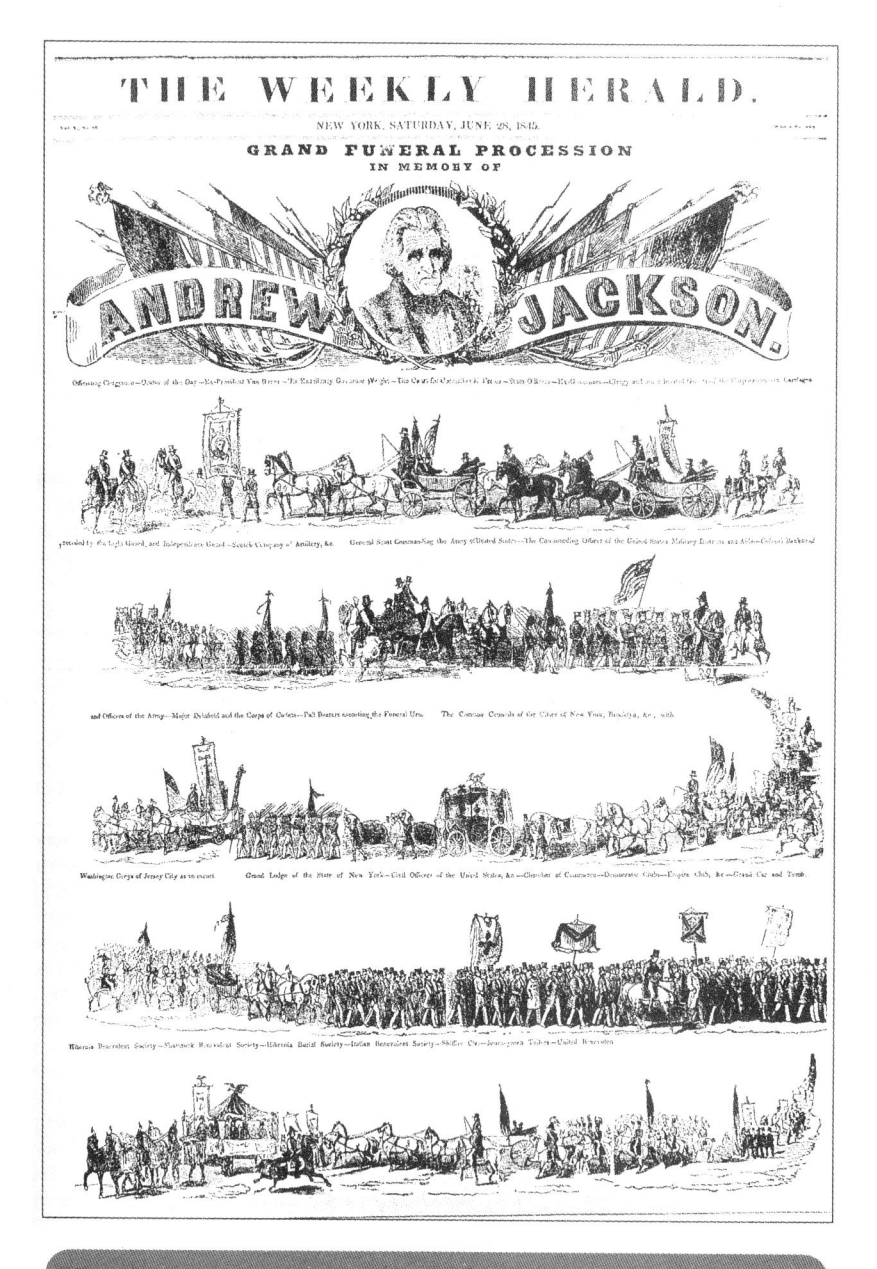

贝内特最著名的头版之一(1845年6月28日),以木刻形式报道前总统安德鲁·杰克逊的葬礼

新闻报道中的这种"号外"是贝内特富于进取精神的报道风格的典型表现。不久这种处理新闻的方式便让位于人们日益增加的对更为重要的新闻的兴趣。贝内特本人对刊登暴力新闻毫无顾忌，因为他确信他的报纸在越办越好。1836年夏，他的报纸脱离了便士报的行列，他为此举辩白说，从他的报纸上——该报的新价格是每份两美分——读者可以得到用这些钱在其他地方根本买不到的东西。

《先驱报》逐年向新闻报道的其他领域拓展。它开辟了无论以任何标准衡量都是最好的金融组以吸引商人阶层。曾经教授过经济学的贝内特撰写他称之为"金融版"的文章。他有这种报道的经验，对新闻报道的这一领域有特殊的兴趣。当行政管理的责任最终迫使他放弃这一工作时，他坚持让他手下最得力的记者去采访华尔街。同时，与竞争对手《太阳报》相比，他能提供给读者更为严肃的背景。他的社论虽然很少写得入木三分，但却口气坚决，有理有据，而且信息量大。《先驱报》在报道包括地方新闻、国内新闻和外国新闻在内的各类新闻方面领先于同类报纸，这一情况我们将在下一章中叙述。贝内特还开辟了一个饶有趣味的"读者来信"栏，读者可以通过该栏对报纸以及新闻事件发表意见。他还促进了批评性评论专栏及社交新闻的发展。早在其他主编认识到体育新闻的魅力很久之前，贝内特就提供体育新闻了。《先驱报》就是这样一路向前，其伟大的贡献就在于它不断创新，精益求精。

这种大胆进取的做法收到了很大的效果。《先驱报》上满是广告，而且成为了发行量领先的报纸。1836年时，该报拥有2万名读者，而到1860年时，它将会成为世界上最大的日报。作为一个不受同业欢迎的竞争者，《先驱报》取得这样的成功招致了一场抵制运动。贝内特的批评者是从1840年5月开始向他发难的，一马当先的是《纽约信号报》的帕克·本杰明。贝内特以前的雇主詹姆斯·沃森·韦布上校也加入了进来（他有一次曾指使人杖击《先驱报》的这位主编），不久，所有对立报纸都加入了声讨这个新闻暴发户的"道德战"。他们指责贝内特亵渎神明（他在报道宗教新闻时曾使用了油腔滑调的文笔），一些有名的教士利用其影响使这场抵制收到了效果。广告商由于害怕触怒这些道德名流，撤回了他们原先准备刊登的广告。

贝内特以其独特的方式解决了《先驱报》面临的问题。他派自己手下最出色的记者去报道教会活动，包括各种各样的宗教会议。他虽然没有多少宗教感情，却具有新闻敏感，发现了另一部分久被忽视但值得迎合的公众。他还减少了报道中明显的江湖骗术，《先驱报》就是因此成为宣传邪恶的象征。结果贝内特获得了胜利。

贝内特把一些必要的元素引入了美国的新闻中。他在新闻报道中注入了趣味性、事业心和进取精神。他的经历证明，一个致力于不断改进其产品的报纸发行人是可以得到优厚回报的。为了使《先驱报》超过竞争对手，他曾花费大笔钱财用于购买各种机器和雇用各类员工，不过这些投资也带来了巨额的利润。贝内特去世时已经家财万贯，给儿子留下了一笔丰厚的财产。但是，《先驱报》之所以被人们记住，与其说是因为它所报道的内容，不如说更多的是因为它的报道方式。

格里利的《纽约论坛报》，1841年

19世纪40年代创刊的一家报纸恰到好处地显示了大众化报刊的成熟。这家报纸就是《纽约论坛报》，其创办人是霍勒斯·格里利，他不久即成为美国新闻史上最有影响的主编之一。记述他生平事迹的书籍很多，超过了这一时期除林肯以外的任何美国人。

格里利活像是狄更斯小说中的人物——逼真得仿佛是一个漫画人物。他具有佛蒙特人（他也确实是佛蒙特人）的倔强，为人刻板朴素，外带新英格兰人难以理解的那种腼腆。关于他自相矛盾的言行屡有传闻。他一方面公开声称自己是辉格党人（即反对大众统治的那个党），但另一方面又毕生致力于为平民百姓谋取更大的物质和政治利益。他一方面是主张维持现状的那个集团的领袖，另一方面又是那个时代最"激进"的人物之一。正当民主进程处在千钧一发之际，格里利"把他的信念寄托于那些思想无拘无束的人"。

实际上，格里利的想法是引导资本主义的各种势力，以便工业、劳工和农业能够取长补短，和衷共济。格里利憧憬着有朝一日人人都可以得到机遇、工作和教育。女子能和男子同工同酬，享有与男子相同的公民权利。人们在所有的事情上都奉行克制精神。工人将会为了保护自己而组织起来。资本将因为社会的繁荣昌盛而受益，但同时也会感到对提高生活水平负有责任。奴隶制以及监禁无力还债者的做法将被废除。研究劳工运动的泰斗约翰·R·康芒斯[1]称：《论坛报》是"本国第一个，也是唯一一个因为建设性民主的思想与实验而闻名的伟大媒介"。

倡导上述革命思想的这个人表面上一点也不像是个救世主。他看上去似乎是从现代滑稽漫画里走出来的人物。他步履蹒跚，走起路来磕磕绊绊，就像是在黑暗中摸索一样。他通常穿着一件浅灰色的"风衣"，或者叫长袍，是他花3美元从一个移民那里买来的，无论冬夏，总是套在他那极不合体、不伦不类的西服外面。他那双正直的浅蓝色的眼睛嵌在一张月亮般的圆脸上，颔下一把柔软的连鬓胡子，一直伸到衣领外面，就像是围绕一块布满苔藓的石头的芦苇丛。他嗓门很高，说起话来声音尖厉，自然不会使他平庸的相貌有所增色。然而，恰恰是此人赢得了报纸读者的忠诚，在美国新闻史上能够做到这一点的主编实属凤毛麟角。

对于树立格里利作为同时代最伟大主编的名声，《论坛报》的周报版起到了重要作用。据说，《论坛报》的全国发行量曾达到20万份，在中西部获得"仅次于《圣经》"的地位。

应该承认，《论坛报》的许多内容只有从广义上讲才是理性的。任何荒

---

[1] 约翰·R·康芒斯（1862—1945），美国经济学家，在威斯康星大学创立研究劳工史的"威斯康星学派"，著有《美国劳工史》，主编过10卷本的《美国工业社会文献史》。

诞不经的社会哲学家，只要他写的文章言之成理，就能在这家报纸上发表。

但是有一点应该清楚，格里利并不完全赞同《论坛报》所发表的那些观点。他明白，这些建议大多数是不切实际的。他也明白，美国正在摸索着迈向一个目标，而如果要想让民主保持蓬勃生机的话，就要继续进行实验。看来他的读者理解了这一点。

格里利受欢迎的秘密，在于他意识到要对读者负责。对于一个主张平分财富、并且身体力行、把《论坛报》源源不断赚来的钱只留下一小部分、然后全都分给员工的人，还有谁会怀疑他的真诚呢？他带领大众化报刊从煽情主义的低俗水平，上升到促进文化和启迪思想的地位，同时还能实现赢利。格里利的门徒也为提高第四等级的水平作出了贡献。

雷蒙德的《纽约时报》，1851年

本章开篇就提出了这样的论点，即当大众传媒最早去开发一类新的公众时，其吸引力总是处在情感刺激的水平上。其结果便产生了"煽情的"传播工具。《太阳报》的读者起初主要是为了阅读它所登载的警事报道才购买报纸的。然而数年之后，这些读者中的许多人变得成熟了起来，因为随着时间的流逝，那些在与《太阳报》的竞争中获得成功的便士报提供了更多营养丰富的食粮。格里利的经历证明，报纸发行人不诉诸煽情主义也可以争取到大众。甚至连《太阳报》和《先驱报》也随着时间的推移而开始提供给读者更多有实质性内容的新闻报道。为了适应读者日益提高的阅读水平，它们不得不这样做。最终，这类报刊便把半文盲的公众抛在后面，于是便又有了一个创办煽情报纸的潮流（如19世纪90年代的情形），以弥补这一不足。《纽约时报》的亨利·J·雷蒙德就是实现这一循环周期的一个例证。

在大学学习期间，雷蒙德就十分崇拜格里利的《纽约人报》，并向它投稿。在拜访了这位纽约的主编之后，雷蒙德于1841年即《论坛报》创刊的那一年成为格里利的首席助理。

雷蒙德与格里利天生合不来。1851年，他接受了《哈泼斯新月刊杂志》（1850年6月创刊）的主编职务，在1856年之前一直任兼职主编。

1851年雷蒙德与乔治·琼斯实现了他们在纽约出版一家报纸的夙愿。这一年9月18日，《纽约每日时报》第一期问世。该报售价1美分，表明了其面向大众的意图。它抛弃了《太阳报》和《先驱报》的煽情主义和《论坛报》的离奇想法，正如发表在该报创刊号上的办报方针中所说的："……我们不打算假装感情冲动地写作（这是对格里利的一记耳光，格里利常常是雷蒙德嘲弄的对象）——除非某些事情确实使我们冲动起来；而我们将努力做到尽可能不使自己感情冲动。"《时报》的长处之一是解释外国新闻。雷蒙德致力于在报道欧洲事件方面出类拔萃。

雷蒙德的贡献在于，他培养了在公众事务报道方面的一种相当正派的态度。《时报》极少刊登人身攻击的文章，也很少以格里利所欣赏的黑白分明的形式提出问题。《时报》在笔调上，甚至在内容上都一贯保持公正，在发展仔细认真的报道技巧方面也无人能及。它还以准确取代了想当然,即使在雷蒙德热衷于政治时也不例外。奇怪的是,沉迷于政治的雷蒙德竟主张他的报纸采取一种消除了党派偏见的客观立场,仿佛这个人具有两种截然不同的性格。

新闻竞逐

便士报的先驱者们或许没有意识到,他们将给美国新闻事业带来一个多么深刻的变革。正如历史学家兼新闻工作者杰拉尔德·W·约翰逊曾经指出的,像戴、贝内特和艾贝尔这样的主编所生活的时代是一个伟大变革的时代,这一变革十分深刻,甚至使独立战争以后的种种改良相形见绌。1830年之后,许多社会传统都发生了剧烈的变化,但是没有一个比新闻事业变化得更加剧烈。

有三种因素制约着报纸的发展。它们是:(1)读者公众;(2)传播系统;(3)生产的改进。在19世纪的第二个25年里,所有这三方面的因素都对报业的发展产生了巨大影响。随着公众识字率的提高以及市面上越来越多的各类出版物,公众的眼界变得更高了。传播系统的发展达到了办报者做梦也想不到的程度。蒸汽印刷机这一自动印刷术的先导以及造纸术的完善,帮助改变了报业的性质。于是,便士报的先驱们发现,他们是在从事一项游戏——这项游戏的老规则已经失效,而新规则仍在形成之中。正如约翰逊所言,"若要生存,就得猜测新的规则是什么,而且在大多数情况下都要猜对。形势要求你根据健全的常识保持警觉、随机应变,因为需要采取的做法在今天看来是显而易见的,但在当时却是十分模糊的。"

为采集新闻而展开竞争反映出了美国人在促进技术发展方面的热情。本章所述及的传播手段的革命便是这一发展过程的结果。北卡罗来纳大学对1820年至1860年间新闻采集活动进行的一项研究评价了传播革命对报业的影响。研究结果显示,在此期间,各家日报所刊登的发生在一周以内的新闻事件报道,平均数量从45%增加到了76%。需要一个月才能见诸报端的新闻报道从28%减少到了8%。电报传送新闻能力的提高进一步降低了这种滞后。这种改善的部分原因是样本报纸的记者、编辑或驻站记者主动采集的新闻稿件数量在增加——从32%增加到55%。这意味着报纸大大减少使用转载稿、外来投稿以及其他的一般化稿件。

邮寄新闻

本杰明·富兰克林在1758年担任殖民地邮政局长时开创了编辑之间免费交换报纸的做法。他还向出版物提供定期的邮政服务。

国会在1792年和1794年对殖民地时期的邮政传统作了修改,实现了联邦控制。起草宪法和《第一修正案》的这一代立法者采取了使报纸的邮费低于成本的做法,以此作为把一个脆弱的民族团结在一起的手段。理查德·B·基尔博维茨教授指出，这反映了美国政府最早的传播政策。写信的人负担了报纸邮费低廉导致的亏损：当时单页信件寄到 400 英里以外的地方要付 25 美分邮费，而报纸无论大小和重量，每份的最高邮费是 1.5 美分。1845 年以后，报纸的邮费又有了下降。

提供给报业的特种邮政服务起到了同样重要的作用。从 1851 年开始，国会批准在县内邮寄出版物免收邮费，以抵消那些广泛发行的大都市报纸所享受的好处。从 1792 年到 1873 年，国会允许编辑们免费交换报纸，而在电讯社出现之前，这项服务提供了报纸的大部分外地新闻。此外，邮局在 19 世纪 20 年代至 60 年代间还断断续续开办过快递服务，使得新闻的传递能够赶在定期邮件的前面。

第一批驻华盛顿记者

国会是最早得到系统开发的新闻来源之一。华盛顿记者团的出现可以追溯到纳萨尼尔·卡特在 1822 年 12 月为他的《纽约政治家报》建立的首都记者站。从那时起直到 1824 年，卡特的报纸一直使用了"华盛顿通信"的字样。不久，当国会在 1827 年 12 月举行会议时，另外 3 名记者前来常驻，他们是《纽约问询报》的詹姆斯·戈登·贝内特、《波士顿信使报》的约瑟夫·I·白金汉和《查尔斯顿信使报》的塞缪尔·L·纳普。他们三人开创了自那时以来从未间断的对国会新闻的采访活动。

伊利亚布·金曼是第一位长期驻扎于华盛顿的记者，他在 1830 年至 1861 年间给各类报纸写特约稿，其中包括《商业新闻报》。

知名女新闻工作者简·格雷·斯威斯赫尔姆（左）和玛格丽特·富勒

驻华盛顿的第一位重要的女记者安妮·罗亚尔是个不同凡响、十分能干的撰稿人和主编。1831年她61岁时，创办了一份4版的《保罗窥视报》，1836年至1854年间，她发行了《女猎人报》，支持杰克逊的立场，提倡免费公共教育，主张言论自由，要求公正对待移民和印第安人。第一位有幸跻身于国会记者席的女记者是简·格雷·斯威斯赫尔姆，她是匹兹堡反奴隶制的《星期六访问者报》的主编。她到华盛顿为霍勒斯·格里利的《纽约论坛报》写专栏，每周稿酬5美元。1850年4月17日，她坐到了参议院的记者席上，但是其后她决定不再回到参议院。这位全国知名的倡导者和女权主义者1857年到明尼苏达州当了主编，以逃避不幸的婚姻，追求宁静的生活。但是，她那好斗的风格招来一伙暴民砸了她的印刷机，将铅字扔到了河里。她毫无畏惧，将她的《圣克劳德民主党人报》变成了刚刚成立的民主党的喉舌、奴隶制的激烈反对者和女权鼓吹者。

玛格丽特·富勒在1844年至1846年间作为《纽约论坛报》的记者常驻华盛顿。1840年她30岁的时候出任鼓吹拉尔夫·沃尔多·爱默生的超验主义哲学的报纸《日晷报》的主编。在波士顿，她以自己的知识领袖气质、文学才能和对女权的关注而闻名，吸引了格里利的注意，后者请她撰写文学评论和人物传略。1846年她成为美国第一位女驻外记者，从英国、法国和意大利给《论坛报》发回报道。

到1860年，采访参议院和众议院的在册记者分别为23位和51位。

外国新闻

美国的报纸过去总是从欧洲的报纸上转载外国新闻，直到1811年，才真正注重于提供仍然新鲜的外国新闻报道。为满足顾客急于了解这类信息的愿望，塞缪尔·吉尔伯特贡献了一本《航海新闻书》，这本集子向他顾客中的商人及航运事务所来的客人提供新近的地方消息，内容比其他刊物多得多。出版新集子的工作很费时间，于是吉尔伯特雇用了一名助手做这项工作。1811年11月20日，他在《哥伦比亚哨兵报》上宣布，年轻的小塞缪尔·托普利夫将从当日起负责《航海与综合新闻书》的事宜。托普利夫开始乘着他的小划艇迎接进港的船只，这样他就可以尽快赶回，不至延误重要新闻。在美国，这是第一次系统地收集外国新闻。后来，托普利夫聘用了驻欧洲的记者为他撰写新闻稿，他可从进港船只的船长那里拿到这样的稿件。

其他城市也完善了类似的新闻服务。

快马、信鸽、火车、汽船

在这一时期，合众国政府为发展快速的新闻处理方式提供了帮助。在报人率先行动之后，邮政管理局局长艾莫斯·肯德尔于1835年在费城和纽约之间开办了定期快马邮递新闻的业务。快马骑手所携带的并不是正式出版的报纸，而是重要新闻报道的清样。这些所谓的"条样"利用从纽约到新奥尔良的漫长邮路，可先于正式报纸一周到达目的地。这样的安排使全国各地的报纸可以形成交换合作的制度，从而在重大新闻的报道上击败对手。

在19世纪30年代和40年代，铁路逐渐开始取代快马投递，极大地促进了报纸的发展。铁路不仅使报纸的投递速度大大加快，而且也充当了传播机构。1837年5月，《巴尔的摩太阳报》通过巴尔的摩——俄亥俄铁路，用不到两小时的时间把范布伦总统的咨文从华盛顿赶送到报社。而在以往，艾贝尔和助手必须等到次日早晨才能从华盛顿的报纸上得到这样的新闻。

蒸汽轮船也促进了快速的新闻采集方式的发展。跨大西洋航行所需时间因此从数周缩短到几天。1845年，当俄勒冈问题使美国面临与英国开战的危险时，各主要报纸一起派人到从大西洋来的蒸汽轮船的第一个停靠港哈利法克斯去迎接快船。接着，快马经由新斯科舍半岛把新闻传送到芬迪湾，再由快速汽船把消息转送到缅因州的波特兰，然后经铁路把新闻送到华盛顿。此时离消息到达哈利法克斯不到50个小时。

电报发新闻

但是，对快速传送新闻促进最大的是电报。1844年5月24日，塞缪尔·F·B·莫尔斯坐在华盛顿最高法院旧议事厅里的一张桌子旁边，用电码发出了一条电讯。他的助手在巴尔的摩把这些声音译成文字。这条电讯的内容是"上帝创造了什么？"当天下午晚些时候，莫尔斯发出了第一条登在报纸上的电讯稿，这家报纸是《巴尔的摩爱国者报》，电讯内容是："1时——众议院刚刚就俄勒冈问题提出一项动议并交由全体委员会。被否决——79票赞成，86票反对。"这是19世纪意义重大的新闻报道之一——之所以重大，不是因为其内在的新闻价值，而是因为它预示了一种全新的传播体系的出现。

各家报纸很快便用上了这项新发明。

电报还刺激了小城镇日报的发展。现在是时候了——如果得不到节制，大都市报纸本来也许很快就会占领这一领域，就像英国曾经出现过的情况那样。在伊利诺伊州，尽管来自圣路易斯、辛辛那提和其他大出版中心的城市日报已经占去了越来越大的发行份额，在电报新闻服务开办后的10年里，仍有30家日报创刊。小镇报纸能够得到与其大城市的竞争对手一样的新闻，这刺激了它们采用合作的方式采集新闻。例如，当1846年1月初电报线路从奥尔巴尼架设到尤蒂卡的时候，尤蒂卡《每日公报》接收到了它的第一批电讯简报。这些消息相当新鲜，传递方式也很新颖，因此主编用了差不多一栏登这些电讯。为了分摊费用，尤蒂卡的发行人们和纽约州北部的其他报纸到1846年3月时组织起来，成立了纽约州联合通讯社。到当年8月，有19家报纸参加了这个美国最早的通讯社。该通讯社在奥尔巴尼和纽约市派驻了新闻代理人。这一年的7月和9月，奥尔巴尼与布法罗之间、奥尔巴尼与纽约之间的电报线先后架设完成。类似的线路延伸到了内陆地区，连接其他报纸。

美联社的起源

于是，组织一个大规模的新闻通讯社，为分布在各地的报刊提供服务并满足纽约各大报纸的需求，看来是顺理成章的了。许多人属意于这一行当，其中包括内科医生转行的记者亚历山大·琼斯博士、信鸽专家丹尼尔·克雷格以及电讯服务的多位创始人。然而，纽约市那些富有创业精神的日报证明有能力控制局面。

《先驱报》编辑主任、后来写过一部新闻史的弗雷德里克·赫德森认为，是《商业新闻报》的黑尔开了先河，他造访了他瞧不起的贝内特，建议各竞争对手合伙经营新闻采集业务，以便报道1846年的墨西哥战争。然而，在报道战争方面没有取得任何结果。但是，近期的深入研究证实，《纽约先驱报》和《论坛报》在1846年5月7日开始刊登发自华盛顿的相同的电讯稿。这些相同的日常电讯稿新闻报道，几乎是每日拍发。这便为创办新闻通讯社奠定了基础。

据说纽约各大报纸的发行人1848年5月在《太阳报》报社聚会，达成了一项协议。会议没有留下记录，不过后来的有关记述中提及，与会者包括了《先驱报》的贝内特和赫德森、《信使与问询报》的韦布上校及其助手亨利·雷蒙德、《论坛报》的格里利、《太阳报》的比奇、《纽约快报》的伊拉斯塔斯和詹姆斯·布鲁克斯、《商业日报》的黑尔和哈洛克。他们当时已经包下了"布埃纳维斯塔"号近海汽船，用来拦截向西航行、横渡大西洋东岸的轮船，并且购买了一艘港口新闻艇。1848年5月13日，雷蒙德写信给在波士顿的电报代理人，通知他上述6家报纸希望"通过电报从波士顿获得共同采用的国外新闻"——包括在驶往纽约之前停靠波士顿码头的轮船所带来的新闻以及从哈利法克斯分程传递而来的新闻。一周之后，雷蒙德代表"联合通讯社"签订一项合同，规定每拍发3 000字的新闻支付电报费100美元，并声明新闻将同时发给费城和巴尔的摩的报纸。

这个后来发展成为现代美联社的组织正式创办的最确切的日期是1849年1月11日。正是在这一天，上面提到的这6家纽约日报签署了一项协议，组成"港口新闻社"。该协议的一份副本于1967年由理查德·A·施瓦茨洛斯教授在纽约公共图书馆手稿部所藏亨利·J·雷蒙德的文件中发现。它提供了以往不为人知的细节内容：6个合伙人按规定共用两艘船只，在驶入纽约港的轮船上采集新闻，共同分担费用，向纽约市以外的报纸出售新闻，还要制定成员规章。显然是由于通过电报出售新闻的生意变得越来越重要之故，1851年，该组织签署新协议，改名为"电讯与综合新闻联合社"。

"联合通讯社"的名称直到19世纪60年代才得到广泛使用，但是纽约市的这个组织正是现代报业联合会（通讯社）的先驱。亚历山大·琼斯博士成为该通讯社的主管，1851年由丹尼尔·克雷格接替。当年《纽约时报》成为它的第7个成员。1856年，该组织通过了"纽约市综合新闻联合社章程"，从而使组织工作变得更为严密。该组织不久后便被叫做"纽约联合通讯社"，它建立了对合作电讯新闻报道的牢固控制，并向外地报纸出售新闻。该通讯社的客户包括最初的纽约州联合通讯社及联合通讯社在波士顿、费城、巴尔的摩和南方的下属组织。

墨西哥战争新闻

墨西哥战争为美国新闻界提供了发扬进取精神的极佳机会。它成为第一场由美国记者广泛报道的国外战争。各家报纸为了把报道发回国内不惜重金，作出了周密的安排。它们结合快马邮递、汽船、火车及刚刚出现的电报的传递能力，建立了长达2 000英里的通信联络网，把前线的新闻发回国内，其速度之快曾一再使军方信使和合众国的邮政瞠乎其后。

美国新闻界所设计出的快速传递网络效率极高，甚至连那位心情焦急的波尔克总统也是从《巴尔的摩太阳报》发行人艾贝尔的一则电讯中获悉美军在韦拉克鲁斯[1]取胜的。这样的进取精神带来了报纸发行量的迅速增长，波士顿的一位撰稿人这样评述道："如果我军杀向敌人时能够像报童们举着号外冲向公众那样，那么胜利毫无疑问将属于我们。"

便士报的领袖们纷纷发表社论支持战争。与此同时，这些报纸在纽约与新奥尔良之间建立了快速的通信系统，以传递来自战区的新闻。贝内特向读者解释说，快速通信系统是"现时代的产物，反映出了美国人民的个性"。即便这一系统不能代表美国人民的个性，它至少明显地反映了19世纪40年代美国报业的特征。

前线记者的报道一般都支持美国卷入这场战争，支持所谓的"显然天命论"[2]的说法。这些报道也同情入侵墨西哥内陆后陷入孤立无援困境的美军，反映了对墨西哥人的猜疑和偏见，并且对扎卡里·泰勒和温菲尔德·斯科特将军大加颂扬，强化了他们在大众心目中的战争英雄形象。报界对泰勒的战功好评如潮，从而帮助他在1848年入主白宫。

1848年5月30日批准的瓜达卢佩—伊达尔戈和约产生了长远的影响。墨西哥人认为有关条款不公平，直到今天仍然耿耿于怀。他们放弃了对得克萨斯的所有领土要求，丢掉了40%的领土——其中包括加利福尼亚。加利福尼亚于19世纪50年正式成为美国的一个州。在美国国内，战争的胜利在政治和军事上具有重要意义。新获得的领土上的奴隶制成了19世纪50年代的一个主要问题，并最终将美国带进了内战。

当然，北部和南部的种种分歧也在国家的历史上早早地第一次浮现出来，并在随后的岁月中加深，这将在下一章讨论。在出现这些分裂的过程中，对墨西哥土地的攫取将奴隶制这个关键问题带到了最前台。

[1] 墨西哥东部港口城市，美军于1857年3月27日在该地登陆。

[2] 19世纪30年代和40年代在美国流行的一种理论，认为美国将不可避免地占据整个北美是显而易见的天命。在南部的民主党的领导下，这种观点一时成为纯粹的地方主义口号，旨在攫取更多的疆土以实行奴隶制。这种领土扩张主义最终在兼并得克萨斯、俄勒冈、加利福尼亚以及墨西哥割让土地以后才告结束。

用于大量发行的印刷机

下面将讨论影响报业发展的最后一个因素。如果报纸不能廉价、快速和大量印刷，那么，报纸的大规模发行以及由此带来的各种变化就无法成为现实。这个问题必须由技术专家，尤其是印刷机制造商来解决。

从《费城大众纪事报》的经历中可以看出印刷机的改进以及报业对快速印刷技术的需求。这家报纸是作为便士报于1836年创刊的，这样的报纸只有依靠大量发行才能取得成功。但是其印刷设备却只是一些普通的手摇印刷机，也就是当时大多数报社使用的那种机器。6个月后，这家报纸获得了将近8 000份的发行量，而采用这种笨重的克莱默印刷机将不再能满足公众的需求。于是斯温安装了当时能够买到的最好设备——一台内皮尔蒸汽驱动单辊印刷机。一年后，这位发行人不得不再定购一台印刷机，这次是一台双辊印刷机。

最早的辊筒印刷机只是在平板字盘上来回滚动——就像在今天的印刷车间仍然可以看到的那些印样张的印刷机。双辊印刷机可以使印刷速度加倍。即便如此，它们仍然不足以适应便士报的发行量。理查德·霍发明的活字轮转印刷机解决了这个问题。《大众纪事报》报社最早在1846年安装了这种机器。1849年，《纽约先驱报》安装了一台这种有着"闪电般"速度的印刷机，它带有6个辊筒，每小时能印报12 000份。到南北战争爆发时，每一个有事业心的发行人都能每小时印刷多达2万份。

活字轮转式印刷机加快了新闻处理的速度，但它也限制了多栏版式的使用。铅版的出现克服了这些限制。伦敦印刷商詹姆斯·德拉加纳研制出了曲面的密排铅版。铅版技术使得多台印刷机印刷相同的版面、采用较大标题以及展示广告技巧成为可能。南北战争期间，贝内特使用5台不同的印刷机同时印刷报纸。

这部1855年生产的霍式轮转印刷机每小时印报2万张
(R. 霍公司)

第七章

压抑不住的冲突

《哈泼斯周刊》描绘了内战的揭幕

加里森和《解放者报》

废奴主义者和"火性子"

黑人新闻工作者为自己声辩

主编弗雷德里克·道格拉斯

北部报刊和奴隶制问题

内战与纽约报界

北部的军方新闻检查

北部对内战的报道

南部对战争的报道

画家与摄影师们：马修·布雷迪

战时的技术发展

> 谁要是反对公众的自由，谁就抛弃了他自己的自由。
>
> ——威廉·劳埃德·加里森利

杰克逊时代的美国明显陷入了日益加剧的地区冲突。被一位历史学家称作"压抑不住的冲突"的美国内战，其源头可以追溯到殖民时代。1776年以前向英王的多次请愿，费城制宪会议关于宪法的争论，《外侨法》和《煽动法》通过后起草的《肯塔基决议》和《弗吉尼亚决议》以及关于1828年关税问题的争论，这些都表明存在着一条断裂线，这个国家有朝一日会沿着这条线出现分裂。到1848年，人们已不再按党派投票，而是按地区投票。最终，奴隶制成了引发内战的**关键**原因。总的来看，它植根于导致战争的地区分裂。

有一种倾向认为，南部在1861年脱离联邦是背离美国传统的举动。然而，是北部，即工业化的东北部地区，而不是南部，自1820年后形成了一种不同的生活方式。南部在1861年与1761年相比大体上没什么变化。在南北战争爆发前夕，南部仍然保留着18世纪的特征。奴隶制构成了棉花王国农业制度的基础。由于生活是以种植园为中心的，因此商业城市不像在东北部那么重要。而正是由于缺少这类商业中心，南部只有一个小小的中产阶级，而实际上没有白人无产阶级。但是南部产生了大批伟大的演说家、政治家和作家。英国商人购买南部的主要作物棉花和烟草；南部人也从国外购进货物。

这种环境孕育了一个具有高度荣誉感和道德感的统治集团。在南部，家庭和土地比金钱更为重要，因为金钱对农民并不像对北部的资本家和工薪阶层那么关键。在北部，金钱是成功与否的标志。在南部，土地则是衡量地位的标准。然而在1800年以后，由于主要农作物耗尽了地力，土地的价值在南部开始下降。那时，人们还不懂得给土壤施肥，所以，移民纷纷迁往别处，开垦新的土地，从而减少了对已开垦土地的要求，并因此降低了这些土地的价值。由于从事土地投机、贸易或工业都无利可图，资本家便让农民自行其是了。因此，南部有理由担心自己的未来。工业化的北部正在以远远超过南部的速度发展。人口压力也必将使北部获得政治上的统治地位。1828年的"可憎的关税"❶已经表明，如果听之任之，北部会把什么强加给南部。

当边疆地区显然将决定这场冲突的结局时，两个阵营都试图与西部结盟。像南部一样，西部也是农业区，而且也饱受高关税之苦。西部人对工业化的北部有一种天然的反感。他们怨恨北方破坏每一项减轻农民债务、开拓自由土地的立法措施。另一方面，西部人对外国市场的依赖性不像南部那么强。西部人感兴趣的是本地的或地区性的市场，其目标是把农产品既省钱又省力地运到这些市场上去，正是在这一点上，北部的资本家成了

---

❶ 1828年由国会通过，平均关税税率为50%。有人指责它是由杰克逊的支持者筹划通过的，以此来保证杰克逊在1828年当选。这些人认为北部和南部各州都会反对通过这项高额关税法，预料北部会在任何情况下都支持亚当斯，而南部支持杰克逊，借此争取赞成保护关税的西部各州的选票，以确保杰克逊当选。结果由于许多北部议员支持该议案，使之得以通过，杰克逊的愿望落空了。南部议员遂抨击该议案为"可憎的关税"。

他们的盟友。道路、运河、汽船补贴和铁路，是北部为暂时与西部结盟以对抗南方而给予西部的好处。

西部人也要求对分得政府公有土地的定居移民开放边疆。对此，北部和南部都持反对态度。南方人担心，开发新土地会使自由州占据优势，从而对南部极为不利。北方人也阻挠向西扩张，因为这会降低北部的地产价值，此外，自由的土地或者会抬高工资，或者会减少工业化地区的廉价劳动力储备。西部在这一问题上的胜利是北部为寻求其支持而施行的某种贿赂。其证据之一就是北部反对多年而恰恰在内战前夕得以通过的《宅地法》❶。它规定一旦西部表明了立场，南部就只剩下两种选择：或者承认失败，改变生活方式以适应北方；或者与这个异己的制度断绝关系，走自己的路——脱离联邦。

美国内战可以被视为在带有不同社会价值观和相对的两种文化之间的一场冲突，冲突的重要根源就是奴隶制。如果说其他分歧还可以谈判的话，那么双方在奴隶制这一点上是没有妥协余地的。因此奴隶制就成了检验美国联邦制概念的一个问题。

1859年在哈普斯渡口的废奴主义者约翰·布朗❷是愿意为这一事业而死的许多人中的一个。在拉尔夫·沃尔多·埃默生看来，"奥萨瓦托米"的老布朗"使绞刑架像十字架一样崇高"。曾经做过新闻记者的诗人沃尔特·惠特曼这样描述布朗行刑时的情景：

> 我要歌唱一个白发老人怎样登上弗吉尼亚的绞刑架（我当时在场，咬紧牙齿，无言冷视；我站在您老人家近旁，虽然您因年迈和未愈的伤口而颤抖，但您已把生死置之度外，从容不迫地走上绞刑架）。

这显示了奴隶制对情感高尚的人意味着什么。将大众卷入这场运动耗费了一段时间，但是北方人最终使奴隶制成为斗争的焦点，而新闻界对此事的促成起到了重要作用。反对奴隶制的一派被称作"废奴主义者"。威廉·劳埃德·加里森就是一位杰出的废奴主义者主编。要研究报业如何在这场战争中成为一个重要因素，他就是一个出色的个案。

加里森和《解放者报》

加里森生于马萨诸塞州的纽伯里波特，是英格兰人和爱尔兰人的后裔。1831年1月1日加里森发行了第一期《解放者报》。

当时，这个废奴主义者的喉舌并不太响亮。由于主编不讲究技巧地贬低被某些公众视为神圣的某些人物、制度和传统，因而总是成批地失掉读者。尽管如此，它仍不失为日后动员北部投入战斗的媒介之一。

第七章 压抑不住的冲突

❶ 实际上是美国国会在内战爆发后的1862年5月通过的一项法案，它规定凡连续耕种公有地5年的农户只需缴纳证件费就可以获得160英亩土地的所有权。

❷ 约翰·布朗（1800—1859），激进的废奴主义者。曾任堪萨斯准州奥萨瓦托米殖民地勘测员和民兵上尉。1859年10月16日率领21名废奴主义者占领了马里兰的哈普斯渡口，次日被海军陆战队俘虏，12月2日被处以绞刑。他被北部同情者视为殉道者。

加里森有一件武器：他的印刷机，这件武器，使他战无不胜。通过这台印刷机，他将自己的信念传播到四面八方，直到废奴主义运动开始打动那些态度冷淡之人的心灵。他是用下述这类语言感染他们的：

> 谁要是反对公众享有的自由，谁就是抛弃了他自己的自由……没有实力就没有安全；没有联邦就没有实力；没有正义就没有联邦；凡是没有信仰和真理的地方就没有正义。自由的权利是扎根在人们心中的真理。

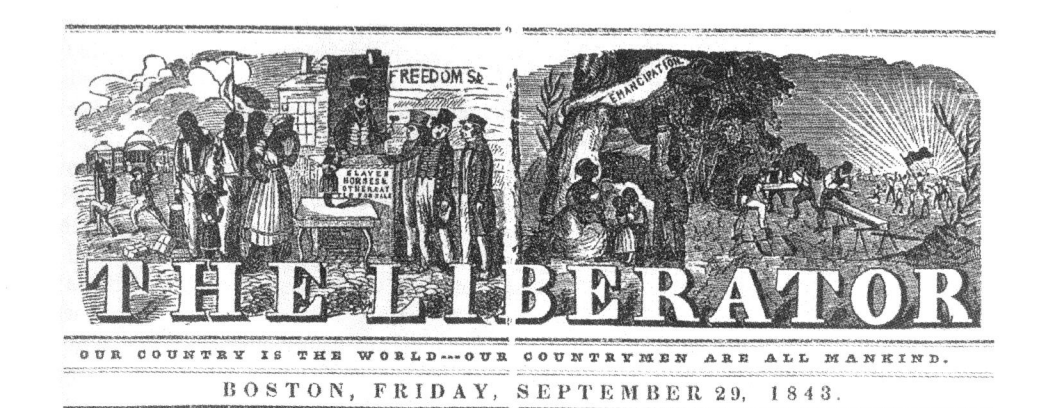

加里森著名的废奴主义报纸《解放者报》的报头

这就是加里森的写照：勇敢、果决、充满褊狭而狂热的正义感。他所说的话不利于商业，当时，美国的大部分地区一片繁荣。当人们感觉舒适的时候，良心常常处于半睡眠状态。加里森却猛然唤醒了大家的良知——这往往是一种不受欢迎的举动。甚至连宗教领袖也憎恨此人，特别是他那种自以为是的态度。一位教士批评说，加里森这类废奴主义者的行事风格不像"基督教绅士"。加里森对此反唇相讥：

> 这些就是你们的"小心"、"谨慎"而"明智"的人。先生，我已经开始憎恶这些字眼。只要我们试图效法我们"伟大的楷模"，并把上帝的真理清晰地印在良知上的时候，哎呀，我们就是不谨慎了；因为这将带来一场大骚动。先生，没有骚动——一场翻天覆地的骚动，奴隶制就不会被推翻。

自从汤姆·潘恩以来，加里森在公众间引起的反响是最强烈的。

废奴主义者和"火性子"

至少有一位废奴主义者为这一事业献出了生命。其中之一就是《圣路易斯观察家报》主编伊莱贾·洛夫乔伊。

在南部，与废奴主义者对应的人叫"火性子"。其中最突出的是威廉·朗兹·扬西、埃德蒙·拉芬以及罗伯特·巴恩韦尔·雷特。扬西是他那个时代最伟大的演说家之一。拉芬还是一位农业方面的著作家，在他的推广下，泥灰成为使烟草地恢复地力的肥料。他是一位不知疲倦、不屈不挠的南方爱国者。但在所有那些火性子中，雷特是最有影响力的一个。

雷特有时被称为"脱离联邦之父"。他是《查尔斯顿信使报》的主编。他把这份报纸办成了南方腹地最重要的报纸之一。到1832年，他已经公开宣称，保护南部安全的唯一途径在于走自己的道路。起初，没有人重视雷特，他在南部受到的冷遇恰如加里森在北部的处境。但是，继《汤姆叔叔的小屋》在宣传上大获成功之后，南方开始依赖雷特、扬西和拉芬这样的人为它辩护。到1848年，雷特在政治上重新得势。1851年，他接替了伟大的约翰·C·卡尔霍恩在参议院的席位。

具有讽刺意味的是，他无意将他所在的地区拖入战争。他动员南部进入了临战状态，但是他始终认为，北部不敢宣战。炮击萨姆特堡那天，他还向《信使报》的读者们保证，南部将和平地退出联邦。他本应该了解更多的东西，林肯拒绝和平撤出该要塞一事说明，这一回北方可是说话当真的了。

黑人新闻工作者为自己声辩

加里森这样的废奴主义者和雷特这样的"火性子"立即并一直吸引着人们的注意力，因为他们分别代表了美国白人对奴隶制的两种极端态度。双方的情感冲突最终引发了内战。对于一个在经济、政治和教育上歧视黑人的社会，黑人无论为自己说什么或做什么都无足轻重。1850年，美国人口中约有50万自由黑人，南部和北部各占一半。然而在南部各州，法律禁止黑人接受任何正规教育，他们几乎没有获得体面的收入的机会。在北部，黑人的选举权受到各州法律的限制，公立学校的入学机会并不

1860年12月20日的《查尔斯顿信使报》单页号外

平等，这很快便对那些被剥夺公民权的贫穷的和不识字的黑人家庭的孩子产生不利。然而尽管如此，还是存在一个"出人头地"的机会，有些黑人也的确取得了成功。内战之前，少数获得自由的黑人获得了足够的教育，当上了作家、律师、医生和商人。在1827年到1865年间，40家勉强维持的黑人报纸就是针对他们和他们的白人朋友创办的。

这些报纸几乎都是反奴隶制运动的执著的支持者。因此，如今研究美国黑人历史的学生对它们评价很高。发现勇于为自己辩护的黑人，这一点并不值得惊奇；令人惊奇的是，这些非洲裔美国人居然取得了成功，而且这种成功是在他们的大多数读者都处在贫穷而蒙昧的情况下，在一个对他们的存在全然忽视和排斥的白人社会中取得的。

直到 1804 年，梅森—狄克逊线❶以北地区的奴隶制才被全部废除。1800 年以前，在早期的奴隶争取自由运动中起到领导作用的是马萨诸塞州和宾夕法尼亚州。到 1830 年，美国已出现了 50 个反对奴隶制的黑人社团，其中以纽约、费城、波士顿和纽黑文的最为活跃。早先，黑人自我表达的方式一直集中于民歌和奴隶的灵歌。到这时，少数获得自由的奴隶开始熟练地运用演讲、诗歌和自传等方式，这些自传以书面形式生动地记述了奴隶的悲惨生活。有些获得自由的奴隶在白人报纸上发表文章和信件，还有一些曾为加里森以及他的《解放者报》团体或其他白人废奴主义者工作。玛丽亚·W·斯图尔特（1803—1879）在康涅狄格州哈特福德出生时就是个自由人，从 1831 年到 1833 年，她一直是《解放者报》上反奴隶制的充满激情的声音。她的"女性专栏"文章配上一位带着锁链的黑人女性的木刻，印制成了小册子。《纽约问讯报》主编莫迪凯·M·诺亚对这些黑人领袖的攻击尤为恶毒，而正是他的攻击促使第一家由黑人出版的报纸在美国创办。

这就是《自由新闻报》。1827 年 3 月 16 日，第一期《自由新闻报》简要说明了办报宗旨："我们要为自己的事业辩护。让别人为我们说话的时间已经太久了。"

主编弗雷德里克·道格拉斯

内战前最著名的黑人报纸，则当属生机勃勃、充满激情和灵感的黑人领袖弗雷德里克·道格拉斯主编的报纸。

在 20 世纪 70 年代，弗雷德里克·道格拉斯已成为黑人成就和鼓舞力量的象征：他在华盛顿的故居成为全国景仰的圣地，他的自传作品一次又一次再版，他的头像被印成纪念邮票，以道格拉斯为姓氏的黑人青年纷纷在姓的结尾双写"s"。所有这一切，道格拉斯都当之无愧，因为这个黑人

---

❶ 由两个英国人查尔斯·梅森和杰里迈亚·狄克逊于 1763 年和 1767 年勘定的一条分界线，以解决宾夕法尼亚的佩恩家族和马里兰的卡尔弗斯家族之间的边界纠纷。它沿纬线 39 度 42 分 23.6 秒划分，后成为宾夕法尼亚州的南部分界线，又是特拉华州、马里兰州和西弗吉尼亚州的北部分界线。该分界线的意义在于人们习惯地将它视为内战前南部蓄奴州与北部自治州的分界线。

美国第一份黑人出版的报纸《自由新闻报》创刊号:"让别人为我们说话的时间已经太久了。"

女奴和白人男子的儿子从马里兰州一个种植园逃走,成为黑人中那些需要他的写作才华和演说技巧维护他们的事业的人。

道格拉斯生于1817年,1838年挣脱了奴隶制的枷锁,逃到新英格兰,在废奴主义者威廉·劳埃德·加里森的鼓励下一边工作一边接受进一步的教育。他开始为报纸写文章,并作为奴隶制悲剧的见证人发表演说。1845年,他去了英国,那里的朋友们筹集到一笔钱,从他在马里兰州的主人手中赎回了他的自由。回到美国后,他被任命为《公羊角报》的编辑。当时,他的第一部自传(《弗雷德里克·道格拉斯生平自述》)已使他成

弗雷德里克·道格拉斯
（贝特曼档案馆）

为知名人物。《公羊角报》是由怀利斯·A·霍奇斯在1847年1月创办的。它是黑人对《纽约太阳报》如下做法的抗议：《太阳报》发表了霍奇斯的一封来信，然后寄给他一张账单，向他索要15美元。虽然霍奇斯的事业第二年就夭折了，但是该报曾在1847年刊登这样一则告示：

创办一份反奴隶制报纸**计划**：它名为《北极星报》。弗雷德里克·道格拉斯提议在罗切斯特以上述名称出版一份反奴隶制周报。其宗旨是抨击奴隶制形形色色的表现，鼓吹普遍解放，提升公众的道德水准，促进**有色人种**的道德发展和智力发展，加快我等300万受奴役同胞**自由**的到来。

《北极星报》于1847年11月1日创刊，发行量迅速升至3 000份左右，在欧洲、西印度群岛和美国的大部分地区都有读者订户和投稿人。除了关于奴隶制和黑人的文章之外，《北极星报》也刊登全国各地新闻和国际新闻。其报头称："权利不分性别——真理不分肤色——上帝是我们大家的父亲，我们都是兄弟。"并非所有人都持这种观点，就像白人废奴主义者遭到恐吓一样，道格拉斯曾见证他的住宅被焚烧，他的报纸也被损毁。但是，这份报纸凭着高昂的勇敢精神和高超的文学水准战胜了经济困难和种族敌意。1851年，《北极星报》与另一家实力较弱的报纸合并，更名为《弗雷德里克·道格拉斯报》，它象征着该报主编作为公认的黑人领袖的地位。

到1860年年中，奴隶制问题显然已把美国推到内战的边缘，这时严重的财政困难迫使道格拉斯停办了他的周报。这位奴隶出身的杰出人物、娴熟的主编、高超的演说家和使人受到鼓舞的公民于1895年辞世，终年78岁。

北部报刊和奴隶制问题

当时，那些权威的报纸在奴隶制问题上往往把黑人主编、废奴主义者和"火性子"提出的观点承接下来。到1852年，霍勒斯·格里利的《纽约论坛报》周刊版的发行量已超过20万，其中大部分集中在关键的西部。该报是反奴隶制报纸的公认领袖。格里利对黑奴制极为憎恨，甚至宁愿抛弃一生对辉格党的忠诚而帮助组织一个新党，而正是这个新党使亚伯拉罕·林肯在1860年入主白宫。

1861年1月，格里利发表了他的"站稳立场"系列社论中的第一篇，它至少被读者们认为是林肯本人发布的命令。2月，他在社论栏的上方用大号字体刊印这样的口号，号召团结起来反对南部："**绝不妥协/绝不对叛徒让步/维持宪法现状**"。1861年4月12日，当内战的第一枪打响后，格里利写道："萨姆特暂时失守了，但自由得救了！失掉萨姆特给我们带来了困难，但这使我们获得了一个团结的人民。共和国万岁。"接下来的几期报纸都重复了这一口号。尽管施加了这些压力，联邦军队仍然在第一次布尔伦河战役中溃败，对此，格里利深感愧疚。在他外出期间，负责报社工作的是编辑主任查尔斯·A·达纳，那些社论实际上是《论坛报》驻华盛顿记者菲茨-亨利·沃伦撰写的。

在此期间，雷蒙德的《纽约时报》的"理智态度"已使这位主编成为新闻界和政界的重要人物。然而值得注意的是，直到炮击萨姆特堡之前，他对废奴主义还不冷不热。雷蒙德起初对林肯持批评态度（可能由于是他的对手格里利帮助这位"劈木人"获得提名之故），但他很快适应了形势。战争伊始，雷蒙德就成了总统的坚定捍卫者。

另一方面，《纽约先驱报》通常反对废奴主义运动。贝内特在1854年2月28日写道："在20多年里，无论报道内容之善恶，《纽约先驱报》是唯一一家始终维护宪法赋予南部权益的北部日报。"

在西部，约瑟夫·梅迪尔的《芝加哥论坛报》为反对奴隶制发出了雷霆之声。《芝加哥论坛报》是林肯的早期支持者，梅迪尔对林肯的崛起起到了很大的作用。他热情地追随这个未来的总统，他报道了今天已成历史的演讲。通常，梅迪尔会在他的报道后面配上一篇生动的社论。林肯常常去他的报社，与这位西部的主要代言人磋商。梅迪尔与林肯的亲密无间，这可以通过他与这位声望日隆的政治家粗鲁而亲切的交谈中体现出来。据说，有一次梅迪尔对这位过分瘦长的粗汉说："该死的，阿贝，把你的脚从我的办公桌上放下去。"

当林肯入主白宫，面临着保存和平这一实际上不可能完成的任务时，关注他每一举动的报界已经高度发展了。按照现代的标准，当时典型的日报可能是单调的，但是，自从第一批便士报纸问世后，报纸的版式以及可读性都有所改善。当时标准的报纸有6栏宽，通常8个版就足够了，但是雷蒙德的《时报》往往有10个版，报纸上很难见到图片或图示。到这一时期末，许多便士报纸事实上都卖2美分，而《时报》则卖3美分。标题由于受到栏宽嵌线的限制，大多只占一栏宽的位置。特排标题直到战争爆发后才有了大发展。广告在稳步成长。在外表保守的《斯普林菲尔德共和党人报》周刊版的8版中，通常有3个版用来刊登分类告示。当时，这种做法在全国都是普遍的。

从整体上看，新闻界强大而繁荣。出版业的健康发展是一件好事，因为它即将受到前所未有的考验。这场考验始于1861年4月12日，即埃德蒙·拉芬向萨姆特堡打响内战第一炮的日子。

内战与纽约报界

到1861年底,《纽约论坛报》加入了在占领区解放奴隶的运动。总统已经同他的内阁讨论了这一问题,并且制定了解放奴隶的明确计划。1862年8月20日,格里利发表著名社论《2 000万人的祈祷》,呼吁在奴隶制问题上采取行动,从而将《纽约论坛报》的这场运动推向了高潮。林肯以个人身份给格里利回了信,总统还把这封信发表在8月23日的《国民通讯员报》上。研究这段历史的学者们对这封信中的一段无不耳熟能详:

> 在这场斗争中,我的最高目标**是**拯救联邦,而**非**拯救或消灭奴隶制。如果我不必解放**任何**奴隶就能拯救联邦,我就会这样做;如果我只有通过解放**所有**奴隶才能拯救联邦,我也会这样做;如果我需要解放一部分奴隶而置另一部分奴隶于不顾才能拯救联邦,我也会这样做。

格里利又给总统写了一封公开信,敦促他对这一问题给予更多的关注。一个月后,当林肯公布将于1863年1月1日开始生效的《解放宣言》时,《纽约论坛报》的许多读者都以为,这又是"霍勒斯大叔"所为。格里利在9月23日的报纸上欢呼说:"这是国家新生活的开始。"但是,当安蒂坦之战结束了南部的攻势时,总统和内阁已经制定了行动的细节。

内战是亨利·雷蒙德的黄金时代,他把《纽约时报》办成了当时最杰出的日报之一。该报的报道理智、深刻而全面。《时报》撰稿人的客观态度从雷蒙德写给南部的"火性子"扬西的4封公开信中可见一斑。这些信既冷静而有力地反对脱离联邦,又表示了对南部观点的理解。但是,在关键问题上,《时报》则对林肯给予了坚定的支持。

贝内特和他的《先驱报》给林肯政府带来了相当大的麻烦。这家报纸在政治上是独立的,然而对南部却肯定是"温和的",该报在南部影响极大。由于其广泛的新闻报道,尤其是在工商业方面的信息,该报在欧洲成为最受欢迎的美国报纸。当时,英国政府正与南部修好,而南部在正常情况下一直为英国工厂提供棉花。读者众多的《先驱报》所持立场是林肯及其内阁十分关注的,因为欧洲中立国对这些问题作出公正评价很重要。

在第一次布尔伦河战役之后,贝内特对林肯政府和内战给予了充分但多少有些勉强的支持。即便如此,总统仍有必要不时地"笼络一下"(林肯语)《先驱报》这位好斗的主编。该报的一位记者曾申请一张随一支军事分遣队沿波托马克河而下的通行证而遭拒绝,林肯亲自为这个记者说情,并给贝内特写信说:"我写此信向你保证:政府不会歧视《先驱报》,特别是在它如此慷慨地支持我们的时候。"《先驱报》的其他记者也与当局发生过争执。事实上,假如军方官员照章办事,《先驱报》的好斗态度可能会带来更多的麻烦。无论如何,这种编辑方针收到了成效:战争开始后不久,《先驱报》的发行量上升到 10 万份，并成为当时在美国最受欢迎的报纸。

在美国历任总统中，鲜有比林肯在报纸社论中遭受过更多辱骂的。反对派报纸的编辑和追求恩宠而最终失望的人们在报上指责他的恶行。这位耐心的总统通常对此都不予理会。有人无端指责他以金条提取薪水，而他的士兵则被付以贬值的绿背纸币。他还被指控在醉酒的情况下做出关键性决定、为拉选票而实行赦免，并且因贪求胜利而让军队白白送死。有一次，他还被指责为公然叛国。诋毁林肯名誉的典型报纸是《拉克罗斯民主党人报》，这家威斯康星的周报把征兵令说成是"林肯再征 50 万炮灰"。

战争期间，北部的民主党人多数都是忠于联邦的，虽然他们也曾倾向于在林肯的目标未能彻底实现之前欢迎采取和平途径解决争端。但是，其中有些人却为南部充当了某种第五纵队的角色。他们被称作"铜头蛇"，这种危险的爬行动物会在不做任何警告的情况下突然发动袭击。

北部的军方新闻检查

从来没有任何一场战争得到过如此全面和不受限制的报道。纽约的报纸通常至少要用 1/3 的版面刊登战争消息。但是，为了公共安全，新闻界或早或晚须与军方达成某种谅解。美国新闻界在战前就已经如此繁荣发达、积极进取而独立自主，以至于对任何形式的限制都很敏感，这使上述问题趋于复杂。其他须考虑的因素包括电报和铁路，它们有可能大大加快新闻的传播速度。向敌人泄露可能有用的信息这一潜在危险因此就大大超过以往了。另一方面，这是第一场有平民卷入的全力以赴的战争，由于公众的士气对把战争进行下去已是至关重要的因素，因此，信息传播渠道又必须保持畅通。

内战期间，军方实行的新闻检查经历了三个阶段。1861 年 8 月，鉴于华盛顿的最高统帅部的担心，记者和平民通过电报线路传递与军事有关的信息，波托马克集团军司令乔治·B·麦克莱伦将军与驻华盛顿的记者们订立了一个自愿新闻检查计划。这一计划于同年 10 月被取消，当时国务卿西沃德指示官方新闻检察官 H. E. 塞耶禁止从华盛顿传发有关政府军事以及民事行动的电讯。受挫的新闻界于是回复到过去的做法：千方百计采集新闻。

随着新闻检察官从国务院领导改为接受陆军部长埃德温·M·斯坦顿指示，新闻检查的第二阶段开始了。根据 1862 年 2 月 25 日颁布的命令，战地记者在发稿前，必须把稿件提交宪兵司令批准。但当时达成的谅解是，只有涉及军事方面的材料才可删除。这样，记者就掌握了报道分寸了。

从 1864 年到内战结束，新闻检查进入了第三个也是成功的一个阶段。例如，谢尔曼将军率部从亚特兰大直抵海滨，其间他的计划无一被新闻界泄露。总的说来，到内战的尾声，新闻工作者与军方是合作的。

北部对内战的报道

的确,说到对军事行动的报道,内战的战地记者即当时所谓"特派记者"享受到的自由在现代是不能容忍的。许多战役都发生在边远地区,因此,发表第一手报道往往是非常英勇的行为。在这期间,数百名记者给美国新闻史留下了一些最为优秀的报道。

新闻记者们无处不在。一旦在南部被发现,他们就会被当作间谍处决。但是他们仍然四处活动。其中一些已经是名人,包括《纽约时报》的雷蒙德;还有刚刚从克里米亚半岛胜利归来的英国知名记者威廉·霍华德·拉塞尔❶。

但是,一些最优秀的记者是在冲突开始后才初露锋芒的。其中之一为B. S. 奥斯本。1861年4月的那个清晨,当美国历史上一场大悲剧揭幕的时候,他正在以每周9美元的薪水为《纽约世界报》工作。他从一艘海军快艇的甲板上目睹了对萨姆特堡的炮击。他发回了一篇新闻稿,其导语是这场战争中发展起来的新闻体的典型:

查尔斯顿4月12日电 炮弹开花,战争爆发。

今晨4时,沙利文岛、莫里斯岛以及其他阵地的炮台向萨姆特堡开火。萨姆特堡予以还击,炮火激烈,经久不息。

许多战地记者使用笔名,如"阿盖特",其真名为怀特洛·里德。他在19世纪70年代初接替了格里利在《论坛报》的位置。当他从葛底斯堡发回电讯稿时,他已经因夏洛战役的报道而扬名。这次,他的报道电头为"葛底斯堡附近战地,7月2日",占了《辛辛那提公报》48栏中的14栏,是内战报道中的经典之作。里德站立在公墓山上,完全暴露在叛军炮火下发回了这场决定性战役的目击报道,下面是其中的一段:

汉考克负伤,久经考验、临危不惧的吉本接任指挥。在火力最为猛烈的时候,他沿着战线巡视,一再命令士兵要节约弹药。三重叛军步步逼近,已在近距离射程之内。

命令终于下达!6 000门炮从三个地方同时开火,扬起漫天的硝烟,放倒一大片。防线事实上已不复存在。但又出现了第二道防线,依然抵挡不住。这已经是我方的最大努力了;此时,我方已经不堪另一次进攻了。

散兵坑,与他们之间隔着掩体——他们冲锋的势头,他们的联合行动所产生的机械力量足以驱使他们继续推进。我方薄弱的防线仍然能够战斗,但却没有足够的力量抵御这种势头。我方防线已被压到火

---

❶ 威廉·霍华德·拉塞尔(1820—1907),世界首位职业战地记者,成名于1853年至1856年的克里米亚战争,一生为《泰晤士报》报道过十余场战争,后被册封为爵士。

炮后面。叛军即刻冲了上来！他们冲到了炮位上，与炮手展开了白刃战，站在我们丢弃的大炮上挥舞他们的旗帜。

但是，他们已经突入到了致命的地点。

战地报道的领袖《纽约先驱报》记录了南部的投降

在马里兰州黑格斯敦附近的南军营地，随李将军的部队撤退的《里士满问询报》记者发回了关于这次战役的一篇很有说服力的报道，以减轻家中那些失去亲属的人所受到的打击：

尽管弗吉尼亚的许多家庭将为失去一些高尚的人而哀伤，但是，一提起皮克特[1]师和葛底斯堡战役，人们就会泪花闪动，热血沸腾，心涌暖流，仿佛在其高尚的死者中间呼唤着某个亡灵。他们无愧于他们的家族，无愧于他们的州。谁会把他们从光荣的灵床上唤醒呢？他们每个人都在英雄的墓中得到安息。

南部对战争的报道

战争开始后，南部还没有一套体系来代替与自己断绝联系的纽约联合通讯社以准备和发送公众感兴趣的新闻。1862年2月4日南部所有日报的主编参加了在奥古斯塔举行的一次会议。会议的计划是把刚成立的"里士满报业协会"加以扩大，组织"报业协会"。

报业协会的成立是南部新闻业发展中的重要一步。南部当时所有幸存的43家日报都是该协会的成员。这一机构的编辑力量给人以深刻印象。电讯稿以半价通过军队系统的军用电报线传发。那些过去难得定期刊登电报新闻稿的报纸，现在可以为读者提供最新战况了。随军记者的周薪为25美元，这在当时已相当可观，稿件的质量也属上乘。在随着南部邦联的瓦解、各种限制和组织机构崩溃之前，报业协会总的来说干得不错。

1861年，大约有800家报纸在南部邦联的11个州出版。这些报社多数仍使用手摇印刷机，报纸的发行量也很小。

南部的发行人们因纸张匮乏而大伤脑筋。他们最终不得不把报纸压缩到一张单页，把号外印在长条校样纸上，甚至印在旧糊墙纸的背面。他们有时油墨用尽、铅字短缺而且人手不足。1863年维克斯堡陷落后，他们的城市都被联邦军队占领。李将军投降时，只有大约20家日报还在发行。但是，它们辑录了关于南部邦联军的新闻记事，并且派遣了100多名战地记者以报道南军。

研究内战记者的历史学家J·卡特勒·安德鲁斯认为，这些记者中有两位是出类拔萃的。其一是费利克斯·格雷戈里·德方丹，他在为《查尔斯顿信使报》撰写的稿件上署名为"珀森纳"。另一位是彼得·W·亚历山大，他主要为《萨凡纳共和党人报》撰稿。

德方丹最出色的战地报道之一，最初发表在《查尔斯顿信使报》上。这位年轻而厌战的记者描绘了在南军中央阵地前面的战斗情景，这一阵地沿着一条称作"血巷"的低洼道路。他写道：

> 在20个不同的炮位上，怒吼的炮口不断喷出巨大的烟柱。炮弹爆炸后产生出一团团奇形怪状的烟雾，在空气中四散开来。士兵们往来穿梭、装弹、射击、操炮，在混乱中不时传来一声激动人心的呼喊，

---

[1] 皮克特（1825—1875），即乔治·E·皮克特，南部邦联将军。曾参加弗雷德里克斯堡战役和葛底斯堡战役，葛底斯堡战役中的"皮克特冲击"是内战中杰出的军事功绩。

意味着一颗精确的炮弹杀死或杀伤了大片敌军。敌军就在我们面前，有一两团之众已经过河，正以班为单位从沿岸的树林中跑出来，企图组成一条战线。突然，一颗炮弹在他们中间开了花，接着是第二颗，第三颗……直到数千名敌军像一群苍蝇似的四散奔逃，消失在树林中。敌人又发起第二次进攻，但又一次遭到失败。于是，他们开始佯攻。联邦军的炮群重新开火，其步兵则从另一侧冲了上来，终于在这一侧占领了一块立足点。我军在 D. H. 希尔❶的指挥下迎击敌人，阵地中央展开了一场激战。一会儿后撤，一会儿前进，各路的纵队就像在风雨中飘忽不定的航船。这对我军来说是一场恶战，但敌人的情况更加凶险。他们就在我方炮口下，我方像割草一样撂倒他们。刚入伍的新兵在老兵的支援下打得勇敢出色。起初有片刻，他们还带着刚刚参战的激动心情，但是不一会儿，他们的阵地上便出现混乱，一部分人溃退了。于是，预备队冲了上去，力图夺回那一天的好运。然而，我方中央阵地坚如磐石。敌人溃退了。

亚历山大当时也在安蒂坦，他在一所野战医院中那些负了伤、奄奄一息的士兵中间为《莫比尔广告报》撰写战地报道。他写道："空气中散发着死亡的气息，忙碌的医生们浑身沾满了伤员的血迹。"在南部记者中，要数亚历山大对葛底斯堡战役进行的报道最为透彻。他对李将军在第二天就展开全面进攻是否明智提出了质疑，他还质问道，李将军及其参谋人员是否对其部属在任何不利形势下夺取胜利的能力过分自信了。大多数南部报刊都转载了他的这一报道。

画家与摄影师们：马修·布雷迪

一小批画家用酷似摄影作品的绘画报道了这场战争。这些图画只有用手工费劲地刻在一块木板上才能印刷。这种木刻当时并不新鲜，但在 1861 年后更为经常地见诸报刊，用于描绘战斗情景和战时知名人物的肖像。另一方面，某些大城市的报纸刊登了大幅地图，以解释战争进展情况，从而开创了突破栏宽限制的版面设计。1863 年 9 月 12 日的《纽约先驱报》就是应用这一技术的很好例证。这家报纸比现代标准日报略小，共 8 版，每版分为 6 栏。这一期特刊的头版用 1/4 的版面刊登一幅地图，配合一篇关于阿肯色战役的报道。同期第三版上，一幅大地图占了从上至下整整 4 栏，展现了查尔斯顿港内莫里斯岛上的胜利。

插图优劣也是杂志发行能否成功的试金石。图文并茂的 20 世纪新闻周刊的两位先驱是：1855 年创办、每份 10 美分的 16 页周刊《弗兰克·莱斯

❶ D. H. 希尔（1821—1889），南部邦联将领、教育家。

利画报》和 1857 年问世的《哈泼斯周刊》。它们那些高超的画家为木刻创作的绘画向 10 万多个订户生动地再现了战争的场面。它们还报道体育、犯罪和灾难。

19 世纪 60 年代，对图片新闻事业最大的贡献来自摄影术。英国摄影师罗杰·芬顿和詹姆斯·罗伯逊拍下了在克里米亚的英军，但缺乏摄录战争场面的设备。在美国内战期间，波托马克集团军向 300 名摄影师颁发了通行证。最好的和真正的战地记者先驱是马修·布雷迪。诚然，由于缺少把投光的明暗转换成印刷过程的可行方法——这种技术又过了 10 年才完善起来——他拍摄的照片当时未能用于报纸，但是画家们却能惟妙惟肖地复制，布雷迪因他的战争照片而闻名。他和 20 名副手为这场冲突给我们留下的摄影记录已成为最佳报道范例之一。

当战争迫在眉睫时，布雷迪说服他的朋友林肯总统以及特工处的艾伦·平克顿，让他与加德纳、蒂莫西·H·奥沙利文和其他一些为他工作的摄影师，为内战作一个百科全书式的摄影记录。战争结束时，他已经收集了大约 3 500 张照片，这些照片如今保存在国家档案馆和国会图书馆里。

战时的技术发展

内战给报业带来了重要的技术变革。对电报的依赖导致了新闻写作方式的改进，记者们力求以更简洁的文字来节省费用。一种压缩报道的办法是略去意见和华丽的辞藻。

内战期间，一些担心自己的报道未必能全部发出的战地记者发明了起概括作用的导语，即把一篇报道的主要内容放在第一段。试举 1865 年 4 月 16 日《纽约时报》头版一则重要文章为例，其开头写道：

华盛顿 4 月 15 日星期六上午 12 时电 安德鲁·约翰逊今天 11 时在首席法官蔡斯的主持下宣誓就任美国总统。

印刷机必须加速才能跟上新闻事业其他方面的发展。在萨姆特堡陷落之后的第一个星期天，《纽约先驱报》印了 135 000 份，创下了当时的纪录。1863 年，威廉·布洛克推出了卷筒纸双面印刷机，这种设备在一台轮转印刷机上不间断地印刷一卷纸的双面。尽管直到 1871 年，R. 霍公司才生产出这类印刷机作为标准印刷设备，但是内战的刺激作用是显而易见的。

1865 年 4 月 14 日晚，一个令人心潮澎湃的时代戛然而止。那天，纽约联合通讯社的劳伦斯·A·戈布赖特在他的办公室里工作到很晚，他已经发出了关于林肯总统参加剧院晚会的电讯稿。他报道说，格兰特将军谢绝了观看话剧《我们的美国表亲兄弟》的邀请，因为他要偕格兰特夫人前往新泽西州。突然，办公室的门被人冲开，一位激动的朋友带来了福特剧场的悲剧消息。戈布赖特迅即写出了一则简讯，然后开始扩展当晚事态发展的报道。哪一位现代记者也不能将这则突发新闻写得更简洁。其导语是：

华盛顿 1865 年 4 月 14 日星期五电 总统今晚在一剧场遭枪击，可能伤已致命。

第八章

国家生活中的一场革命

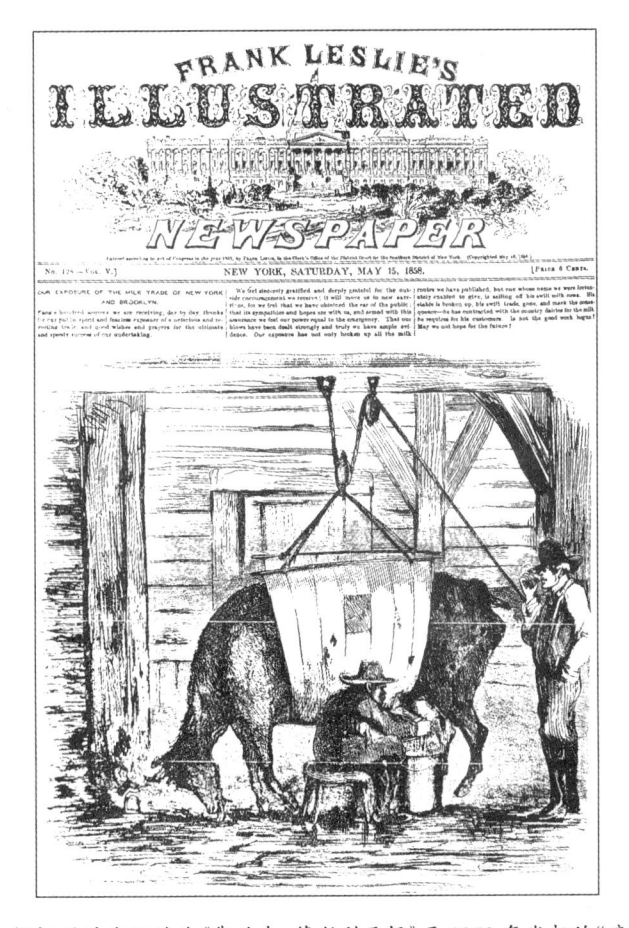

早期的一场报刊讨伐运动为《弗兰克·莱斯利画报》于1858年发起的"痛饮牛奶"运动

政治和金融危机

格里利的"脱党者"总统竞选

政府中的丑闻

达纳和《纽约太阳报》

戈德金、《民族》与《晚邮报》

工业经济

城市的兴起

报纸的发展

新的社会经济哲学思想

杂志的影响

社会弊端与不满

"新式新闻事业"的出现

中西部的一场革命：E.W.斯克里普斯

斯通的《芝加哥每日新闻》

纳尔逊的《堪萨斯城明星报》

> 报纸有它自己的历史；但它同样有一个自然的历史。报纸，按照目前这种状况，并非如我们的道学家有时所设想的那样，是一小部分活着的人随心所欲的产物。恰恰相反，它是历史发展的必然结果。
>
> ——罗伯特·E·帕克[❶]

在许多方面，美国的历史是从南北战争结束后重新开始的。这并不是要否认下述明显的事实：在长达两个半世纪的历程中，美国已经形成了最根本的指导力量，这些力量将继续影响这个国家经济上的成熟以及政治和社会结构的发展。但是，巨大的新生力量也在发挥作用，美国将在1865年至1900年期间经历一场革命，它将影响到国家生活的各个方面。这些力量就是如火如荼的工业化、机械化和城市化的力量，并随之带来了全面的社会、文化和政治变革。在内战和世纪之交的某个时刻，美国生活的各方面几乎都在缓慢的成熟过程中获得了一种重新定向的新的强大推动力。

美国的新闻事业也是如此。在美国成长史上的杰克逊时期，通信和新闻技术取得了巨大发展，并一直持续到南北战争时期。在这一时期，大众化报刊以富有人情味的新闻报道吸引了读者，它们利用新的通信设施发展新闻事业，有时还借助社论的力量。但是，已创建的模式和已开发的技术发生了变化。与此同时，始于19世纪30年代的报纸运动的著名人物相继从舞台上消逝。从1869年到1878年，先后有5位个人新闻事业时代的领导人去世，他们是：《纽约时报》的创始人亨利·J·雷蒙德、《纽约先驱报》的创始人老詹姆斯·戈登·贝内特、《纽约论坛报》的创始人霍勒斯·格里利、以主编《斯普林菲尔德共和党人报》而非常著名的塞缪尔·鲍尔斯第三和担任《纽约晚邮报》主编长达半个世纪之久的威廉·卡伦·布赖恩特。

有充分的理由开创有关新闻报道和社论表达的新方法。美国在南北战争之后面临的问题是非常严峻的，当时的政治领导层无法胜任所要完成的使命。尽管格罗弗·克利夫兰主要以他的诚实和勇气赢得了民众相当的认可，然而从1865年到19世纪末，从未出现过真正伟大的总统。但是，虽然总统的领导作用存在种种缺点，美国政治生活的其他方面还要死气沉沉得多。为南部诸州的政治重建所做出的种种努力，后来堕落成图谋报复的国会和不称职的总统之间的一场丑恶的斗争；在南部，通过草率的重建政策而上台执政的"毛毡提包客"[❷]和"孱崽子"[❸]相继让位于没有黑人参与的南部地方自治；格兰特政府因丑闻而处于风雨飘摇之中；各个市政府腐败不堪；经济失调、货币供应不公、运输费用过高和损害农民利益的高利率等，引发了一场"不间断的造反"。在这种情况下，一个敢于呈现新闻的独立思考的主编肯定会受到鼓励，一如查尔斯·A·达纳和埃德温·劳伦斯·戈德金。

---

❶ 罗伯特·E·帕克（1864—1994），美国社会学家。社会学芝加哥学派的重要人物，曾从事过10年记者工作。

❷ 指战后重建时期到南方去的北部政客，他们将自己简单的衣物装在当时流行的毛毡提包中便动身南下。

❸ 对南部政客的称呼。他们在南部重建时期与北方来的"毛毡提包客"合作，在许多州掌权。

达纳和戈德金的新闻事业是转型中的美国社会的产物，国家生活在内战结束后的头12年中所发生的变化可称为转型，但在其后风起云涌的经济和社会变革带来的却不是转型，而是革命。

正如在美国生活的其他方面一样，在新闻事业方面，其结果是产生了一些不同于刚刚消逝的过去，却与20世纪相像的新概念和新做法。新的领袖人物将对报纸和杂志进行彻底改革，以适应急剧变化了的环境，而不是墨守成规。到19世纪90年代，在达纳古怪的、抵制变革的新闻作风和新秩序充满生机的象征——约瑟夫·普利策——之间，反差确实是鲜明的。可是，这种变革并不比在文学、科学、政治与经济思想方面，在工商业以及美国人的生活和工作方式方面出现的差异更加鲜明。正如美国史一样，美国新闻史也是以历史学家亨利·斯蒂尔·康马杰所说的"90年代的分水岭"为标志的，这个分水岭的地形地貌与所有分水岭一样模糊不清，但是其大轮廓还是清晰地显露出来了。

政治和金融危机

我们在讨论那些主编们的作为之前，先应该更详细地考察一下他们工作的社会。历史学家们过去常常将重建时期看成是给一方带来悲剧的岁月，因为当时北部的"毛毡提包客"和南部的"屠崽子"利用黑人选民对民主责任缺乏准备的情况，扰乱南部的生活，而南部直到1877年才恢复地方自治。当下的解释则有了很大的不同。埃里克·福纳等历史学家视重建时期为"围绕将取代南部的特殊设置的新型劳工、种族和政治关系制度的久拖不决的斗争的一部分"。在重建时期，"毛毡提包客"、"屠崽子"、非洲裔美国人和联邦部队共同发起了某些重要的改革，包括增加教育机会、扩大对选举的参与和雇佣黑人。当联邦政府于1877年撤出时，南部黑人重掌权力，黑人则恢复了二等公民的身份；以后的50年则见证了种族歧视法，还有活跃的三K党，还有以私刑处死非洲裔美国人。

重建时期的政治图景是纷纭复杂的。共和党在1860年选举亚伯拉罕·林肯作为该党的首位总统，该党在1864年发现有必要推出一名支持联邦政府的候选人，于是以田纳西州民主党人安德鲁·约翰逊为林肯的竞选搭档。然而即使如此，林肯也只比民主党候选人乔治·B·麦克莱伦将军多得40万张选票，而南部则被剥夺了投票权。共和党在1868年转而推举尤利塞斯·S·格兰特将军作为其总统候选人，轻而易举地赢得了大选。

因此，政治重建成为一个挑战，而经济重建则更是如此。

19世纪70年代初，这个国家刚刚结束了一场为之付出了沉重代价的毁灭性战争，经济萧条正在降临，而它的投资速度却超过了创造财富的速度，并且它还在为经济扩张继续向欧洲的投资商大量贷款。当1873年金融危机袭来时，农产品价格不断下降，农民们确信自己的命运将再也无法忍受。随着西部和南部农业地区寻求经济补偿，一场"不间断的造反"开始爆发。货币改革、银行改革、铁路和高粮仓收费标准以及降低利率是当时的主要政治问题。结果，先是绿背纸币党兴起，继而是平民党兴起。农民协进会会员成立了他们的组织，迫使中西部各州通过了规定最高铁路运费的法律，美国联邦最高法院也在一项著名的裁决（《穆恩诉伊利诺伊案》，1877）中，坚持铁路运输必须根据公众利益进行调整的原则。

格里利的"脱党者"总统竞选

正是在这种动荡的政治、经济环境中，报界发现了许多具有重大意义的新闻。随着新闻原则占据主导地位，社论栏便明显表现出迹象，要背叛以往对政党和政党信仰忠贞不渝的做法。政党内部出现的叛逆，尤其是反对激进派共和党及其总统格兰特将军的"自由派共和党人"的出现，为报界的反叛行动扫清了道路。社论表达的独立性主要是指主编对于那些他们在正常情况下可能予以支持的党派领袖及其政策享有批评的自由，但是对有些主编来说，它还指退出原来的政党、转而支持对立党的自由。这些退党者被其党内的反对派称为"脱党者"。

1872年的脱党者是由一群主编领导的。自由派共和党人召开全国大会，以推选合适的候选人，与格兰特一决雌雄。大会最后推选著名主编霍勒斯·格里利作为候选人。

尽管格里利的竞选运动失败了，但是，上述颇有影响的脱党者主编反戈一击所产生的效果，却大大提高了新闻界的声望。这件事进一步证明，报纸主编可以改变其政治立场并生存下来，它同时也鼓舞了那些感到必须向强大的政治集团发起攻击的报纸。

政府中的丑闻

政府中的丑闻向所有主编提供了具有诱惑力的靶子。在战后的年月里，政治无能和道德败坏十分突出，从而进一步刺激报刊行动起来。在市政机关发生的最声名狼藉的腐败案例是纽约市特威德集团侵吞公款案。坦慕尼协会老板威廉·M·特威德和他在民主党内的同伙从纽约市攫取了2亿美元；到1870年，他们已发展到如此胆大妄为、肆无忌惮的地步，以至于在建造法院大楼时连续一个月把每个泥水匠的日工资标为5万美元。特威德集团控制了一些报纸，并威胁其他报纸使之保持缄默；但是，它遇到了《纽约时报》和《哈泼斯周刊》这样的劲敌。1869年亨利·J·雷蒙德去世以后，《纽约时报》由乔治·琼斯出版，路易斯·J·詹宁斯担任主编，该报在1871年获得了有关特威德集团侵吞公款的书面证据，随即把这个令人震惊的故事公之于世。同时，由乔治·威廉·柯蒂斯干练地主编的《哈泼斯周刊》为托马斯·纳斯特提供了一个漫画画廊，纳斯特是一位杰出的政治漫画家，他用自己的笔墨攻击特威德，欲置特威德于死地。于是有人向琼斯和纳斯特行贿，企图使他们搁笔休战。然而回答是：把特威德集团赶下台。

于是，格兰特政府中的其他问题也被迅速揭露出来：财政部的威士忌酒税诈骗案、向陆军部长行贿的案件以及格兰特的私人秘书接受不正当礼物等。格兰特惊惶失措，虽然他本人没有受到这些丑闻的伤害，但是他的党却在1874年把众议院的控制权拱手让给了民主党。于是政治成了一种跷跷板游戏。美国进入了一个"僵局"政府时期。在此后22年中的16年，由于两大政党所得选票非常接近，国会两院和总统职位由它们轮流坐庄。在这种形势下，政治上不可能取得什么进展，最后，保护性关税成了那些政治上失意的人所关心的主要问题，他们无法对付在经济上不满情绪滋长的西部和南部地区造成"不间断的造反"的问题。

托马斯·纳斯特1871年在《哈泼斯周刊》上发表的著名的"坦慕尼老虎"漫画："对此你意欲何为？"

达纳和《纽约太阳报》

在战后动荡时期工作的主编当中，有两位非常杰出的领袖，而他们所做出的贡献迥然不同。在查尔斯·A·达纳担任《纽约太阳报》主编的年代中，他在新闻处理与新闻写作艺术方面为新闻界上了一堂新课。而埃德温·劳伦斯·戈德金则在他担任《民族》和《纽约晚邮报》主编的那段时期，赋予社论版以可信赖的领导地位。

达纳的读者主要是工人和小商人等纽约普通市民。他在《太阳报》上发表的第一篇社论就是为他们而写的，他提出了自己的办报宗旨。他说，《太阳报》将"每天以最晓畅和生动的方式"呈现"全世界每日活动的真实景象"。为了努力将纽约人民的生活和全世界的活动的真实景象呈现出来，它的采编人员将简洁明晰地写作。《太阳报》除了售价低廉和可读性强之外，还将用进取心和金钱办成最优秀的报纸。

达纳具有"难以说清楚的办报天赋，他懂得，一只爬到市政厅台阶上的雄猫，比巴尔干半岛的一场危机更加重要"。到1876年，他的报纸的发行量增加了两倍，达到13万份。

尽管《太阳报》办得非常出色，但是它仍然存在着严重的弱点。由于达纳坚持将报纸篇幅限制为4版，因而重大新闻的全面报道就受到了影响。而社论版虽然常有响亮动人的妙语，例如用"不要大王也不要小丑来统治这个城市！"攻击特威德，用"把无赖们赶出去！"刺激格兰特等等，但也由于"过于取巧"而近乎玩世不恭。

《纽约太阳报》的查尔斯·A·达纳
（贝特曼档案馆）

戈德金、《民族》与《晚邮报》

美国在战后需要有力而明智的社论，这个使命却继续由一名出生于英国的新闻工作者来完成。他就是埃德温·劳伦斯·戈德金，《民族》杂志的创始人，继威廉·卡伦·布赖恩特以后《纽约晚邮报》的推动力量。

关于戈德金其人，历史学家艾伦·内文斯这样写道："戈德金立即表现出一种独特的风格、一种使人为之耳目一新的穿透力和一种在美国新闻史上无与伦比的辛辣的分析手法。"正因为如此，哲学家威廉·詹姆斯才写道："在我们这一代人看来，在关于公共事务的所有思想中，他的影响当然是最大的，而且可以肯定，其间接影响之普遍深入，超过了同时代的任何作家，因为他影响了

《纽约晚邮报》的E.L.戈德金
（《纽约邮报》）

那些从未引用过他的言论的其他作家,并决定着整个讨论的趋势。"哈佛大学校长查尔斯·埃利奥特、约翰斯·霍普金斯大学校长丹尼尔·科伊特·吉尔曼、詹姆斯·拉塞尔·洛威尔❶、詹姆斯·布赖斯❷、查尔斯·埃利奥特·诺顿❸——这些戈德金时代的知识分子领袖——都公开承认,他们从《民族》获益匪浅。当然这并不是说,他们总是赞同其主编的观点。

戈德金曾任英国一些报纸的记者和社论撰稿人,并为雷蒙德的《纽约时报》撰写过社论,后来,他确信美国需要一份英国式的用于发表见解和文学批评的高级周刊。1865年,他使《民族》获得了财政支持,并宣布了它的宗旨。

戈德金说,《民族》将"比现有的日报更加准确、更加适度地"讨论当下的政治和经济问题;它将提倡"一切似乎有可能促进更加平等地分配进步和文明之成果的立法和方式";它将寻求改善黑人状况的方法;它将吸引"公众的注意力到教育的政治意义上来,以及在我们这片国土上任何地方我国制度由于忽视这一点而面临的危险上来";它还将就各种书籍和艺术品发表明智的和公正的批评。

1881年,戈德金进入了一个更大的但实际上影响却较小的新闻舞台,成为《纽约晚邮报》的三位主编之一。

戈德金在19世纪80年代初作为纽约居于领导地位的主编,主要是由于其非凡的能力,但也是由于其同代人的弱点。《纽约时报》在雷蒙德去世后开始走下坡路,只是偶尔才表现出活力和影响。达纳的《太阳报》反复无常,而贝内特的《纽约先驱报》则缺乏社论力量。格里利的《论坛报》在其创办人兼主编去世以后,改变了自己的立场,成为共和党内部占优势的保守派的喉舌。《论坛报》的新任主编是新闻界著名人物怀特洛·里德,然而他的立场缺乏越来越多的主编所表现出来的那种独立性。

遗憾的是,戈德金尽管具有撰写社论的天才,却不是一个新闻人。除了其特殊兴趣之外,他很少关心《晚邮报》的新闻方针。他不喜欢在新闻中带有感情和色彩,宁愿把所有有关犯罪和暴力的新闻排斥在报纸之外。无论他的这些观点具有多么大的价值,它们却使《晚邮报》在发行竞争中处于严重的不利地位,这家报纸从未获得与它在社论方面领袖群伦相应的众多读者。

1899年,戈德金从《晚邮报》和《民族》主编的位置上引退。他于1902年去世。1900年亨利·维拉德去世后,他的儿子奥斯瓦德·加里森·维拉德成为这两份报刊的发行人和社论领导,它们继续充当具有战斗精神的自由派的喉舌。

❶詹姆斯·拉塞尔·洛威尔(1819—1891),美国诗人、随笔作家、杂志主编和外交官。
❷詹姆斯·布赖斯(1838—1922),英国历史学家、外交官。著有《美利坚联邦》等,该书因表达一个外国人对美国历史和政府的看法而出名。
❸查尔斯·埃利奥特·诺顿(1827—1908),美国杂志主编、作家、教育家。C.W.埃利奥特的表弟,长于艺术批评。

工业经济

美国发生了什么变化？工业化大规模地向前推进：生产过程的机械化、城市的兴起、通信设施的大发展、钢铁时代的到来、电力在照明和动力方面的应用以及一大批发明创新和新企业的出现。

由于实现了经济和社会的相互依存，美国才真正实现了国家统一。在不断发展的美国，充满活力的资本主义利用得天独厚的自然资源和工业革命的新机器，使国民经济实现了转型。

这种新经济秩序为人熟识的象征，一是约翰·D·洛克菲勒和他的石油垄断企业，一是安德鲁·卡内基和他的钢铁联合企业。在财富和企业控制方面出现的类似集中现象已遍及美国工商界。

但是，这种新秩序照样存在缺陷。机器在使美国经济发生革命性变化的同时，也为新的生产者带来了生产过剩和灾难性竞争的威胁。由此而造成的劳动秩序混乱和弱小企业破产，又加剧了经济的不稳定。工业巨头们试图寻找避免工业和金融危机的途径，因为这些危机不但威胁到弱者，而且也威胁到强者。

克服这些危机的一种办法是采取联营协定的方式。直接竞争者谋求通过自愿订立秘密协定的方法来限制本行业的生产、分配生产限额和稳定价格。问题是，一旦遇到困难，这种规定就迅速演变成"人人为己"了。

实施行业控制的一种更为成功的形式是美孚石油集团在1880年前后发明的托拉斯。1890年以前，其他行业的公司都模仿石油公司的做法。许多产品都出现了近乎垄断的控制。国会为了恢复自由竞争，于1890年通过了《谢尔曼反托拉斯法》，但是这项法案的效果却无法令反对垄断的人满意。

最后，重要的是必须注意到，工商业和政府两者在这一时期都开始为美国商品寻找外国市场，同时外交政策和美国帝国主义开始活跃起来。

城市的兴起

1880年至1900年间成熟的产业集中过程具有极其重要的意义，但这仅仅是美国生活发生巨大变革的一个方面。机械化、工业化和都市化带来了社会、文化和政治迅速而广泛的发展。由于经济革命的影响，人们的物质和精神生活发生了翻天覆地的变化，在这种新的环境下，没有任何社会习俗是静止不变的。即使是简要地考察一下这个新环境的特征，也能发现19世纪80年代美国城市日报巨大变化的根本原因。

老阿瑟·施莱辛格用"城市的兴起"这个词语来表述1878年至1898年的特征。1880年，美国人口为5 000万，其中22.7%生活在8 000人以上的大小城市。到1900

年，城市人口已上升至占总人口 7 600 万的 32.9%。

在从 1880 年到 1890 年 10 年内，美国的城市化获得了最迅速的发展，也是日报业酝酿最大发展的年代。

日见高涨的移民潮不断涌向这些城市，给美国社会带来了新血液和新问题。在 1880 年到 1900 年的 20 年里，美国人口中一共增加了大约 900 万在外国出生的人，相当于 1880 年之前 40 年的移民人数总和。其结果是，1890 年纽约市的报纸的读者对象有 80% 是在外国出生的或其父母是外国人，可以预见，一些报纸的特点发生了变化。其他美国城市也有 25% 至 40% 外国出生的居民。

城市的兴起意味着物质文明的加速发展，首先反映在城市居民的生活方面，并逐渐传播到全国其他地方。

报纸的发展

一组简单的统计数字可以清晰地说明报纸变化的最突出之处。从 1870 年到 1900 年，美国人口增加了一倍，而城市居民的人数则增加了两倍。在这 30 年中，报纸数量增加了 3 倍，日销售量增长了近 6 倍。日报数量和总发行量的增长速度甚至超过了孕育它们的城市的发展速度。面向大众发行的英文日报从 1870 年的 489 家增加到 1900 年的 1 967 家。所有日报的总发行量从 1870 年的 260 万份上升到 1900 年的 1 500 万份。周报也获得了同样发展，它们主要服务于小城镇和乡村地区，但也包括郊区和市区。从 1870 年到 1900 年，周报的数量翻了两番，从约 4 000 家猛增到 12 000 多家。但是，周报仍然代表着个人新闻业，办报方式的革命只是发生在大城市的日报这一层次上。

报纸作为美国的社会公共机构，取得如此巨大的发展，那是有许多不那么有形的原因的。社会和经济相互依存的力量是工业化和城市化发展的结果，对于创造生机勃勃的"新式新闻事业"发挥了主要作用。城市居民结成一个个经济和文化单位，日益需要通过日报来获悉有关城市生活的故事和满足他们的普遍兴趣。与此同时，由于经济上相互依存的趋势，全国上下迅速打成一片。通信设施的进步，就是这种已渗透到所有美国人生活当中的全国一体化影响的表现形式之一。日报再次成为全国生活的记录者和新环境的阐释者。城市读者，无论他是坐在新出现的舒服的有轨电车里，还是坐在灯光更加明亮的家中，都是报纸发行人的热心消费者，因为这些发行人成功地适应了对新闻事业的新挑战。

新的社会经济哲学思想

1880 年至 1900 年间，各大学的学者和其他用新的国民财富培养出来的有知识、有文化的男男女女，在社会经济哲学思想方面取得了巨大进展。最重要的是，他们向 19

世纪的社会经济哲学思想挑战，提出了更符合美国生活中的革命化特点的新观念。他们组织了各个知识领域，——如果美国想了解并解决自己所面临的问题，它就需要掌握这些知识——并借此为20世纪大力开展研究和分析工作打下基础。

一种个人主义的社会经济理论在1880年发展起来，以支持关于政府不应当干涉经济事务的论点。这个学派宣称，个人能够提供可能实现工业进步、增加财富和增强国力的首创精神。因此，政府的一切行为都不应该妨害个人在经济方面的进取心。这种观点认为，政府的职能是提供一个秩序井然的社会，使个人在完成他或她的使命时受到保护。

到19世纪80年代，批评这种个人主义理论具有消极作用的声音已有所闻。批评者坚持认为，个人确实有能力掌握自身命运，并按照社会普遍福利的要求来决定自己的经济和政治活动。这个学派说，某些人无限制地使用个人权力只会给别人带来痛苦和贫穷，其结果不是使国家强大起来，而是使国家衰落下去。他们说，真正的进步要靠合作和利用政府的权力来为公众谋利益。

正如我们指出的，达纳、戈德金和里德等报纸主编都是个人主义理论的捍卫者，他们反对政府插手经济领域。人们根据当时情况可以预料，其他主编会站出来支持社会合作的原则和运用政府权力来调节经济生活。确实，"新式新闻事业"的特点之一就是在社论版上表示对平民百姓的支持。约瑟夫·普利策和E. W. 斯克里普斯等发行人和主编在新闻界所反映的只是美国思想和生活更大变化中的一个侧面。

杂志的影响

杂志在美国生活中的影响日益扩大。早期创办的《北美评论》（1815）和1833年至1865年期间出版的更加流行的《纽约人》，都因《哈泼斯月刊》的问世而黯然失色，该刊是纽约图书出版公司在1850年创办的，它采用大量木刻插图，刊登英美名家作品，其发行量在内战前迅速达到了创下世界纪录的20万份。

在西海岸，旧金山的《黄金时代》（1852—1895）作为一份主要文学杂志而盛极一时，它提供侧重于淘金热的文化和文学内容。马克·吐温是它的撰稿人之一。1881年问世的《世纪》也加入了《哈泼斯月刊》这类高级文学艺术杂志的行列。1886年，《斯克里布纳》创刊，形成三足鼎立的局面。

以幽默、漫画和政治讽刺文为主的刊物也进入了这一领域。《顽皮小妖》（1877）以登载约瑟夫·凯普勒充满生气的彩色漫画为特色。其他刊物包括《法官》（1881）和《生活》（1883），后者因刊登了查尔斯·达纳·吉布森的"吉布森女郎"而闻名。在儿童杂志方面，《青少年之友》（1827）出现了一个新的竞争对手《圣尼古拉斯》（1873）。

由于国会在1879年通过的法案中规定了较低的邮费，杂志界一些新领袖在19世纪80年代开始争取仍在等待美国杂志出版商的大众读者。创办时间较长的高质量月刊遇到了3家大众化廉价杂志的激烈竞争，它们是弗兰克·芒西1889年创办的《芒西》、S.S.麦克卢尔1893年创办的《麦克卢尔》和《世界主义者》(1886)。这些杂志的发行量比以前的那些杂志要大得多，它们将开导更多的读者对社会和文化趋向加以思考。

社会弊端与不满

但是必须注意到，文化的总体水平仍然是很低的。甚至到1900年时，美国人人均只接受5年的学校教育。如果说公众从图书出版商那里大量购买百科全书是因为他们希望学到更多的知识，那么他们也购买数以百万计的廉价小说。如果肖托夸是一种欣欣向荣的社会公共机构，那么赛马、职业拳击和棒球也在蓬勃发展。文化和商业机构越来越多，但是兄弟会和社会团体的发展速度甚至更快。在报界，阿道夫·奥克斯将能够在大纽约市找到许多严肃的读者支持的《纽约时报》，但是读者却为兼具娱乐和告知两种特性的通俗报刊采用的新闻手法所吸引。

还应该简要地提一下，尽管工业化使整个国家普遍受惠，但是在这个新的经济和社会环境里，并非人人都取得了成功，也并非人人都感到满足。尖锐的分化已开始出现：一边是那些在国家经济大变动过程中成为富翁的人；一边是那些寄居在城市公寓某个拥挤套间里的穷人、南部穷困潦倒的佃农和那些在西部干旱草原上过着朝不保夕生活的牧民。

在各大城市，全国规模的有组织的工人运动的高涨，引起了比城乡对立还要激烈的冲突。许多产业对此作出的反应是成立雇主协会，筹措防御基金以对付各个行业工会经过精心策划提出的要求或组织的罢工。尽管19世纪80年代和90年代的罢工多为和平行动，但仍有几次是广泛的，并酿成了严重的暴力事件。

"新式新闻事业"的出现

在这种迅速变革和令人振奋的形势下，日报也步入了成熟期。普遍发行的英文日报从1880年的850家增加到1900年的1 967家；报纸订户从占全国成年人口的10％上升到26％。这些统计数字表明，把办报作为一种重要事业的时代已经到来。约瑟夫·普利策创办的《纽约世界报》在1883年到1887年间打破了美国的所有出版纪录。该报的巨大成功证明，一种"新式新闻事业"已经出现，它将改变报纸的性质和外观，并在大众中产生巨大影响。

《纽约世界报》的成功甚至引起了对报业最不关注的人的重视。但是在我们把注意力集中到这家报纸之前，应简要地考察一下其他城市所发生的变化。毫无疑问，就在普利策先在圣路易斯、后在纽约大显身手的那些年代，亨利·W·格雷迪在亚特兰大、爱德华·W·斯克里普斯在克利夫兰和辛辛那提、梅尔维尔·E·斯通和维克托·劳森在芝加哥、威廉·罗克希尔·纳尔逊在堪萨斯城也参与了"新式新闻事业"的开创。

在许多其他城市，老报纸正面临着生机勃勃的新报纸的挑战，有些新报纸注定将跻身于全美最优秀报纸的行列。这些新报纸是廉价的，有进取精神的和便于阅读的。它们相信，新闻传播功能是报纸的首要职责；它们表现了社论的独立性；它们积极开展符合公众旨趣的改革运动；它们通过改进新闻写作和版面编排，采用大字标题和插图，以及内容的通俗化来吸引广大读者。这些都是"新式新闻事业"的一般特征，当然，就每家报纸而言，这些特征的表现程度是各不相同的。

晚报的兴起是这个时期报纸发展的一个特色。1880年至1900年增加的日报中有7/8是晚报，到1890年，晚报已占所有报纸的2/3。人们之所以转向晚报，部分是因为城市居民读报习惯的改变；有人发现，作为零售商店广告对象，女性读者喜欢阅读下午递送的报纸，这进一步加强了晚报的势头。印刷机械和新闻采访方面的革新使晚报能够做到"当天新闻当天刊登"，尤其是在中西部和西部，由于时差关系，美国东部和欧洲的新闻在事发当天就可以刊登出来。作为对策，一些晨报推出了下午版，另一些则创办了独立的晚报。

中西部的一场革命：E.W. 斯克里普斯

全国各地的新闻事业正在发生变化。最大的一次报业革命正在酝酿于19世纪70年代和80年代的中西部，即底特律、克利夫兰、辛辛那提、芝加哥、堪萨斯城、密尔沃基和圣路易斯城。

斯克里普斯这个姓氏赫然载入了19世纪70年代和80年代初中西部报纸的成长史。詹姆斯·E·斯克里普斯是大名鼎鼎的爱德华·怀利斯·斯克里普斯的同父异母哥哥，他在芝加哥和底特律的报纸工作以后，于1873年创办了《底特律新闻晚报》，从而掀开了这个家族办报的历史。

斯克里普斯投资创办了4种1美分的晚报：短命的《布法罗电讯晚报》、时运不济的《圣路易斯纪事报》以及著名的《克利夫兰新闻报》和《辛辛那提邮报》。后两种报纸既是爱德华·怀利斯·斯克里普斯办报天才的产物，也是他最终创办的报团的起家报纸。

1878年，克利夫兰有3家已站稳脚跟的报纸：《导报》（1854）、《先驱报》（1835）和《实话报》（1842）。当《便士报》作为一种4版、5栏的晚报出现时，它看起来和出版该报的棚屋一样，是不会长久的。但是，主编爱德华·怀利斯·斯克里普斯向他的广告业务员付高薪，并把自己的巨大精力投入到这个事业之中去，在几个月之内就把发行量提高到1万份，预示着斯克里普斯出版帝国的兴起。此时，该报已更名为《新闻报》。

斯通的《芝加哥每日新闻》

中西部正在升起的另一颗明星是《芝加哥每日新闻》。

《每日新闻》的创始人梅尔维尔·E·斯通，是芝加哥新闻事业和全国报业在新形势下的产物。斯通在1872年担任《共和党人报》的编辑主任时，还是一个缺乏经验的24岁的小伙子，同年稍晚的时候，该报改名为《洋际报》，他成为该市新闻主编。这年秋天，他作为该报记者去南方采风。他在自传中记述了与亨利·W·格雷迪和《亚特兰大先驱报》同仁交往的情况："他们几乎每天晚上都同我在一起，讨论新闻工作。我们从这些探讨中受益匪浅。"斯通在这次旅行中研究了新奥尔良和圣路易斯的报纸，在圣路易斯结识了一位年轻有为的记者尤金·菲尔德。然后他前往华盛顿，担任《洋际报》等报纸的记者。斯通在自传中还提到了另一个重大影响：他在观察成功的一美分报纸《纽约每日新闻》，并决定在芝加哥试办这样的报纸。

1876年1月，《每日新闻》作为一家每份4版、5栏的报纸出现在芝加哥，投资仅有数千美元。斯通认为，他的首要职责是刊登新闻，其次是引导公众舆论，再其次是提供娱乐。该报并不排斥煽情手法，斯通的个人爱好是由报纸来侦查罪犯。《每日新闻》也不忘为读者提供娱乐。

斯通曾建立了一个有名的编辑队伍：专栏作家尤金·菲尔德；社论撰稿人斯拉森·汤普森；青年记者乔治·哈维[1]、乔治·艾德和芬利·彼得·邓恩（杜利先生）[2]；特约撰稿人，如芝加哥的詹姆斯·劳伦斯·劳克林[3]、威斯康星州的理查德·T·埃利[4]等文学家、科学家和教授。劳森一如既往地推行自己的领导方式，直到1925年去世。斯通是现代美联社的总经理和缔造者，后文还要提到他。

梅尔维尔·E·斯通
（《芝加哥每日新闻》）

[1] 乔治·哈维（1864—1928），报刊主编、外交官。先后任《北美评论》、《哈泼斯周刊》的业主兼主编，1921年至1923年任美国驻英国大使。

[2] 杜利先生是邓恩创造的一个酒吧间招待员的形象，他待人宽厚，憎恶欺诈，为大众喜爱。

[3] 詹姆斯·劳伦斯·劳克林（1850—1933），政治经济学家。曾任哈佛大学等高校教授。

[4] 理查德·T·埃利（1854—1943），经济学家。为约翰斯·霍普金斯大学政治经济学系第一任主任。

纳尔逊的《堪萨斯城明星报》

在中西部报纸革命中同斯克里普斯齐名的一个重要人物，是《堪萨斯城明星报》的创始人威廉·罗克希尔·纳尔逊。他和他的编辑们创办了一家售价为 2 美分的小型晚报，这家报纸写作上乘，既刊登新闻，也刊登娱乐性材料，并具有参与社会改革运动的强烈愿望。但是，《明星报》的突出之处在于，它避免在标题和插图中采用煽情的处理手法。

另一个差别也非常突出。纳尔逊和以前的新闻界要人不同，他不是撰稿人。他认为，记者是报纸的核心，他最初的编辑部里就有 7 名记者。他还在到处物色最优秀的新闻编辑和社论撰稿人。

当纳尔逊在 1880 年来到堪萨斯城时，那里还是一座简陋的、几无漂亮可言的发展中城市。它是通向大平原的门户，也是西部牛群的收购点。这座尚未建成的城市充满着 19 世纪 80 年代追求功利的美国的那种司空见惯的政治腐败和罪恶，它为一个坚强不屈的主编提供了极好的发展机遇。这个人就是纳尔逊，他体格魁梧，巨头阔脸，性格顽强独立，气派凛然，因此人们称他为"上校"。威廉·艾伦·怀特在纳尔逊去世那年著文评论说："不是因为他曾经当过上校，而是因为他具有上校的威严。"

纳尔逊毫不留情地对大大小小的事业发起改革运动，为堪萨斯城带来了他认为它所需要的东西。他为实现廉价而高效的公共交通而奋斗，结果该市的山坡上开通了缆车。

到 1890 年，堪萨斯城和堪萨斯州都成了《明星报》的天下。在 1915 年纳尔逊去世前，这家报纸的发行量达到 17 万份。即使在增加了星期日版，纳尔逊又在 1901 年购买了晨报《时报》(1868) 以后，该报的每周订价只有 10 美分。他还出版一种周刊，全年订价 25 美分，发行量升至 15 万份。尽管《明星报》的竞争对手试图运用纳尔逊不屑一顾的煽情手法战胜它，但是它的定价模式，加上深入的地区性报道、人情味的报道和优美的文笔，使对手们无懈可击。

威廉·罗克希尔·纳尔逊
（《堪萨斯城明星报》）

第九章

新式新闻事业

约翰·S·萨金特的约瑟夫·普利策肖像画
(承蒙《圣路易斯邮讯报》许可复制)

约瑟夫·普利策
《世界报》取得成功的原因
编辑部的出现
新闻界的女性
协作性新闻采集的改进
经营方面:广告的发展
新杂志:竞争广告的对手
照相制版造就摄影记者
视觉媒介:纪实摄影与电影

黄色新闻年代
威廉·伦道夫·赫斯特
赫斯特的《旧金山考察家报》
普利策的《星期日世界报》
"黄色新闻"与美西战争
"显然天命"精神
报道古巴新闻(1895—1898)
奔赴战地的记者
"显然天命"论的胜利

……每期报纸都提供一个机会和责任：讲一些倡导勇敢和真实的话，摒弃平庸与陈腐，讲些令社会上有知识、有教养、有独立见解的人们敬重的话，无虑党派性和流行偏见。

——约瑟夫·普利策

约瑟夫·普利策是曾经帮助建设战后新美国的众多移民中的一员。在建设新美国的事业中，他有贡献，也有收获：他所创办的两家大报使他获得了美国当代第一流主编的声誉；同时也为他积累了一笔在他临终时估价为将近2 000万美元的资产，这是报界所积聚的最大的财产之一。

约瑟夫·普利策在新闻事业上的成功，是美国这段新时期中最动人心弦的故事。普利策在创造"新式新闻事业"方面作出了自己的贡献，但更重要的是，他之所以取得领袖群伦的地位，是由于他善于接受别人的意见。充沛的精力和敏锐的新闻嗅觉，使他能够用独到的方式去适应并发展他那个时代的出版思想和技术，去实现他热切的愿望：作为一家拥有一流编辑部和复杂机构的现代化大报的创办人，无可争议地得到社会的承认。在这方面，他取得了引人瞩目的成就，但仅此一项还不足以使他在同行中赢得最能干、最值得尊敬的美国主编的声誉。他真正的伟大之处在于，他对一份报纸的作用，特别是对发挥社论的领导作用所抱有的崇高理念，以及使这种理念在他所办的报纸中付诸实现的方法。

约瑟夫·普利策

约瑟夫·普利策1847年出生于匈牙利，他的父亲是匈牙利犹太人，母亲是奥地利日耳曼人。少年时期他曾在私立学校受过良好的教育，17岁时离家出走，想去参军。但由于视力差，身体弱，奥地利军队和法国外籍军团都拒绝接收他。1864年美国内战期间，负责为联邦军招募欧洲志愿人员的一名美国代理人不那么挑剔，他招募了普利策。从此，普利策成了林肯骑兵部队中的一名战士。

战争结束，实际上没有打过仗的普利策流落到纽约，身无分文，语言不通。他干过许多临时性的苦差事，还在圣路易斯一家餐馆当过招待。但是，强烈的求知欲和充沛的精力促使他不断进取。1867年，他加入了美国国籍。一年后，他开始在卡尔·舒尔茨的主要德文日报《西部邮报》担任记者。他没日没夜地工作，挖掘各种类型的新闻，很快就在那些嘲笑他行为怪癖的同事中脱颖而出。

在很短的时间里，他作为共产党人从一个民主党占优势的选区被选入密苏里州众议院，成了《西部邮报》采访州议会的记者。通过倒卖《西部邮报》赚取钱财后，普利策在接下来的几年中放弃了他在圣路易斯的新闻工作。到1878年，普利策对美国的了解和认识程度有了大幅度的提高，并已出色地掌握了英语。他回到圣路易斯的新闻界。

这一次该是普利策实现自己人生目标的时候了。1878年12月9日，普利策以2 500美元的价格买下了《电讯报》。3天之后，他将《电讯报》与约翰·狄龙1875年创办的《邮报》合并。

美国最大的报纸之一《邮讯报》就这样诞生了。在最初的4年中，它是圣路易斯最大的晚报，每年净赚45 000美元，并与有影响的《密苏里共和党人报》以及由麦卡拉创办的颇具实力的《环球民主党人报》等日报分庭抗礼。三十出头的普利策取得如此辉煌的成就，是基于他作为主编兼发行人的天赋。普利策雄心勃勃，颇能自制，既像艺术家一样喜爱优美的音乐，欣赏好的作品；又如学者一般关注着经济、政治和社会的动向。过人的智力和旺盛的精力是促使他前进的动力。

普利策炯炯有神的目光表现出他追求成功的坚强意志。他总是处于神经紧张状态，使人不易接近，同自己的亲信部下都要保持一定的距离。不过，他以自己特有的方式表示出对那些符合他那严格新闻标准的作品的欣赏。在随后的岁月中，许多能干的新闻工作者在普利策的旗帜下工作。其中最有影响的是他早期的得力助手，1880年到《邮讯报》担任编辑主任的约翰·A·柯克里尔。柯克里尔是个工作努力、性格倔犟的人，能够尽力执行普利策的命令他精于办报，在此后关键的12年中成为普利策的好帮手。

然而，赋予《邮讯报》与众不同的精神的还是普利策。在他关于办报方针的声明中有这样的名言：

> 《邮讯报》不为党派服务，而为人民服务；不是共和党的喉舌，而是真理的喉舌；不追随任何主张，只遵循自己的结论；不支持"行政当局"，而是批评它；反对一切骗局，不管发生于何处，也不管它是何种性质的；提倡原则和思想，不提倡偏见和党派性。

更著名的，是1907年普利策在他更加成熟的时候，也就是他的事业将要告终的时候写下的名言。那些话已作为《邮讯报》的办报纲领，刊登在社论版上：

> 我知道我的退休不会影响办报的基本原则。报纸将永远为争取进步和改革而战斗，绝不容忍不义或腐败；永远反对一切党派的煽动宣传，决不从属于任何党派；永远反对特权阶级和公众的掠夺者，决不丧失对穷苦人的同情；永远致力于公共福利，决不满足于仅仅刊登新闻；永远保持严格的独立性，决不害怕同坏事作斗争，不管这些事是掠夺成性的豪门权贵所为，还是贪婪的穷人之举。

普利策不满足于报道表面新闻。他要求他的编辑部"除非把一件事情的真相弄个水落石出，否则决不放过它。连续！连续！连续到真正弄清问题"。这就使报纸为公众利益而鼓吹坚决的讨伐。在这方面，由于普利策的亲自出马和柯克里尔在写作与排版方面的技巧而大为增色。无赖政客、有钱的偷税者、受警察保护的赌博集团及营私舞弊的公共事业单位都是他们主要的批评对象。

然而，普利策在圣路易斯头几年的工作是有严重缺陷的。柯克里尔给他带来了不好的名声，因为他喜欢采用关于谋杀事件、犯罪行为和两性问题的消息，还喜欢用煽情的手法描写殴打、私刑、绞刑和暴死等类新闻。普利策发现，这些事情有很多是符合他所说的新闻"要容易引起人们谈论"这一定义的。他们喜欢以"圣路易斯的显赫人物"、"奸夫淫妇"、"爱上了厨子"、"牧师图德先生酗酒吗？"等作为标题，刊登圣路易斯统治集团中"名门望族"的流言飞语。在这些和其他的报道中，可以看到夸大之词、半真半假之言、捉弄人的笑话。当然，这个时期的其他报纸也存在类似的问题。

普利策的早期《邮讯报》用社论严厉抨击了那些垄断着美国这个第五大城市的有钱人家。但是，《邮讯报》所提倡的改革主要不是着眼于解决穷人和工人阶级的问题，而是着眼于解决同普利策有联系的中产阶级和小商人的问题。当然，为反对垄断、改善生活条件和改革社会弊端所进行的斗争，对人人都有好处。不过，后来普利策在纽约关心被压迫的穷人这个特点在当时还尚未表现出来。

在这段时间里，普利策、柯克里尔和他们在《邮讯报》的同事们学到了有关办报的各种知识。并在不久后把这些知识在纽约派上了用场。他们犯过不少错误，有许多消息和社论没有达到普利策制定的目标。但他们也取得了许多成绩，正如《世界报》在1890年所说："《纽约世界报》的基础是在圣路易斯奠定的……新闻学方面新思想和新理论的战斗是在《邮讯报》的旗帜下进行的。"

到了1883年，普利策已成了身残体弱之人。长期不间断的工作使他视力衰退，神经受到严重损伤。柯克里尔开枪打死了被《邮讯报》批评过的圣路易斯一位著名律师，这对普利策来说如同雪上加霜。那时，柯克里尔为自己辩护成功，而心灰意懒的普利策则启程前往欧洲，想到那里度个长假。但当他经过纽约时，听说1860年创办的民主党晨报《世界报》要出售。这家一度由曼顿·马布尔办得有声有色的报纸，那时已落入不择手段的金融家杰伊·古尔德手里，他的要价是346 000美元。

这家报纸的前景并不好。但是，普利策的哥哥艾伯特曾在一年前以2 500美元的资金红红火火地办起了售价1美分的《新闻晨报》。也许是为哥哥的成功所激励，普利策在5月9日买下了《世界报》。第一笔付款是用《邮讯报》的利润支付的。然而，让古尔德感到惊讶的是，分期付款的其余部分，后来都是用《世界报》的利润支付的。

普利策接手时的《世界报》每份8版，售价2美分，发行量为1 500份。当时，贝内特的《先驱报》3美分一份，有12至16版；达纳的《太阳报》仍在出版，售价2美分，4版；怀特洛·里特的《论坛报》和乔治·琼斯的《时报》都是出8版，售价4美分，这些都是普利策强有力的竞争对手。

普利策很快改组了编辑部，还向圣路易斯发电报请来两名出色的编辑，并于5月11日出版了第一期《世界报》。头条是关于新泽西州发生造成百万美元损失的风暴的报道。另一些头版文章报道了对一名判了刑的杀人凶手的访问记，华尔街的一名跳楼自杀者，匹兹堡的一次绞刑，海地的暴动，以及一名被冤屈的女仆的悲惨状况。普利策下令发售2万份，而在煽情性新闻方面可与普利策相比的只有贝内特。第二天，《世界报》成了纽约市民街谈巷议的话题。

普利策办报成功的另一个重要因素，是积极提高报纸的质量。他利用第一版报头两侧的版位提高发行量，刊登独家新闻。他做的第一件深得人心之事，是鼓吹把那座被誉为世界奇迹的布鲁克林大桥向每天上班经过的人免费开放。

不过，除了煽情和促销，《世界报》也刊登一些好新闻，并采取了新的社论方针。普利策在第一期《世界报》上写道："这样一份不仅便宜而且生动的、不仅生动而且巨大的、不仅巨大而且又是真正民主的、献身于人民事业的报纸，在这个成长中的大城市，有着充分发展的空间。"

普利策比在圣路易斯时更加不遗余力地为穷苦无助的人说话。他发现，纽约的广大读者与圣路易斯的有所不同。在他办《世界报》的头两年中，代表移民、穷人和工人阶级利益的改革运动如火如荼，特别是移民女性在服装厂的血汗车间里受到的非人待遇、缺少就学机会、不公平的税收负担，都成了普利策的社论和新闻题材。1883年7月，纽约许多人口拥挤的贫民窟遭到热浪的袭击，死了不少人，《世界报》发现，在前一周报道的716名死亡者中，有392人是5岁以下的儿童，记者赶赴现场进行了采访。标题制作人制作了"孩子们是怎样被烤死的"和"小棺材成排"等标题，以引起当局的震惊与关注，使之采取行动。

后来，柯克里尔从圣路易斯来到了纽约，担任《世界报》的编辑主任。他一向善于渲染富有人情味的消息，也经常组织重大的本地、国内和国际新闻。他还像在圣路易斯那样突出，报道女性和体育新闻。在印刷方面，新的《世界报》采用了比以前更小更轻的铅字，而内容却独具特色：如"暴风过后死人无数"，"尖叫饶命"，"小洛塔的情人"，"血的洗礼"等。标题用词常用头韵，常见题材是性、冲突和犯罪。

到了年底，《世界报》的日销量超过6万份，增加了3倍。为此，纽约其他报纸纷纷以降低价格来对付普利策的威胁。《先驱报》甚至在《世界报》上刊登广告。4个月后，《星期日世界报》因成功地采用大量木刻和线条画，销售量突破10万大关。普利策的推销员赠给每个职员一顶大礼帽，并在市政厅公园鸣礼炮100响以示庆祝。1887年，当《世界报》的销售量达到25万份时，曾铸造了一枚银质奖章，以祝贺美国最大的报纸发行量。到1884年，《世界报》在广告方面超过了《先驱报》。报纸页数也增至每天12~14版，周日36~44版。尽管开支增加，广告费上涨，但面对它所吸引的大众读者，报纸的售价仍为2美分。

《世界报》取得成功的原因

普利策都做了些什么？首先，他清楚地认识到他的潜在读者群的特点。19世纪80年代，纽约市的人口增加了50%。普利策努力吸引新市民对他的报纸的注意。当时，在纽约市内，每5个人中就有4人不是本人外国出生的，就是父母是外国出生的。普利策身为移民，对这一事实非常敏感。而且他了解他那个时代的社会经济发展趋势，知道他的读者既希望得到娱乐，又希望报纸起到有效的和进步的领导作用。因此，他的《世界

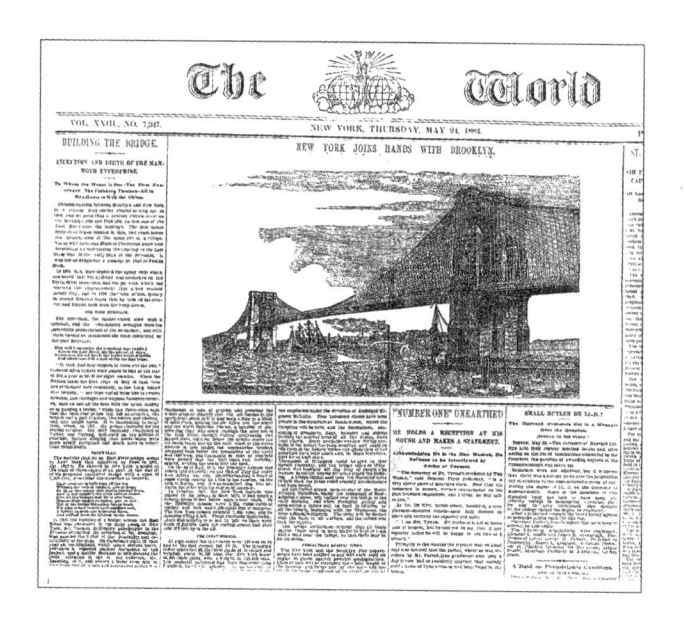

约瑟夫·普利策的《纽约世界报》在19世纪80年代发起的讨伐运动中的两个范例

报》以生动的方式报道重大新闻，以满足变化中的社会需求，并以煽情主义的新闻内容和版面来适应另一种趋势。

普利策对批评家的回答是，人情味报道和煽情故事是争得高发行量所必需的。他认为，在发行量扩大之后，可以通过吸引读者关注社论栏和公共事务的新闻报道，来营造健康的公众舆论。尽管他不同意《晚邮报》才能出众的埃德温·劳伦斯·戈德金提出的经济理论，但是他对戈德金的工作颇为赞赏。然而，当有人因《晚邮报》和《世界报》所采取的新闻方针截然不同而责备他时，他反驳说："我要对一个国家讲话，而不是一个特别委员会。"这句话成了他的名言。

后来普利策在写给他的一名主编的信里有一段话，不仅反映了他的基本的高尚品格，也表现出使他后来能被公认为一个有胆识、可尊敬和有能力的主编的那种精神：

> 每期报纸都提供了一个机会和责任：讲一些勇敢和真实的话，摒弃平庸与陈腐，讲些令社会上有知识、有教养、有独立见解的人们敬重的话，无虑党派性和流行偏见。我情愿每天都有一篇这样的文章，而这篇一二十行字的文章很可能就是一整天辛勤劳动、聚精会神地认真思考、修改、斟酌文体和推敲字句的结果。

很多时候，普利策的报纸达不到如此之高的新闻工作的目标，但是，它们常常可以达到足以激励其他主编努力工作，并且赢得敬佩的程度。

除了实用的讨伐与促销手段之外，噱头也是《世界报》的特长。在这方面，最大胆的尝试是1889年派内利·布莱周游世界，看她能否用少于儒勒·凡尔纳在他的小说《80天环游地球》中建议的时间作一次环球旅行。内利·布莱是女记者伊丽莎白·科克兰的笔名。她曾以招引男性无赖、然后写文章加以揭露，或伪装精神病患者混入纽约的精神病院采访消息等花招，来活跃《世界报》的版面。当内利乘船、乘火车、骑马、坐舢板周游世界各地时，《世界报》举办了猜谜比赛，吸引了将近100万人参加此项活动，猜测她到达各地所需的时间。内利没有让她的报纸失望。最终，她以72天的时间完成了周游世界的旅行，在举国上下一片欢呼声中，乘坐旗帜飘扬的专车从旧金山回到了纽约。

《世界报》篇幅的扩大使编辑们既能够有噱头和特稿来活跃版面，又能够继续保留严肃而重要的新闻报道。大批雄心勃勃的记者像普利策当年包揽圣路易斯的报道一样，报道着纽约市的消息。在1892年匹兹堡附近的霍姆斯特德钢铁厂大罢工中，当一些工人惨遭平克顿侦探社警卫屠杀时，工人们发现《世界报》竭力为他们仗义执言。

1887年，达纳决定出版《太阳报》晚报版，普利策紧随其后出版了《世界晚报》，扩大了他的出版帝国。这份晚报售价是1美分，在群众中受欢迎的程度很快超过了晨报。但是，它从未具有晨报那种与众不同的性质。对于新闻工作者来说，《世界报》的名字仍然意味着原来的晨报。

接下来要办的事，就是为《世界报》晨报、晚报和星期日报建立一幢耗资250万美元的新楼。这是当时最高、最引人注目的建筑物之一。上面有镀金的圆屋顶，里面配备有最新式的印刷机。然而就在大楼落成之前，不幸的事发生了。普利策完全失明了。他的神经也已极度衰弱，由欧洲的医学专家们进行诊治。1890年10月，他宣布退休，离开了他的报纸编辑部。当时，《先驱报》说"我们向他降半旗"的话，以为要同他诀别了。

但是普利策并没有死，他一直活到了1911年，并继续以他的风格影响着报纸。他的病使他不能忍受哪怕是最轻微的声音。为了避开折磨他的声音，他与世隔绝到了令人难以置信的地步。他的部下发现他难于相处，但他们也发现，他对报纸工作的进展情况依旧了如指掌。不论这位双目失明、满脸胡子的普利策身处何地——在游艇上、在缅因州的巴尔港还是在地中海海岸，他总是同《世界报》编辑部保持联系。每期报纸都由年轻的男秘书读给他听。他的指示和意见通过电报、邮件和信函源源不断地送往圆屋顶下

《世界报》的促销部门推出内利·布莱竞猜活动
（《新闻史》）

的《世界报》办公室。

　　普利策把众多才华出众的人聚集到《世界报》的旗下，就难免这些有着鲜明个性的人为取得权力和争宠于普利策而相互竞争。但是，在主编和经理中，没有一个人拥有过大的权力，也没有一人敢在普利策外出时长期忽视他的命令。在1891年普利策改组编辑部的那次大变动中，柯克里尔丢了职位。曾在1895年完全控制了《邮讯报》的琼斯也在两年后因藐视普利策的意愿而被辞退。普利策不断地从国内新闻工作者中物色忠实能干的帮手，他能使《世界报》按照他的设想不断取得进步，成为新闻工作者称之为"新式新闻事业"的主要代表。

编辑部的出现

　　到1890年，大都市的报纸编辑部在数量和部门化方面都明显采取了现代化的形式。

由于编辑工作的复杂化和编辑部的扩大，需要实行工作的专业化。回顾19世纪30年代大众化报纸创办后编辑部的发展情况，我们可以看到，编辑部已从一个人单独工作发展到像《世界报》编辑部那样，由许多新闻工作者组织起来一起工作。

即使是便士报已站住脚的19世纪40年代，正式雇用的记者还是极为少见的。报纸主编刊登他们遇到的或有时间报道的地方新闻，采用电讯消息，剪辑交换稿，并刊用（外驻）通信记者的来稿。1854年，《论坛报》有14名记者和10名编辑，还设置了社论撰稿人、文学编辑及其他专门人才。但当时只有大报编辑部才有这样的发展。

数百名战地记者关于内战的紧张报道对新式编辑部的兴起起了很大的促进作用。

从1880年到1900年，在报道方面"客观性"理念在继续发展。对于试图增加其不断扩大的读者份额以及随之而来的广告收入的业主和主编们来说，以公正的面目出现是重要的。由于通讯社受到高成本及主编们要求简洁明快的压力，一种更有规则、更少个性化的新闻写作方法，后来被规范为"倒金字塔"式结构，得到了广泛的欢迎。

发行量的增长和竞争的加剧使新闻编辑室里的工作更加专业化了。到19世纪70年代，大都市主要的日报都设有一名主编、一名编辑主任和9名负责新闻的夜班编辑；一名本市新闻主编负责指挥由大约20多人组成的记者队伍，一名电讯主编负责处理不断增多的国内外电讯新闻，还有一名财经主编以及戏剧评论员、文学主编和社论撰稿人。随着时间的推移和报道人员的增加，本市新闻主编所担负的任务更加重要。

新闻界的女性

另一个进步是编辑部女性成员迅速增多。工业的勃兴和职业的增多给了女性从事包括报纸工作在内的就业机会。在过去的革命战争年代，就有过知名的女记者。内战前《纽约论坛报》的玛格丽特·富勒和驻华盛顿记者兼明尼苏达州的报纸主编简·格雷·斯威斯赫尔姆曾经引起人们的注意。维多利亚·伍德哈尔和她的妹妹坦内西·克拉夫林1870年曾在纽约出版周报，鼓吹女性解放、堕胎和自由恋爱。伊莱扎·简·波伊特文特·霍尔布鲁克在19世纪60年代是《新奥尔良花絮报》的文学主编。她与该报的发行人结了婚，并在丈夫死后接办了这家报纸。埃伦·斯克里普斯在她的兄弟们在19世纪70年代和80年代创办他们的报纸时，同他们一起工作过。南希·约翰逊是1857年《纽约时报》在欧洲的旅行撰稿人。

协作性新闻采集的改进

由于彼此之间的竞争加剧，也出于新的社会环境的重要，日报必须以更快的速度进行更加全面的新闻报道，这种压力使协作性的新闻采集得以改进。在19世纪40年代，曾经作为新闻竞争一个组成部分的铁路和电报线路突然在全国范围内发展起来。

大西洋海底电缆的铺设，为纽约美联社（1848年由纽约一些晨报创办）与欧洲的一些通讯社之间相互交换信息提供了方便。

由其7家纽约晨报成员控制的美联社与西部联合公司达成了协议，根据协议，美联社成员报纸可以得到优惠的待遇。已成为成员的地区的或地方的集团可以限制成员，以阻止新的竞争者得到美联社的基本报道。纽约美联社为了防止其他通讯社的竞争，还禁止接受其服务的客户购买其他通讯社的新闻。

当时在改进新闻的协作性新闻采集方面采取了一些重要的措施。1875年，纽约与华盛顿之间设立了一条租用的电报线路，每天发稿2万字。到1900年，美联社的租用线路已经延伸到新奥尔良、丹佛和明尼阿波利斯。为了给较小的报纸提供价格便宜的稿件，还制造了薄铅版，这种铅版可以直接排入版面。从这些报业辛迪加中，也可以得到特稿、插图和娱乐材料。此外，一些大报还把它们的独家新闻清样通过快递、邮件或电报发给小报订户。19世纪90年代初，城市新闻社在纽约和芝加哥正式成立。这种采集本市日常新闻的通讯机构在南北战争时期就已经成形。

新闻界的新领袖为收集新闻不惜金钱。为了补充美联社的报道，他们派更多的记者前去国会采访。然而，有些重要问题是金钱所不能解决的。美联社由于自身的合作社性质，在很大程度上依靠它的成员报纸和外国通讯社采集新闻，而这往往是不能令人满意的。因此，它不得不要求西部联合公司报务员供应对现场新闻事件的报道。而美联社系统之外的报纸迫于无奈，只得苦苦度日，期待有一天出现另外一些报业联合组织同美联社抗衡。

伴随着新闻发布方式的变化，人们开始接受一种"客观的"报道方法。这意味着记者在迫于口述传递新闻的高昂费用继续采用简洁风格的同时，被要求将他们的个人价值观与报道相分离，并坚持提供可以验证的事实。美联社普遍采用"倒金字塔"式导语（即何人、何事、何地、何时、何因），由此提高了自己作为一个可靠机构的声望。

报刊史学家长期以来一直认为，对客观性的普遍接受与电话和电报的发展之间存在着某种关联，这些与价值无涉的报道是向持有明显不同政治、社会和经济观点的客户提供的。而避免疏远那些购买这种服务的人在经济上对通讯社有利。这种"安全的"、不作解释的文体在20世纪60年代受到了严厉的批评，其原因一是它假定记者没有情感和不带潜意识的先入之见，二是据称对复杂事件作直截了当的报道常常会忽略大量事实真相。这些问题至今尚未得到解决，需要对客观性及报道方式的发展作更深入的探究。

经营方面：广告的发展

1887年，美国报纸发行人协会成立表明日报经营方面的问题日趋重要。

美国报纸发行人协会的创立者们的希望，是成立一个可以帮助其成员解决取得全国性广告问题的报纸行业组织。

19世纪40年代，在纽约和其他东部城市出现了第一批广告代理商，充当广告客户与报纸的中间人。他们为客户购买报纸的版面，把规定的广告费扣下15%至30%，有时高达75%，这就是他们的利润。一些较大的报纸能够不断地拉到广告，并为他们的广告代理商规定佣金。但是较小的报纸常常因此而遭殃，因为广告代理商利用报纸之间的竞争而获得可观的佣金。

在广告业务的管理方面曾经有过很多尝试，但并不是所有的广告代理商都是如此。1870年前后，乔治·P·罗厄尔、N. W. 艾尔父子、洛德—托马斯等几家正派广告公司的建立起了作用。罗厄尔于1869年出版了《美国报纸大全》，将所有新办的报纸都收入其中。艾尔父子公司从1880年起连续出版年鉴。但是报纸确切的发行量很难断定，直到1914年成立发行量审计局后，才解决了这个难题。如何判断哪些广告公司值得信任，则又是一个问题。在多年的争辩之后，位于纽约的美国报纸发行人协会总部于1899年同意发表被认可的广告公司名单。一般认可的佣金比例为15%。

芝加哥两家至今仍很有名的百货公司在1898年7月12日的《芝加哥先驱时报》上登广告

报纸刊登广告所得和报纸销售所得这两项收入的百分比,在1880年为50%,到1910年增加为64%,大多数报纸为广告提供的版面从25%扩大到第一次世界大战时的与新闻版平分秋色。在广告数量增加的同时,广告的内容也在不断变化。美国最早的三家百货商店在零售商店广告方面起了刺激推动作用。这三家商店是费城的约翰·沃纳梅克公司、芝加哥的马歇尔·菲尔德公司和纽约的A.T.斯图尔特公司。19世纪80年代,象牙牌肥皂("泡沫真多")、胜利牌留声机("主人的声音")和皇家牌发酵粉在全国商业广告中居领先地位。到19世纪90年代,居前列的还有伊斯曼—柯达牌照相机、里格利牌口香糖和凯洛格牌麦片等食品的广告。

但是,广告业中存在着阴暗面,因为报纸杂志的主要客户是专卖药制造商。他们把卡斯托里亚牌儿童补剂、斯科特牌乳剂和莉迪亚·平卡姆牌女用复合剂推向轻信的公众。而多数报刊代表由于刊登这类广告可以从中大赚其钱,便迫不及待地接受这些误人子弟、蓄意蒙人和显然带有欺骗性的广告。

早期注册版权的商标和品牌广告

新杂志: 竞争广告的对手

正如报业一样,杂志新闻事业方面,也出现了新的领袖人物。弗兰克·芒西在1889年创办《芒西》杂志成功。另一个是S.S.麦克卢尔,他在创建了为报纸供稿的特稿辛迪加后,于1893年出版了《麦克卢尔》杂志。第三家杂志是《世界主义者》,创办于1886年,后来在1905年出售给威廉·伦道夫·赫斯特。

这些编辑上乘的通俗化的月刊扩大发行量的方式与日报过去的做法如出一辙。其秘诀就是把杂志的价格降到15美分,后来又降到10美分,同较老的、35美分一份的杂志竞争。到20世纪初,《芒西》杂志的发行量已达65万份,大大超过其他杂志而居于首位。《麦克卢尔》和《世界主义者》次之。这三个刊物的模式是流行小说、主题广泛的文章加插图。

赛勒斯·H·柯蒂斯1883年创办的《妇女家庭杂志》成为女性杂志的新领袖。

这些普遍发行的新杂志是在全国性广告业大发展的时刻出现的,它们对可获得的广告收入造成了最大的侵蚀。但是,具有很高文学和艺术品质的一般性插图月刊画报

《哈泼斯》、《世纪》和《斯克里布纳》虽然在发行量上已不再领先，仍具有很大的影响力。

鉴于杂志夺走一部分广告收入，报业主们建立了两个行业协会——1898年建立的国际发行经理协会和1900年建立的报纸广告经理协会——以及一些地区性组织。从19世纪70年代后期开始，许多报纸的代表和协会把报纸当作广告媒介来推销。1913年，有人劝说美国报纸发行人协会发起成立了广告局。这个局有一批领工资的工作人员，他们在为报纸据理力争，开展了有效的工作。在20世纪初，报纸的广告收入在全国广告总收入中约占70%。

照相制版造就摄影记者

不止一家报纸的业主感觉到需要改善插图的印刷。《纽约先驱报》较早使用木刻。约从1870年起，《先驱报》姐妹报《电讯晚报》每天都登一幅政治漫画。当然，《弗兰克·莱斯利画报》、《哈泼斯周刊》以及后来的其他期刊所登木刻具有高度的艺术性。女性杂志用钢版刻时装图片，但是，还需要一种更加经济快速的印刷术。到19世纪70年代，美国报纸上开始出现用蚀刻法把线条刻于锌板上的锌版印刷品；插图画家也发现，可以把照片直接印在木版或锌版上，让画家或蚀刻者照样刻制。

1880年首次刊登在一家美国报纸上的高质量网目铜版画"贫民窟"

从1884年起，《纽约世界报》的编辑们开始刊登当地显要市民的线条画像，这是一大突破。不久，另一些大报也采用画家瓦莱里安·格里巴耶多夫的作品。在1891年，约有1 000名画家为5 000家报刊提供插画。后来，越来越多的报纸雇用画家，并添置了镌雕版设备。

然而，照相凸版印刷术迅速遏制了画家队伍壮大的势头。英国在1860年前，已出现网目铜版的照相凸版印刷术，但是，在弗雷德里克·E·艾夫斯解决印刷工艺中的照片复制问题之前，效果并不理想。

画家们发现，既然照片已经能够直接复制，新闻摄影师就实实在在地闯入了他们的领域。画家和摄影师都报道了美西战争。特稿辛迪加除经营原来的业务以外，又加上了新闻和特写照片。大城市报纸开始雇用当地摄影师，这些摄影师背着笨重的设备和闪光灯外出工作。图片新闻事业由此诞生。

> "KODAK"
>
> Stands for all that is best in Photography.
> If it isn't an Eastman, it isn't a Kodak.
>
> EASTMAN KODAK CO.,
> Kodaks $5.00 to $35.00.
> Catalogues at the Dealers or by Mail.   Rochester, N. Y.

《哈泼斯月刊》1901年刊登的柯达广告

视觉媒介：纪实摄影与电影

雅各布·A·里斯1870年从丹麦移民而来，他作为《纽约太阳报》记者，以对他生活了7年的纽约贫民窟的悲惨和罪恶的采访写作而成名。他用照相机和闪光灯直观地反映了肮脏的房屋和穷人的面孔。1888年《太阳报》发表了取材于他的12幅摄影作品的画作，并配有一篇题为《闪光灯下的贫民窟》的文章。他于1890年出版的名著《另一半是怎样生活的》配有17幅网目铜版作品和19幅源于他的摄影作品的绘画，可惜艺术效果较差。直到1947年，人们用纽约市博物馆保存的他的原始玻璃底片进行放大后，他才真正被公认为纪实摄影的一名先驱。还有别的早期的摄影记者，其中一位是社交界的名流弗朗西斯·本杰明·约翰斯顿，她曾在23岁时请求乔治·伊斯曼❶送给她一台他制造的第一批柯达相机。她成为一名白宫摄影记者，摄录了那里的生活，并因拍下威廉·麦金利总统1901年被暗杀之前的最后一张照片而达到了事业的顶点。

1888年伊斯曼将他的柯达相机投放市场，从而开创了一个新纪元。它使用的是胶卷。托马斯·A·爱迪生1889年发明的活动物体连续照片放映机，采用伊斯曼的胶卷生产出50英尺长的"西洋景"。1896年，爱迪生发明的维太放映机被用来在美国一家影院首次公映一部电影——由埃德漫·S·波特执导的《火车大劫案》，把1903年的一段历史制作成一部8分钟的电影，讲述了一个完整的故事。随着摄影术出现在报刊上和电影中，注重视觉的时代拉开了序幕，纽约的日报将抓住这个机会。

黄色新闻年代

在19世纪90年代，无论是作为商业机构还是社会组织，飞速发展的美国报纸面临着严峻的挑战。一种挑战是，必须要在1893年的经济萧条中生存下来，这次严重的经济危机直到19世纪90年代末才有所缓解；另一种挑战是，必须应对美国在国际事务中日益增长的作用以及随之产生的、植根于"显然天命论"思想的主导地位的道德危机。而新闻界对这些危机的反应并不是一个令人高兴的故事，这些复杂的反应将在本章和下一章予以追溯。

大都市新办日报财务上的稳定，总是依靠赢得越来越多的读者来获取更多的广告收益。在萧条时期，以吸引新读者补充失去的读者这样的压力更大。一份报纸为吸引众多的读者，通俗化是必需的，但也不必一味地煽情化。更大的标题、更可读的故事、照片和颜色的点缀，都可能使报纸的面貌焕然一新，也许有时做得过了头，但是这些技巧是有效、实用和可取的。

出于同样的原因，这些新技巧也可用来强化煽情主义而有损新闻本身。19世纪90年代中期，一些主编着手做的，正是早期的主编为赢得新读者而做的事情。所不同的是，现在他们有了较好的工具，他们可以利用这些工具使他们的煽情主义与众不同且外观新颖——这种行为的劣质产物就叫做"黄色新闻"。

从最坏处说，黄色新闻是一种没有灵魂的新式新闻思潮。黄色新闻记者在标榜关心"人民"的同时，却用骇人听闻、华而不实、刺激人心和满

❶ 乔治·伊斯曼（1854—1932），美国发明家、实业家。1888年发明柯达相机，后任伊斯曼—柯达公司总经理、董事长。

不在乎的那种新闻阻塞普通人所依赖的新闻渠道，把人生的重大问题变成了廉价的闹剧，把新闻变成最适合报童大声叫卖的东西。最糟糕的是，黄色新闻不仅起不到有效的领导作用，反而为罪恶、性和暴力开脱。

威廉·伦道夫·赫斯特

威廉·伦道夫·赫斯特对于揭开黄色新闻的时代比其他任何人都起了更大的作用。在后来从事出版业的 64 年中，他成为现代新闻界最有争议的人物。年轻而精明的赫斯特目睹了普利策的发迹，当他终于打进纽约挑战《世界报》至高无上的地位时，他早就做好了准备。他用煽情化的、不胫而走的那种新闻手法迷惑这个城市，使普利策自叹弗如。由此引发的斗争所产生的影响，人们直至今天还能感受得到。

赫斯特 1863 年出生于加利福尼亚州，他是由他那忙忙碌碌、雄心勃勃的父亲和担任学校教师的母亲在旧金山抚养长大的。他的母亲后来成了著名的慈善家，掌管家财，极为精明能干。

年轻的赫斯特对办报产生了兴趣，但是他的父亲瞧不起在他手下工作的报人，在 1883 年打发他的继承人去哈佛大学读书。

赫斯特在哈佛大学的经历，即使算不上成功，也是令人侧目的。他是一个挥霍无度的西部人，沉湎于啤酒和舞乐。他担任幽默杂志《讽刺文》的经理，却干得相当出色。

然而，在东部所受的教育并非全然无用。哈佛大学可能对赫斯特的思想没有产生什么影响，但是《波士顿环球报》和《纽约世界报》对他的思想是有影响的。他研究了查尔斯·H·泰勒将军成功的《环球报》多少有点煽情的技巧，并且参观了这家报纸配备新式机器的印刷厂。然而，他更感兴趣的是普利策的《世界报》，有一个假期，他为这家后来他与之一争高低的报纸做过实习记者。在被哈佛大学开除后，赫斯特又花了一些时间在纽约潜心研究《世界报》的办报技巧，然后才回到旧金山。

赫斯特的《旧金山考察家报》

1887 年，乔治·赫斯特从加利福尼亚州被选为参议员，同年，其父威廉·伦道夫·赫斯特担任了《旧金山考察家报》的主编。那时他只有 24 岁，但是这个高个子、蓝眼睛、羞羞答答、有着与其魁梧身材恰成反照的尖嗓门的主编立即着手配备编辑人员。他挑选萨姆·S·钱伯林担任编辑主任，钱伯林曾为贝内特和普利策工作过，主编过贝内特的《先驱报》巴黎版，并于 1884 年创办了巴黎的《晨报》。后来

20世纪30年代处在事业巅峰期的赫斯特（《旧金山考察家报》）

以写短篇小说著称、才华横溢的安布罗斯·比尔斯[1]贡献了他的"闲谈"专栏。爱德华·H·汉密尔顿和社论撰稿人阿瑟·麦克尤恩等明星记者也都纷纷签约为赫斯特效力。麦克尤恩成了撰写赫斯特式新闻的主要人物；霍默·达文波特开始画漫画；詹姆斯·斯温纳顿在新出现的连环漫画天地施展艺术才能。埃德温·马卡姆的作品"荷锄人"首次在该报出现，还有 E. L.（菲尼）塞耶的"凯西击球"，都为这份报纸增添了文学风味。

钱伯林的新闻技巧使他成了无价之宝。他发展了威尼弗雷德·布莱克为以后几代赫斯特的读者所熟知的"安妮·劳里"，她用情节扣人心弦的报道吸引旧金山女读者。例如，她被派去调查一家医院的管理状况，假装在医院附近晕倒，被送进了这家医院，并由此写出了一篇报道，"字里行间充满了对不幸的病人的同情"。《考察家报》还不断地试验讨伐、噱头和更具有吸引力的新闻呈现手法。消息即使很重要，也是不会受重视的。

赫斯特在技术方面实行的革新，对"新式新闻事业"的贡献是重要的，也是建设性的。他在试验了很多排版式样、安排了对称的标题形式、采用了醒目的铅字体后，创造了一种与众不同的、后来为其他许多报纸所效仿的程式。赫斯特常常亲自安排版面，但是他的真正的技术能手是1888年到《旧金山考察家报》编辑部工作的乔治·潘科斯特，他在此后50年中，为《考察家报》的印刷厂建成了电动装置，改进了彩色印刷，为赫斯特帝国设计了14个印刷厂。

被野心勃勃的赫斯特称为"日报之王"的《旧金山考察家报》，其发行量在第一年就增加了一倍，达到3万份。到1893年达72 000份，比公认的主要日报——M·H·德·扬的《纪事报》还多。参议员赫斯特于1891年去世，那时，他的儿子已把一家亏损的报纸办成平均每年获利35万至50万美元的报纸。青年赫斯特在取得这样的成功之后，便准备向他的目标——普利策称霸的纽约市进军。赫斯特说服他的母亲出资创立了《纽约新闻报》。

---

[1] 安布罗斯·比尔斯（1842—1914?），美国记者、作家。《魔鬼辞典》的作者。

普利策的《星期日世界报》

在赫斯特离开纽约到旧金山开创事业后的10年中，约瑟夫·普利策一直忙忙碌碌。他侧重于为编辑们扩充机器设备，并利用新技巧发展《星期日世界报》。

普利策是使星期日报纸成为一种有利可图的新闻和娱乐手段，并充分显示其潜力的第一人。从1796年起，美国就有作为星期日报纸的周报。但是，即使在1883年普利策打进纽约时，也只有约100家报纸有星期版。

普利策的新的《星期日世界报》除了日常的新闻组外，还加了许多娱乐版。它开始采用供女性、青年读者和体育爱好者阅读的特稿。幽默画和插图也集中在星期版上。有S.S.麦克卢尔等人发展的文学辛迪加供稿，星期报纸就更加吸引读者了。1887年，《星期日世界报》的发行量超过25万份。到19世纪90年代初，随着零售业广告商看到阅读该报的家庭和女性为数众多，它的篇幅扩大到40至48版。不久，其他报纸也都群起而效仿。到1890年，有250家日报设有星期版，充塞于各个大都会地区，并挤掉了星期日出版的独立的周报。

"黄色新闻"与美西战争

威廉·伦道夫·赫斯特一到纽约，就立即着手收买把《星期日世界报》办得有声有色的几个人。他利用《旧金山考察家报》在《世界报》大楼里租用的一间办公室，把戈达德连同他的大部分撰稿人和画家都挖了过来，赫斯特高价收买的做法使普利策窘于应付。不久，连《世界报》的发行人S.S.科瓦尔诺都到《纽约新闻报》工作了。斗争还在继续，普利策求助于社会主义者艾伯特·布里斯班能干而年轻的儿子阿瑟·布里斯班，请他担任星期版的主编。他在到普利策的编辑部工作之前，是在《太阳报》开始其新闻生涯的。这位新的主编创下了60万份的发行纪录。他致力于新闻的大众化，并努力推进普利策所关心的社会事业。戈达德带走了奥特考尔特连同他的"黄孩子"，而布里斯班则又雇用了后来成为著名画家的乔治·B·卢克斯继续画这一系列漫画。

这两家报纸的推销员所用的招贴画都画了那个兴高采烈、咧着嘴笑的、面目没有特点的"黄孩子"。在反对他们的新闻界人士看来，"黄孩子"似乎象征着流行的、公众赞同的那种煽情新闻。"黄色新闻"这个名词很快传开了，黄色新闻的技巧很快成了悉心研究的目标。对普利策来说不幸的是，1897年布里斯班转到《新闻晚报》担任主编，卢克斯也转到赫斯特的旗下。为此，奥特考尔特曾悲叹：

在我死后，不要佩带黄色绉纱，不要让他们把黄孩子放在我的墓碑上，也不要让黄孩子参加我的葬礼。让他待在他所属的纽约东区吧。

除了向普利策的编辑部发动突然袭击外，赫斯特还请来了他在旧金山的最出色的编辑人员，他还用金钱收买了达纳的《太阳报》名记者。

身穿睡衣的"黄孩子"是《世界报》在1896年的轰动之作

《新闻报》由于大胆采用粗劣的黄色新闻，销量持续上升。仅在1896年的一个月内，就猛增125 000份。当时典型的标题是这样的："货真价实的美国巨兽和大龙"，这是一条关于考古队发现化石遗骸的新闻的标题；"请看新奇的施药法：将药瓶靠近昏迷的病人，即奏奇效"，这样的标题使医药工作者极为反感；"亨利·詹姆斯描写不道德与犯罪行为的新小说；大作家令人惊讶地投身于煽情小说"，这便是《新闻报》宣布《金屋藏娇》一书出版的方式。还有一些标题，如"杀死小贝西的神秘凶手"、"狂风使儿童丧命"、"是什么使他偷窃？埃德加·萨尔特斯关于纽约生活的写真"、"凶手投案，请求处以绞刑——触目惊心的供词"。安妮·劳里所写的题材有："年轻姑娘为何寻短见"和"为了爱，女人怪事也做"等。

《新闻报》也开展新闻讨伐，但是它走得比纽约其他报纸更远，因而它自吹自擂说："别人空谈，《新闻报》实干。"该报搞到了一份阻止一家煤气公司获得在某城市特许经营的法院禁令。它为这次成功沾沾自喜，又对被指称的政府滥权行为采取类似行动。事后，赫斯特把从全国的公民领袖那里讨得的表扬在他的报纸上发表时，用了这样的标题："实干型新闻事业——各行各业的行动家衷心支持《新闻报》代表人民所作的斗争"和"《新闻报》最早应用的新概念，似将成为美国报纸的公认职能"。

到 1896 年末，《新闻报》的日销量是 437 000 份，星期日为 38 万份。一年之内，星期日版的日发行量增至 60 万份，赶上了《世界报》。报纸销量的升降取决于时下街头零售的生意眼。在决定麦金利和布赖恩两者谁当选美国总统的那次选举❶的第二天，《世界报》和《新闻报》各出售报纸约 150 万份，创下了空前纪录。

正是在这种气氛下，一些大报拼命地争夺国内乃至世界各地的新闻。也正是在这样的条件下，美国报纸开始报道一些导致一场国际危机和美国—西班牙战争的事件。

❶ 指 1896 年大选。

"显然天命" 精神

在美国经历过的所有战争中，美西战争是最无痛苦的。但是，其结果完全改变了美国外交政策的走向。在不到 4 个月的时间内，西班牙政府被迫要求停战。美国只牺牲了极少数人的生命，换来的却是美国国旗在一个面积从波多黎各延伸至菲律宾的帝国上空飘扬。一些想为这次不义之战寻找借口的人往往把指责的矛头集中在赫斯特身上，并对美国的报纸普遍加以指责。马库斯·M·威尔克森和约瑟夫·E·怀森在 20 世纪 30 年代初根据大量纪录文献审慎研究的结果，充分证明赫斯特的《新闻报》、普利策的《世界报》、《芝加哥论坛报》、《纽约太阳报》和《纽约先驱报》（以及通常被忽视的其他许多美国报纸）对导致"缅因"号军舰沉没的危机事件采取的报道方式，造成了一种战争心态。但是也不能忘记，报纸是以一种有利于战争的气氛培养公众舆论的。

许多美国人对领土的扩大感到自豪，他们还渴望扩大贸易和国外投资，但是与此同时，美国人也感到他们应该在全世界提倡和平和正义的思想。

正如历史学家理查德·迪恩·伯恩斯注意到的那样：

> 某些教士、历史学家、政治学家和政治领袖——全是社会达尔文主义者——笃信盎格鲁撒克逊人的种族和文化优越性，他们寻求在必要时通过征服来向不那么幸运的民族扩展有益的文明。他们相信，与西班牙的战争将导致对海外领土的兼并，在那里美国的使命可以得到施行。有海权论者加入的政治领袖们也受到民族主义和爱国主义的激发，希望扩大美国在全世界的实力，并参加在欧洲列强中盛行的对土地、民族和荣耀的攫取。

报纸反映了这些目标之间的冲突，既报道了西班牙军队镇压古巴起义者的暴行，也为美国新海军提供了机会，以证明它对西班牙的战争是正确的。但报纸作这样的报道，主要是因为美国人有着一种要显示国家实力的强烈愿望。随着对南北战争的记忆渐渐消逝，许多年纪大一点的美国人对美国的军力是否依然可靠感到怀疑，年轻一辈的公民则倾慕南北战争时代年轻军人的功绩，对于他们来说，像1898年那样的战争似乎是一种激奋人心的个人冒险。美国第一流的历史学家约翰·D·希克斯很了解报纸作为公众舆论喉舌的作用。他在总结美西战争的原因时说：

> 数年后，西奥多·罗斯福再现了1898年的精神，当时他哀鸣说，美西战争"不是什么了不起的战争，但却是我们打得最好的战争"。到1898年春天，美国进行任何战争的时机都已成熟，当时国内的情绪是不可否认的。

报道古巴新闻（1895—1898）

从1895年3月古巴起义开始，到1898年4月西班牙与美国开战，纽约的所有报纸几乎天天都有关于古巴的报道。这部分是由于一些大型日报奉行积极的新闻方针，部分是由于一些报纸（特别是《新闻报》）捏造了许多报道，也有部分是由于读者对有争论的问题越来越感兴趣。古巴军政府的活动为纽约的和在最靠近古巴的佛罗里达州各新闻基地的美国记者提供信息和宣传方面也起了作用。

对新闻的竞争达到了白热化。美联社提供了自己有关古巴的报道，并且采用它的成员报纸发出的消息。《新闻报》和《世界报》率先在古巴派驻记者，并开始向其他报纸出售报道。只要有一个竞争者宣布它已得到《世界报》、《新闻报》、《太阳报》、《先驱报》或其他"大联盟"的供稿，竞争中的其他报纸就争先恐后地同这些报纸签订合同。在这方面，千方百计争第一的是赫斯特。据克里尔曼1901年回忆，雷明顿从古巴打电报给赫斯特，说那里不会有战争，他要回国。据传赫斯特回电说："哈瓦那，雷明顿，请留古巴，你提供图片，我将提供战争。W. R. 赫斯特。"这份电报常常被人用作反对赫斯特的确凿证据。虽然至今不知道是否确有其事，但是它在某种程度上反映了当时的形势。在所有美国报纸中，赫斯特的《新闻报》在煽动公众的战争情绪方面是最卖力的，之所以将他同"赫斯特的战争"一语扯在一起，这类插曲起了很大作用。

美国与新闻界

> 赫斯特的《纽约新闻报》1898年2月17日的报道:"缅因"号军舰于2月15日夜间沉没

奔赴战地的记者

"缅因"号军舰因发生爆炸而沉没,有266名美国人丧生。但是,对于"缅因"舰沉没的原因,始终没有人能作出令人满意的解释。然而,有几家美国报纸却力求给人们造成这样的印象:西班牙对此负有间接责任。《新闻报》悬赏5万美元给能提供消息而把罪犯捉拿归案的人,3天后,这家报纸的通栏标题称:"全国战争狂热"。大城市的报纸也越来越多地以通栏大标题和醒目的插图予以报道。在这方面起主导作用的是布里斯班,他试用美术字做标题,用两三个字就填满报纸的头版。他在这一年晚些时候写道:

> 在没有出现最大的铅字时,可将"必战"两字排成一行横贯全版。这两个字果真被排成一行,并且被爱国报童沿街喊叫了多次。既然战争必将爆发,这也就无妨了。

形势趋于宣战，《世界报》起初主张处理"缅因"号军舰问题要小心谨慎，但是在4月10日，普利策发表了一篇署名社论，要求发动一次迅猛的速决战。国内许多人都同意这种观点，于是，国会4月18日通过了关于战争的决议。

应该指出，《世界报》不是一份好战的报纸。普利策曾反对美国兼并夏威夷。在1895年的委内瑞拉危机中，当大多数主要报纸主张美国应该以战争支持委内瑞拉对英属圭亚那的领土要求时，他没有支持克利夫兰总统。在古巴危机中，《世界报》不主张吞并外国岛屿，并且反对占领菲律宾群岛。《世界报》要求战争是基于人类自由的观点，它后来的行动表明，它之所以主张战争并非只是出于好战，普利策后来曾就《世界报》为杀人的战争制造舆论表示后悔。当西奥多·罗斯福1907年下令美国舰队驶入太平洋向日本炫耀武力时，普利策要他的主编"报道西班牙已经把我们要求得到的一切给了古巴，要进一步提供在西班牙实际上已经答应一切条件之后仍导致古巴战争的好战态度的细节"。

然而，在1898年，纽约报纸中始终一贯地反对黄色新闻，反对迫使西班牙离开古巴的决定的，只有戈德金的《晚邮报》一家。戈德金对赫斯特和普利策进行了猛烈的抨击，他说过这样的话：

> 在任何一个基督教国家中，一家黄色报馆在气氛上大概是最像地狱的了。因为没有一个地方能比黄色报馆更适宜把一个青年训练成永远遭人唾骂的人。

报纸坚决地投入战争报道，就像它们曾经坚决地鼓吹过战争一样。约有500名记者、画家、摄影师成群结队地前往美军集结的佛罗里达州以及古巴和波多黎各前线。由报界组成的小船队同海军一起作战，记者们跟着杜威❶航行到马尼拉，跟着施莱❷航行到哈瓦那。他们报道了古巴的每一场大小战斗，多次亲自参加作战。在一次冲锋时，一名《新闻报》记者被打断了一条腿。当时为《纽约先驱报》和伦敦《泰晤士报》报道新闻的理查德·哈定·戴维斯领导了另一次冲锋，受到率领义勇骑兵团的西奥多·罗斯福的嘉奖。

领导《新闻报》参加战斗的，是发行人赫斯特本人。他因指挥着一个由20名男女记者、画家、摄影师，以及一名电影摄制者组成的记者队伍而兴高采烈。在一次战斗中负伤的克里尔曼在回忆赫斯特战场上的风姿时说："头戴系有缎带的草帽、腰间挎着左轮枪的赫斯特从他的挂了彩的记者❸手里接过稿子，跃上马背，向《新闻报》的报船奔驰而去。"

那时，美国记者都在学习怎样通过船只和电报把消息更快地发到报社编辑部去。来自古巴的报道必须送到基韦斯特，再从那里传往纽约。有些大报每天要这样传送数千字的消息。虽然这一切都花费巨大，但是

❶ 即乔治·杜威（1837—1917），美国海军将领。1898年任美国亚洲舰队司令。1898年5月1日在马尼拉湾海战中歼灭西班牙舰队。1899年晋升为海军上将。

❷ 即温菲尔德·S·施莱（1839—1911），美国海军将领。1898年在封锁古巴圣地亚哥港时任美国北大西洋舰队司令威廉·桑普森的副手，成功摧毁了西班牙舰队。

❸ 指克里尔曼自己。

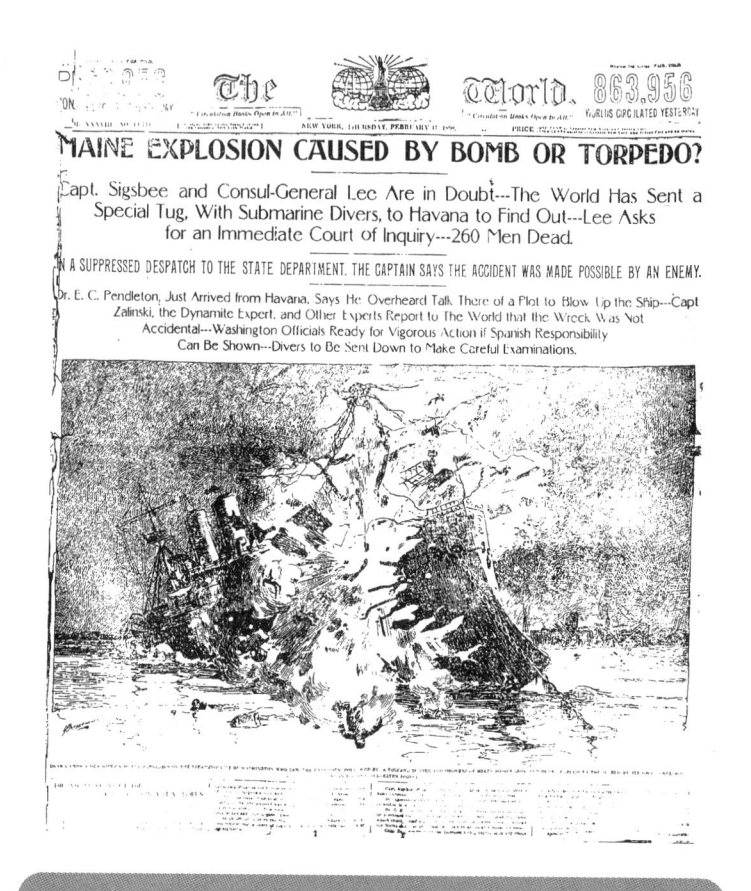

《纽约世界报》1898年2月17日头版多少要比《纽约新闻报》谨慎一些

新闻竞争是引人入胜的。亲眼目睹杜威在马尼拉湾取得惊人胜利的3名记者之一爱德华·W·哈登以每字9.90美元的"特急"电报费最早发出了他的报道。这是《世界报》最大的一次胜利。但是,哈登的电报是在早上到达纽约的,《世界报》要用它出报道详尽的号外时,时间已经来不及了。而向《世界报》购买新闻的《芝加哥论坛报》因还有时间调整它最后一个版次而发表了这则戏剧性的战争故事。

当赫斯特对如此大的开销(他的报纸4个月中花了50万美元、一天出号外多达40次)表示毫不在乎时,普利策开始对形势灰心失望了。就在普利策准备打退堂鼓时,《新闻报》在它的头版报眼上欢天喜地地问道:"你对《新闻报》的战争有何感想?"到世纪之交之际,普利策已不再参加煽情主义的新闻竞赛,赫斯特则继续利用这类新闻,严重地损害了他作为人民斗士的形象。到1900年时,美国约有1/3的大都市日报都跟随黄色新闻的潮流。又过了10年,煽情主义浪潮才平息下来,新闻工作者才得以把注意力集中到更加理智地运用标题、图片和彩色印刷等问题上。

"显然天命" 论的胜利

美国在加勒比海地区对西班牙殖民地采取的侵略政策得到公众普遍热烈的反应，这为"显然天命"论的鼓吹者争夺亚洲霸权提供了借口。

鼓吹"显然天命"论的领袖人物代表持各种不同政治信仰的美国人进行鼓动，他们所提出的思想和激起的情绪导致了对菲律宾群岛的血腥兼并。这使美国为争取成为一个太平洋大国而不是大西洋大国的不懈努力达到了登峰造极的地步，同时也加剧了亚洲未来的冲突。美国向起义军领袖埃米利奥·阿吉纳尔多❶许下诺言，在西班牙的残余部队被击溃后，美国将保证菲律宾的独立，并把菲律宾作为一个友好的基地，以扩大同日本的贸易。这个诺言并未兑现。相反，被海市蜃楼般的中国所吸引，美国决心成为一个羽翼丰满的东亚殖民大国，把中国当作推销美国广大中部地区剩余谷物的广阔而有利可图的市场。

卡尔·舒尔茨1893年曾在《哈泼斯》杂志上发表文章，主张美国"不用把这些国家纳入自己的版图"就可以实现其经济目标。在他之后，简·亚当斯❷、安德鲁·卡内基❸、威廉·詹姆斯、塞缪尔·冈珀斯、塞缪尔·克莱门斯❹，以及其他有影响的人物也参加了反帝运动，克莱门斯曾写道：在新的美国国旗上，白色的条纹应该画成黑色，星星应代之以象征死亡的骷髅和大腿骨。但是，这些不同意见被淹没在像《路易斯维尔信使新闻报》的"主人"亨利·沃特森这些编辑们的大喊大叫声中。沃特森曾直率地说："我们像英国一样，由于殖民和征服政策避免了社会主义和平均地权的威胁与危险……当然我们冒了专制主义的风险，但专制主义比无政府主义要好些。"他的话代表了许多人的观点。虽然这两种办法并非唯一的选择，但是，许多美国人都是采取这种非此即彼的态度，想取得对新市场的垄断地位。

通过一系列外交活动，美国提高了它在国际事务中的地位。第一次世界大战结束时，美国率先提出了建立国际联盟和国际法庭的倡议，后来世界上许多国家接受了这个倡议，而美国却退而陷入了孤立主义。

---

❶埃米利奥·阿吉纳尔多（1869—1964），菲律宾领导人。1896年领导反对西班牙统治的起义。1899年领导反抗美军的起义，并在马洛斯建立共和国，自任总统。1901年被美军逮捕。

❷简·亚当斯（1860—1935），美国贫民区社会改革团体工作者。1931年获诺贝尔和平奖。

❸安德鲁·卡内基（1835—1919），美国钢铁大王、人道主义者。

❹即马克·吐温。

第十章

人民的斗士

接近事业终点的爱德华·怀利斯·斯克里普斯在他的游艇上

经济权力的危机

总统与新闻界

"人民的斗士"

普利策在《世界报》上的讨伐

《世界报》日落西山

赫斯特扩大其影响

斯克里普斯及其"人民的报纸"

杂志：黑幕揭发时代

少数族裔报纸的发展

黑人报刊的发展

杜波依斯与《危机》

> 我只有一个原则，那就是努力使富有者难以更加富有，使贫穷者易于避免更加贫穷。
>
> ——爱德华·怀利斯·斯克里普斯

20 世纪初，美国正为巩固其工业国的地位而努力。到 1900 年，工业国的框架已经形成：南北战争后开始的经济发展、人口的增长和全国大片丰富自然资源的迅速开发、人们的发明创造才能以及政治文化的进步，所有这一切都为一个新兴世界大国的未来提供了保证。

然而，你死我活的竞争仍在继续，它将对美国这个新兴国家的性质产生影响。在一个新时代的经济、政治和社会趋于成形的时刻，这种竞争所起的作用是非常重要的。美国在世界上将怎样行事？它将保持多大程度的民主？在不受限制的经济个人主义和为社会主义而进行改革这两种主张之间能否保持一定的平衡？社会进步的成果能否通过改善生活条件、增加受教育和文化熏陶的机会、提高健康水平和确保个人安全等形式为全民大众所共享？政府能否关心人民的福利？在进行必要的前进或后退的调整中，报纸将发挥怎样的作用？

自从工业革命改变了美国社会性质以来，无数男女为找到美国面临的这些问题的确切答案而进行了不懈的努力。农业地区为反对经济不公平而发起的"不间断的造反"是这种斗争的一个阶段。城市中工会组织的兴起是这种斗争的又一阶段。总的说来，为人民争取更大权力的强大政治运动发展起来了。社会科学家们努力传授知识，使人们在作出明智的社会和政治决策时有所依据。许多改革者、鼓动家、政治领袖和作家都呼吁要唤起民众的社会良知。所有这一切都对这个国家未来的走向产生了影响。

但是，在 20 世纪初，人们的思想和行动存在重大分歧。这表明为形成公众舆论和实现人民的意愿而进行的斗争至关重要。民族主义者和国际主义者在对外事务方面展开斗争。经济个人主义者和社会改革者在国内问题上发生冲突。当时的大众传播媒介——报纸、杂志和书籍——在这类全国性的辩论中起着十分关键的作用。

经济权力的危机

对外政策上的争斗固然重要，但是在世纪之交，美国人民最关心的不是对外政策。他们的注意力主要集中在工业革命所引起的国内问题：托拉斯的产生，经济权力集中于少数人，工人和农民收入不足以及政界和企业界的腐败和弊端。在许多美国人看来，国家的富强虽然反映了全体人民生活的基本进步，但是从这种富强中得到好处的，主要还是侵占了多数人的自由的少数掠夺者。

经济权力的集中在 19 世纪 80 年代已开始迅速发展，而在 1900 年后发展大大加速。6 家大托拉斯——钢铁、石油、铜、糖、烟草和航运——拥有资本 25 亿美元。调查数字表明：在 1914 年，1/8 的美国企业雇用了全国 3/4 以上的工人，生产着全国 4/5 的制造品。

一些报纸杂志的编辑、记者和撰稿人加入了抗议这种经济垄断的行列。他们尤为担心的是资本家们表现出的贪得无厌的权欲。那些在一个领域取得了控制权的人很快涉足其他领域，直至这个国家的金融权力大部分落入两个松散的集团即摩根财团和洛克菲勒财团以及它们的下属公司手中。

财富的分配极不公平。2/3 的男性成年工人每年工资不到 600 美元——这是社会学家根据当时生活水准制定的维持像样生活所必需的最低工资数。国家已经取得了许多物质和社会进步——电力、煤气、家用卫生设备、较好的学校和公园、便利的城市生活、电话、铁路和公路。但是，对于雅各布·里斯报道的千百万居住在纽约廉价公寓里过着悲惨生活的人来说，这一切并没有多大的意义。

从 1900 年到 1901 年，工会会员人数从占工人总数的 3.5% 增加到 7%。这些新增会员主要是铁路、建筑、机械、煤矿、印刷、服装等行业的技术工人。非技术工人、女工和移民仍然是经济制度的受害者。移民问题成了重大的社会问题，仅在 1900 年至 1910 年这 10 年间，流入美国的移民就相当于 1880 年至 1900 年这 20 年内流入移民的总和。

总统与新闻界

直到 1857 年以前，国会甚至对总统的私人秘书不提供任何资助。到了威廉·麦金利担任总统时，他的 6 名助理都领薪水。乔治·B·科特柳就是其中的一个，他开始准备向新闻界散发的书面声明。《华盛顿明星晚报》的威廉·W·普赖斯于 1895 年在白宫外面设立了值班员接待来采访者；科特柳将记者们转移到靠近行政办公室的一条过道中的一张桌子边。1897 年 3 月麦金利在白宫东厅举行了有 120 名记者参加的招待会。科特柳还为记者们安排了一节铁路包厢。

西奥多·罗斯福留用了科特柳，后来又在 1903 年提名他入阁。小威廉·洛布成了新闻界的联络人，他和罗斯福一样，对某些记者颇为反感。罗斯福常常在星期日利用星期一早晨乏味的新闻流召开非正式的新闻发布会。那些写了总统有异议的报道的记者发现自己被打入了"俱乐部"，但是罗斯福在 1904 年修建了白宫西区，为记者提供的空间就在行政办公室旁。白宫记者协会于 1914 年成立。

威廉·霍华德·塔夫脱是第一位安排每周两次定期记者招待会的总统。然而，好景不长，在一次不幸的会议之后不久，这一制度便流产了。而塔夫脱则依靠向他家族的《辛辛那提明星时报》有影响的记者提供消息。伍德罗·威尔逊虽然恢复了定期的记者招待会，其方式却让人联想到他的教授生涯。迫于伴随"卢西塔尼亚"号轮船沉没而产生的压力，威尔逊让他的秘书约瑟夫·P·图马尔蒂担任政府的新闻发言人。哈定、柯立芝及胡佛几位总统维持了定期记者招待会制度，但是胡佛只是到了即将来临的大萧条危及他与新闻界的关系时才这样做。

"人民的斗士"

虽然自有新闻工作以来就有讨伐精神，但在美国历史上，担当"人民斗士"的机会从来没有像20世纪最初的岁月那样多。在殖民地时代，仗义执言的人是詹姆斯·富兰克林和塞缪尔·亚当斯等人；在共和国初期，他们是杰斐逊派和杰克逊派的编辑们；在南北战争之前，他们是第一批大众化报纸的创办人；在19世纪末，他们是"新式新闻事业"的领袖人物。大企业与工人、农民之间的斗争同汉密尔顿派与杰斐逊派之间的争夺政府权力一样由来已久。争取劳工权利和合理分配财富的斗争同样有着悠久的历史。自从城市生活兴起以来，有觉悟的新闻工作者一直在同市政当局的腐败进行斗争。然而，在这些时起时伏的斗争中，1900年以后的年份是非常关键的。

有些报纸在回应这种挑战方面成绩显著。有些新的通俗杂志也是如此，这些杂志终于成了特迪·罗斯福❶所谓的"扒粪者"的重要工具。世纪之交涌现的现实主义流派的作家为美国文坛增添了描述当代生活和问题的新的重要著作。新闻界和文学界的男男女女与政治家和劳工领袖、改革家和鼓动家、教授和牧师以及社会工作者和慈善工作者一道，共同影响了伟大的讨伐运动的进程。

普利策在《世界报》上的讨伐

在美西战争以后的年代里，约瑟夫·普利策和他的《纽约世界报》所起的"人民的斗士"作用日渐突出。在对外事务方面，《世界报》强烈反对兼并菲律宾，反对美国在加勒比地区采取的帝国主义政策。它继续支持国际主义运动，支持在委内瑞拉危机时它所主张的那种和平仲裁世界问题的政策。在国内政治方面，《世界报》由于它所采取的对外方针，必然支持威廉·詹宁斯·布赖恩以"反帝"纲领在1900年竞选总统，尽管普利策对布赖恩的激进的货币政策并不赞同。

无论在地方性问题上，还是在全国性问题上，《世界报》的独立和讨伐精神都达到了空前的高度。同时期的其他报纸只是偶尔对讨伐感兴趣，而《世界报》不同，它在讨伐运动中所起的作用是普利策长期重视社论版的结果。普利策虽然承认《世界报》在政治上同情民主党，但是，他声明，他的报纸独立于政党之外。

1904年，病魔缠身的普利策物色到一名才华出众的年轻编辑，这个人

❶ 特迪是西奥多的小名。

注定要成为后来《世界报》社论版的中坚。他的名字是弗兰克·I·科布。

那时，35岁的科布已经在《底特律自由新闻报》担任过4年首席社论撰稿人，是一个有15年新闻工作经验的老手。他没有受过多少正规教育，但他有学者般的兴趣，广泛涉猎历史、政治和哲学书籍，也有新闻工作和政治记者的经验，因此这方面的缺陷得到了充分的弥补。他很早就显示了成熟的判断力和非凡的智力。但是他同时也懂得人情，能够用亲切友好的态度和对生活的热忱去吸引别人。不到一年，他已被公认为首席社论撰稿人，并将在1911年普利策去世后继任主编。

在《世界报》所有的讨伐运动中，最重要的一项是1905年开始的。《世界报》记者戴维·弗格森和路易斯·赛博尔德提供的事实证明，公平人寿保险公司（这家公司是因美国人以购买各种保险单来保证个人和家庭安全而发了大财的许多人寿保险公司之一。）的高级管理人员把保险单持有者缴纳的基金挪用于私人投资，并由此而积累了巨额资产。《世界报》认为，这无异于拿人民的钱财进行赌博。

充分的证据证实了《世界报》指控公平人寿保险公司专设一笔巨额基金向州议员行贿的说法。"阔佬富豪"控制人寿保险公司的威胁引起公众舆论一片哗然，以致纽约州不得不通过严格的管制性立法对此加以限制。

《世界报》实施的另一项讨伐值得一提。1908年末，科布写了一篇长篇社论，要求国会对他所称的"巴拿马运河丑闻始末"进行全面调查。激起科布愤怒的是西奥多·罗斯福总统对《印第安纳波利斯新闻》主编进行的"诽谤性的人身攻击"，原因是这位主编对巴拿马运河项目提出了质疑。科布指责罗斯福"蓄意歪曲事实"，概述了无端向最初打算修建运河的那家法国公司购买开凿权的经过。对此，罗斯福采取的报复行动是向国会发出特别咨文，指名攻击普利策本人，并声称政府将指控他犯有刑事诽谤罪。当司法部寻找借口时，他们在联邦法院提起诉讼，称报纸发行于西点的联邦专用地区。联邦法院法官裁定，不能以这种方式将报刊编辑强行带入联邦法院，因为宪法《第六修正案》保证被告有权在被指控的犯罪地点所属的州或地区接受审判。最高法院同意之后，罗斯福撤销了诉讼，而不是在某个州法院继续进行。科布称这是反对暴虐政府、维护新闻自由的一次全面胜利。他的立场被证明是完全正确的。最终，国会就丧失巴拿马地区向哥伦比亚作了赔偿，美国在1979年将巴拿马运河的主权归还给了巴拿马共和国。

科布的社论版实现了普利策充分发展《纽约世界报》的愿望。这位普利策精心栽培的主编在普利策1911年去世前撰写的社论逻辑分明，论证有力，无出其右。《世界报》之所以非常受人尊敬，是因为它对重大社会问题采取明智而公正的态度，它能结合新闻队伍的报道力量和社论撰稿人的支持，来从事进步的、切中时弊的讨伐运动。它的重点新闻报道，即使有时也变化无常，但总的来说是出色的。它成了新闻界中人称"报人的报纸"的最受欢迎者之一。

《世界报》 日落西山

  1923年，科布在他权力极盛时去世，这给《世界报》带来了灾难，因为在他去世8年之后，《世界报》就关门了。许多感伤的报人曾私下里念叨说："要是科布活着的话……"虽然说科布即使活着，《世界报》的命运也不会有什么两样，但是在科布去世后，《世界报》确实再也没有遇到过像1883年普利策购买它以来有幸有过的那种领导天才了。

  20世纪20年代中，《世界报》似乎仍然是有影响的报纸。科布留下了一个由沃尔特·李普曼主持的出色的社论版编辑部。

  尽管《世界报》取得了如此卓越而杰出的成就，约瑟夫·普利策创办的这家报纸在同纽约其他日报的竞争中仍然以失败告终。到了大萧条时期的1930年，普利策的日报、晚报和星期日版的亏损总额已达200万美元。那时开始传说《世界报》即将出售，编辑部的人拼命凑钱想自己买下《世界报》。他们还说，普利策是会禁止出售《世界报》的。但是在1931年2月，纽约的一个法院批准由罗伊·W·霍华德为斯克里普斯—霍华德报团购买这家报纸。《世界报》晚报与《电讯报》合并。《世界报》晨报——普利策新闻天才的象征——就此寿终正寝。几乎每一个报人都感到，他们这一行已经失去了某种特别可贵和不可替代的东西。

赫斯特扩大其影响

  就在《世界报》提高自己声誉的同时，在纽约与它在竞争高额发行量的主要对手也决心取得"人民的斗士"的领导地位。1899年年初，他以社论宣布的政治纲领要求公用事业实行公共所有制，"消灭罪恶的托拉斯"，实施累进所得税，通过普选而不是各州立法机关来选举美国的参议员，并要求全国、州和地方改善公立学校制度。不久，赫斯特又强烈要求把象征着新的工业时代的煤矿、铁路和电报线路等全都收归国有。他还竭力鼓励组织工会。

  赫斯特的社论写作技巧是尖锐的和极端的。在1900年的总统竞选中，霍默·达文波特的漫画把麦金利总统描写成马克·汉纳❶的一条走狗，马克·汉纳身上穿的是画满了美元符号的衣服。这张画虽然有些生硬粗糙，却发挥了作用。1901年9月，麦金利总统遭到一名怀揣一份《纽约新闻报》的无政府主义者的袭击，身负致命重伤。人们不禁联想到赫斯特报纸不断攻击麦金利的事。后来，赫斯特虽然机灵地把他的报纸改名为《美国人

---

❶ 马克·汉纳（1837—1904），美国商人政客。1891年和1893年支持麦金利竞选俄亥俄州州长获胜，1896年和1900年为麦金利竞选总统捐赠大笔款项，后成为麦金利总统的重要顾问。

报》，但是，这件事始终就像鬼魂附体似的缠绕着他，使他终生不得安宁。

赫斯特在政治斗争和报纸中对工人、小商人和其他普通老百姓表示了强烈的支持，他对"罪恶的托拉斯"——制冰、煤炭和煤气托拉斯——和不正派的政客头子发动猛烈攻击，因此，不满现状的人对他颇为赞赏。他旗帜鲜明地支持工会，赢得了美国劳工联合会的支持。他的报纸上的通俗内容吸引了广大读者。由于他重视煽情的犯罪和罪恶故事、人情味特稿、图片和漫画，并注意版面的可读性，他的报纸招徕了大量新的读者。然而，尽管他的报纸具有吸引力，当时知识界的领袖人物对他在新闻事业方面和政治方面的动机仍普遍持有怀疑态度。

在20世纪的头几年，创办新报纸把赫斯特的注意力引到了4个大城市，除了《旧金山考察家报》、《纽约美国人报》、《纽约新闻晚报》之外，赫斯特又创办了8家报纸，形成了一个集团经营的报系。在芝加哥他于1900年创办了晚报《芝加哥美国人报》，1902年又创办了晨报《考察家报》。1904年，他在波士顿办起了晚报《波士顿美国人报》，又于1917年购买了有百年历史的《每日广告报》，于1920年购买了《纪录报》。他还于1912年买下了亚特兰大的《佐治亚人报》，于1913年买下了《旧金山呼声报》。1903年，他打入洛杉矶，创办了晨报《洛杉矶考察家报》。赫斯特到洛杉矶办报时，当地的工会正在同反劳工的《洛杉矶时报》展开激烈的斗争，他在游行队伍中驱车坐在两名劳工领袖中间前行，并开始了与《洛杉矶时报》的正面较量。

不到一个月，《洛杉矶考察家报》声称拥有32 500名读者，在此后的半个世纪中，它一直是一家实力雄厚的大报。

斯克里普斯及其 "人民的报纸"

与此同时，在爱德华·怀利斯·斯克里普斯的指导下，出现了另一种"人民的报纸"。

斯克里普斯与想在大城市获得大发行量的普利策和赫斯特不同，他的目标是美国较小的但正在发展的工业城市中的工人。他为他们出版的报纸生动易懂，篇幅不长但内容充实。编辑精细的消息、人情味特稿、大胆的新闻报道、对地方改革的关注，以及坚决战斗的独立的社论意见构成了斯克里普斯的办报模式。

斯克里普斯之所以能成为"人民的斗士"中一名杰出的领袖人物，是因为他对劳动人民的责任感。他曾说："我的首要原则是，我已使自己成为为那个大多数人代言的人，这些人的身外财物和天禀才智不够充裕，因此，他们在同比较富裕的人及比较有知识有阶层的个人斗争时，在一对一时得不到平等的条件。"斯克里普斯把他的报纸当作工人唯一的"课堂"。他认为，几乎其他所有报纸都推行资本主义，反对工人阶级，或者需要很高的知识水平才能阅读。他曾伤心地说，从他所关心的"大人"受教育的情况看，教育制度是失败的。因此，他想通过社论使人理解组织工会和集体谈判的必要性，从而使无知的穷人生活得到改善。斯克里普斯是第一个承认他的报纸并非总是保持他所制定的崇高目标的人。他说过，他的报纸有时因"始终反对富人、始终支持工人"而犯错误。但是，斯克里普斯认为，如果他能保持这样的基本方针，他就能促使他所希望看到的社会逐步形成。

首先，斯克里普斯的报纸反映了一种"抗议精神"，这是由他这个报纸老板兼主编的性格所决定的。斯克里普斯宣称：他抗议一切。他的格言是"不论什么，一切皆错"。

斯克里普斯以600美元的投资成为《底特律新闻》的股东，从而开始了他的报业生涯。在姐姐埃伦和哥哥詹姆斯与乔治的帮助下，斯克里普斯于1878年创办了《克利夫兰新闻报》。到1883年，他的年收入已达到1万美元。他转到辛辛那提，接管了一家勉强维持生计的便士报的管理工作，这就是后来的《邮报》。

这些年是斯克里普斯报业王国形成的岁月。在克利夫兰，他请到一位在制定社论方针上有30多年经验的老手罗伯特·F·佩因担任主编。在辛辛那提，他发现了一名业务经理米尔顿·A·麦克雷。1889年，斯克里普斯和麦克雷组成斯克里普斯—麦克雷报业联盟。

斯克里普斯扩大权势的方法很简单。他和麦克雷先是寻找一个发展中的工业城市，通常是一个相当小的城市，对手只有一家办得沉闷乏味的报纸。他们拿出几千美元，派遣一名想干一番事业的青年主编和一名业务经理去创办报纸。这些青年如果办报成功，可以得到报纸股份的49%；如果有失败之虞，就请别人替换他们；如果在10年内不能赢利，就作为一次失败的尝试予以放弃。由于采用这种方针，斯克里普斯的报纸中有很多雇员都成了股东，然而，这些报纸付给那些不怎么走运的工作者的工资，在当时报界是相对较低的。从这方面看，斯克里普斯的办报方式带有典型的资本主义色彩。

由于这些报纸都是下午出版的廉价日报，它们主要依靠发行收入，因此必须小心编辑。为了节约新闻纸，斯克里普斯坚持用小标题和短消息，省去多余的字句，使报纸登载尽可能多而简明的报道，这成了斯克里普斯报人讲究的一种艺术。用字的节约可以使报纸除登载必要的消息外，还有足够的篇幅刊登社论和特稿。

到1911年，斯克里普斯—麦克雷报业联盟已在俄亥俄、印第安纳、田纳西、艾奥瓦、科罗拉多、俄克拉何马和得克萨斯等州拥有18家报纸。与此同时，斯克里普斯本人也在西海岸建立了自己的报团。

1911年，斯克里普斯作了新的尝试。他在芝加哥创办了一家没有广告的小报，名叫《日书》，由内格利·D·科克伦担任主编，诗人卡尔·桑德伯格任首席记者。这份斯克里普斯梦寐以求的小报发行量达25 000份，即便是在1917年也就是美国参加第一次世界大战的头一年，这家报纸由于新闻纸价格上涨而停办，每月收入的减少也不到500美元。1912年创办的第二家没有广告的小报《费城新闻邮报》也失败了。

在这些年代里，斯克里普斯所办的报纸继续为争取工人组织工会的权利而斗争。它们鼓吹公共所有制，反对公用事业中的弊端；它们攻击政治领袖滥用职权和贪污腐化；它们支持西奥多·罗斯福的改革措施，并支持推选他为第三党的总统候选人；它们也支持伍德罗·威尔逊的"新自由计划"和他的连任竞选。无论在外表或内容上，它们都比其他大众化报纸更像一份劳工报纸。但是，它们也得到自由派知识分子的支持，而这些知识分子往往是斯克里普斯竭力想回避的人。

杂志：黑幕揭发时代

作为"人民的斗士"，极其重要的是那些在 1900 年之后的 10 多年中出现的杂志，它们发展出一种被西奥多·罗斯福统称为"扒粪者"[1]的作品的那种揭露性文学。罗斯福用这个字眼是带有贬义的，他把这些更煽情的作家比做《天路历程》[2]中那个不仰头看天国的王冠，而只顾扒集污物的"带粪耙的人"。但是，改革派后来把这种称号视为一枚光荣的勋章而欣然接受。于是，美国杂志史上的这个时期就成了著名的"黑幕揭发时代"。

1893 年，当《麦克卢尔》、《世界主义者》和《芒西》这三家新的大众化杂志把售价削减到 10 美分时，销量开始上升。到 20 世纪初，这些杂志和《妇女家庭杂志》、《柯里尔》、《人人杂志》及《星期六晚邮报》等另一些杂志的销量分别达到了几十万份。它们中的大多数以极大的热情参加了反对大企业、反对腐败和主张社会正义的改革运动。

黑幕揭发时代是从 S.S. 麦克卢尔的杂志 1902 年年底发表三组重要的系列文章开始的。麦克卢尔曾在 1884 年创办一家报纸特稿率迪加，吸引了许多读者和作家。1893 年，他办起了一份售价低廉的杂志，虽不是那么惹人注目，但却登满了读来有趣且适合时宜的报道文章及文学作品，并以此打入了杂志界。他和他的副主编约翰·P·菲利普斯挑选一些能干负责的作家组成了编辑部，负责编辑《麦克卢尔》的非小说部分。编辑部成员中，有长于写传记和做调查工作的艾达·M·塔贝尔；有前《晚邮报》记者及纽约《商业广告报》本市新闻主编林肯·斯蒂芬斯，他后来成了美国最著名的从事讨伐的自由派人士之一；还有雷·斯坦纳德·贝克，他在 1897 年从《芝加哥纪事报》转到《麦克卢尔》工作，后因撰写伍德罗·威尔逊的传记而闻名。从 1902 年末开始，塔贝尔小姐揭露了约翰·D·洛克菲勒和美孚石油公司的商业伎俩，斯蒂芬斯抨击市级政府和州级政府的腐败，贝克则开始谈论工人问题。《麦克卢尔》的销量突破了 50 万份的纪录。黑幕揭发的风气在杂志编辑工作中盛行起来。

麦克卢尔所从事的工作对杂志界来说并不是全新的，有些原有的高质量杂志，如《哈泼斯》、《斯克里布纳》、《世纪》和《大西洋月刊》等，虽然主要是文学性的，但也相当注重时事。还有一些舆论杂志，虽发行量不大，但在读者中颇有影响，如戈德金的《民族》，艾伯特·肖的《评论的评论》，莱曼·艾博特的《展望》、《北美评论》、《论坛》和《独立》。同属一类但很早就鼓吹实施社会经济与政治改革的杂志有本杰明·O·弗劳尔的《竞技场》。这类杂志都把焦点对准正在崛起的商业托拉斯、贪污腐化和政治核心小集团。然而，第一家发动真正有分量的正面攻击的，是《麦克

[1] 一译"黑幕揭发者"。
[2] 英国清教徒约翰·班扬（1628—1688）写的寓言小说。

卢尔》。

1905年后,《柯里尔》在黑幕揭发方面接替了《麦克卢尔》的领头羊地位,它的发行人是罗伯特·J·柯里尔,主编是诺曼·哈普古德,这家杂志的社论在国内政治问题上颇具影响,它的文章涉及许多社会和经济问题。但反响最强烈的还是塞缪尔·霍普金斯·亚当斯写的许多关于专卖药制造业的文章。他在1905年和1906年发表的这些文章取名为《美国大骗局》,揭露许多被称为"包治百病"的流行药品是假的,并且证明其中有些含有有毒成分。

在揭露专卖药的同时,另一场反对罐头食品厂在食品中掺假和操作不卫生的运动也在进行。

这场斗争的结果,是1906年通过了《纯净食品和药物管理法》,从中制定了食品和药物制造商必须遵守的规定。1911年,行业刊物《油墨》杂志起草了一个标准法规,此后州国家法律把不真实的、欺骗性的、误导性的广告归为犯轻罪。1912年的联邦《报纸公示法》(Newspaper Publicity Law)要求报纸刊登为赚钱而发表的材料时,应标有"广告"字样。

使《麦克卢尔》成为主要的黑幕揭发杂志的文章之一《明尼阿波利斯的耻辱》

少数族裔报纸的发展

在南北战争以前，外文报刊几乎全都是用德文或法文印行的，这类报刊在1860年有300种，1880年有800种，1910年有1 200种。少数族裔报纸的数量在1917年达到顶峰，为1 323种，到20世纪70年代，总数已降至不足1 000种。德文报刊最早于1732年出现在宾夕法尼亚，1890年多时有750种，1910年降至627种，到1920年受战争的影响而减少到258种。除德文报纸外，1910年数量最多的少数族裔报纸依次为：斯堪的纳维亚文（132种），意大利文（73种），西班牙文（58种）和波兰文（48种）。

外文日报在1914年达到最高峰时有160种，其中1/3为德文报纸（55种）。其他有法文、意大利文和波兰文（各12种）；意第绪文和日文（各10种）；西班牙文和捷克文（各8种）；还有中文（5种）。1914年，这些日报的发行总量为260万份，其中德文和意第绪文报纸的总发行量分别为823 000份和762 000份。最大的外文日报是1845年创办的《纽约州报》，最高发行量达25万份。该报的老板赫尔曼·里德曾被选为美国报纸发行人协会会长。

美国的第一种犹太人刊物《犹太人》月刊1823年由所罗门·亨利·杰克逊创办，他是纽约第一位犹太印刷商。罗伯特·莱昂于1849年在纽约创办了第一份英文犹太人周报《哈斯蒙人》。犹太人报刊在与同化作斗争中教育移民，捍卫其信仰和界定确立犹太人的身份。美国第一份以阿拉伯文印行的报纸《美国之星》于1892年创刊，1909年停办。美国第一家亚洲人报纸是旧金山的《金山日新报》，1854年由刚从中国回国的卫理公会传教士创办。这份双语报纸的中文版面刊登中国新闻，而英文组则主要促请公平对待华人移民。

许多外文报刊是为较大城市中的移民服务的，另一方面西南部各州出现了一种与众不同的、为当地少数族裔服务的报刊。1846年至1900年间在这一地区出版过近150种西班牙文期刊，数量最多的是新墨西哥、得克萨斯和加利福尼亚。其中加利福尼亚州的报刊是最为多样化的，在19世纪70年代，那里的西班牙文报纸编辑中有拉美裔土生加利福尼亚人，还有来自西班牙、墨西哥、智利和哥伦比亚的新闻工作者。这个地区的英文报纸坚持出西班牙文组。有些是作为对某个少数族裔实施社会控制的工具，而另一些则意在鼓吹行动主义，体现拉美裔人的文化。

黑人报刊的发展

在美国，有一个群体觉得大众传媒很少反映他们的愿望和利益，这个群体就是黑人。普通的美国报纸或杂志直到20世纪50年代才开始对占人口10%的黑人表现出应有的关注，而即使到那时，也很少有几家将他们视为读者而敏于作出反应。黑人报刊存在的必要性是显而易见的，但是经济上的支持几乎不能从社会经济资源稀缺的黑人社会获得。尽管如此，发端于1827年的黑人报刊幸存了下来，而且水准有所提高。

自从1827年《自由新闻报》问世以来，黑人拥有、经营和编辑、面向黑人读者的黑人报纸先后有3 000多家。最完备的历史统计数字是林肯大学教授阿米斯特德·斯科特·普赖德在1951年的博士论文中收集的。他的数字表明，在1865年至1900年间，黑人报纸在1865年以前创办的40家的基础上增加了1 187家，到1951年，又增加了1 500家，可是幸存下来的只有175家。普赖德发现，黑人报纸的平均寿命只有9年。他认为，黑人报纸从19世纪80年代中开始增加有以下几个原因：黑人受教育机会的增加；在南方工作的宗教和福利团体对黑人报纸的支持；为有公民权的黑人创办的政治小报；城市黑人社区的成长对报纸的支持。

正如在1880年至第一次世界大战的"新式新闻事业"时代标准日报业在数量、销量和水准上都有所增长和提高一样，黑人报刊也是如此。

1984年庆祝百年华诞的周二报《费城论坛报》是持续出版最久的美国黑人报纸。它是由老克里斯·J·佩里创办的，后来成为美国最扎实、编辑最出色的黑人周报之一。1921年佩里死后，他的遗孀和两个女儿继续办报。他的一个女婿华盛顿·E·罗兹出任发行人兼主编，直至1970年逝世。《论坛报》批评那些较富有的黑人未能尽力帮助穷人，它组织慈善活动和奖学金计划，以尽其对黑人社会的义务。

第一位杰出的黑人女记者和女主编是艾达·B·韦尔斯-巴尼特，在从事公共事业（1887—1931）期间，她以女权运动改革者和种族领袖的地位而闻名，但是，她作为一名新闻工作者才是最根本的。作为孟菲斯《言论自由报》的共同业主之一兼主编，她作风果断，敢作敢为，特别积极地反对私刑的泛滥，以至于该报在1892年遭暴民围攻。其后，她供职于《纽约时代报》和芝加哥的周报《监督者》。作为一名新闻工作者和改革领袖，她毕生都在关注种族问题。

托马斯·福琼是世纪之交最著名的黑人主编之一，他的《纽约时代报》举国瞩目。福琼的双亲都是奴隶，起初他在为一家南方报纸当听差时学会了排字，后来就是从印刷车间步入纽约新闻界的。1879年，乔治·帕克把一家名为《流言》的黑人小报变成标准开版，改称《纽约环球报》；福琼和W·沃尔特·桑普森当时是印刷工人，他们成了帕克的合伙人。不到10年，福琼成为这家报纸的首要人物，报纸也改名为《时代报》。福琼在报纸上撰写社论，他的言论被全国的报纸引用，包括西奥多·罗斯福在内的政界领袖也读他的文章。

世纪之交出现的另一位伟大的黑人领袖是威廉·门罗·特罗特。1901年，特罗特和阿默斯特学院毕业生乔治·福布斯共同创办了《波士顿卫报》。这份报纸的煽动性和战斗性博得杜波依斯的赞许。20世纪20年代，他的报纸衰败了，特罗特和他的妻子失去了他们的住宅，特罗特本人也于1934年辞世。

杜波依斯与《危机》

20世纪最初几十年极力鼓吹抗议的W.E.B.杜波依斯，成为20世纪60年代黑人平权运动的主要英雄之一。由于他晚年加入共产党，并移居新兴的非洲国家加纳，因此他在这个运动的激进左派中很有号召力。1963年，他在加纳逝世，享年95岁。

杜波依斯不是一位报人，尽管他曾为几家报纸当过通信记者或专栏作家。他首先是一位有斗争目标的作家和教师，他的目标就是把黑种人从一场可能毁灭其才能的危机中解救出来。杜波依斯最负盛名之处在于，他从1901年到1934年担任全国有色人种协进会执行委员期间所做的工作，以及他创建和主编会刊《危机》的贡献。这个刊物是一份颇有影响的综合性出版物，它既是一份报道黑人所关心问题的新闻杂志，又是一份发表社论意见的刊物，它还评述各种论点和文献，同时也是一份文学杂志，它在头50年发表的全部文字已被汇编成一部《深肤色人种实录》。

杜波依斯1868年出生在新英格兰，在一个多少摆脱了种族歧视的白人社会里由母亲抚养成人。他本人是混血儿，在菲斯克大学就读时，他是学生报纸的主编。他在哈佛大学和德国攻读社会学，并向《大西洋》和《世界的工作》投稿。他在试办了另外两家黑人刊物之后，在《危机》上取得了成功。在主办这份杂志时，他挺身而出，向当时已为全国所接受的白人至上及黑人低劣这种观念提出了挑战。他说，他的目标是"摆事实、讲道理，以揭示种族偏见，特别是现时表现出来的对有色人种怀有偏见的危险性。刊物之所以如此称谓，是因为编辑们认为现在正处于人类前进历史中的危急时刻"。

1911年版的《不列颠百科全书》中写道："黑人在智力上低于白人。"这正是杜波依斯着手要破除的观念。1918年，《危机》的发行量突破10万份。

同弗雷德里克·道格拉斯一样，他的著作在20世纪90年代重新出版，作为黑色人种——当然也是全人类——的一位卓越人物成就的象征，他曾经卓有成效地运用新闻工作这件武器来发动讨伐。

W.E.B.杜波依斯

第十一章

新闻进取精神的标兵

《纽约时报》发布20世纪特大新闻之一"泰坦尼克"号沉没

阿道夫·S·奥克斯与《纽约时报》

1896年奥克斯购买《纽约时报》

编辑主任卡尔·范安达

新闻领袖《纽约先驱报》

《纽约太阳报》日落西山

《洛杉矶时报》的缔造

通讯社的兴起

美联社的由来

1900年的新联合通讯社(美联社)

斯克里普斯和赫斯特向美联社挑战

第二个合众社和罗伊·霍华德

国际新闻社

特稿辛迪加:消遣娱乐

> 我的殷切目标是……不偏不倚、无私无畏地提供新闻。
>
> ——阿道夫·S·奥克斯

前几章探讨了办报方式的历史沿革。报业的一部分总是不断参与重要的总趋势："新式新闻事业"的兴起，黄色新闻的扩散，以及报纸的"人民的斗士"的作用。但是，很难将所有的报纸都归入这些模式之中，因为每一家报纸都因受其出版环境的影响而具有自己的特性。在某些情况下，这一时期的报业领袖更多地是以新闻呈现而不是以社论激情而著称。《纽约时报》就是一个明显的例子，这份几乎被湮没的报纸在1896年得到拯救之后作为一个社会性新闻机构开始中兴。其他的例子还有：《纽约时报》的同城对手《先驱报》和《太阳报》；芝加哥的《洋际报》；以及未来的西部巨人《洛杉矶时报》。美联社与它的新竞争对手合众社和国际新闻社这些现代通讯社的兴起，确保了新闻事业的发展。这些通讯社各领风骚。

阿道夫·S·奥克斯与《纽约时报》

《纽约时报》的历史就是一个男人的故事。1896年，他将《纽约时报》从破产的边缘拯救出来，并且一直领导这家报纸直到1935年去世。这个人就是阿道夫·S·奥克斯，一个来自田纳西州的印刷所学徒，他挽回了在亨利·J·雷蒙德时期《时报》的荣誉，并将它推上了美国居于领导地位的报纸的轨道。正是他所挑选的那些男男女女使得《时报》成为一个社会公共机构。

同其他许多伟大的发行人一样，奥克斯也是白手起家，通过个人奋斗逐渐取得了日后的成就的。他的父母是德国籍犹太人，南北战争之前他们移民到了美国。14岁的时候，阿道夫在《诺克斯维尔纪事报》的印刷厂当学徒。1875年，他成为《路易斯维尔信使新闻报》排字房的助理领班，并为亨利·沃特森写一些报道。但是，人们认为他是一个呆板蹩脚的作者；他的天才在于他的商业头脑以及他领导新闻事业的能力。

1876年回到诺克斯维尔时，阿道夫的机遇来了。《纪事报》的竞争对手《论坛报》的主编约翰·E·麦高恩上校想在查塔努加创办一份报纸，这是一个只有12 000人的城市，泥泞的大街连人行道也没有，也没有多少人对报纸感兴趣。在40年里，先后创办的16份报纸都销声匿迹了，其中包括奥克斯与麦高恩起初出版的《电讯报》。只有《查塔努加时报》生存了下来，发行量仅为250份。1878年7月，奥克斯用250美元获得了对它的控制权。那时他还不满21岁。但是，他和他的45岁的主编承诺为查塔努加报道所有的地方新闻、最新电讯消息并让人看到这个迅速繁荣起来的城市强有力的商业前景。伴随着查塔努加的繁荣，《时报》也兴旺起来。到1892年，它每年的纯利润已达25 000美元。但是，奥克斯由于其投资的房地产因1893年经济萧条的到来而亏了本。他决定另办一份报纸来赚钱，他在全国到处寻觅，1896年3月，他得知有机会收购《纽约时报》。

这个机会对奥克斯来说是有吸引力的。他知道自1851年亨利·J·雷蒙德创办《纽约时报》以来，这家报纸一直是多么受人尊敬。

1896年奥克斯购买《纽约时报》

奥克斯拿不出钱来拯救《纽约时报》，但是他使查尔斯·R·米勒相信，他掌握着使这家报纸处于一个非常有竞争力的地位所需的秘诀和想象力。根据一个精心制订的重新投资计划，如果奥克斯能在4年内使这家报纸获得新生，他将获得对该报的控制权。奥克斯花了几个月的时间，跑遍了整个华尔街，劝说甚至包括J.P.摩根在内的金融家们购买这家新企业的债券。最后，在1896年8月终于达成一项协议，奥克斯个人注资75 000美元，并且把他在查塔努加的报纸作为抵押。如果从在印刷厂当学徒算起，这位38岁的田纳西人，已经有24年的从业经验了，现在他要在纽约这块土地上与普利策、赫斯特、达纳、里德和贝内特等人竞争了。

> 阿道夫·S·奥克斯在1896年拯救了濒临破产的《纽约时报》，并在1935年去世之前使之成为世界上最伟大的报纸之一。他的长期编辑主任卡尔·范安达作为一个在发展《纽约时报》卓越的新闻报道方面极其重要作用的人赢得了声誉。然而，是因为有了奥克斯才使范安达和他的同僚们有可能取得成就

奥克斯拯救《纽约时报》的计划非常简单。他既不想在煽情主义上与赫斯特和普利策一争高下，也不想像纽约其他一些发行人那样作半途而废的努力，以报纸内容的通俗化赶上那些大发行量的报业领袖。他出版一份拥有可靠的新闻报道和社论观点、供不喜欢过分强调娱乐性和特稿的读者阅读的报纸。奥克斯的办报方针如下：

> 我的殷切目标是：《纽约时报》要用一种简明动人的方式，提供所有的新闻，用文明社会中慎重有礼的语言，来提供所有的新闻；即使不能比其他可靠媒介更快提供新闻，也要一样快；要不偏不倚、无私无畏地提供新闻，无论涉及什么政党、派别或利益；要使《纽约时报》的各栏成为探讨一切与公众有关的重大问题的论坛，并为此目的而邀请各种不同见解的人参加明智的讨论。

奥克斯最初的举动虽不起眼，却是行之有效的。《纽约时报》开始出版一份指南，列出外地来市内采购货物的人员名单。它报道每天的房地产交易情况。它还扩大了市场的报道，除了每天的正常报道之外还增加了每周金融回顾。工商界和金融界开始发现，

《纽约时报》的这些特稿越来越有价值。与此相似,律师们也被另一个报道法庭案件和记录的专栏吸引住了。奥克斯设法吸引的这些读者群也喜欢《纽约时报》把报道重点放在政府新闻上。他们喜欢奥克斯的星期日杂志,它的特点是刊登具有时事新闻意义的而不是娱乐性的文章。他们也喜欢《纽约时报》的书评组。

奥克斯坚决反对"新式新闻事业"的通俗化特色,拒绝刊登玩弄"噱头"的消息和连环漫画,并且对照片毫不在意。他抨击黄色新闻记者,并且以"本报不会污染早餐桌布"的口号为《纽约时报》做广告,后来又选择"所有适于刊印的新闻"这句名言登在头版报眼位置。但是,1898年的发行量仍然只有25 000份,奥克斯决定作最后一搏。《纽约时报》的售价为3美分,《世界报》和《新闻报》的售价为2美分。为什么不将《纽约时报》的售价降为1美分、取得必要的发行量以保证获得可靠的广告支持呢?

调整价格的老办法又一次取得了成功。售价降至1美分之后,《纽约时报》1899年的发行量猛增到75 000份,并于1901年突破了10万份大关。广告行数在两年内增加了一倍。报纸扭亏为盈,根据收购协议,奥克斯获得了报纸的控股权。但是他不久因为投资250万美元在百老汇大街建造时报大楼而再次负债,那是1904年纽约最雄伟的建筑物之一,后来成了时报广场。《纽约时报》工厂处在战略性位置上,成了城市夜生活的中心,这种位置和后来发展起来的移动电子新闻公告牌帮助该报确立了纽约社会公共机构之一的地位。

编辑主任卡尔·范安达

然而,1904年发生的另一件事对《纽约时报》的未来要重要得多。那一年,美国第一流的编辑主任卡尔·V·范安达作为指导《纽约时报》新闻采编人员的天才人物开始了他在该报25年的生涯。人们普遍认为,范安达是《纽约时报》出众的新闻部的首席建筑师。他是一个完全避免抛头露面的人,以至于尽管取得了令人难以置信的成就,他几乎成了一个传说中的人物,甚至在他的同行中也是如此。

1904年,当奥克斯决定他的第一个编辑主任亨利·洛文撒尔应该将全力放在商业新闻上时,有人提议范安达接任。这种联袂是一种理想的结合:奥克斯为获得新闻不惜金钱;而范安达则很愿意替他花掉这笔钱。

尽管范安达已经当上了编辑主任,但他仍然没有放弃夜班主编的工作。在长达20年的时间里,他在《纽约时报》的日常工作从未发生变化。他下午1点出现在新闻编辑室,6点回家吃晚饭并稍事休息,10点回到新闻编辑室直到第二天凌晨5点其他人下班时才离开,通常他是最后一个离开的人。他每天工作12小时,每星期工作7天。他并不是一个充满活力和吸引力的领导;相反,他沉默寡言,而且看上去冷冰冰的,他具有穿透力的注视被称为"范安达死亡射线"。但是那些与他一起工作的人认为他是一个谦虚而有同情心的领导,他毫无保留地支持他的下属,而且从来不发脾气。他的成功秘诀

《纽约时报》著名的1918年停战日版

就在于，他能够如此出色地完成自己的本职工作，以至于其影响能在报纸和他的下属身上同时反映出来。

范安达的经典性成就是1912年他对"泰坦尼克"号班轮沉没事件的报道。与在其他情况下一样，这一次也是范安达的个人能力和一批受过良好训练、能力高强的采编人员的作用结合起来，产生了高明的新闻报道。

1912年4月15日，星期一，凌晨1时20分，第一份美联社新闻简报传到了《纽约时报》的新闻编辑室。它报道说，豪华班轮"泰坦尼克"号在从英国到美国的首航途中撞上了冰山。纽芬兰的马可尼无线电台收到了一个求救信号。"泰坦尼克"号被认为是不会沉没的，但是范安达立即与《纽约时报》在哈利法克斯和蒙特利尔的记者以及拥有"泰坦尼克"号的白星航运公司的办事处取得了联系，了解到自收到第一个求救信号起半小时后，就没有收到"泰坦尼克"号的无线电报。因此范安达确信，"泰坦尼克"号已经沉没了。

凌晨3时30分之前,范安达和他的部下已经组织好这次报道。在2 200名乘客中,有许多名人,于是根据乘客名单准备了一则背景报道,并且为《纽约时报》的头版准备了一张"泰坦尼克"号的照片。另有两艘船报告说,曾在北大西洋与冰山擦肩而过,这与已经得到的关于"泰坦尼克"号的消息是吻合的。星期一上午,《纽约时报》以多栏大字报道说"泰坦尼克"号已经沉没,而其他报纸的报道既不完整又没有结论。

星期二、星期三和星期四,随着"卡帕西亚"号班轮载着幸存者驶向纽约,这则报道引起了全世界的关注。星期二,范安达在与"卡帕西亚"号即将停靠的码头相隔一个街区的一家旅馆里包了一层楼,并架设了4条直通《纽约时报》本市新闻编辑室的电话线。所有人员都被动员起来,在本地新闻主编阿瑟·格里夫斯的领导下,报道星期四晚上救援船只的到达。范安达说服无线电报的发明人古列尔莫·马可尼亲自上船采访无线电报务员。《纽约时报》的一个记者随马可尼一起溜过了警方的封锁线。他获得了一则关于"泰坦尼克"号最后发出的讯息的独家报道。

在营救船只到达后3小时内,《纽约时报》的第一批报纸就印好了。一共24版,其中有15版报道了在这次"泰坦尼克"号惨祸中1 500人丧生的情况。在重大新闻的采访和组织工作方面,这一天的《纽约时报》至今仍称得上是个杰作。

《纽约时报》关于第一次世界大战的报道,是使它取得今天的卓越地位的最主要原因。就在这个时期,该报开始刊登文件和演说的原文。这一举措使《纽约时报》成了对图书管理员、学者、政府官员和其他报纸编辑来说最具参考价值的报纸。后来编辑出版的《纽约时报索引》进一步确立了它的这一地位。

1921年,即在奥克斯成为老板25年之后,《纽约时报》已经取得了很大成就。取得这种成功的一个重要原因是在这25年的时间里,《纽约时报》所得的收入为1亿美元,但它所付出的红利只占收入的4%。奥克斯用大量的钱为《纽约时报》建造房屋,增添设备,配备编辑人员以及为范安达大量的新闻报道提供资金。它的发行量提高到每天33万份,星期日的发行量达到50多万份。广告费在25年的时间里增加了10倍。

20世纪20年代,《纽约时报》结束了它的一个历史时期,开始了另一个历史时期。《纽约时报》主编米勒死于1922年,他的继任者是长期在《纽约邮报》担任主编的罗洛·奥格登。范安达在1925年进入了半退休状态。当奥克斯还在积极主持报社业务时就培养他的女婿阿瑟·海斯·苏兹贝格和外甥朱利叶斯·奥克斯·艾德勒继任他的工作。1935年奥克斯及其业务经理路易斯·威利的去世,使《纽约时报》失去了它的四位缔造者中的最后两位。但是在随后的年代里,他们所创建的机构继续将这家报纸引向新的辉煌。

新闻领袖 《纽约先驱报》

《纽约先驱报》在它的创办人詹姆斯·戈登·贝内特的领导下,取得了新闻界的领袖地位。1872年小詹姆斯·戈登·贝内特接办《先驱报》时，这家报纸在采集新闻和报道新闻方面都是首屈一指的，它的国内记者和驻外记者都是最优秀的。由于它坚持采用最快的传播工具，在普利策和赫斯特进军纽约新闻业的时候，《先驱报》成了他们的劲敌。20世纪初，《先驱报》仍是一家致力于新闻事业的报纸，为生动全面地报道世界上发生的重大事件而进行着有力的竞争。

然而，在为争取在纽约生存而进行的斗争中，《先驱报》老板小贝内特的个性和行为拖了他的后腿。除了威廉·伦道夫·赫斯特之外，像贝内特那样由个人不负责任地控制一家新闻企业的人简直找不出第二个。

乔治·琼·内森在1909年贝内特67岁时曾经这样描述他的外表：瘦高个，非常神经质，但像军人一样保持身体的挺拔，他铁灰色的头发和胡子更加强了这一印象。虽然他住在巴黎，但他的主编不经过他的同意无法雇用或辞去一名记者。他的社论委员会开会时，会议桌头上放着一只空椅子——那就象征着贝内特。在座位的前面每天都放着当天的报纸，就像贝内特随时可能进来一样。

但是，贝内特和报纸的联系绝不只是心理上的联系。他每天从巴黎用电报发出指示，部门的领导人经常被召到巴黎开会，贝内特密切注视着每个雇员的工作。他的方针是不让任何个人获得重要地位。尽管他有许多很好的新闻直觉，但他也同时强迫报纸遵守许多根据他个人的癖好制订的行动准则，并且要报纸宣传他的个人信念。1918年小贝内特去世后，弗兰克·芒西买下了《先驱报》，但他因为无法使这家没有领导人的报纸赚钱，于1924年让它合并成了《先驱论坛报》，合并后的报纸保持了贝内特的新闻传统。

《纽约太阳报》 日落西山

在查尔斯·A·达纳担任主编和阿莫斯·J·卡明斯担任编辑主任的时代，《纽约太阳报》十分注重报道技巧、写作风格和人情味，这是值得"新式新闻事业"的实践者们钦佩的。正是《太阳报》的本市新闻主编约翰·B·博加特第一次告诉一个青年记者，说"狗咬人不是新闻，人咬狗才是新闻"。正是《太阳报》的社论撰稿人弗朗西斯·P·丘奇在1897年回答了一个叫弗吉尼亚的小女孩提出的"有没有圣诞老人"的问题，他对于这个问题的解释曾在许多年中被各家报纸广为转载。也正是《太阳报》记者威尔·欧文在1906年写出了著名的新闻界经典之作《城市不存》，纪念毁于地震和火灾的旧金山市。

《太阳报》被看做青年新闻工作者的"新闻学校"，它的"毕业生"组成了一个"校友会"。1916年《太阳报》的控制权转到弗兰克·A·芒西手里。

在芝加哥报业史上，有一家报纸曾在一段时间内将不少的记者吸引到其麾下，这就是《洋际报》。它创刊于1865年，当时名为《芝加哥共和党人报》，第一年由查尔斯·A·达纳担任主编。1872年，它改名为《洋际报》，老板是威廉·佩恩·尼克松。在政治倾向方面，它坚定地支持共和党人。《洋际报》通过它对边远地区新闻、宗教新闻及农业新闻的报道，在中西部地区扩大了发行量。它在改进机械设备方面也走在了前列。尽管《洋际报》在为维护公众利益开展新闻讨伐方面取得了一定的成绩，但它在耶基斯手里受到了很大的损害，直到1902年，他将报纸卖给了乔治·W·欣曼，情况才有所改观。欣曼原来在《纽约太阳报》工作，后来担任《洋际报》的主编。

在欣曼的领导下，《洋际报》以训练大量新闻工作者的学校而引人注意。那个时期有不少报纸为"流浪记者"提供帮助，《洋际报》是其中的一家，因此，许多在新闻事业方面很有前途的年轻人都愿意为它效劳。1914年，《洋际报》在芝加哥报业竞争中失利，它也和许多其他的报纸一样，成了明日黄花。

《洛杉矶时报》的缔造

1881年，当本地的印刷商在一个只有12 000人口的小城洛杉矶创办《洛杉矶时报》同《先驱报》和《快报》竞争时，没有人预见到一个世纪以后，这个小城和《时报》一起走在美国的最前沿。一个名叫哈里森·格雷·奥蒂斯的人为这一结果的实现作出了重要贡献。他于1882年加盟《洛杉矶时报》，那一年他45岁。奥蒂斯参加过南北战争，并且获得了上校军衔，他曾经两次涉足报业。到1886年奥蒂斯已经获得了对这份发行7 000份的晨报的绝对控制权。房地产业的繁荣使他的收益大幅增加，到1900年，虽然《时报》的发行量只有不起眼的26 000份，但是《时报》的员工却因这份拥有全国广告费收入最高的报纸而自豪。奥蒂斯开始在加利福尼亚和墨西哥购买土地，总面积很快就达到了100万英亩。

通讯社的兴起

美国的通讯社——致力于快速、详尽、公正地采集和传播一切新闻的组织——的兴起是新闻史上一次具有划时代意义的进步。通讯社的出现极大地增进了"人民的知情权"，因为它们可以利用新闻技巧和现代传播技术来发现新闻，公正地报道新闻并且可以将新闻迅速地传播到全国和世界的每一个角落。只有几家美国日报曾经尝试在世界或者甚至是本国的主要新闻中心派驻记者，于是，通讯社的名称缩写——AP、UP、INS、UPI——成为了外来的可靠的象征。

美国主要有3家通讯社在世界范围内开展业务。其中之一是美联社（AP），它是19世纪在进行合作采访的尝试中产生的。到了20世纪，美联社的竞争对手出现了：1907年爱德华·怀利斯·斯克里普斯创立了合众社（UP）；1909年威廉·伦道夫·赫斯特创立了国际新闻社（INS）。这两家通讯社于1958年合并成立合众国际社（UPI）。在国外，主要的竞争对手是成立于1851年的英国路透社和成立于第二次世界大战以后的法新社。

《洛杉矶时报》报道1906年的一场灾难——旧金山大地震

法新社是在古老的法国哈瓦斯通讯社（1835）的废墟上建立起来的。到1920年，上述3家美国通讯社都已经扩展了它们的国内业务并在国际新闻的报道和销售方面向欧洲——英国、法国、德国——的通讯社发起了挑战。

美联社的由来

在所有的美国通讯社中，美联社的历史最为悠久。在经历了一场激烈争夺美国报业联合机构控制权的斗争之后，这一现代化合作新闻采集组织终于在1900年以美联社的名字固定下来。早在1849年，纽约几家主要的报社就达成了协议，成立纽约联合通讯社,这给类似的报业联合组织定了型。1862年,中西部日报社成立了西部联合通讯社,随后又成立了新英格兰联合通讯社。接着,又产生了另外一些附属的区域性通讯社组织。但是,人们一直能感受到的还是纽约联合通讯社的威力。

纽约联合通讯社曾经得到它最早期的总代理人的良好引导。后来,由于联合通讯社一些有野心的西部成员的代理人,控制权落到了他们手中。此外,纽约联合通讯社还要面对内部反叛者的严酷竞争。这些反叛者自1869年以来,一直想建立一个对立组织。1882年,他们创立了合众社(与后来的合众社和现在的合众国际社无关)。

纽约联合通讯社和合众社内部统治集团的举动,在那一时期是非常典型的。这两家报联组织的执行委员会达成秘密协议,规定双方交换新闻,这种做法实际上停止了竞争。他们用金钱奖励那些向他们提供内情的人,但从总体上讲纽约联合通讯社成员得到的服务差强人意。当1891年他们之间的这种秘密交易被揭发以后,纽约联合通讯社阵营内部产生新的斗争就在所难免了。《纽约太阳报》和《论坛报》于1892年退出纽约联合通讯社,加入合众社,第二年,其他纽约联合通讯社的成员也退出了这个组织。一家于1892年年底新成立的报业组织——伊利诺伊联合通讯社接管了纽约联合通讯社。

纽约联合通讯社的新任总经理梅尔维尔·E·斯通与英国的路透社、法国的哈瓦斯社和德国的沃尔夫社签订了交换独家新闻的合同,切断了长期以来合众社为其在纽约的成员提供国外新闻的来源。一场为期4年的争斗于1897年年初结束,除达纳的《太阳报》和赫斯特的《新闻报》之外,纽约的所有日报都加入了纽约联合通讯社,合众社破产了。赫斯特一直没有参加纽约报联社,而《太阳报》的拉芬则顽固地组建了他自己的拉芬新闻社,这个新闻社在1916年以前一直经营得很成功。

19世纪和20世纪之交美联社在华尔街的办事处

1900年的新联合通讯社（美联社）

1900年的新美联社是一个合作性组织，这是它最重要的特点。它的成员用在各自的出版地区收集到的新闻互通有无。它们共同分担交换新闻的费用及维持通讯社全体职员开支所需的费用。通讯社的职员负责管理新闻的交流并通过其他的新闻报道途径对其加以补充。这个以总经理为首的编辑部只对美联社的成员负责，他们通过美联社的官员和董事来实现这一点。因此美联社将仅仅为了维护其成员报纸的利益而存在。

但是，美联社的组织内部也存在着一些缺陷。其成员直到1915年才可以向其他的通讯社订购新闻。1900年最初的成员拥有额外选举权，可以将董事会控制在历史相对悠久的大报手里。1937年的时候，董事会的18个席位中，较小的报纸仅占3个。最严重的问题是反对权问题，根据这个规定，美联社的成员可以阻止它的同城竞争者加入美联社。要取消这种否决权需要得到所有成员中4/5多数的赞同，而这是很难获得的。因此，大城市的报纸要加入美联社，唯一的办法是购买一家已经是美联社成员的报纸。

另一个使美联社感到不快的是1893年同欧洲通讯社签订的新闻交换合同。这个合同意味着美联社采集的美国新闻在国外要由外国通讯社来发布。美联社的总经理梅尔维尔·E·斯通曾竭尽全力在一些欧洲国家开辟新闻渠道。第一次世界大战前，美联社建立了一些国外分社来采集自己的新闻。但是，因为没有在国外出售其国外新闻的权利，美联社还要经过许多年的努力才能建立起它最终实现的对外供稿业务。

斯克里普斯和赫斯特向美联社挑战

与美联社同时兴起、积极参与竞争的通讯社是爱德华·怀利斯·斯克里普斯的合众社和威廉·伦道夫·赫斯特的国际新闻社。新成立的合众社和国际新闻社都不具有美联社那种合作社的性质。它们都是正规的商业企业，根据合同向用户出售新闻。两者都是为了对付美联社的关门政策而建立起来的。创立合众社和国际新闻社的报系发行人很快就发现，它们收集的新闻既可在国内，也可在国外出售给其他一些无法得到或不愿接受美联社服务的报纸。合众社和国际新闻社很快就开始为各种各样的用户服务。同美联社的员工或其他新闻工作者一样，它们的工作人员热切地希望为了读者的利益而详尽、公正无私地报道一切新闻。

爱德华·怀利斯·斯克里普斯曾经说过，他之所以创办合众社，是因为他怀疑那些控制着美联社的同行。1897年原来的合众社垮台时，他没有让他的报纸加入美联社。他解释说："我知道，在我的美国新闻界同行中，至少有90%的人是有资本主义和保守主义思想的。"他接下去说：

我知道，至少在那时我知道，除非我带着一个新的通讯社进军这一领域，否则，美国人民就不可能通过美联社媒体得到正确的新闻……我已经使那些控制美联社的人不可能压制事实真相，或者成功地散布谎言。

桀骜不驯的斯克里普斯对他的同行无疑是过于吹毛求疵了，但是，他那种主张几家相互竞争的报联组织互相监督的观点，对美国的新闻事业却有着不可估量的价值。

第二个合众社和罗伊·霍华德

斯克里普斯在美国中西部和西部为他自己的报纸经营两家地区性通讯社达10年之久以后，于1907年把它们同发行人报联社（1898年由非美联社成员的东部报纸组成）合并成为合众社。斯克里普斯麾下年轻的报人约翰·范德科克促成了这次合并，并且成为合众社的负责人，但是他第二年就去世了。继任总经理的是25岁的罗伊·W·霍华德，他最终接管了斯克里普斯的报业王国。霍华德在得到担任合众社总经理的良机之前，曾在《圣路易斯邮讯报》和斯克里普斯在印第安纳波利斯和辛辛那提的报社工作过。斯克里普斯描述这一时期的罗伊·霍华德说：

他是个抢眼的人物，身材矮小，脑袋很大，表情传神，眼睛仿佛是非凡的智慧之窗。他风度自持，毫不谦逊，满脸都是胆大包天的神色。他每次说话时的语调和用词也都表现出这一点。他身上的每个毛孔里都散发着野心、自尊和强力。

霍华德在国外奔走，在欧洲主要国家的首都建立分社。他同国外的一些大报和未与美联社联合的商业通讯社建立了联系。霍华德最大的突破是在第一次世界大战期间英国切断德国通讯社对交战国和中立国的电信联系时取得的。当时，阿根廷的两家大报《新闻报》和《民族报》强烈反对只接收法国哈瓦斯通讯社的片面报道，要求美联社提供新闻。而美联社根据它的协议要求，不能进入南美地区，于是霍华德迅速抢入，向这两家阿根廷报纸提供它们所需要的战争新闻。很快合众社就在南美建立起一个广泛的客户网，并在那里设立了自己的分社。

但是，1918年11月，正当合众社逐渐赢得人们关注的时候，霍华德和合众社遭到了惨重的打击。11月7日，霍华德在布雷斯特❶的美国海军总部时，从巴黎发来了一份电报，说停战令已在那天上午11点签署。在没有向更高层的部门证实这一消息的情况下，霍华德用急电将它发给了合众社

❶ 法国西部港口城市。

设在纽约的办事处。他的通讯社真是倒了大霉，这条消息竟然通过了新闻检查。合众社的这份简报在美国引起了疯狂的庆祝活动——直到几小时后，美联社证实合众社过早地发布了这一消息，正式的投降书于11月11日签署。虽然霍华德争辩说，不论哪个新闻记者如果在海军总部看到这份电报，都会这么做的（据他后来判断，这份电报是巴黎的一名德国特务炮制的），但是一些电讯编辑却不再完全相信合众社了。甚至到20世纪30年代美联社错发了关于布鲁诺·理查德·豪普特曼绑架和谋杀林德伯格❶婴儿事件判决结果，1944年美联社过早地报道了盟军于D日❷登陆法国的消息之后，老一辈的报人仍然记得"罗伊·霍华德提前4天结束了第一次世界大战"的事。

然而，在关于停战日的错误报道之后，合众社还是生存了下来。当霍华德于1920年离开合众社，成为斯克里普斯报团的合伙人时，合众社已经拥有780家客户，并能提供相当完善的新闻服务。

在合众社年轻的低工资工作人员当中，通常流行的一句话是："他们付给你的是署名权。"合众社在创立初期就开始给它满腔热情的年轻职员以出名和发展自己的写作风格和新闻专长的机会。美联社报道第一次世界大战的记者大都是些不署名的采访员。合众社则放手使用年轻记者，他们文笔生动、解说详明的报道引起了公众的注意，并使合众社的新闻稿成为美联社成员报纸的第二消息来源。

国际新闻社

第三家参与竞争的美国报联组织是国际新闻社。虽然它的规模比其竞争对手要小，而且将自己确立为一家综合性通讯社的时间也比较晚，但它还是凭借其竞争精神赢得了盛誉。

国际新闻社创办于1909年，它是赫斯特报团早期租用线路设备的一个副产品。它的首任经理是理查德·A·法雷利。到1918年，国际新闻社已经拥有400多家客户和一个租用线路系统，其规模约为美联社和合众社的一半。

1916年之后，国际新闻社的核心是总编辑巴里·法里斯。他建立的分社比其他通讯社少，但他把国际新闻社的力量集中于一些大的新闻中心。他最成功的计划是提供名记者的稿件和有才华的撰稿人专门采写的重大新闻事件。普利策奖获得者H.R.尼克博克和弗洛伊德·吉本斯长期担任国际新闻社的驻外记者。詹姆斯·L·基尔加伦在1921年开始了他对全国性重大事件的流动报道。

❶ 旧译林白，即查尔斯·林德伯格（1902—1974），美国飞行英雄，1927年首次单独作由纽约至巴黎的直飞。1932年3月1日，他的一个孩子遭绑架后被杀害。

❷ 盟军预定在法国诺曼底登陆的日子。

特稿辛迪加： 消遣娱乐

辛迪加对报纸非新闻方面的内容影响最大。第一个使报纸编辑不必从报纸和杂志上剪辑专栏文章、小说、诗歌和其他消遣性稿件的是威斯康星州巴拉布的报人安塞尔·N·凯洛格。他在美国内战时期在芝加哥建立了一个提供现成特稿的供应社，他发行的报纸一面印有特稿，另一面留着空白，供刊登地方新闻和广告用。到1875年，美国报业协会已经开始用铅版印刷报纸了。1872年在得梅因创办、1890年后由乔治·A·乔斯林经办的西部报业联盟是个很大的特稿社。到1917年，乔斯林已经淘汰了他的竞争对手，改进了"专利内页"业务，为编辑们提供预先印好的材料，供他们选择。这个在鼎盛时期为7 000家报纸供稿的特稿社后来逐渐衰落了，最终于1952年停办。

在西部报业联盟致力于为周刊供稿的同时，各家日报则由欧文·巴切勒（1883）、S.S.麦克卢尔（1884）和爱德华·W·博克（1886）的特稿社供应报业辛迪加的文学材料。麦克卢尔和博克由于意识到公众对消遣性读物的需要而成为杂志发行人，他们也因此更加声名卓著。赫斯特于1895年参加了辛迪加运动，1914年创办了帝王特稿辛迪加。乔治·马修·亚当斯和约翰·N·惠勒也分别于1907年和1913年进军这一领域。

早期的特稿辛迪加供应罗伯特·路易斯·斯蒂文森、拉迪亚德·吉卜林、马克·吐温、布雷特·哈特、亨利·詹姆斯、艾尔弗雷德·亨利·刘易斯、杰克·伦敦等文学巨匠的作品。它们有时也能提供全国各地报纸上出现的，作品近似于诗歌的著名专栏作家和幽默作家的作品。辛迪加使得许多人物和报纸声名远播。

第十二章

战争降临美国

I WANT YOU for the U.S. ARMY ENLIST NOW

詹姆斯·蒙哥马利·弗拉格为公共资讯委员会画的著名征兵海报

(詹姆斯·蒙哥马利·弗拉格。国家档案馆)

美国迈向战争

乔治·克里尔的公共资讯委员会

对德文和社会党报纸的新闻检查

1918年的《煽动法》

著名的战地记者

和约与国际联盟的失败

严重的"恐赤病"

司法案例:"明显而现实的危险"

"恐赤病"的长期效应

> 马恩河战役后，战争滋长蔓延开来，直到将两个半球的国家都卷进了一场任何和平条约都无法解决的世界性冲突……这些国家落入了一个陷阱，这个陷阱是开战后30天内未能一决雌雄的情形下形成的，这是一个过去不能，至今也不能找到出口的陷阱。
>
> ——巴巴拉·塔奇曼：《八月炮火》

1914年8月欧洲爆发的大战，完全改变了相对平静的从19世纪以来所形成的生活方式。到1917年，随着美国参加保卫世界民主的"伟大的正义之战"，这场战争成了一次世界大战。但人们在战争结束时发现他们既不能恢复旧秩序，也无法建立一个和平新秩序。政治和社会幻想的破灭，经济萧条和现代独裁政治的兴起，引起了第二次世界大战。第一次世界大战和第二次世界大战成了专用名词。此后，战争和战争的威胁似乎变成了一块无尽的沼泽。

在《八月炮火》一书中，巴巴拉·塔奇曼❶赞同爱德华·格雷❷爵士的观点："整个欧洲即将陷入一片黑暗；我们今生不会再见到光明了。"塔奇曼通过描写1910年国王爱德华七世盛大的葬礼队伍开始了她的叙述："旧世界的太阳在一种即将消失而且再也不会重现的光彩中西落了。"陪伴在新国王乔治五世身旁的是他的侄子，骑着灰色骏马、身穿英国陆军元帅的红色制服的德国皇帝威廉二世（Wilhelm II）。在他们身后是9位国王和另外50位王室成员，其中包括最终成就英名的比利时国王阿尔贝；后来在萨拉热窝被人刺杀的弗朗茨·斐迪南大公；以及前美国总统西奥多·罗斯福，他派遣的"无敌白色舰队"逡巡世界各地，浩浩荡荡。

在这些插着羽饰、披金戴银的骑手中，许多人都代表着将在未来的10年内消失的君权和帝国：德国的霍亨索伦王朝，奥匈帝国的哈布斯堡王朝，俄国的罗曼诺夫王朝，土耳其的苏丹，中国的满清王朝。但是尽管过去几年来军备竞赛愈演愈烈，世界局势日趋紧张，德皇威廉要求德国"在阳光下的生存空间"，在1910年的那一天，还是很少有人相信这么多伟大的王朝将会倾覆，自1871年以来一直未被打破的西欧和平将会破碎。欧洲各国的首相都向世界保证，战争不可能爆发，他们那些负责制定军事计划的下属最多只是在考虑进行一场短期的战争。在那个决定命运的1914年8月，德国主要作战计划的失败使战争变成了一个无法逃脱的陷阱。

美国迈向战争

一战时事态的发展使美国公众的情绪迅速趋向于支持协约国。一个具

---

❶ 巴巴拉·塔奇曼（1912—1989），美国历史学家。她的《八月炮火》和《史迪威与美国在华经验》分别于1963年和1971年获得普利策非小说类纪实著作奖，并且均有中译本。

❷ 爱德华·格雷（1862—1933），英国外交大臣（1905、1916）。

有决定性意义的事件是德国潜艇击沉了英国丘纳德轮船公司的邮轮"卢西塔尼亚"号,这是当时大西洋航线上最大的客轮。1915年5月7日,"卢西塔尼亚"号在爱尔兰海岸附近沉没时,船上1924名乘客中有1198人遇难——船上的188名美国乘客中有114人丧生——德国则庆祝它的潜艇艇长的成功。

尽管在威尔逊总统一连几个月发出外交照会以后,德国放松了潜艇战,但现在他看到他希望美国充当中立的仲裁人的愿望已被德国的最后两个行动所粉碎。

一个是1917年2月德国人恢复了无限制潜艇战。这件事使美、德两国断绝了外交关系。一个是协约国截获了一份德国外交大臣齐默尔曼致墨西哥政府的照会,提出如果墨西哥与德国结盟,在打败美国后墨西哥可收回得克萨斯、新墨西哥和亚利桑那三个州。这份照会的原文通过非正式途径交给了美联社,在美国引起了轰动。3月,3艘美国船只被德国潜艇击沉使威尔逊于4月2日发出了参战动员——"为保卫世界民主而战"——4月6日正式宣战。

有些报刊几乎从一开始就是同情协约国的。其中最直言不讳的有老的《生活》杂志,《纽约先驱报》和亨利·沃特森的《路易斯维尔信使新闻报》,它的主编于1914年10月采用了简洁但有效的战斗口号,"让霍亨索伦和哈布斯堡王朝的人见鬼去吧"。《纽约时报》、《世界报》和其他纽约的报纸大多数都是协约国的坚定支持者。"卢西塔尼亚"号被击沉以后,反对参战的报纸减少了。但威廉·伦道夫·赫斯特的报团却是极端反英的,而且还有亲德的坏名声,因为赫斯特积极致力于获得来自德国的消息以便与来自协约国的消息保持平衡。

乔治·克里尔的公共资讯委员会

宣战后才一星期,威尔逊就任命成立了公共资讯委员会,它的主要任务是发布关于战争的事实,它还要协调政府的宣传工作,并负责政府与报纸之间的联络。它制订了一套以自愿为基础的新闻检查制度,根据这一制度,各家报纸的主编都必须避免刊登可能会对敌人有帮助的材料。在该委员会结束其历史使命之前,它曾"动员了全世界的智慧",马克·沙利文把它描绘成美国对战争科学的一大贡献。威尔逊任命报纸主编乔治·克里尔领导该委员会的工作,克里尔解释说:"这是一个纯粹的宣传机构,一个做推销生意的大企业,也是世界上最大的广告业。"

在宣传领域内,威尔逊为克里尔提供的机会比其他任何人曾经得到过的机会都要多。有着自由派思想的克里尔是纽约、堪萨斯城和丹佛新闻界精力充沛、极富才干的人物。他非常渴望尽可能完成每一项他的委员会的任务,并最终动员了15万人来执行该委员会涉及范围广、内容多样的工作。

克里尔首先向驻华盛顿的记者打开了政府的新闻渠道,并且坚持认为只有关于部队调动,船只航行和其他纯军事性质的消息才应该有所保留。他发布了一个简短的解释性规定，要求各家报纸自行检查这类新闻。在整个战争期间，由于各家报纸的主编都非常希望能够对战争有所帮助，所以他们基本上都比克里尔的最低要求做得还要多。1917年5月，公共资讯委员会开始发行一种《官方公报》，用报纸的形式重印刚刚发布的消息。大战结束前这个刊物每天的发行量达到了118 000份。

多年后，一位研究公共资讯委员会所发布新闻准确性的历史学家得出如下结论："在所有针对公共资讯委员会的指责中最值得注意的一点是，它所发布的6 000多条消息几乎没有一条曾在事实方面引起过质疑。人们不会怀疑公共资讯委员会在诚实方面的记录，将没有哪一个大国在发布官方战争新闻时能与之相比。"但是，这位历史学家实际上是在指责公共资讯委员会的失职，它犯的是"省略"的错误——也就是公共资讯委员会和军方对消息的掩盖——他们掩盖消息的程度已经超过了出于国家安全考虑的要求，但是还比不上协约国的做法。

克里尔要求大广告商和出版物为政府提倡的各种运动、红十字会及其他有关战争的活动捐赠版面。他将广告代理公司组织起来，利用它们的撰稿人和画家创作报纸和杂志上的广告，有轨电车上的招贴画和露天海报。公共资讯委员会图片宣传处的画家们在查尔斯·达纳·吉布森的领导下，创作了鼓舞人心的海报。刚刚诞生的电影业拍摄了激发爱国主义和有教育意义的影片。电影明星们，包括道格拉斯·范朋克和玛丽·碧克馥在内，发起了自由公债的推销活动。大学教授们在一个编写小册子的部门工作，他们编纂了一部《战争百科全书》并生产了7 500万件印刷品。

从今天的角度来看，这些所作所为也有令人不安的一面。历史学家们将在战争问题上的褊狭和战后岁月与政府在战争期间的宣传努力联系起来。他们注意到："事实证明，爱国主义和褊狭之间的分工是不可能维持的。"

对德文和社会党报纸的新闻检查

1917年6月15日颁布的《间谍法》是对那些被认为对美国和协约国的战争不忠诚的人实行镇压的开端。法案规定凡故意制造企图干扰陆、海军的军事行动的虚假报道或错误言论，以及企图在武装部队内部挑动不忠诚或妨碍征兵的，均将被处以高额罚款或监禁。该法案关于使用邮件的部分授权邮政总局局长艾伯特·S·伯利森决定所有违反该法案规定的信件、传单、报纸、小册子、书籍和其他材料一律不得邮寄。

受到最严重打击的是社会党的机关报和德文报纸，其他几个反战或反协约国的出版物也丧失了邮寄权。

在实行《间谍法》的第一年里，总共有44家报纸丧失了邮寄权，另外还有30家报纸因为同意不再刊登有关战争的文章才保住了邮寄权。

其他的报纸因为不完全支持战争感到了公众舆论对它们的压力。赫斯特的报纸曾强烈反对美国参战，甚至在支持美国参战以后仍然明显地继续反对协约国，因而受到了广泛的攻击。赫斯特的肖像被人们"绞死",他的报纸在某些地方遭到了联合抵制,人们谴责他不忠诚。他的报纸曾经强烈谴责起诉社会党报纸和德文报纸的行为——与之相反,《纽约时报》发表社论对这些行动表示支持,而普遍发行的媒介并不关心这些行动与宪法《第一修正案》的关系。奥斯瓦德·加里森·维拉德的反战主义观点和维护公民自由权的做法使《纽约晚邮报》的销量大大降低,以致他被迫于1918年将该报出售。某一期的《民族》因为发表了一篇题为《民权已死》的社论而被纽约市邮局扣留。

1918 年的《煽动法》

政府控制的权力因为另外两个法案的通过而得到了加强。1917 年 10 月的《与敌贸易法》认可了对所有涉及海外的通讯进行的检查,并规定邮局有权向用外文出版的报纸和杂志索取译文——这种做法的目的是使德文报纸与国内媒介保持一致。1918 年 5 月的《煽动法》是对《间谍法》的修正和扩大,根据其规定,"任何对美国政府的形式或宪法、陆海军、国旗或军队制服使用不忠诚的、亵渎的、谩骂的或侮辱性的语言"进行写作或出版,或使用旨在对这些观念和制度进行"侮辱、藐视、谩骂或破坏名誉"的言论,均以犯罪论处。邮局运用这些内容广泛的规定来禁止邮寄某些出版物,使邮政总局局长获得了巨大的权力,以至于他常常会在使用这些权力时感到犹豫不决。鉴于 1798 年的《煽动法》造成的重大失误,他没有利用手中的权力去侵扰那些反对当局的正统的共和党人,迫害的矛头还是对准了那些不受欢迎的激进的和亲德国的少数派。

战时的气氛有利于限制公民的自由权利。各州普遍通过的法律都有反对反战主义分子、反对共产主义分子和暴力工团主义等条款,目的是为了保护工商业免遭激进分子鼓动的罢工和暴力事件的破坏。不受欢迎的人则由暴徒和公民委员会来对付,其中包括德裔美国人。许多美国人在社会压力下被迫购买的自由公债比他们想买的要多。检察官、陪审团和法官常常由于公众的压力而做出一些超越《间谍法》和《煽动法》规定的事情。

著名的战地记者

在早期的战地记者中比较著名的有:理查德·哈定·戴维斯,他采写的德军进驻布鲁塞尔的消息,由《纽约论坛报》及其辛迪加发表;还有威尔·欧文,他关于伊普尔战役和德国首次使用毒气的独家报道,也在《论坛报》上发表。欧文是几名代表美国杂志驻欧洲的记者之一,他先是为《柯里尔》杂志写稿,后来又为《星期六晚邮报》工作。

但是新闻报道任务的重担落在了驻欧洲各国首都的分社记者身上。著名记者有：驻柏林的合众社的卡尔·H·冯·威甘德和《芝加哥论坛报》的西格里德·舒尔茨；驻巴黎的《芝加哥每日新闻》的保罗·斯科特·莫勒和《纽约时报》的威思·威廉斯；以及驻伦敦的《芝加哥每日新闻》的爱德华·普赖斯·贝尔。

在法国的美国战地记者发现，他们在观察美国远征军的军事行动时比其他协约国部队的记者拥有更大的自由。在潘兴将军管辖的战区内，记者到前线可以不用军队护送，他们可以跟随战斗前进，可以在后方漫游而且随便住在什么地方。这与战争初期记者在英、法、德部队中遭遇的情况大不相同。但是记者所写的稿件都要经过以前曾在美联社任职的弗雷德里克·帕尔默少校领导的军事情报处的新闻检查。关于一般的交战、伤亡和部队番号的消息，只有在官方公报已经提到的情况下才能发表。在国内的训练营和军队驻地也驻有新闻官员。

到1915年，驻欧洲的美国各报纸、杂志、通讯社和报业辛迪加的记者大约有500名，美国参战以后记者的数量又有所增加。约有40名记者实际上是在报道美国远征军的活动。最著名的署名记者有合众社的弗雷德·S·弗格森，他在报道圣米耶尔大战的过程中击败了其竞争对手——他根据美国的作战计划预先把报道写好，然后随着战斗的进行逐段发稿。其他著名记者有合众社的韦布·米勒、国际新闻社的亨利·韦尔斯、《纽约时报》的埃德温·L·詹姆斯，《纽约世界报》的马丁·格林和《芝加哥每日新闻》的朱尼厄斯·伍德。《芝加哥论坛报》的弗洛伊德·吉本斯被德军机关枪打瞎了一只眼睛。

一种战时士兵的新闻事业很快发展起来，最著名的范例是《星条旗报》。这份有8个版的报纸于1918年2月在巴黎创刊。后来当上《纽约人》周刊主编的哈罗德·罗斯出任该报总编，协助他的有著名记者格兰特兰德·赖斯和亚历山大·伍尔科特。其他远征军部队也和美国国内所有的军营一样，有自己的出版物。

和约与国际联盟的失败

威尔逊总统在他于1918年1月发表的《十四点原则》及此后的国会演说中为战后的世界格局描绘了蓝图，他主张建立一个由各个国家组成的联合体（定名为国际联盟），实现国际性的政治与经济合作，并由欧洲国家自行决定其边界的划分。随着德国战败日益临近，威尔逊犯了一个错误，这是他一系列错误中的第一个，这些错误使他的政治对手有机会破坏他的计划。

在1918年11月的选举中，威尔逊请求选民们重新支持民主党人竞选国会议员，以便他能够"成为你们不感到尴尬的国内和国际发言人"。但是他错了，选民们用选举结果作出了回答，共和党人在参、众两院中均获得了多数议席。这一公众态度的警示作用是任何领导人都不可忽略的，但是威尔逊对此反应迟钝。

当1919年6月凡尔赛和约最终签署的时候，威尔逊的议程出现了混乱。英国、法国和意大利的领导人对《十四点原则》的某些内容提出了异议；持民族主义观点的敌对势力威胁着理想主义方式的领土调整；一个由37名参议员组成的集团宣布他们不会投票通过一个包含有国际联盟条款的和平协议，这样一来这份协议就无法得到必需的2/3多数同意。威尔逊对此作出的反应是于当年9月乘火车进行全国巡游，在22天行程里他作了18次演讲。他吸引了大批态度友好的听众，他重申其基本原则的论点也受到新闻界的好评。但是，他背后是无情的参议院里的对手，他们在和平条约的细节性条款中找出了漏洞并通过新闻界进行了反驳。在他巡游行程的最后一天，威尔逊生了病并且回到了白宫，处于半瘫痪状态，一直在那里待到任期结束。

威尔逊病倒使国际主义者群龙无首。美国参议院没能通过和平条约，从而没有参加威尔逊极力主张的国际联盟。在新闻界，国际联盟在最终结果出现之前一直都得到报纸和杂志相当有力的支持。共和党人的政治手腕和威尔逊的错误把它扼杀了。

严重的"恐赤病"

战后另一个重要的反应就是严重的"恐赤病"的继续，这一现象在一定程度上是由俄国革命激起的，同时也是对激进的世界产业工人联合会领导的劳工运动和社会党的成功作出的反应。战争期间根据《间谍法》和《煽动法》进行迫害和提起诉讼并没有减弱的势头；事实上，"恐赤病"在1919年变得更加严重了。根据上述法律，大约有2 000人被起诉，其中将近一半被判有罪。

"恐赤病"达到了引起公众恐慌的程度。纽约和其他各州禁止公开悬挂红旗；司法部长米切尔·帕尔默将一批又一批的"赤色分子"放逐到埃利斯岛上；社会党日报《纽约呼声报》的办公室遭到了查抄并被捣毁；社会党人被驱逐出纽约州立法机关和美国国会；几所大学和学院开除了一些享有终身教职的教授，因为他们是反战主义者、社会党人或是德国人的后裔；地方学校的董事会规定，教师必须宣誓对国家忠诚；许多州通过了"反赤"和反暴力工团主义的法律；扔炸弹和华尔街爆炸事件更增加了人们对暴力的恐惧。福音传教士比利·森迪将这种普遍的情绪概括为：

> 如果让我来处置这些狂暴的社会党和国际劳工联合会的贱种，我会把他们统统枪毙，为我们的船只节省空间。

从总体上讲，各家报纸基本上都没有能够维护遭受不公正打击的那些人的公民权利，这是很不光彩的。所有在对不忠诚分子和激进分子的搜寻中被抓获的人都被扣上"赤色分子"的帽子。《纽约时报》是在这方面做得最糟糕的报纸之一，该报的发行人阿道夫·奥克斯明显地表现出对资本主义制度的偏爱，并对可能对他赖以发迹的社会造成危险的任何形式的激进主义都表现出一种毫无理由的恐惧。《纽约世界报》社论版的沃尔特·李普曼和查尔斯·梅尔茨出版了一份备有文件证明的调查报告，题为《对新闻的检验》，作为1920年8月4日出版的《新共和》的附录，文中举例说明了美联社和《纽约时报》自1917年到1920年间对俄国事件报道的失实（梅尔茨后来当上了《时报》的主编）。自由派杂志在维护公民的自由权方面是做得最出色的，其中为首的是《民族》和《新共和》，也有少数报纸做得不错，特别是《圣路易斯邮讯报》以及纽约市的《世界报》和《环球报》。

《纽约时报》出版的《周中画报》描述了在1919年至1920年"恐赤病"流行期间那些长着"外国面孔"的"革命家"

司法案例："明显而现实的危险"

在关于政治表达的诉讼中，出现了4宗对于确立宪法《第一修正案》关于言论自由和新闻自由权利具有划时代意义的案件。在这些案件中，最高法院法官奥利弗·温德尔·霍姆斯[1]提出了后来被称为"明显而现实的危险"的理论。

第一宗案件与查尔斯·T·申克、伊丽莎白·贝尔和其他费城社会党人有关，他们印制并散发了一些反战传单，劝说即将应征入伍的年轻人加入社会党，并为废除征兵法而工作。它还谴责说，战争是一场为华尔街的利益服务的残忍的冒险。1919年最高法院作出裁决，维持对他们定罪的原判［《申克诉美国案》（Schenck v. U. S.）］。霍姆斯写道：

> 但是每一个行为的性质都取决于采取这一行为的环境……每一宗案件的问题在于，所使用的言辞是否被用于这样的环境，以及是否具有造成明显而现实的危险的性质，以至于它们将带来国会有权防止的巨大的恶果。这是一个临近和程度的问题。

霍姆斯和最高法院认为，在申克一案中存在明显而现实的危险。在另外两宗于1919年根据《间谍法》判决的案件中，最高法院使用同一标准，确认了对一家德文报纸的主编雅各布·弗罗沃克和美国社会党领导人尤金·德布斯的判决。

第二宗具有划时代意义的案件是《艾布拉姆斯诉美国案》（Abrams v. U. S.），这也是最高法院的第一宗根据《煽动法》审理的案件。艾布拉姆斯和其他4名纽约激进分子因为散发谴责美国军队干涉俄国（他们同时也批评了德国军国主义）的小册子而被判处20年监禁。这些小册子呼吁举行一次总罢工以阻止军火生产，为此，最高法院法官约翰·克拉克根据多数法官的意见写出书面判决，将明显而现实的危险原则用于核准原则判决。霍姆斯和路易斯·布兰代斯[2]表示异议，他们认为，检验真理的最佳方法是借助于"观点的自由交换"和"思想使其自身在市场竞争中被人接受的力量"。这时霍姆斯又写道：

> 只有在出现让时间来纠正恶果会造成即时的危险这种情况时才可以对以下总体支配原则采取例外的做法："国会不得制定下列法律：……剥夺言论自由"。

无论最终结果是什么，这些出版后的审判要强于事前约束，因为申克和他的后继者们至少说出了他们想要说的话。

---

[1] 奥利弗·温德尔·霍姆斯（1841—1935），美国最高法院法官（1902—1932）。以其自由派立场闻名。

[2] 路易斯·布兰代斯（1856—1941），美国最高法院法官（1916—1939）。思想开明进步。

"恐赤病"的长期效应

"恐赤病"和俄国革命在大多数美国人中间造成了恐惧，这成功地瓦解了美国社会党并排斥了任何比该党左翼更加极端的政治运动。社会主义、马克思主义与共产主义和一个谋求世界霸主地位并破坏人类所有价值观的克里姆林宫政权日益暴露的嘴脸成了一丘之貉。

在富兰克林·罗斯福当选以前，美国与苏联没有外交关系，俄国的历史书详细地记述了第一次世界大战结束时"美国的入侵"。在美国，产业的力量在战争期间得到了加强。社会党人有机会调节这个资本家—实业家社会的前进方向，并为这个国家提供一种社会化的民主。这种局面在"恐赤病"的年代里消失了，在20世纪20年代，人们只看到了一些为了无关痛痒的目标（如公用事业的公有化）而进行的艰苦斗争。即便是诸如集体谈判❶权和社会保障制度之类的基本社会改革，也需要经历大萧条时期巨大的经济灾难之后才能获得。

❶ 由雇主和雇员自由选出的代表进行谈判以决定雇用条件和雇主、雇员之间的关系。

第十三章

20世纪20年代：广播、电影与爵士新闻事业

查理·卓别林和杰基·库根在1921年的影片《寻子遇仙记》中的剧照
（贝特曼档案馆）

早期的广播试验
第一批无线电广播电台
美国电话电报公司、威斯汀豪斯公司和通用电气公司
美国无线电公司
萨尔诺夫、美国无线电公司和全国广播公司
哥伦比亚广播公司与佩利
联邦管制：联邦通讯委员会
电台新闻引发的冲突
广受欢迎的电台娱乐节目
电影的兴起
去看电影："有声电影"

爵士新闻事业：小报
《纽约每日新闻》的创刊
《每日镜报》与《每日写真报》
帕特森改变新闻价值观
小报时代的结束
《丹佛邮报》的"血桶"时代
连环漫画世界
报纸的合并（1910—1930）
大城市日报（1890—1930）：芒西
广告：广告公司和文案撰写人
公共关系的基础

> 无线电广播是现代新闻界的一个基本组成部分。它与较老的大众传播机构有着相同的功能，相同的问题。另一方面无线电广播也显示了重大的差别。它能够使千百万公民与领袖人物以及当前事态同时保持密切的接触，这使它在公共事务管理方面具有范围广、影响大的特别的重要性。

——新闻自由委员会

美国第一批争取听众定期收听的广播电台是在 1920 年问世的。半个世纪后，美国的广播电台和电视台的数量已四五倍于日报。在此期间，无线电耳机时代使用的嚓嚓作响的矿石收音机已经发展成了调频和立体声收音机。有了广播网❶电台和大屏幕电视，观众足不出户就可以看到正在缔造的历史的实况新闻报道和娱乐节目。

如果说广播的出现尚不足以同印刷媒介竞争，那么在 20 世纪 20 年代看电影也成为一项主要活动。在那个 10 年中，约有两万家电影院开张；到 1930 年，电影观众人数创下了历史纪录——每周 9 000 万消费者。

20 世纪 20 年代的气氛有助于发展报纸上的娱乐内容。煽情化的小报为这一时期提供了爵士新闻事业❷，但是整个新闻界都强调人情味故事、图片、连环漫画和其他一些诱人的精神食粮。1917 年伟大的改革运动已经过去，伍德罗·威尔逊总统对美国在世界事务中起领导作用的希望化成了对内的"恐赤病"和对外的民族主义—孤立主义观点。就政治而论，美国的舆论是"恢复常态"。这并不意味着指美国希望停滞不前，而是指美国希望忘记战争年代的问题，把注意力集中到"生活"方面。

政治上的保守主义和自由放任政策压倒了虽然桀骜不驯，但是在选民中处于劣势的进步主义。与此同时，进步主义并没有消亡。罗伯特·希梅尔伯格、路易斯·加拉博斯和埃利斯·霍利等历史学家认为，20 世纪 20 年代的行会运动，加上第一次世界大战期间在政府和工商业之间形成了合作的经济动员，为进步主义运动的生存提供了强有力的证据。

文化和经济冲突也构成了 20 世纪 20 年代的特性。例证包括移民限制和强制性"美国化"运动、禁酒、三 K 党的复活和以斯科普斯审判❸为代表的原教旨主义和达尔文主义之间的冲突。

先后入主白宫的是 3 个共和党人：诚挚但是却被丑闻困扰的俄亥俄州马里恩的报纸发行人沃伦·G·哈定；沉默寡言、满足于现状的新英格兰人卡尔文·柯立芝；以及虽然精明强干但苦于大萧条的教友会教徒赫伯特·胡佛。美国当时是一个相当自满的国家，商业的繁盛和华尔街的活动使人们忽视了对政治和社会改革以及萧条的农业经济的关心。

---

❶ 通常指兼营广播和电视业务、其附属台和联营台遍布全国的广播公司。

❷ 指在 20 世纪 20 年代爵士乐兴起后的美国文化背景下出现的新闻事业。其特点是对权威和传统的蔑视和对奇异怪诞的追求。

❸ 1925 年对田纳西州乡村教师 J.T. 斯科普斯的审判。斯科普斯违反当年的州法律讲授进化论，被控否定上帝创造人类的教义。审判引起全世界的注意。

新闻界热衷于性、犯罪与娱乐，这反映出时代的精神。大多数的报纸随波逐流，而不愿通过坚定地展现重大新闻或解释来向国家提供导航作用。在战后时期经常出现的那种政治上松弛的迹象成了记者报道的好材料，甚至那些小报也大肆宣传在不幸的哈定总统执政期发生的迪波特园丘油田租赁丑闻和其他丑闻。矮小敏捷的纽约市长吉米·沃尔克处理公务马虎，这既具有娱乐性，又引出了不少贪污案件的曝光。报纸发出反腐败的呐喊是有很大价值的，但是清醒分析国内经济动向和世界形势的文章在许多报纸上却没有人爱看。人们不爱看的还有反映出作者对种族主义、性别歧视以及笼罩着公共和私人生活的消极态度感到担忧的文章。

总之，20世纪20年代的气氛使这种情况不可避免。国家试行所谓的"禁酒法"，把私酒贩子、秘密酒店和匪徒带到了众人瞩目的中心，并且他们是些有趣的人物。艾尔·卡彭❶、荷兰佬舒尔茨、蜡人戈登、多腿钻石和他们的对头等都是写煽情新闻的题材。一些在秘密酒店突然被警察逮捕的社会名流则成了极好的图片新闻题材。

小报主编还热衷于刊登富有魅力和性感的好莱坞明星们的故事：鲁道夫·瓦伦蒂诺❷、胖子阿巴克尔❸、克拉拉·鲍❹都是当时的明星。他们还乐于报道大人物和小人物的爱情纠葛：老爹布朗宁与他的"水蜜桃"、基普·莱因兰德、威尔士亲王。他们把惨不忍睹的凶杀案渲染成轰动全国的新闻：贾德·格雷、鲁思·斯奈德案件。他们颂扬名流：查尔斯·A·林德伯格，罗马尼亚的玛丽皇后、横渡英吉利海峡的格特鲁德·埃德尔。他们宣传美国的体育明星：职业拳击手杰克·登普西、高尔夫球手博比·琼斯、网球冠军比尔·蒂尔登、橄榄球教练克努特·罗克尼和棒球本垒打明星贝贝·鲁思。

美国人对商业也很关心。随着广告公司的广告文字撰稿人为推销汽车、香烟和其他"好日子"的象征而创作出著名的口号，广告业迅速扩张。在一则新奇大胆的香烟广告中，解放了的女性对衣着考究的男伴者说："吞吐任逍遥。"20年代是公共关系在商界崭露头角的年代，也是新闻代理业草创的十年。

早期的广播试验

当美国首家商业广播电台于1920年开播时，试验者发现他们已有相当

❶艾尔·卡彭（1899—1947），芝加哥盗匪头子。活跃于禁酒时代。
❷鲁道夫·瓦伦蒂诺（1895—1926），默片时代的美国著名演员，20世纪20年代红极一时。
❸即罗斯科·阿巴克尔（1887—1933），美国电影演员。1920年被控杀害一名模特。
❹克拉拉·鲍（1905—1965），默片时代美国著名女演员。

数量的听众。这些人中有的是自己制造了接收机和发射机的业余爱好者；有的拥有矿石收音机，用耳机收听广播。此前半个世纪的大量的科学突破使无线电广播有了展现魔力的可能，其中值得一提的有：亚历山大·格雷厄姆·贝尔1876年发明电话和古列尔莫·马可尼在19世纪90年代开始无线电试验。

但是，如果没有另外三个人所做的开创性工作，无线电的历史恐怕会有所不同。雷金纳德·A·费森登被认为是第一位使用连续电波——而不像马可尼那样使用间歇性声波——承载声音或者音乐的人。1906年圣诞夜，费森登做了一次试验，据认为这是第一次广播。联合水果公司的轮船报务员被告知去收听从马萨诸塞州布兰特罗克传来的讯息。开始传送来的是静电噪音和莫尔斯电码，接着报务员们从耳机中听到费森登在朗读《路迦福音》、演奏小提琴，还听到留声机里播放的韩德尔（Handel）❶的《慢板》以及对他们的圣诞问候。这次广播在除夕之夜再次重播，远至西印度群岛都可收听到。

就在同一个月，李·德福雷斯特——一些人称之为"广播之父"——发明了真空电子管的前身，并且能够在他的实验室中传送声音。

德福雷斯特在1907年开始了一系列试验，这些试验使他在日后成为世界名人。他使用哥伦比亚唱片公司提供的唱片向轮船报务员和其他一些无线电爱好者播出音乐会，供他们欣赏。第二年，他和妻子从埃菲尔铁塔的塔顶广播音乐，传出了500英里远的距离。接着在1910年，他从大都会歌剧院的舞台上向分散在纽约市各地的听众广播了恩里科·卡鲁索❷的歌声。

与此同时，在加利福尼亚州的圣何塞，查尔斯·戴维·"博士"·赫罗尔德也在缔造广播史。赫罗尔德在1909年建立了一所广播学校，并且在花园城银行大楼的屋顶上树起了一根天线，这根天线非常大，电线从七层楼高的银行大厦一直蔓延到相邻几座建筑的屋顶上。赫罗尔德使用原始的麦克风，按照排定的节目表开始每周播出半小时的新闻和音乐节目，又从1910年改为每天播出。赫罗尔德的妻子西比尔（Sybil）也许是第一位广播自己节目的女性，她的节目是一个面向年轻人的音乐节目。一家位于闹市的商店在"收听室"里安装了两个接收机，并且使之与数十条电话线相连，这样顾客就能坐在舒适的椅子上收听音乐。西比尔·赫罗尔德甚至还播放听众点播的歌曲。

赫罗尔德自称是第一位"广播业者"，因为他使他的节目面向尽可能广大的听众群体，而且他是第一个提供定期节目的人。他的广播站的功率为

---

❶ 即乔治·弗雷德里克·韩德尔（1685—1759），德裔英籍作曲家。

❷ 恩里科·卡鲁索（1873—1921），意大利男高音歌唱家。

15瓦，呼号先是FN，接着改为SJN，1921年又改为KQW，1949年在旧金山最后定名为KCBS。

美国参加第一次世界大战之后，所有的非官方广播经营活动都被取消，但是政府在广播技术方面持续取得长足进步。

根据历史学家苏姗·L·道格拉斯的观点，新闻界对早期试验的报道促进了无线电的发展，但是公司和军方不断增加的兴趣以及无线电在一代业余爱好者中的流行也是一个原因。

第一批无线电广播电台

弗兰克·康拉德博士是威斯汀豪斯公司的工程师，他自1916年以来一直在匹兹堡运营着一个叫做8XK的实验电台。1919年10月17日，康拉德开始播放录音唱片，结果他收到很多播放音乐的请求，当地一家百货商店开始做广告推销威斯汀豪斯公司的矿石收音机，让人们收听"弗兰克·康拉德博士受欢迎的广播"。威斯汀豪斯公司料定将会出现一个新的市场，于是申请了第一个全商业性的标准广播执照。它的KDKA电台于1920年11月2日开始运营，播出了哈定与考克斯竞选总统的结果。《匹兹堡邮报》用电话提供了选举简讯，有几千人收听了这个长达18个小时的节目。

KDKA电台不是第一个定期播出新闻的电台，虽然它自称是如此。一座底特律的实验电台8MK从1920年8月20日开始，每日从《底特律新闻》报社大厦播音，它由这家报纸主办。

另一个先驱是由厄尔·特里、爱德华·贝内特以及威斯康星大学其他教授于1917年开办的9XM实验台。这家电台获准在整个第一次世界大战期间继续播音，它的主要任务是向五大湖地区的海军电台发送信号。1922年，它改名为WHA。

就这样无线电广播作为为其他企业促销的手段而问世了。这些企业包括销售矿石收音机的百货公司、希望制造收音机的公司或者想扩大地盘的报纸。

"广播之父"李·德福雷斯特
（贝特曼档案馆）

《周中画报》1924年对无线电早期发展的图片报道

美国电话电报公司、威斯汀豪斯公司和通用电气公司

但是，促进全国无线电广播发展的最重要因素却是通信和电气制造业中的大公司——美国电话电报公司、威斯汀豪斯公司和通用电气公司。电台的发展意味着它们的产品和服务有了更加广阔的出路。

威斯汀豪斯公司率先建立的 KDKA 电台致力于刺激公众购买收音机的兴趣，这家电台取得了电台的多项"第一"。1921 年，该电台广播了全国知名人士的一系列公开演说，再现报道了一场职业拳击赛和几场大联赛棒球赛。威斯汀豪斯公司在纽约、芝加哥、费城和波士顿设立了电台，通用电气公司在纽约州的斯克内克塔迪建立了功率强大的 WGY 电台，美国电话电报公司在纽约市建立了 WEAF 电台，现称 WNBC 电台。

美国无线电公司

更重要的是，这三家公司在 1919 年联合成立了美国无线电公司。在美国政府的敦促下，这三家公司买下了英国人拥有的马可尼公司制造无线电设备的专利，把这些专利与新成立的美国无线电公司中的专利集中在一起。这样它们便建立了一家以后会成为巨型无线电企业的公司。虽然在开始时，美国无线电公司只经营无线电通信业务。

1922 年，这些大公司开始了一场争夺无线电台控制权的角逐。美国电话电报公司在决定很多电台的广播收费方面握有相当大的权力。这家公司注意到，KDKA 电台使用电话线路成功地把教堂和剧院中的节目传到播音室来广播。

因此当 WEAF 电台于 1922 年开播时，美国电话电报公司宣布这座电台将以广告收入作为它的经费来源。7 个月之后就有 20 多家客户出钱使用电台的播音时间，于是无线电广播的商业化时代来临了。与此同时，WEAF 电台正在试验通过电话线进行城际广播——此时美国电话电报公司已不让它的竞争者使用这些电话线路了。

萨尔诺夫、美国无线电公司和全国广播公司

尽管美国电话电报公司占有优势，但是它的对手们并没有泄气。这时戴维·萨尔诺夫开始在美国无线电公司掌权。

这时，无线电广播对很多人来说可以成为一项赚钱的行当。国内电台数已经从 1922 年 1 月的 30 座增加到 1923 年 3 月的 556 座。收音机数目从 1921 年的 5 万台猛增到 1922 年的 60 万台以上。报纸上关于无线电广播事业发展的报道一直是人们喜闻乐见的。公众对新兴的电台明星——播音员格雷厄姆·麦克纳米和米尔顿·克罗斯、二重唱歌手比利·琼斯和厄尼·黑尔

美国无线电广播公司主管戴维·萨尔诺夫

以及一家收音机电池公司的《永备一小时》中的演员表现了强烈的兴趣。有些人反对电台采取直接播送广告的办法支付节目开支，但是这种新的传播手段蒸蒸日上，这些人终于徒劳无功。

萨尔诺夫和其他创业者面临的问题是要打破美国电话电报公司已经赢得的对第一流电台的控制。美国电话电报公司在美国职业棒球联赛的报道上所扮演的角色就体现了这种力量。

只要美国无线电公司在接受广告费和使用电话线路进行城际联播方面受到限制，这方面的前景看来总是暗淡的。正当萨尔诺夫筹建一家可以无限制承办广告业务的美国无线电公司子公司之时，由于看好其凭借出租线路获利的前景，美国电话电报公司提出要退出广播业务。经过漫长的诉讼战之后的1926年，美国电话电报公司如愿以偿。1926年，WEAF电台卖给了美国无线电公司，美国无线电公司、通用电气公司和威斯汀豪斯公司随即合资成立了全国广播公司作为美国无线电公司的子公司，任命默林·H·艾尔斯沃斯为总裁。

全国广播公司于1926年11月15日开张，在华道夫-阿斯托里亚饭店的舞厅和全国其他地点举办了四个半小时的声势浩大的节目。赞助商未来会出钱赞助电台播出大牌乐队和歌手们的表演。到1927年1月，全国广播公司经营着两个广播网，一个是以WEAF电台为旗舰的红色网，另一个是WJZ电台为首的蓝色网。

一年后，全国广播公司有了第三个广播网——太平洋海岸网。但是到1928年末，当连接58个电台的全国性定期广播开播后，这个广播网即被撤销。1930年，联邦政府提起了一次反垄断诉讼，迫使通用电气公司和威斯汀豪斯公司放弃了在美国无线电公司的股份，这样萨尔诺夫就成了至高无上的主管了。美国无线电公司获得了胜利唱片公司的股权，成立了美国无线电公司—胜利唱片制造厂，生产留声机、收音机和真空管。美国无线电公司通信公司经营着一个世界范围的电报系统。最后，联邦通讯委员会迫使全国广播公司卖掉了蓝色广播网。它于1943年被爱德华·J·诺布尔购得，并于1945年改名为美国广播公司。

哥伦比亚广播公司与佩利

全国广播公司于1927年第一次遇到竞争。联合独立广播业者公司于1927年购买了哥伦比亚留声机广播公司的股票，并且将这家销售公司改名为哥伦比亚广播公司。该广播网的第一个节目于1927年9月18日开播，听众们收听到了很多音乐和相当多的广告，致使一位评论员感到"恼怒"。一年之后，威廉·S·佩利及其家族购得了联合独立广播业者公司的控制权。1929年，该公司解散了销售公司，并且给广播网取名为CBS。年轻的佩利原来是想向父亲证明无线电广播能够增加这个家族开办的雪茄公司产品的销量，后来他凭借自己的精力和胆识使哥伦比亚广播公司在争夺附属电台的战斗中成为全国广播公司的劲敌。到1934年，哥伦比亚广播公司共有94家附属电台，而全国广播公司的两个广播网则有127家附属电台。佩利主管哥伦比亚广播公司事务长达50年，在1986年的一场危机中又被从退休中召回，在该广播网的社团生活中发挥积极的作用。

哥伦比亚广播公司的威廉·S·佩利

联邦管制：联邦通讯委员会

如果不是因为联邦政府使用了自己的权力来防止电波的使用陷入混乱，无线电广播事业的这些发展是无论如何也无法取得的。商业部长赫伯特·胡佛为了管理与日俱增的电台作了很大努力，可是按照1912年的法律，他没有足够的权力来防止一家电台干扰另外一家电台的广播。1927年初，电台数增加到733座。听众发现，电台为了避免干扰，它们在广播频带上的位置不断来回移动；在大城市，这种现象已严重到使收音机的销量下降的地步。

1922年在华盛顿举行的全国广播电台会议（以后成了年会）敦促联邦政府对为数有限的这些广播频道的使用加强管理；因为大家都认为频道是一种公共财产。

1927年的《无线电法》（Radio Act）要求建立一个受权管理一切无线电通讯形式的5人联邦无线电委员会。联邦政府继续控制着一切频道，由委员会对具体频道的使用颁发为期3年的执照。只有在"有利于公众、方便于公众、或者出于公众的需要"的前提下"提供公正、有效、机会均等的服务"的电台才能获得执照。

联邦无线电委员会运用这一权力开始消灭广播频带上的混乱。电台数减少了近150座，在此后10年内，总数始终保持在略多于600座的水平。委员会设立了一组"清晰频道"，每个频道只允许一座电台在夜间使用。1947年有57座"清晰频道"电台，它们是为了使乡村地区毫无障碍地接收某一强大的大都市电台的节目而建立的。在这57座电台中，55座是各广播网拥有的或附属的。这些是无线电的丰厚回报。

1934年通过了《通讯法》（Communications Act），建立了7人联邦通讯委员会，联邦的权力于是得到扩大。委员会不仅有管理无线电广播的权力，还执掌管辖一切电信联络的权力。执照持有人经营电台必须有利于公众的义务也更加明确地规定下来。公然违反广播责任的，委员会有权拒绝更新其执照。不过法律禁止委员会对节目进行任何检查，委员会无权命令任何电台播放或者取消任何特定节目。联邦通讯委员会行使自己的权力吊销广播业者执照的事是极少的，它对电台工作所起的监管作用更多的是通过间接施加压力来实现。但是在后来的岁月中，这种压力逐渐变得有力起来。

电台新闻引发的冲突

随着广播的广泛发展和联邦当局行使自己的权力对电波方面的混乱现象作了整顿，广播电台进入自己的成年期。但是电台的发展同其他媒介的利益发生了直接冲突，特别是激起了报纸发行人的愤慨。主要冲突是电台从全国广告费中得到的收入越来越多。第二个冲突涉及电台的新闻广播。

在广播业的早期，报纸对电台的反应是好坏参半。报纸刊登广播节目表作为对读者的一项服务，还宣传电台取得的进展和电台明星。美国报纸发行人协会的电台委员会于1927年发表的报告表明，48家报纸拥有自己的电台，69家报纸在别人的电台上出钱主办节目，97家报纸提供无线电新闻节目。一半以上的高级电台同报纸有某种附属关系。美国报纸发行人协会电台委员会坚持认为，电台报道新闻事件促进了报纸的销售，后来的经验也充分证实了这一见解。

也有一些人对此却持有不同观点。美联社试图只允许报纸发表它对1924年总统选举结果的报道，并因波特兰《俄勒冈人报》的电台广播这些消息而课以100美元的罚款。播出广告信息也招致了大量批评。但是广播报道重大新闻的能力是无可阻挡的。1 000万左右的美国人在300万台收音机上得悉卡尔文·柯立芝获胜的消息。到4年之后的1928年，全国广播公司和哥伦比亚广播公司电台网的广播已能送到全国800万台收音机中。共和党候选人赫伯特·胡佛和民主党候选人艾尔弗雷德·史密斯都作了广播讲话，在竞选演说上花费了100万美元。那一年，各通讯社如美联社、合众社和国际新闻社等都在电台上向听众播发了全部选举结果。广受欢迎的体育解说员特德·赫兴同时也成了重大事件的新闻员，他奉献了令人难忘的竞选广播。

由于公众对电台的选举报道表现出浓厚的兴趣，一些电台在此激励下开始扩大新闻报道业务。某些报纸发行人不无道理地抱怨说，电台在招揽广告生意时，竟把公众对新闻广播的兴趣也作为资本了。

广受欢迎的电台娱乐节目

20世纪20年代后期，音乐是最受欢迎的电台节目，对1927年纽约广播的研究表明，2/3的节目播送音乐，15%的节目与宗教或者教育有关，只有少量节目是戏剧、体育或者信息。

但是听众对戏剧的需求开始增加，1929年8月，全国广播公司广播网开播了广播史上最受欢迎的喜剧之一《阿莫斯与安迪》，两个主角分别由弗里曼·戈斯登和查尔斯·科雷尔扮演。这出喜剧起先是为芝加哥的 WGN 电台创作的，原名为《萨姆与亨利》，是一出在电台上播出的白人扮演黑人的歌舞杂耍剧。转到 WMAQ 电台播出时，他们把剧名改为《阿莫斯与安迪》，到 1928 年，由《芝加哥每日新闻》控制的一个辛迪加集团联合了 30 家电台，每周播出 5 集。这种做法显示出辛迪加在未来的广阔前景：故事的连播吸引着读者，他们焦急地等待着"新鲜空气出租车"面临的下一个难题。他们喜欢故事情节，并不认为这是一种种族偏见——听的目的只是为了取乐。

全国广播公司向戈斯登和科雷尔支付 10 万美元，要他们加盟该广播网。在大众中激起的兴奋证实了一些批评家对广播节目的说辞——其主要目的是卖收音机。1928 年到 1929 年间，收音机和备件的销售额从 6.5 亿美元上升到 8.42 亿美元。为了适应《阿莫斯与安迪》的播出，全国改变了作息时间。工厂早早收工，在东部时间晚上 7 时到 7 时 15 分之间出租汽车司机拒载乘客。电台如日中天，播出全国性广告的想法被人们接受了。20 世纪 30 年代将出现蔚为大观的扩张，尤其是在新闻和评论方面。

弗里曼·戈斯登和查尔斯·科雷尔出演的《阿莫斯与安迪》
(贝特曼档案馆)

电影的兴起

20世纪20年代，看电影成了美国人的一件大事。放映机创造出的活动影像和电影观众们体验到的真实感赋予这种新媒介以魔力。1824年，（以编纂词典出名的）彼得·马克·罗热❶提出"视觉暂留"理论之后，发明家们开始研究活动影像的概念。罗热认为，人的眼睛在一个形象消失之后还会在几分之一秒之内保留住它。这样，印在赛璐珞胶片上的一系列的静态图像以每秒钟16幅或者24幅的速度投射时，将为观众创造连续动作的幻象。

1896年电影首次在美国剧院中上映，用的是经过爱迪生改良的放映机。

对第一批观众来说，单是看到奔腾的尼亚加拉大瀑布或者火车向前奔驰就足以令人兴奋了。但是如果这种当时花5分钱就能看到的新奇玩意要想求得发展，就必须融入艺术性和技巧。法国魔术师乔治·梅里爱制作了1 000个短小的电影片段，提供了一些点子供别人使用。但是，第一次讲述一个完整的故事，并使用了照相机视角切换、影片剪辑和主题平行发展技巧的影片，当推埃德温·S·波特于1903年拍摄的8分钟长的《火车大劫案》。波特还为以后出现的无数西部片树立了榜样。

在20世纪的第二个10年中，有3个人在电影史上留下了不可磨灭的功绩，他们既是制片人，又兼导演和演员。其中一个是戴维·沃克·格里菲思。1915年，格里菲思完成一部12卷、几乎长达3个小时的影片《一个国家的诞生》，这是美国的第一部"史诗"式电影。这部影片出色的电影制作技巧和情绪感染力使之在电影史上占有了永久的地位。

戴维·沃克·格里菲思在执导影片
（贝特曼档案馆）

1912年，同样出身于比沃格拉夫的马克·森尼特在洛杉矶成立了启斯东电影公司。这位笑剧大师把"启斯东警察"❷变成了一种长盛不衰的笑料。在为森尼特拍片的电影演员中，有第一位女喜剧电影演员梅布尔·诺曼德，有冷若冰霜的巴斯特·基顿，有年轻的英国演员查

---

❶彼得·马克·罗热（1779—1869），瑞士裔英国医生和语言学家。
❷启斯东公司出品的喜剧片中的人物。

理·卓别林。1919年，好莱坞出品的影片已占世界影片总量的3/4。到20世纪20年代初，大多数大型电影公司已成立，如福克斯、米高梅、派拉蒙、华纳兄弟、环球和哥伦比亚。

去看电影："有声电影"

20世纪20年代中期，全国星罗棋布的电影院已有两万多家。1925年，平均每周有电影观众4 600万人次，1930年达到了创纪录的9 000万人次。电影观众人数增多的部分原因是1927年出现了有声电影。"有声电影"起初是个新奇事物，但是很快普及起来。电影中还加入了配乐，福克斯公司摄制的有声电影新闻片播映了查尔斯·A·林德伯格完成1927年首次横跨大西洋飞行之后在巴黎和纽约受到迎接的情形。当1927年10月百老汇初次放映影片《爵士歌手》，艾尔·乔尔森在片中唱出"妈咪"之后，"有声影片"便席卷电影制片厂。尽管卓别林在1931年仍然可以在默片《城市之光》中扮演角色，但是其他嗓音不佳的影星只好退出舞台。

在大萧条的年代，到电影院看电影是一种开销不大的享受。电影院放映两三部片子只收25美分，对于收入拮据的人和失业者来说，电影院是个温暖的休息场所。1940年每周的电影观众人数平均仍然有8 000万。幽默是大萧条的解药。

沃尔特·迪士尼给动画片艺术带来了革命，他在工作室中把画家编成小组，充分利用了动作、颜色、声音、配音以及声效。1928年米老鼠首次亮相，到1931年，它和明妮鼠已在90部短片中露面。20世纪30年代也是童星辉映的10年，其中以杰基·库根和秀兰·邓波尔最为著名。库根在卓别林1921年的影片《寻子遇仙记》中扮演过主角。邓波尔则在1934年的《起立欢呼》中翩翩起舞，并且又在以后的一系列感人肺腑的影片中出演。

20世纪30年代的最后一部经典巨作是影片《乱世佳人》，其中克拉克·盖博饰演白瑞德·巴特勒，英国女演员费雯丽饰演郝思嘉。

随着媒介的无情揭露和影迷崇拜发挥作用，在20世纪20年代早期，好莱坞成为高消费、性和罪恶的象征。1922年，惶恐不安的各制片厂推举邮政局长威尔·H·海斯来领导美国电影制片商和演员协会。"海斯办公室"实行非正式的检查，通过它的1930年的电影出品条例、城市和州一级的检查员以及1934年的"庄重运动"使电影检查更严格了。

爵士新闻事业：小报

新闻报道中的煽情主义在第一次世界大战结束后卷土重来。如同1833年便士报的出现和1897年普利策与赫斯特的竞争使"新式新闻事业"发展到高潮时的情况一样，那个时代是适合这种迎合民众的煽情化手法的。而且还有一批没有发掘出来的读者等待这种新闻手法去发掘，如同1833年和1897年的情况一样。在1919年至1926年的7年中，纽约市有3家新报出现，它们赢得了150多万读者，但也没有过分妨碍原有报纸的销路。他们的煽情主义还伴随着那个时期特有的两种技巧：小报风格和广泛使用摄影术。与过去那两个时期一样，这一波的煽情主义在停顿之前波及了整个新闻界；并且也与过去一样，在煽情化诉求方式流行一阵后，就会出现一种务实的报道作风。20世纪20年代通常被称为"爵士新闻事业"时代，随之而来的则是分析性报道技巧加速发展的时期，不论在报纸、杂志还是广播方面都是如此。

《纽约每日新闻》的创刊

约瑟夫·梅迪尔·帕特森上尉，自1914年起就和表弟罗伯特·麦考密克上校合作经营《芝加哥论坛报》。这两个约瑟夫·梅迪尔的外孙后来在法国相遇，商定在纽约创办一份叫《每日新闻》的小报。

1919年6月26日，《每日新闻画报》（该报出版后头几个月的名称）在纽约正式出版。该报推销报纸的花招是主办选美比赛，在《纽约时报》上刊登了整版的广告，用了这样的标题："**每天早晨请在《每日新闻画报》上看纽约最漂亮的姑娘**"。1919年的纽约报人，就像1833年的报人对本杰明·戴新创办的《太阳报》不屑一顾一样，对这个小报的出现根本不予注意。但至少有一个人预见到该报的煽情主义、偏重娱乐性和运用大量插图将在读者中造成极大的影响，他就是《纽约时报》精明的编辑主任卡尔·范安达。范安达料定，《每日新闻》可以满足战后广大读者的要求并且争取到新读者。他说："这份报纸的销量可能达到200万份。"帕特森和他的编辑们并没有使范安达失望，到第二次世界大战前，它的销量已突破200万大关。

《每日新闻》最初办得很糟。但是帕特森上尉发现，他的潜在读者对象不是《纽约时报》的那些读者，而是纽约居民中的外来移民和在美国出生而文化程度偏低的那部分人。于是《每日新闻》在过去只出售外文报纸的报摊上出现了，它的图片为报纸打开了销路。

《每日镜报》与《每日写真报》

为了与《每日新闻》竞争，赫斯特创办了自己的小报《每日镜报》。紧随赫斯特的是伯纳尔·麦克法登，他与《哈特福德新闻报》的编辑主任埃米尔·高夫洛，出版了《每日写真报》。《每日镜报》多少是在纯新闻意义上与《每日新闻》竞争，而《每日写真报》则准备以极端煽情和耸人听闻应对。其结果是发生奥斯瓦德·加里森·维拉德所谓的"下流新闻事业"之战。

《每日写真报》很快成为名声最臭的小报。实际上麦克法登并不打算办一份报纸，他认为向通讯社订购新闻稿是自找麻烦，他只是在报纸上刊登通常的"重大新闻"。他想把报纸办成报界的《真实的忏悔》，在报摊上每天卖出 100 万份。记者用第一人称的笔法写完消息，然后请当事人签名，编辑则加上这些标题《我知道谁杀死了我的兄弟》，《他打我——我爱他》，以及《我在另一个女人的爱情生活中度过了 36 小时》等。高夫洛对批评意见反驳道，大众要看"火爆的新闻"，报摊上《每日写真报》的销量直线上升，他这种说法似乎得到了证实。

这个 1928 年 1 月 14 日的《纽约每日新闻》达到了纽约小报煽情主义的极致

1926年是小报竞争达到高潮的一年。头一条新闻是纽约百老汇的制作人厄尔·卡罗尔举行了一次宴会，宴会上有个全裸的舞女坐在一只盛满香槟酒的浴盆里。

一起煽情的谋杀案审讯在1927年春季得到了大肆炒作。一个卖女性胸衣的推销员贾德·格雷和他的情人鲁思·斯奈德夫人合伙杀害了碍事的斯奈德先生。当斯奈德夫人被处以坐电椅的死刑，在新新监狱执行时，《每日写真报》向它的读者耸人听闻地宣布：

> 不要错过看明天的《每日写真报》。惊心动魄，刺穿人心！揭开鲁思·斯奈德在人世最后时刻的想法，使人读后脉搏加快。请想一想！就在她被带到要把人**烙干烧焦**的电刑刑具之前，一个女人的最后想法！她的临终遗言！请看明天《每日写真报》的独家新闻。

这次还是重视图片的《每日新闻》取得了胜利。《每日写真报》固然刊登了忏悔录，但是《每日新闻》却把读者引入了死刑室。在死刑室里是禁止拍照的，但是摄影记者汤姆·霍华德把一架小型相机绑在脚踝上带了进去，正好在通电之后拍下了照片。《每日新闻》在头版刊出了这张经过修饰的照片，卖出25万份号外，后来又把头版加印了75万份。

帕特森改变新闻价值观

帕特森在新闻和图片上的开始不仅仅只是耸动视听。在"维斯特里斯"号轮船于大西洋海岸沉没、丧失几百号人命之时，帕特森把所有记者都派去采访生还者，希望在这些人中有人曾拍下照片。果然有一个人拍了照片，《每日新闻》花1 200美元买下了这张历来最好的现场照片之一，这张照片显示出轮船的甲板已经倾斜，以及船上的乘客准备跳水或者与船一同沉没时的表情。在20世纪30年代早期当其他报纸经营者还在犹豫的时候，帕特森就向美联社的有线传真图片部投资75万美元，因此一度在纽约享有美联社照片的独家使用权。《每日新闻》培养了自己的一流摄影记者，另外还欢迎纽约广大地区的自由摄影师拍摄的照片。结果大有所获。

1929年出现华尔街股市崩溃、经济萧条与失业加剧。把握着大众脉搏的帕特森对他的记者和编辑说，这次经济萧条及其对美国人们生存的影响是当前重大新闻。这并不是说《每日新闻》和其他报纸就停止报道罪行、色情消息和特稿了，但是他们也用大量篇幅报道人们身处困境这样的严肃消息。整个20世纪30年代，帕特森的《每日新闻》是罗斯福"新政"的坚定支持者，这引起《芝加哥论坛报》的强烈反对新政的麦考密克上校的厌恶。

《每日新闻》的社论仍不乏俏皮话，它在新闻标题上也玩弄引人注目的花样。然而1939年以后，它与白宫的关系恶化。它由于反对罗斯福过分卷入第二次世界大战而成为极端孤立主义派。帕特森不信任总统的外交政策而导致他与政府完全对立。1946年他去世后,《每日新闻》由麦考密克上校管理,但业务方面仍由帕特森的原班人马主持。尽管与民主党在政治上决裂,《每日新闻》还是一份"人民的报纸",于1927年达到最高发行量——日销240万份,星期日版450万份。但是最后终于感觉到大都市报纸销量普遍呆滞和以娱乐为主的报纸经不起电视入侵而销路普遍下降的影响。然而这份报纸的风格依然尖锐,1976年在处理福特总统对纽约这个破产城市求援的反应这条消息时,用了这样的标题:"福特回答本市:死了拉倒"。

读者期待一睹名人的面孔。1928年参议员杰拉尔德·P·奈和小约翰·D·洛克菲勒被摄影记者团团围住

(贝特曼档案馆)

小报时代的结束

《每日镜报》从来不是赫斯特的一份赚钱的产业,终于在1963年关闭。《每日写真报》从来没有在广告上得到支持,在麦克法登亏损几百万元以后,于1932年悄无声息

地停刊了。

有两点必须明确：在其他小报中几乎没有一个是像纽约的小报那样显得招摇而略带淫秽的；报纸追求耸人听闻的消息没有随着《每日写真报》的停刊和《每日新闻》改变一部分面目而结束。

《丹佛邮报》的"血桶"时代

如果讲述美国新闻史时不提到哈里·H·塔门和弗雷德·G·邦菲尔斯时代的《丹佛邮报》，那就不是完整的。这份报纸惯用巨大的红色标题、混乱的排版、高度煽情化的新闻呈现方式，因而赢得了令人瞩目但是不负责任的名声。它的所有者也跟着出了名，人称新闻金矿的冷酷开采者。1895 年，曾做过酒吧招待的塔门与到西部想在房地产和博彩业中赚钱的邦菲尔斯联手买下了《邮报》。他们采取的黄色新闻策略在丹佛的报纸混战中获得成功，在他们最走运的 20 世纪 20 年代，这份报纸每年能赚 100 多万美元。

《丹佛邮报》虽然充斥着特稿和煽情的故事，但是也刊登噱头，并开展讨伐运动，使这份报纸在落基山地区声名远播，在这个地区这份报纸标榜自己为"你的大哥"。这两个人在一间墙壁漆成红色的办公室办公，当地人随口也把这个地方称为"血桶"。受《丹佛邮报》激进报道和曝光牵连的人向法院起诉塔门和邦菲尔斯，并且还有人起诉这份报纸的业主有勒索行为。但是法院没有认定这些指控，《丹佛邮报》继续充当着自己鼓吹的"人民的斗士"这一角色。

1924 年塔门死后，《丹佛邮报》开始转运。邦菲尔斯扣压了蒂波特园丘油田租赁丑闻的新闻，直到迫使承租人签订了一项可使《丹佛邮报》获利 50 万美元的合同。为此，美国报纸主编协会道德委员会提议开除邦菲尔斯，但是最后他获准辞职。就在他于 1933 年去世之前，他的名声更糟。

1926 年，斯克里普斯—霍华德报团购买了晨报《落基山新闻》和晚报《时报》，并与斯克里普斯的《快报》合并，加剧了同《邮报》的竞争，引发了全国最激烈的竞争之一。这样在晨报领域只剩下《落基山新闻》，而在晚报领域只剩下《丹佛邮报》。

连环漫画世界

对星期日报纸来说，有利可图的一笔买卖是刊登了连环漫画画家的作品。1896 年，普利策与赫斯特对理查德·F·奥特考尔特的"黄孩子"的争夺引发了星期日彩色连环漫画组版面的激烈竞争。早期受欢迎的作品情节幽默，人物固定，引起了报纸读者的兴趣。查尔斯·E·舒尔茨的捉弄孩子的《狡猾的爷爷》和温莎·麦凯的儿童奇境《小内莫》在世纪之交出现在《纽约先驱报》上。赫斯特推出了鲁道夫·德克斯的《滑稽小孩》，在美国所有连环漫画中是最长寿的。迪克斯在1897年的一组彩色连环漫画中开始创作汉斯、弗里茨、妈妈和船长。赫斯特报纸版面上让人难忘的还有詹姆斯·斯温纳顿的《小吉米》、弗里德里克·伯尔·奥珀的《快乐的无赖》和乔治·赫里曼的《疯猫》。

在这个时期，人们依旧把连环漫画称为"谐趣报纸"，但是已出现了新的发展。其中的一个发展是由麦考密克—帕特森集团于1917年推出的《安迪·冈普》，是由西德尼·史密斯创作的。弗兰克·金，1921年的《汽油巷》讲述了一个名叫斯基奇克斯的婴儿被遗弃在沃尔特大叔的门前石阶上，它记录了一个家庭的生活，迄今已经画到了第四代。

另一个发展是动作故事，这种故事是在1929年进入连环漫画版面的，第一个是联合特稿社的《人猿泰山》。

儿童幽默画在埃德温娜·达姆的《卡普·斯塔布斯和蒂皮》、卡尔·安德森的《亨利》、玛乔丽·比尔的《小鲁鲁》和吉米·哈特洛的《小碘酒》中生存了下来，但是最好的幽默画是漫画作家们创作的。漫画大师是《纽约世界报》和《先驱论坛报》的H. T. 韦伯斯特，他创作了《胆小鬼》卡斯珀·米尔克托斯特，还画了《一辈子过瘾只此一遭》、《一生中最黑暗的时刻》和《如何折磨你老婆》。韦伯斯特还取笑了桥牌迷，并且在《看不见的观众》中有力地批评了收音机和电视。

报纸的合并（1910—1930）

1910年到1914年期间，美国报纸出版数达到一个高峰。1910年的一项调查发现，各类日报有2 600家，其中2 200家是普遍发行的英文报纸，普遍发行的周报接近14 000家。在第一次世界大战造成的压力影响到美国之前，日报和周报的总数一直徘徊在这些高峰数字上下。

战时的压力虽然对出版业有着明显的影响，却不过是加快了早在1890年就开始发展的趋势而已。这些趋势是：一些相互竞争的报纸停刊了，另外一些则和它们的对手合并了；在许多大大小小的城市，报纸所有权集中了，报团继继成立。1930年以前，这些趋势全都发展得明显，确定了20世纪的美国新闻事业模式。

统计数字常常令人糊涂，这些年美国出版报纸的统计数字也是如此。例如，假如1910年有2 200家普遍发行的英文日报，而1930年只有1 942家的话，也许就会假定在这20年中，有258家报纸消失了。其实，在这20年中，有1 391家日报停刊或改为周报，另外362家与竞争对手合并了,在这20年之中还诞生了1 495家日报,其中只有1/4寿命较长。

从1910年到1930年,美国人口从9 200万上升到1.22亿,增加了3 000万。拥有8 000或者8 000以上人口的城镇数从768个增加到1 208个。日报发行量的增长速度更快,从1910年的每天2 240万份增加到1930年的3 960万份。在这20年内,星期日报纸的发行量增加了一倍以上,从1 300万份增加到2 700万份。从1915年到1929年,报纸广告收入总额翻了两番,从估计2.75亿美元增加到8亿美元。

但是,尽管广告收入、读者人数和办得起日报的城市数目都有巨大增长,在这20年中日报数还是减少了258家。表13—1所列数字说明了日报在1880年到1930年间的出版趋势。

表13—1

仅出一家日报的城市数目的增长 (1880—1930)

	1880	1900	1910	1920	1930
普遍发行的英文日报种数	850	1 967	2 200	2 042	1 942
有日报的城市数	389	915	1 207	1 295	1 402
有独家日报城市数	149	353	509	716	1 002
拥有一主多报的城市数	1	3	9	27	112
有日报竞争的城市数	239	559	689	552	288
有日报竞争的城市百分比	61.4	61.1	57.1	42.6	20.6
全部日报发行量(百万)	3.1	15.1	22.4	27.8	39.6

可以举出许多理由来说明为什么报纸数量下降,为什么多数地方的竞争减少了,以及为什么所有权越来越集中了。这些理由可以归纳为7大点:1)出版工作中的技术革新带来的经济压力;2)发行量和广告收入方面的竞争所形成的压力;3)产品的标准化,使报纸丧失特性和对读者的吸引力;4)某些报纸的存在并无经济或者社会需要;5)经营管理上的失误;6)战时通货膨胀和工商业大萧条的影响;7)报纸出于各种原因而进行的有计划合并。

大城市日报 (1890—1930): 芒西

纽约市在1890年就有15家普遍发行的英文日报。8家是晨报,7家是晚报,它们代表12家业主。到1932年只剩下3家晨报、4家晚报和2家小报,为7家业主所有。

弗兰克·A·芒西这个名字在这段历程中扮演了重要角色。芒西是一个富有成就的新英格兰人，他的生涯带有霍雷肖·阿尔杰❶的色彩。他是通过创办一份青年杂志《金色船队》打入纽约出版界的，后来以《芒西》杂志转入综合性杂志领域。《芒西》杂志是一份售价10美分的月刊，1900年发行量达到65万份，大大领先于它的竞争者。到1905年，这位发行人的年度收益达到100万美元，然而他的理想是建立一个庞大的全国性报团，由一批美国最优秀的主编和经理组成一个中央总部加以指挥。在芒西这个成功的实业家看来，现时的报业即使不是混乱不堪的也是杂乱无章的事业。他打算提高报业的效率并从而改进它的产品。

1925年，死神夺走了芒西的生命。报人们就芒西对他们和他们的职业持有的冷酷的、生意眼的态度，普遍感到深恶痛绝。威廉·艾伦·怀特在发表在《恩波里亚新闻报》上的有名的简短讣告中，再好不过地表达了这些反抗者的情绪：

> 弗兰克·芒西以一个肉类加工商的天赋、一个银钱兑换商的道德和一个殡葬人的作风，对他那个时代的新闻事业作出了贡献。芒西和他这一类人差不多已经成功地把这个一度是高尚的职业变成了年利息8厘的抵押品。但愿他从此保险地安息！

另一个杂志发行人在费城报纸的合并中起了重大作用。他就是塞勒斯·H·K·柯蒂斯。柯蒂斯是以买进《大众纪事报》而进入费城报业圈子的。

纽约、费城和芝加哥晨报数量的锐减是全国性趋势的一部分。读者和广告客户喜欢午后报纸以及这些报纸在发表欧洲战事消息方面享有的时差上的好处也促使晨报数量从1910年的500家减到1930年的388家。到1933年，新闻史专家威拉德·G·布莱耶能够列举的人口在10万以上而且只有一家晨报的城市达40多个。合并现象还发生在底特律、新奥尔良、圣路易斯和堪萨斯城。

广告：广告公司和文案撰写人

20世纪20年代是广告业欣欣向荣的10年。广告公司数量增加，并且产生了有传奇色彩的经理和文案撰稿人。他们创作了这样一些令人难忘的广告词，如："我走一英里找骆驼"，"你喜欢触摸的皮肤"（护手霜），"摸支好运（牌香烟）不吃糖"，"无价的配方"（施贵宝）。收听杰克·本尼广播喜剧的听众会脱口唱出赞助商悦耳的"J-E-L-L-O"❷。广告业发展出了衡量收听率和印刷讯息效度的研究方法。广告公司还有一些喜欢装饰派艺术的艺术指导。

前人为20世纪20年代和30年代的男男女女打下了牢固的基础。乔

---

❶霍雷肖·阿尔杰(1834—1899)，美国近代作家。所作小说百余部，内容多描写穷小子个人奋斗发迹的故事。

❷一种果汁冻的商品名。

治·P·罗威尔于 1869 年最早开办了广告公司，N. W. 艾尔父子公司也是这年开办的，到 20 世纪 20 年代这家公司仍然是业界的领袖。

　　一位真正的富有传奇色彩的撰稿人于 1898 年出现在洛德—托马斯公司。他就是年轻的艾伯特·拉斯克，这个人将来会成为这家广告公司的总裁并且会统治这个公司到 1952 年。洛德—托马斯公司有约翰·C·肯尼迪和克劳德·C·霍普金斯这样的广告撰写人，他们令当时的广告黯然失色。到 1928 年，这家公司吸引了美国烟草公司好出风头的主管乔治·华盛顿·希尔的注意，1917 年，他为好运牌香烟贡献了"精心烤制"的口号。根据广告界的传言，是希尔注意到在墙角边有一位女子在吃棒棒糖而另一位相貌更引人注目的女子夹着一支烟。"摸支好运不吃糖"是闪现在从希尔到拉斯克和他的广告文案撰稿人脑海中的文字，这引发了一场激烈的促销运动，使美国烟草公司的利润在 1925 年到 1931 年间翻了一倍。更撩人的是 N. W. 艾尔父子公司 1914 年的戏弄性广告"骆驼来了"，首次大型香烟广告攻势是以它打头而以"骆驼在此"收尾的。有这样一个令人难以置信的传闻：一个人一边走向一个广告招贴画画师一边说："为弄到骆驼我愿意走一英里。"据说，这位画师把如今已成名言的这句话报告给了这家招牌制作公司，再由这家公司转达给了广告公司。虽然是传说，但是这使"骆驼"、"好运"和"切斯特菲尔德"（在它们 1926 年的大胆广告中，那位女子说："我自飘飘欲仙"）成为香烟业的"三巨头"；那一年这 3 家公司占有了美国市场份额的 80%。

拉勒米以西某地

在拉勒米以西某地，有一位手持缰绳的驯马女郎，我在说什么她全知道。她会说那是一匹多么矫健的良马，那是由雷公和它击中的大地交合而成。1 100磅钢铁在身，他也能行动自如，风驰电掣，英俊潇洒。

原来，"花花公子"为她而造。

为那个忙完了一天的狂欢、嬉闹和比赛，脸上晒成棕色的姑娘而造。

她深爱这野性和驯服的混血儿。

那车勾起缕缕遐思——放声大笑、轻快小曲和灿烂阳光——往日爱情——马鞍和马鞭。它强健有力——在大道上兜风又是那么优雅。

百无聊赖之际，请踏进"花花公子"。

然后带着车上那位高挑的少女那种兴致，奔向真正的生活，驶入怀俄明夕阳下的红色地平线。

JORDAN
JORDAN MOTOR CAR COMPANY, Inc., Cleveland, Ohio

著名的广告

美国的广告总支出1918年为15亿美元，1920年升至30亿美元，1929年为34亿美元。随着全国性广播网的出现，电台的广告收入从1927年的300万美元上升到1929年的4 000万美元。1933年，在经济大萧条的冲击之下，广告支出降至13亿美元。从20世纪30年代起，广告开始成为一些消费者团体和社会批评家的抨击目标。以下机构的成立鼓励了实行管理的努力：优良企业局（美国消费者投诉机构，为非营利性私人组织，其宗旨是促进商业行为的公平）（1913年以后）、核查印刷媒介自报发行量的发行量审计局（1914），美国广告公司协会（1917）以及联邦贸易委员会（FTC）（1914）。1938年的《惠勒—利法》则增加了联邦贸易委员会处理欺诈顾客的广告的权限。

公共关系的基础

20世纪的公共关系植根于19世纪的3项发展：新闻代理业务的兴起，政治竞选的激烈化和商界吹鼓手作家的做法。到20世纪20年代，作为一种由专业班底实施的管理操作活动的概念，公共关系的形象开始出现。演艺界新闻代理人的成功在商界、政界和其他领域引出了数以千计的公共关系专家。在杰克逊时代，美国政界已经使用小册子、海报、徽章和新闻稿。美国铁路协会在1897年一份名册中使用了"公共关系"一词。

1900年后黑幕揭发时代的兴起给公共关系的发展带来了新的推动力。罗斯福和威尔逊井井有条地运用新闻发布会和散发新闻稿来塑造白宫的公众形象。商人们现在也转而寻求利用公共关系保护自己，并且在某些情况下对公共关系这种管理观念做出了更加积极的反应。

1904年，乔治·F·帕克和艾维·李在纽约市开办了一家公共关系事务所。他被公认为公共关系的鼻祖；他在1919年与T.J.罗斯共同开办了一家公共关系公司。

爱德华·L·伯奈斯
（杰米·科普）

多丽丝·E·弗莱施曼
（万达·布朗）

在第一次世界大战期间，公关、促销和宣传技巧有了极大发展。爱德华·L·伯奈斯成为公共关系概念最具说服力的倡导者。公共资讯委员会给他提供了一个机会来实施一些影响公众心理和证明公共关系运动价值的种种计划。这些教益很快广泛应用于促销产品、塑造公司形象、推出政治候选人以及开展筹资活动和社会工作。

20世纪20年代初的两本著作给公众舆论和公共关系领域的发展指定了方向。一本是沃尔特·李普曼1922年的开创性分析著作《公众舆论》。李普曼把每种个人的观点比喻为"我们头脑中的画面"，他说，这些受民众群体影响的画面就是"大写的公众舆论"。他的书考察了多种观点如何凝结成一种社会目标或曰国家意志的过程。第二年，伯奈斯在他的妻子兼搭档多丽丝·E·弗莱施曼的帮助下出版了《为公众舆论定型》一书，后者婚前曾任《纽约论坛报》记者和编辑。第一句话是这样写的："在写作此书的过程中，我力图确立统领公共关系咨询业这一新职业的广泛原则。"伯奈斯直到20世纪90年代一直是著名的公共关系顾问、教师兼作家，他于1995年逝世，终年103岁。他的长期搭档弗莱施曼于1980年去世。

第十四章

大萧条与改革

电台在罗斯福执政年代进入成年期
(埃德温·埃默里个人收藏)

总统与新闻界:FDR
对"报阀"的批评
威廉·伦道夫·赫斯特
麦考密克上校和《芝加哥论坛报》
解释性报道的兴起
驻外记者:杜兰蒂与莫勒兄弟
政治专栏作家
社论性漫画家
电台新闻进入成年
报纸—电台之战
相互广播网:《时代在前进》
新闻评论员辩论全国性问题

广播网延伸到海外
电视:20世纪30年代的竞争
萨尔诺夫、兹沃雷金和法恩斯沃思
电影中的新闻片
意见和解释性杂志:门肯的《美国信使》
罗斯与《纽约人》
华莱士的《读者文摘》
卢斯与《时代》
《新闻周刊》、《美国新闻与世界报道》和《商业周刊》
新闻摄影:《生活》、《展望》与纪录片
图书出版渡过难关

> 在蓄意违背事实真相的社评中，党派偏见破坏了美国新闻事业的最佳精神；在新闻栏里，它违背了这一职业的基本原则。
>
> ——**美国报纸主编协会《新闻规约》**

在20世纪30年代以"新政"闻名的自由派复兴的年代里，对美国大众媒体的批评变得特别尖锐。为经济大萧条造成的影响所驱使，美国在富兰克林·D·罗斯福的领导下，建立了社会公正与经济安全的新模式。国家在这一过程中，极大地扩大了政府对社会经济事务的参与。在这些急剧变化的年代里，对报纸进行批评根本不是什么新鲜事物；自从报纸发行问世以来，报刊评论家就一直在发表他们的见解。但是，早期的批评在很大程度上是针对报纸的文化和社会价值的，而在20世纪30年代，批评的重点则放在它的政治权力上。富兰克林·D·罗斯福和新政的支持者指责许多报纸反对社会经济改革，这种反对有时带有强烈的党派偏见。对那些在投票选举中大获全胜的自由派人士来说，报刊对变革和民主决定作出的反应看来常常是冷淡的。他们主要把愤怒发泄在那些被人们称为"报阀"的发行人身上。

这一戏剧性事件的序幕是在1928年拉开的。美国纽约证券交易所的股票价格飞涨。例如，美国无线电公司的股票价格从每股不到100美元猛涨到400美元。"每只锅里有两只鸡，每个车库里有两辆车"是共和党的竞选口号，它许诺说，只要选赫伯特·胡佛当总统，就能带来永久的繁荣。1929年，"快速致富"的狂躁使数以十万计的小投资者闯入股票市场；为了得到投机账户，许多人拿出一生储蓄充当保证金。但是，持久的繁荣并没有得到。市场在9月份出现波动，10月底骤然下跌，并在"黑色星期四"平均下挫了40点。鞋店职员与股票经纪人一样，顷刻间倾家荡产，繁荣景象过去了。《综艺》杂志一语中的：**"华尔街完蛋了。"**

不出所料，最终导致大萧条的商业低迷波及了整个世界。在美国，各产业过度膨胀，生产率在20世纪20年代增长约40％，但是消费者无钱购买各个新行业生产的商品，大量的财富落入了极少数人手里。工人工资远远跟不上通货膨胀，农产品价格的长期低迷使农民陷入了困顿，证券市场的崩溃使这一势头更加凶猛。此外，消费者债务在20世纪20年代飙升了250％，而解除了中央化管理的银行制度让各银行将更多的资金投入到投机性项目上。导致大萧条中的其他因素还有不受管制的和不稳定的公司结构以及高额关税。

由于越来越多的存货卖不出去，制造商关闭工厂并解雇了工人，零售商和商场接二连三地倒闭。1930年有1 300多家银行关门，随后的两年又有3 700家银行倒闭。对这场日益扩散的混乱的受害者来说，他们没有银行存款保险，没有失业保险，也没有人帮助他们避免丧失在农场和住宅的抵押品赎回权。

到1932年年中，华尔街股票的市值只相当于1929年时股票市值的11％。倒闭企业总计达86 000家，失业人数超过1 500万。仍在上班者平均每周只挣16美元（即一年842美元）。全国1/4人口根本没有收入。倡导极端个人主义的胡佛总统为大企业提供了建设性的财政援助，但对平民百姓却一毛不拔。他下令道格拉斯·麦克阿瑟将军用枪弹和棍棒把衣衫褴褛的退伍军人的"索取退伍补偿金大军"赶出华盛顿,这一不光彩的事件得到了报界的普遍谅解,成了资本主义的美国缺乏人情味的一个缩影。

胡佛面对提出"新政"的对手,在1932年大选中只在6个州获胜。新总统富兰克林·D·罗斯福同样赞成资本主义,但在寻求解决一个有1/3人口"住得差、穿得差、吃得差"的国家面临的问题时,他采取了富有同情心的、灵活的新措施。在他于1933年3月4日上任之前,全国大多数银行都已经关闭,国家经济陷入了停顿。罗斯福在安抚人心的就职演讲上说:"我们唯一的忧虑就是忧虑本身。"在随后的"100天内",国会改写了美国的政治史。罗斯福在他的首次广播网《炉边谈话》节目中说:"我想与美国人民谈几分钟银行的业务问题。"一场全面的银行和金融市场重组接踵而至。在1933年至1935年间的一系列立法包括:成立联邦储蓄保险公司,以确保银行存款;成立工程进度管理局,向靠政府救济的1/6人口提供帮助;成立国家复兴管理局,以刺激工业生产;成立农业调整管理局,以稳定农业价格;成立证券交易委员会,以调整金融市场。1935年的《社会保障法》和1935年的《瓦格纳劳工关系法》是个人和就业保障的基石。

"新政"遭到了保守派人士、商人、金融家以及其他对共和党忠心耿耿的人士的严厉批评。在1932年和1936年的大选中,全国只有约1/3的日报发表社论支持罗斯福,其中有影响的报纸为数不多,他遭到了一些被他称为"报阀"的人的公开辱骂。尽管经济状况有所改善,但是报纸却大发牢骚:社会党左翼谴责罗斯福支持资本主义;1936年由2 000名最富裕的美国人创建的自由联盟指责他在仿效共产主义俄国。保守的最高法院宣布国家复兴管理局和农业调整管理局违宪。《文摘》杂志根据电话目录和汽车登记所做的一次民意测验预测说,共和党将在1936年大选中获胜(这一错误加快了《文摘》转让和出售给《时代》的进程)。

在接受连任提名后,罗斯福信心十足地说:"人类进程中存在一种神秘的轮回。上苍给了几代人许多东西,对未来几代人则寄予很高的期望。我们这一代人已经到了决定命运的关键时刻。"听众对他的竞选演讲报以雷鸣般的掌声,这预示着那些没有电话和汽车的人将投出完全一致的选票。由于有500万张共和党选票投向了民主党,富兰克林·D·罗斯福从倒霉的阿尔夫·兰登那里赢得了除两个州以外的其他各州的支持。带着胜利的喜悦,罗斯福把目标瞄准了最高法院。但是,最高法院于1937年年初表示支持《瓦格纳法》和《社会保障法》,使罗斯福"收拾最高法院"的计划失去了动力。"新政"陷于停顿,但是最后却在劳工阵线取得了胜利。静坐示威在汽车工厂并不多见,但它们却使除福特公司以外的其他所有公司都组织了工会。在警方于芝加哥一家工厂外对工人发动血腥大屠杀后,约翰·L·刘易斯的产业工会联合会与钢铁业签订了合同。这样,世界产业工人工会联合会、尤金·德布斯和早期劳工领袖付出的努力正在产生成效。

历史学家继续就"新政"走了多远展开争论。在20世纪50年代的作品中,卡尔·N·德格勒将它称之为"第三次美国革命"。威廉·勒希滕伯格也强调为"新政"所引起的美国生活中的变革。另一方面，新左派历史学家判断"新政"是更为保守的，他们争辩说它的改革走得不够远。近期的学术研究则聚焦于"新政"在思想、社会、经济和政治方面的局限性，以及它的纲领得以施行的如下方式：强化性别标准与种族刻板成见、罗斯福的"黑人内阁"和他任命女性担任要职。

由席卷全世界的经济和政治危机导致的军事冒险主义风暴日益浓厚，不时打断美国专注于国内事务。美国人民在报纸以及新创办的新闻和图片杂志上，神情严肃地阅读介绍侵略势力的文章，他们收听电台广播，并在新闻影片中看到了行进中的部队，片头就是1931年日本人入侵中国东北。美国政府在摇摇欲坠的国际联盟外围开展活动，试图动员世界舆论反对日本、意大利和德国军国主义者，但它们并没有形成一致的行动。埃塞俄比亚落入墨索里尼之手，新的《生活》杂志刊登了一张中国幼儿在被炸毁的上海火车站啼哭的照片❶，令人不安的大标题记录了希特勒重新占领莱茵兰并吞并奥地利的情景。产生了20世纪30年代的反战文学并为中立法案创造了条件的幻想破灭情绪正在缓慢消失。然而，孤立主义仍然根深蒂固。1935年，来自北达科他州的杰拉尔德·P·奈领导的一个参议院委员会提出，美国军火商和银行家几乎应对美国卷入第一次世界大战负全部责任。随后的中立法案旨在防止美国的贷款和销售的战争物质落入交战国之手，理由是这种禁令可以防止美国卷入"国外"战争。就在美国人收听电台全面报道1938年9月的慕尼黑危机以及1939年3月希特勒占领不幸的捷克斯洛伐克剩余领土以后，孤立主义占了上风。

总统与新闻界：FDR

没有一位总统同新闻界的关系能比富兰克林·D·罗斯福更有成效了。他在执政的12年中一共会见记者998次，平均每年83次。他的炉边谈话是众所周知的。他有几个能干的新闻秘书，其中以斯蒂芬·T·厄尔利最为突出，并形成了一种其后任很难效仿的传统。我们不妨朝后看：杜鲁门总统把每年举办记者招待会的平均数从83次减少到42次；后来每年的平均数是：艾森豪威尔24次，肯尼迪22次，约翰逊25次，尼克松7次，福特16次，卡特26次，里根6次，布什和克林顿的平均数也很低。

罗斯福在担任纽约州州长期间，就曾利用电台直接向公众发出呼吁。1932年，他飞往芝加哥，在电台上亲自接受民主党大会对他的提名——这是前所未有的举动。FDR❷能够用自己那传递真诚的嗓音，表达一种给人安慰、让人放心的感觉。他的炉边谈话如实反映了这一点。

美国与新闻界

❶ 为中国摄影者王小亭所摄。

❷ 富兰克林·德拉诺·罗斯福的英文缩写。

在一次省时高效的 20 分钟谈话中，罗斯福总统不仅会提供两三条头条新闻，而且还会讲一段故事，为记者提供一些笑料。事实上，罗斯福的记者招待会在华盛顿已经成了最重要的固定节目，对此罗斯福是知道的。有一次，他说："坐在后排的人大多数是来这里猎奇的，是不是这样？"

对"报阀"的批评

政治紧张局面以及随之而来的对报纸在选举中的作用的批评，有助于广大公众承认一种批评报刊的文学。能产生最直接作用的是报刊的政治影响问题，特别是报纸的所有者滥用新闻和社论栏的问题。资深驻外记者和反法西斯主义的作家乔治·塞尔德斯把这些报纸的所有者统称为"报阀"。

对"报阀"的严酷考察是从奥斯瓦德·加里森·维拉德的《某些报纸与报人》（1923）开始的。这种考察在 20 世纪 30 年代进入鼎盛时期。

无论如何，一些"报阀"生气勃勃、使人兴趣盎然的性格，为美国读者提供了比任何其他有关报人和报纸问题的材料更加有趣的精神食粮。因此，为了了解 20 世纪 30 年代以来对报界的批评的严厉程度，有必要考察一下当时人们议论最频繁的报纸发行人所起的作用。

威廉·伦道夫·赫斯特

正如前几章指出的那样，鉴于威廉·伦道夫·赫斯特个性的复杂性，他的许多冒险活动所产生的多方面的社会和政治影响以及他本人经历的深度和广度，他是新闻界最难予以研究和评价的人士之一。那些著书撰文介绍赫斯特的人一律不许接触这位报纸发行人的私人书信文件或赫斯特帝国的档案。结果，当这位发行人历时 64 年的报纸生涯在 1951 年结束的时候，由国际新闻社发表的赫斯特正式传记在第二段中写道："而在他创建自己的庞大企业时，公众的心目中就逐渐树立起创业者本人的形象。那是一幅因神话和传说而变得模糊、因争论和歪曲而陷于混乱的奇特肖像。"

当赫斯特活到 88 岁时，问题就产生了：他应该受到人们给予较之其他任何发行人更为猛烈的批评吗？人们在论证赫斯特对美国新闻事业作出的积极贡献时，最常提到的有以下几点：

1. 就报纸数目和总发行量而言，赫斯特建立了世界上最大的帝国。
2. 赫斯特在新闻写作和新闻处理（特别是版面安排、图标和图片安排）方面使用的方法和革新以及他对新的机械程序的使用是十分重要的。
3. 从许多方面来说，赫斯特都是一种建设性的力量：他矢志忠于美国；赞成实行普及教育和扩大人民的权利；他在漫长经历的各个不同阶段，提倡了许多解决全国性问题的进步办法。

以上这些论点都是记录在案人人可查的。而赫斯特的批评者以及公共档案则提出了相反的论据：

1. 赫斯特帝国尽管一度是个庞然大物，但它的财政状况在20世纪20年代岌岌可危。尽管如此，赫斯特仍然过着奢华的生活。按股票价值估算，赫斯特的资产约达5 600万美元，但赫斯特企业的利润则低于其他规模相当、财政状况有案可查的报纸，预计还将进一步减少。

2. 赫斯特没有利用他报纸的巨大发行量对美国生活产生巨大影响。

3. 在国际安全需要美国做出合作努力的时代，赫斯特继续拥护倾向于沙文主义的民族主义政策，这就是他的报纸最令人悲叹的特点。

麦考密克上校和《芝加哥论坛报》

在激起批评家的不满方面仅次于赫斯特的是《芝加哥论坛报》的发行人罗伯特·R·麦考密克上校。对麦考密克的不满在于：当他千方百计试图证明《论坛报》正确，而别人大都是错误的时候，社论成了发表个人激烈言论的园地，这些言论对公众感兴趣的问题所抱的偏见态度也扩及新闻中去。直到1955年死神使他说不出话来为止，麦考密克的回答仍旧是：他的《论坛报》是"世界上最伟大的报纸"[1]。

如果报纸的伟大只用它的财政成绩、发行量和机械设备来衡量的话，那么麦考密克的这种说法是有道理的。20世纪50年代中期，《论坛报》刊登的广告相当于它在芝加哥的三家竞争者的总和。它每天的发行量虽然从1946年的107.5万份下降到90万份，但仍然是美国同类规模的报纸中销路最大的一家，而且行销到了麦考密克称之为"芝加哥国度"的5个州。它的450人的新闻编辑部在36层的《论坛报》塔楼工作，对本市和本地区发生的事件进行一览无余的报道，使本市竞争对手的主编们望尘莫及。为办好这家遭到人们最频繁批评的美国报纸，《论坛报》是干得不错的，麦考密克上校常常提请他的批评者注意这一事实。

署名"R. R. Mc"[2]的备忘录在《论坛报》帝国等于是法律。身高6.4英尺的麦考密克上校以严峻的眼光注视着这家企业各方面的活动。

麦考密克用尽一切办法，反对富兰克林·罗斯福总统，反对新政的对内政策。结果在1936年对华盛顿新闻记者进行的民意测验中，《论坛报》获得了"最不公正和最不可靠的报纸"的称号，仅次于赫斯特的报纸而名

[1] 英文缩写为WGN，麦考密克后来用它命名自己的电台。
[2] 即罗伯特·拉瑟弗德·麦考密克的英文缩写。

列第二。

解释性报道的兴起

解释性报道的兴起是20世纪30年代和40年代最重要的趋向。适当介绍新闻背景以及由专家报道人类在某些重要领域的活动，在此之前也并不是无人知晓的事情。但是，"新政"时期政治、社会、经济改革的冲击，现代科学技术的兴起，国内各经济集团之间相互依存关系的日益加强，以及世界缩小成一个强权政治的巨大竞技场，这一切都要求采取一种新的新闻处理方法。除了传统的"何人做了何事"的报道方法以外，交代"为什么"变得重要起来。行家出身的记者对政治、经济与企业、外交、科学、劳工、农业和社会工作方面的新闻采访进行了改进。此外，社论版也加强了解释性。新闻杂志、一些专业性报纸和杂志以及电台评论员也参加了这项运动。老式的客观性报道坚持对说过的话或做过的事作纯事实报道，它曾在世纪之交得到美联社的梅尔维尔·E·斯通及其他领导人的大力支持。这种报道方式受到一种新概念的挑战，后者基于这样一种信念：如果实在要讲真实性的话，必须把一件事情的来龙去脉交代清楚。旧的观念认为科学和经济这类晦涩难懂的题材不可能引起一般读者的兴趣，出于纯粹的客观必要，这种看法同样也要被抛弃。驻华盛顿和国外的记者已经用不断的成功来回答这方面的报道压力对他们提出的要求。

新政允许劳工享有集体谈判的权利，引起了"大劳工"对"大企业"之间斗争的高涨，使采访劳工新闻上升到十分突出的地位。《纽约时报》的劳工记者路易斯·斯塔克斯塔克被公认为美国劳工记者的泰斗。报道罢工经常是国内新闻报道的一部分，但是对劳资关系问题进行更详尽的分析性报道如今已经成了一些优秀记者实现的目标。此外，他们还设法加强对有组织的劳工活动和态度的直接报道。

科学界和医学界的报道同样由于记者的努力而得到改进，他们弥补了黄色新闻时期煽情化的科学报道造成的损失。

随着农业调整管理局的成立，联邦政府采取的稳定农产品价格，对农民提供经济保障以及保护土壤的措施都成了重要新闻。但是，甚至在新政采取协调行动之前，农业消息就占有重要的位置。

驻外记者：杜兰蒂与莫勒兄弟

作为采访记者和新闻诠释员，驻外记者在新闻工作者当中所起的作用是无与伦比的。只有少数美国报纸向国外派出过相当多的记者，以弥补通讯社报道的不足。在20世纪30年代，有4家主要报社形成了驻外记者群体，它们是：《芝加哥每日新闻》、《纽约时报》、《纽约先驱论坛报》和《芝加哥论坛报》。

在驻外记者中，应特别提到的是《纽约时报》的沃尔特·杜兰蒂和《芝加哥每日新闻》的莫勒兄弟。英国公民杜兰蒂是1922年至1934年常驻俄国的记者，他在1935年对国际新闻社的H. R. 尼克博克说，他学会了尊重俄国人的立场。他说："我认为，我对俄国的报道一向是准确的，因为我没有像某些同行那样强调死亡之严重……我是一名记者，不是人道主义者。"

在20世纪30年代，杜兰蒂由于不公开批评斯大林的残忍和苏联的目标而受到了严厉的攻击。据他的许多同事说，杜兰蒂——1932年因他的经济报道而获得普利策奖——只不过是为斯大林效劳的一个骗子。应该指出的是，他不是唯一一个因有偏向性、有倾向地报道独裁者而遭到谴责的著名记者，但他肯定是最有影响力的人之一。

《纽约时报》的沃尔特·杜兰蒂　　《芝加哥每日新闻》的埃德加·安塞尔·莫勒

评价杜兰蒂的贡献必须包括这样一个事实，即他接受的是一项最艰巨的个人报道任务之一：报道未知的东西。斯大林只有两次答应同他谈话，一次是在1930年秋，一次是在1933年的圣诞节。除此之外，杜兰蒂依靠他对俄国历史和俄语的深刻了解来克服工作中的实际困难。杜兰蒂为《纽约时报》发回的长篇解释性电讯很少见诸显要版面，美国当时专注于国内和欧洲的问题。

对于处在发展中的《纽约时报》驻外记者队伍来说，他的智力和分析能力使他成了无价之宝。斯大林行动诡秘，新闻检查是一道壁垒，苏联报纸从不报道国内的任何争论，很少提到官员的名字，而且旅行是受限制的。但是，杜兰蒂却能对这片灾难深重的土地上的生活作出详尽而生动的报道。

在20世纪20年代后期，杜兰蒂是唯一在报纸上定期发表苏联报道的人，他对布尔什维克行为的描写，有助于恢复某些人对《时报》的信任，因为在"恐赤病"期间，该报在俄国共产主义者和美国社会主义者问题上已经把读者搞得糊里糊涂。杜兰蒂自己说过，他的报纸早期采取的态度是由于害怕"赤色魔鬼"引起的，这也部分解释了他为什么要竭尽全力提出不同观点的原因。

1905年，保罗·斯科特·莫勒在《芝加哥每日新闻》找到一份工作，由此开始了他漫长的职业生涯。正如他后来承认的那样，要摆脱他身上的中西部的影响真不是一件易事。1910年，他到了伦敦，与一批为其他报纸工作的人一起工作。然而欧洲是平静的，保罗·斯科特·莫勒初露头角时是爱德华·普赖斯·贝尔的一名22岁的助手。大约4年后，在战争爆发时，他报道了谋杀法国社会党人让·饶勒斯案件。这时，他的弟弟埃德加·安塞尔·莫勒进入新闻界，从此开始了他的同样杰出的记者生涯。

莫勒兄弟同许多著名记者合作过，他们一起采访国际联盟、法西斯的兴起和即将到来的另一场战争。当大家熟悉的欧洲形势与美国国内问题争抢报纸版面的时候，他们的报道增加了生动性和深度。

政治专栏作家

20世纪20年代初，戴维·劳伦斯在他的辛迪加专栏和华盛顿的出版物、马克·沙利文在《纽约先驱论坛报》、弗兰克·R·肯特在《巴尔的摩太阳报》上发表文章，政治专栏开始出现了。沃尔特·李普曼在1931年结束《世界报》主编工作以后，也加入了他们三人的行列，成了《先驱论坛报》的专栏作家。他们的专栏文章反映的是当时的政治和时事问题，与从1917年起被赫斯特的报纸以头版刊登近20年的阿瑟·布里斯班的哲学评论形成了鲜明的对照。但是，1933年"新政"的出现以及随之而来的华盛顿新闻报道的革命，造就了一种新型的政治专栏，成为劳伦斯、沙利文、肯特和李普曼的辛迪加专栏文章的一部分。

这4名政治和时事专栏的前辈以文风朴素、态度严肃著称，被奉为"权威"。沙利文和肯特是反映20世纪20年代政治舞台的大师，但他们没有对"新政"时期引起政府活动普遍增加的社会和经济变动作出反应。沙利文曾经是西奥多·罗斯福的进步纲领的热情解释者和赫伯特·胡佛总统的密友。他撰写的反映1920年至1925年间新闻史的杰作《我们的时代》比他后来的专栏要有名得多。劳伦斯后来是全国问题评论家，李普曼则一直是国际问题评论家。

1932年以后出现了一种个人化的叫做"闲话型"的新型政治专栏。这种专栏是因1931年匿名发表的《华盛顿走马灯》这本成功之作引起的。后来查明，此书的作者是《巴尔的摩太阳报》的德鲁·皮尔逊和《基督教科学箴言报》的罗伯特·S·艾伦。这两个华盛顿记者不久就离开报纸去主持一个揭发内幕的专栏，最后由皮尔逊单独主持。

女性新闻工作者在专栏写作方面赢得了很高的荣誉。其中有多萝西·汤普森，她是《费城大众纪事报》和《纽约邮报》20世纪20年代和30年代初驻欧洲的记者。在1961年她的新闻生涯结束以前，她的充满感情的评论被各报广泛采用。来自《纽约每日新闻》的多丽丝·弗利森也加入了专栏作家的行列，到1970年前一直在写流畅的政治评论。1954年，她成了第一个因报道而获得雷蒙德·克拉珀奖的女性。

杰出政治专栏作家多萝西·汤普森
（美联社/万维图片社）

社论性漫画家

组建辛迪加也影响了社论性漫画这一职业。与专栏作家一样，有才干的社论性漫画家也受到广大读者的尊敬，得以名利双收。但是，尽管他们的作品的确能吸引读者，报纸却未必会"培养"自己的漫画家或专栏作家。当然，地方性专栏作家通常有很大的地盘，但是关于全国和国际事务的严肃评论出于编辑部漫画家之手就较为罕见。

在内战结束后的一段时期里，出现了用来作为社论的政治漫画。在此之前，由于报纸在制作方面存在种种困难，因此漫画更有可能见诸杂志。但是，随着铅版印刷术的推广，日报采用插图变得容易起来。

20世纪头25年是政治漫画家的黄金时代。当时的问题都十分简单，既容易用漫画的形式来解释，也容易作巧妙的讽刺，这是政治漫画家的两个基本要素。约翰·T·麦卡琴是著名的漫画家之一，他在《芝加哥纪录报》任职后，从1903年起为《芝加哥论坛报》创作漫画，他在1946年退休前获得普利策奖。此外，著名的漫画家还有克利福德·贝里曼，早在1889年他就在《华盛顿邮报》上发表漫画，1906年之后与《华盛顿明星报》关系密切。1949年，他的儿子詹姆斯·T·贝里曼接替他的工作后，他们成了唯一一对因创作漫画而获得普利策奖的父子。

"权威"中的泰斗沃尔特·李普曼
（美联社/万维图片社）

闲话专栏作家德鲁·皮尔逊
（贝特曼档案馆）

罗林·柯尔比1932年讽刺胡佛的著名漫画："每个车库里两只鸡"
（《纽约世界电讯报》）

"你们赌博让我掏钱"——丹尼尔·菲茨帕特里克在1947年的一场讨伐运动中
（经丹尼尔·菲茨帕特里克和《圣路易斯邮讯报》允许复制，1947年版权所有）

"1936年万圣节前夕"——杰伊·（"丁"）·达林讥讽华莱士、法利和FDR
（《纽约先驱论坛报》）

　　漫画艺术的另外两位大师是《纽约世界报》的罗林·柯尔比和《巴尔的摩太阳报》的埃德蒙·达菲，他们二人都曾三次获得普利策奖。

　　丹尼尔·R·（"菲茨"）·菲茨帕特里克从1913年起在《圣路易斯邮讯报》工作，直到1958年。他的辛辣犀利的漫画使该报的社论版名声大振，并使他两次获得普利策奖。杰伊·N·（"丁"）达林的漫画使人想起老派的花哨手法。他从1906年起为《得梅因纪事报》创作漫画。后来，达林加入了《纽约先驱论坛报》，并两次获得普利策奖。

电台新闻进入成年

随着20世纪30年代的到来,每日新闻广播中唯一一个能够触及不断增长着的全国听众的,就剩下由严肃杂志《文摘》提供赞助、《芝加哥论坛报》的风风火火、冲劲十足的战地记者弗洛伊德·吉本斯播报的节目了。吉本斯在战斗中失去了一只眼睛,他戴上一个白色眼罩作为标记。吉本斯在全国广播公司节目《阿莫斯与安迪》前的时间空当找到了位置,以极快的速度播讲新闻。

他播送新闻随和而精彩,这是芝加哥新闻学派的作风。他先以低沉的嗓音说一句"各位听众,你们好",然后开始一系列生动的描述。1930年底,他的粗犷的作风使他与赞助商格格不入,当时他每周挣1万美元,这在大萧条时期可算是巨额收入了。威廉·S·佩利当时决定起用另一个播音员。他心中的人选是洛厄尔·托马斯,这位老新闻记者在第一次世界大战期间因独家报道阿拉伯战役而声名鹊起。

后来,托马斯主持的这一节目成了广播史上持续播出时间最长的节目,直到1976年5月14日才结束。这一节目的首播中有托马斯对阿道夫·希特勒的评价,他说:"世界上有两个墨索里尼……阿道夫·希特勒写了一本书《我的奋斗》,这位好战的先生在书中写到,他的强大的德意志政党的基本政策是征服俄国。阿道夫,这是一项难以兑现的任务,你不妨去问一问拿破仑就会明白了。"

电台用了许多办法来争取更多的听众,它对20世纪30年代一些重大新闻事件和人物的报道起到了促进作用。希特勒和墨索里尼以爱国主义为名来笼络民心。罗斯福总统是世界上懂得利用电台的潜能来实现全国团结的领导人之一;在大萧条最严重时期和第二次世界大战期间,他发表了28次《炉边谈话》。人民被罗斯福总统和蔼可亲的态度打动,据说"华盛顿与他们的距离,不比起居室里的收音机远"。

洛厄尔·托马斯
(贝特曼档案馆)

报纸—电台之战

美联社为挫败合众社出售选举报道的计划,把1932年总统选举结果抢先提供给各电台网一事,促使美国报纸发行人协会董事会于1932年12月采取行动。董事会建议各通讯社在报纸刊出有关新闻之前,不得出售或透露新闻。新闻广播应该限于播送简单的简报,以鼓励大家读报,并且电台广播节目应该当作付费的广告来处理。许多有资格的观察家认为,电台作为新闻媒介的地位已经确立,无法这样加以束缚。但是美国发行人协会的建议提出后,还是做了两年徒劳的努力来消除电台在新闻方面的竞争。广播业采取的对策是自己担当新闻采写工作。

哥伦比亚广播公司在《纽约时报》前本市新闻夜班主编埃德·克劳伯的指导下,建立了主导性的广播网新闻服务机构。纪律严明的克劳伯很快成为哥伦比亚广播公司的第二号人物,对这家广播网的发展起了作用。哥伦比亚广播公司建立了一个广泛的外派记者体系,并且把英国交换电讯社的新闻报道用于哥伦比亚广播公司的每日新闻广播。全国广播公司与之抗衡的新闻社是由怀特的对手、20世纪30年代担任新闻和特殊事件部主任的A.A.谢克特筹建的。与此同时,地方电台继续借助先前出版的报纸定时播送新闻。

各广播网发现,采集新闻花费很大,发行人也不喜欢这一新的竞争。因此,报刊电台社,由它从通讯社提供的新闻中选出一部分,每天在广播网上分两次播出5分钟的新闻广播,不收广告费。此外,它还提供一些非常事件的简报,作为回报,广播网将不再采写新闻。

报纸电台社在1934年3月开始营业,一年之后,它有245家订户。但是,它从一开始就注定要失败,它不仅不现实,而且还为建立不受协议约束的新的新闻采访机构敞开了大门。5家新闻社一跃进入了这个阵地,为首的是赫伯特·穆尔的跨电台报刊社,它在1937年的全盛时期向230座电台用户供稿,甚至还和几家报纸订有合同。

旨在削弱新闻广播的努力是在1935年垮下来的。合众社和国际新闻社获准可以不再承担同报纸电台社达成的协议的义务,以便通过向电台出售翔实的新闻报道,来与跨电台报刊社竞争。1940年,报纸电台社宣布停业,跨电台报刊社也衰败下去,于1951年寿终。

相互广播网:《时代在前进》

到1934年,哥伦比亚广播公司已经拥有97座附属电台,而全国广播公司的两家广播网拥有127座电台。但是,在商业电台超过600家的情况下,这一新闻阵地仍有竞争的余地。在这一年,以纽约的WOR电台和芝加哥的WGN电台为首的4座独立电台组成了相互广播公司，它主要是向较小的附属电台提供节目。到 1940 年相互广播公司已经增加到 160 个电台，这些电台对相互广播公司的节目，如《卢姆与阿布纳》和《孤胆骑警》等表现出了浓厚的兴趣。电台发现，由于广播网可以依靠全国性广告商的资助，因此它们可以制作花费更大、更成功的节目；此外，广播网的发展使电台在赚取广告费的竞争中更令人望而生畏。

在 20 世纪 30 年代，引人注意的节目还有《时代在前进》，它将本周的新闻再次生动地带给电台听众。在最后一个节目于 1945 年结束前，《时代在前进》已经在哥伦比亚广播公司、全国广播公司和美国广播公司三个广播网播出过。

因播出《星际战争》而引起注意的导演奥森·韦尔斯
（贝特曼档案馆）

新闻评论员辩论全国性问题

随着罗斯福控制联邦政府机构以及一场有关他的"新政"计划功绩问题的真正全国性辩论的展开，美国人从许多精神饱满、引起争议的播音员那里听到了种种观点。在 20 世纪 30 年代末，罗斯福政府采取措施准备参加第二次世界大战，这些争论的激烈程度也随之加剧了。这些评论员当中的老前辈是汉斯·冯·卡顿伯恩，他是在 20 世纪 30 年退出报界并加盟哥伦比亚广播公司，成为全职评论员的。这位举止庄重、温文尔雅的人口齿清晰，声调铿锵有力，发音准确。他察觉到了世界上的混乱局面，他的评论是建立在自己的丰富阅历和庄重的本能基础之上的。

卡顿伯恩的国际主义观点与多萝西·汤普森、爱德华·R·默罗、雷蒙德·格拉姆·斯温以及后来的埃尔默·戴维斯在节目中宣扬的观点相似。洛厄尔·托马斯也可以列入这一名单，但他不愿在播音中流露出偏袒一方的观点，而是喜欢为听众提供生动的描述。属于保守派的一方的是博克·卡特、厄普顿·克洛斯、小富尔顿·刘易斯和"广播牧师"查尔斯·库格林神父。

尽管库格林神父不是一名记者，但是他在密歇根州的罗亚尔奥克通过底特律的 WJR 电台向全国播出的星期日广播节目，对美国政治产生了巨大的影响。库格林对国际银行家、胡佛和罗斯福总统、犹太人的利益集团乃至禁酒党人进行了猛烈的抨击，并把社会主义、共产主义和资本主义斥为恶魔。随着岁月的流逝，库格林神父的广播采取了亲纳粹的立场。据估计，追随库格林的听众达 3 000 万之众，进步人士视之为蛊惑人心的危险政客。

博克·卡特是库格林的密友，是哥伦比亚广播公司的广播员，他是在报道林德伯格婴儿绑架事件时为自己赢得名声的。从1936年至1938年的收听率来看，他差不多可以与洛厄尔·托马斯相提并论。1938年8月，他与库格林一样被哥伦比亚广播公司解雇，原因不详。但是，他在被解雇前一直在电台和报纸专栏严厉批评罗斯福总统，并再三提醒人们，美国正在被拖入即将爆发的欧洲和亚洲的战争。有人怀疑，卡特之所以被剥夺播音权，是因为同库格林一样，他的评论越来越"无理性"。

从1934年到1944年，厄普顿·克洛斯在全国广播公司电台播出新闻分析，他再三劝说别人仇视英国人、犹太人和俄国人，并同情右翼政治。全国广播公司内部对他的一些有争议的节目表示不安，结果导致他在1944年被解雇。

多萝西·汤普森于1937年开始在全国广播公司播出评论。汤普森是一个坚定的国际主义者，她以对政治领导人的采访以及在妇女运动中的作用，赢得了人们广泛的尊重。

雷蒙德·格拉姆·斯温在投身广播业之前，曾在几家重要日报供职。与汤普森和默罗一样，斯温厌恶希特勒，他对英国深表同情，并为犹太人感到担忧。

广播网延伸到海外

当时各广播网没有驻外记者，而是依靠匆匆拼凑起来的传输系统进行临时广播。广播网经常打电话请某个报社记者提供简短的播述。1938年初希特勒入侵奥地利时，这种情况发生了变化。

当这场危机恶化时，爱德华·R·默罗被任命为哥伦比亚广播公司的欧洲新闻主管。他计划制作文化节目人情味报道，先用短波广播，再由美国的电台重播。1938年3月12日，默罗在维也纳、夏勒在伦敦临时安排了有史以来的第一次新闻联播，请求报社记者分别从巴黎、柏林和罗马谈他们的印象。

在慕尼黑危机期间，听众听到了来自14个欧洲城市的实况广播。在这三个星期里，汉斯·冯·卡顿伯恩一直待在纽约市他的"第九播音室"里，为哥伦比亚广播公司从事精心组织的联播节目——《欧洲新闻综述》的驻欧洲记者充当后盾，并播出数小时的分析和评论。关于这次危机，哥伦比亚广播公司广播了471次，用了近48个播音小时；其中135次是简讯插播，包括98次来自欧洲工作人员的报道。全国广播公司的两个广播网在59个播音小时中安排了443档节目。

这时候，美国有91%以上的城市家庭和大约70%的乡村家庭拥有收音机，其中许多家庭是由于罗斯福政府实施农村电气化计划后才拥有的。事实上，在1930年至1938年间，收音机的数量增加了100%以上。拥有收音机的家庭多于拥有电话的家庭。除了音乐节目以外，受欢迎的节目还有广播剧和体育赛事。但是，这种轻松愉快、别有风趣的气氛被来自欧洲的不祥预兆打破了。对那些关注时事的人来说，第二次世界大战已经初露端倪，它的爆发只不过是一个时间问题。当然，还有一些人认为美国不会参战或不应该参战，直到 1941 年 12 月 7 日珍珠港遭到轰炸时，他们才如梦方醒。

电台评论员先驱 H. V. 卡顿伯恩
（贝特曼档案馆）

电视：20 世纪 30 年代的竞争

20 世纪 30 年代电视的发展是以为美国无线电公司工作的俄国科学家弗拉基米尔·K·兹沃雷金与获得私人资助的旧金山发明家菲洛·T·法恩斯沃思之间的竞争为标志的。

直播电视画面的首次公开展示是 1926 年 1 月 16 日在伦敦由苏格兰发明家约翰·L·贝尔德主持的。包括一名记者在内的旁观者证实，图像从一个房间被传送到了另一个房间，虽然图像很暗而且常常模糊不清，但是已经清晰得足以让人在一个只有几平方英寸的屏幕上看到。1936 年 11 月 2 日，英国广播公司开始提供世界上最早的定期电视服务。

萨尔诺夫、兹沃雷金和法恩斯沃思

戴维·萨尔诺夫决心将电视带给公众，他的工具就是在 1923 年获得第一只电子电视摄像管——光电摄像管——专利的兹沃雷金。1926 年，兹沃雷金发明了显像管，即后来成为接收装置核心的阴极射线管。

与此同时，法恩斯沃思的名气也越来越大。1927 年，他传送了他的第一个画面，20

世纪 30 年代初，他在研制一套完整的电子系统。旧金山的支持者们帮助他组建了电视实验公司，这使他可以与美国无线电公司更大规模的研究小组展开竞争。到 1931 年，美国无线电公司已经能播出 120 线分辨率的图像，此后图像质量稳步提高。

美国无线电公司的资源多得让法恩斯沃思无法消受。1932 年，萨尔诺夫批示在帝国大厦建立电视演播室。美国无线电公司的试验台是 2XBS。1939 年，萨尔诺夫在纽约世界博览会上第一次向公众大规模展示电子电视，富兰克林·罗斯福成为第一个出现在电视上的总统。

在那之后，法恩斯沃思和美国无线电公司卷入了一系列的专利之争，最后美国无线电公司在 1939 年同意制定一套复杂的专利使用费支付方案，以换取使用法恩斯沃思专利的权利。这是美国无线电公司有史以来第一次同意采取这种程序，而不是买断专利。

尽管意见不一，电视机仍然问世了。1938 年，电视机已经可以在百货公司买到。电视屏幕的尺寸从 3 英寸到 12 英寸不等，价格在 125 美元到 600 美元之间。第二年，电视机的制造商已有十几家，以至于联邦通讯委员会开始插手，以便使设备标准化。

联邦通讯委员会批准 18 家电视台从 1941 年 7 月 1 日起投入商业运营，其中最早为这一天做好准备的两家电视台是设在纽约的全国广播公司 WNBT 电视台和哥伦比亚广播公司 WCBW 电视台。不出 9 个月，另外 8 家电视台也加入了这一行列，所服务的观众估计拥有 1 万到 2 万台电视机。这些电视台获准每周播放 15 个小时的节目。

电影中的新闻片

在大多数电影院，标准的美国新闻片只持续 10 分钟，与其他短片一起插在故事片之间放映。5 大制片公司每周发行两次新片，其题材既有重大新闻事件，也有人情味报道、体育报道以及少量灾难和犯罪报道。在 20 世纪 30 年代和 40 年代的战争岁月，新闻片处于黄金时期。

电影史学家认为，法国的夏尔·百代推出了最早的新闻片《百代日志》，该片摄于 1907 年。福克斯有声电影新闻片公司于 1927 年 1 月播映了第一部有声新闻片，同年 5 月因播出一部描写查尔斯·林德伯格驾机横跨大西洋飞往巴黎的有声影片而轰动一时。

一项对 1938 年至 1949 年新闻片内容的研究表明，体育题材在和平时期占电影胶片总长度的 25%。从 1943 年到 1944 年，有关第二次世界大战的题材占电影胶片总长度的 50%，外国影片在战后几年占 30%。政府题材占 5% 到 10%，灾难和犯罪新闻从未超过 4%。在一个没有电视以及新近才有图片杂志的世界，电影院里的观众焦急地等待着新闻片的放映，就好像在等待出现伟人的画面、战争中的戏剧性场面和生活中的悲剧一样。但是，随着报道重大新闻事件的电视网的兴起，新闻片衰弱了。1949 年 11 月，纽约的大使馆新闻片影院关闭。20 年来，这家剧院只播放新闻片，观众共计 1 100 万。

新闻片公司开始寻求与电视联姻,并卖掉了它们的影片资料库。纪录片《时代在前进》(1935年以来一直是一个竞争者)于1951年转让给电视。百代新闻片公司于1956年关闭,派拉蒙新闻片公司于1957年倒台,福克斯有声电影新闻公司于1963年停业,赫斯特新闻片公司和环球新闻片公司于1967年关张。新闻片已经不复存在。

意见和解释性杂志:门肯的《美国信使》

在向解释性和新闻专业化发展的潮流中,美国的一些杂志起了重要作用。然而,有一种新的成分注入了杂志界。越来越明显的是,那些发行量不大的意见杂志正遭受邮资不断上涨、印刷成本高昂和报摊经营方式变化的打击,而"有光纸通俗杂志"逐渐占据主导地位。

在黑幕揭发年代,《柯里尔》、《麦克卢尔》、《人人》和《美国杂志》等综合性杂志既是娱乐媒介,又是"人民的斗士",它们揭露工业垄断和政治腐败,并鼓吹扩大政治和经济民主。但是,这种状况随着第一次世界大战的爆发而结束,而老斗士们则步入了风烛残年。《麦克卢尔》早在1920年之前就走了下坡路,1933年停刊,《人人》在1933年停刊,《柯里尔》和《美国杂志》也在1956年相继关门。

大多数内容严肃的杂志在第一次世界大战前是重要的消息来源和舆论工具,到20世纪20年代和30年代都遭到了厄运。

亨利·路易斯·门肯的《美国信使》在1924年是杂志界一颗耀眼的新星,它同美国自满情绪作斗争,使稳重的公民感到震惊,使年轻的叛逆感到高兴。大学生和青年记者对他不落俗套的派头和写作风格羡慕有加,纷纷仿效。但是,全国的气氛随着大萧条而变化,在门肯和他的合伙人于1933年把《美国信使》转让给别人以后,这个杂志就走了下坡路。

罗斯与《纽约人》

1925年由哈罗德·罗斯创办的《纽约人》,可算是最有特色的一本美国杂志。为他们提供了经济上的支持。罗斯说,这是一本以轻松、讽刺的风格反映大城市生活并紧跟时事的幽默杂志,这种风格使它不会成为供"迪比克的老太太"[1]消遣的读物。罗斯是一个要求很高、脾气急躁的主编,在头一年半的艰难创业时期,他就雇用和解雇了约100名编辑部成员,直到他发现他的明星:《本城闲话》专栏主持人 E. B. 怀

[1] 迪比克是艾奥瓦州的一个小城市,这里喻作美国普通城镇居民。

特[1]；美术编辑雷亚·欧文[2]，他创作的漫画人物尤斯塔斯·蒂利——一个目空一切的花花公子——成了《纽约人》的商标；以及一批优秀的撰稿人和画家。

但是，《纽约人》除了刊登漫画、游戏文章和没有情节的离奇小说外，还有具有穿透力的《人物小传》、《无任所记者》以及其他关于公共事务的一针见血的评论。其中最著名的系列文章之一是署名"热内"、实为珍妮特·弗兰纳[3]撰写的《巴黎来信》。她在巴黎和其他欧洲城市写了 700 多篇文章，其中第一篇是在 1925 年写的，最后一篇完成于 1975 年。弗兰纳称她的作品是"带有尖锐的批评棱角的国外通信"。她的独特的写作风格备受罗斯的推崇。此外，她不仅向读者传递了法国社会的感受，而且还对她那个时代发生的重大事件发表了深刻的评论。

1951 年罗斯去世时，他的杂志在发行量和广告方面都大获成功，并在新主编威廉·肖恩的领导下，继续保持赢利的势头。随着作者署名不可避免地发生变化，一些读者提出了批评（《时代》1960 年报道说，肖恩的《纽约人》在迪比克有 97 个订户，其中包括几个老太太）。但是，该杂志赢得了近 50 万的订户。

第十四章 大萧条与改革

[1] E.B. 怀特（1899—1985），美国作家。
[2] 雷亚·欧文（1881—1972），美国报刊画家。
[3] 珍妮特·弗兰纳（1892—1978），美国女记者、小说家、翻译家。

《纽约人》主编哈罗德·罗斯
（法比安·巴克拉克）

《纽约人》的商标尤斯塔斯·蒂利
（©1987，《纽约人》，经允许复制）

华莱士的《读者文摘》

高质量的杂志纷纷停刊的原因很可能就是《读者文摘》的惊人成功。《读者文摘》创刊于 1922 年，它的性质是专门摘要刊登其他杂志发表过的当时人们感兴趣的和有消遣价值的文章。创办《读者文摘》的主意是德威特·华莱士和他的妻子莉拉·艾奇逊·华莱士想出来的，它在 20 世纪 20

年代慢慢赢得了读者的青睐，到1935年发行量已猛增至100万份。这本杂志的大小正好放在口袋里，它的编辑人员对读者的爱好有敏锐的判断力，再加上摘编文章的技巧熟练，使它保持全国畅销杂志的地位，后来，华莱士开始发表自己的文章，这在一定程度上是因为有的杂志开始拒绝给他转载权，也因为他要表明自己对生活的看法。这本杂志原来被看做是一个利用其他刊物材料的公正的文摘性杂志，但是在20世纪40年代，它明显地开始形成一种属于自己的保守观点。尽管如此，《读者文摘》的规模和影响却不断提高，美国国内的发行量达到近2 000万份，另外在60个国家的外语版发行量达1 000多万份。华莱士推翻了一个老框框，从1955年开始接受广告，从而进一步提高了《读者文摘》的利润。

卢斯与《时代》

杂志界的另一个知名人物是亨利·R·卢斯。他既是一个成就非凡的人物，又是一个颇有争论的人物。他创办的《时代》周刊在新闻杂志领域举足轻重，他的《生活》画报在发行量和广告方面都获得了巨大的成功。

时代公司的故事是从1923年3月开始的，这一年卢斯和他的耶鲁大学同学布里顿·哈登出版了第一期《时代》。这两个年轻人在全面考察20世纪20年代的形势之后，在发起书中宣告：

> 尽管美国的每日新闻事业比世界上其他任何国家都要发达——
>
> 尽管外国人对我们的期刊的卓越啧啧称奇，如《世界的工作》、《世纪》、《文摘》、《展望》等等——
>
> 但是多半美国人了解的情况甚为贫乏。
>
> 这并非日报的过失；它们刊载了所有的消息。
>
> 这并非每周"回顾"的过失；它们对新闻作出了恰当的发展和评论。
>
> 随随便便就将这种情形归咎于人们自己的过失，是一种武断的做法。
>
> 人们之所以不了解情况，是因为没有一种出版物能适应忙人的时间，使他们费时不多，却能周知世事。

杂志创办人亨利·R·卢斯
(时代公司—哈尔斯曼)

《时代》的编辑们向读者保证把每周的新闻加以组织和分类。它的口号是："《时代》好像是由一个人之手写出来给另一个人看的。"它对国内事务、国际新闻、科学、宗教、商业、教育及其他领域的报道，都不是写给各个领域的专家看的，而是写给《时代》的"忙人"看的。它的主编们发展了用讲故事的方法来写新闻的手法，并加进了浓厚的人情成分。为了积累可以编进每个故事的大量事实材料，《时代》不仅拥有自己的规模相当大的新闻采访机构以弥补通讯社稿件的不足，而且发展了一个庞大的研究和资料部门。

哈登在看到《时代》的发行量达到20万份以后，于1929年去世，卢斯单独干下去。卢斯创办的《财富》杂志印刷精美，售价每本1美元，是专门给企业界上层人士看的，甚至在大萧条时期的1930年也是成功的。1936年出现在报摊上的《生活》画报，吸引了对摄影感兴趣的读者竞相购买。1954年又增加一种不太成功的《体育画报》。1938年，时代公司搬到洛克菲勒中心，1960年又建成了自己在当地兴建的48层时代与生活大厦，每年的营业额达到破纪录的2.7亿美元。

《时代》杂志有许多事情引起了人们的批评。卢斯和他的主编们不伪称恪守新闻客观性这一普通的概念，他们认为那是神话。《时代》宣称，它不想做到不偏不倚，而宁可把"公正"作为它要达到的目标。它在一篇历史上著名的纪念创刊2周年的论文中指出："不偏不倚与公正的区别是什么？一个有责任感的新闻工作者对在他看来是符合实际情况的事实进行分析时，是'有偏向的'。他只要不是为了说明自己的观点而歪曲事实，只要不隐瞒说明一个不同观点的事实真相，他就是公正的。"

然而，有些批评家认为，由于《时代》将呈现意见和社论的假设与直接的新闻混在一起，这种做法有时对读者是不公正的。

《新闻周刊》、《美国新闻与世界报道》和《商业周刊》

《时代》于1938年购买《文摘》杂志的剩余财产以后，它唯一的直接竞争对手就是1933年创刊的《新闻周刊》。《新闻周刊》的版面几乎与《时代》完全一样，但它早期的编辑们很少在报道中插进自己的意见。该刊由阿斯特家族和哈里曼家族资助，1937年以后由马尔科姆·米尔经营，稳步地扩大了影响。到1961年发行量达150万份，兴建了纽约总部大楼，发行两个国外版，并拥有自己的国内和国际分社网。那年，它以900万美元的价格出售给《华盛顿邮报》发行人菲利普·L·格雷厄姆。格雷厄姆担任该刊董事长，但他在一些计划还没有完全付诸实施之前就于1963年去世。凯瑟琳·迈耶·格雷厄姆继承了她丈夫的职务，主持《邮报》和《新闻周刊》。

《美国新闻与世界报道》是专门报道国内和国际重要新闻的杂志，它是由戴维·劳伦斯创办的刊物合并而成的。1926年至1933年劳伦斯在华盛顿经营《合众国日报》，后改为周刊。1946年他创办了《世界报道》，1948把这两个刊物合并。到1962年，该刊拥有120万读者，有一个规模很大的华盛顿分社和几个国外分社。

1929年由麦格劳—希尔出版公司创办的《商业周刊》，是一个专门从事商业和工业新闻报道的杂志。它与麦格劳—希尔公司出版的其他30种刊物都由麦格劳—希尔世界新闻社供稿。《商业周刊》的发行量很可观，1962年达40万份。

新闻摄影：《生活》、《展望》与纪录片

公众对新闻片、有线传输的新闻报纸图片以及个人摄影普遍感兴趣，这导致时代公司于1936年11月创办了图片周刊《生活》。人们在街上竞相购买，发行量突飞猛进。德国和英国的摄影刊物纷纷效仿《生活》，但《生活》推行一种有条不紊的构想，由编辑事先研究和策划，并对摄影师进行指导。就连大名鼎鼎的摄影师，也得听从主编威尔逊·希克斯的意见，听他讲到达现场后如何抓拍重要镜头。

在大萧条结束时期，伯克-怀特负责撰写照片说明和分析性图片报道，她在印度拍摄的甘地的人物照片给人留下了深刻的印象，在疾病迫使她不得不中断摄影生涯前一直负责战时报道任务。

电视的普及把一些广告商和读者吸引过去，其他一些广告商则把合同从发行量大的杂志转移到拥有专业读者的杂志上。1972年，《生活》的发行量从1970年的850万份下降到550万份，收入不足以维持发行。《生活》的工作人员带着泪水和许多美好的回忆，不得不在传媒界另找工作。

《展望》是1937年由加纳德·考尔斯创办的。这份双周刊在1971年停刊前发行量高达800万份，是又一个因成本和广告收入此消彼长的牺牲品。

记述人们真实生活和社会活动的纪录片始于1922年，当时纽约的一家皮毛公司委托罗伯特·弗莱厄蒂拍摄反映一个爱斯基摩家庭生活的影片。他拍摄的《北极探险记》为其他作品确立了标准。

玛格丽特·伯克-怀特为《生活》拍摄了许多封面照片（美联社/万维图片社）

在第二次世界大战期间，约翰·休斯顿、弗兰克·卡普拉、威廉·怀勒和约翰·福特等好莱坞导演在战场上拍摄了一批纪录片，其中包括《圣彼得大教堂》、《孟菲斯美女号》和1944年的《中途岛战役》等。

图书出版渡过难关

识字率的迅速提高以及城市化的迅猛发展意味着更多居住在市中心的人希望能读到书，那里的书店得以繁荣起来，出版业开始出现众多积极进取的建设者。

在20世纪20年代和30年代，最令人兴奋的出版社是斯克里布纳公司。该公司在创始人查尔斯·斯克里布纳于1871年去世后，更名为查尔斯·斯克里布纳父子公司，在1879年至1928年间由查尔斯·斯克里布纳第二担任总裁。从1914年直至1947年去世，马克斯韦尔·帕金斯一直担任主编，他和副手们一起，在文学方面创下了显赫的纪录。是帕金斯与F·斯科特·菲茨杰拉德❶合作，使后者在1920年出版了第一部小说《人间天堂》；是帕金斯回复了菲茨杰拉德关于巴黎有一位名叫厄内斯特·海明威的有前途的青年作家，海明威的《太阳照样升起》就是在1926年由斯克里布纳出版社出版的；是帕金斯与南方一个名叫托马斯·沃尔夫❷的青年文豪进行不懈的合作，于1929年出版了沃尔夫的第一部小说、手稿长达1 100页的《往家乡看吧，天使》，接着又出版了他的第二部小说、手稿长达3 000页的《时间与河流》；与此同时，斯克里布纳的编辑队伍编撰了《美国传记词典》。

美国两家主要的图书俱乐部是每月一书俱乐部和1926年成立的文学公会。邮购图书业繁荣起来，这部分是由于图书销售业组织不力造成的。图书贸易协会的出现可追溯到1900年；美国图书出版商理事会（1946）和美国教科书出版商学会（1942）于1970年联合组建了美国出版商协会。各家书店则组成了美国书商协会。

这一时期平装书开始出现，值得注意的是博奈—利夫莱特公司（Boni & Liveright）在1914年、利特尔·莱瑟文库和现代文库在1917年的努力。后者在1925年被兰登书屋收购。然而正是在1939年，袖珍本图书公司的创始人发现了合适的方式，并使平装书业发生了一场革命。

❶ F·斯科特·菲茨杰拉德（1896—1940），美国作家。以其描写爵士时代的作品著称。
❷ 托马斯·沃尔夫（1900—1938），美国小说家。作品多基于个人经历，反映一代美国青年的幻想与信念。

第十五章

战争中的世界

《檀香山明星公报》出版的号外以大号字体宣布珍珠港事件和战争降临美国

美国人知悉欧洲战争
罗斯福的第三任期竞选
民主制度的兵工厂
战争在太平洋爆发
恢复新闻检查和宣传
军方新闻检查制度
报刊和电台报道战况
通讯社拍发胜利和FDR逝世消息
杜鲁门与原子弹:冷战开始

战后国内外的调整
"中国观察家"出现
纽约诸日报盛极一时
杜鲁门当选:1948年的奇迹
杜鲁门与记者招待会
朝鲜战争(1950—1953)
麦克阿瑟与新闻界:新闻检查的实施
杜鲁门撤换麦克阿瑟:一场总统危机
朝鲜停战

> 这是一场人民的战争，因此为了赢得胜利，人民必须尽可能充分地了解关于战争的情况。
>
> ——埃尔默·戴维斯

1939年8月23日，德国和俄国签订中立条约，这一惊人的外交事件标志着第二次世界大战的开始。希特勒与斯大林这两位独裁者签订的这项灾难性的条约使德国人可以不担心俄国人的干预，随心所欲地向波兰、然后向西部邻国进军。俄国则可以并吞波兰东部。德国在9月1日打响闪电战，屡次未能勇敢抵抗希特勒和墨索里尼的英法两国于是在9月3日对德宣战，然而它们没有发动进攻。

罗斯福总统立即加强了帮助盟国的行动：11月，《中立法》得以修正，朝着扭转孤立主义倾向迈出了第一步。国会废除了关于武器销售的禁令，批准与抵御侵略的国家开展"现款自运"贸易。这引起了以麦考密克—帕特森的《芝加哥论坛报》和《纽约每日新闻》为首的新闻媒介、广播评论员小富尔顿·刘易斯、厄普顿·克洛斯以及查尔斯·库格林神父组成的反罗斯福一派的强烈不满。

1940年春，纳粹军队首先入侵丹麦和挪威，然后又于5月10日向荷兰、比利时和法国发动强大攻势，希特勒的侵略图谋和对美国安全的威胁都暴露无遗。英国人在敦刻尔克的溃败引起的震惊、法国的陷落和8月份纳粹对英国空中闪电战的开始，都在美国引起了强烈的亲同盟国情绪。

美国人知悉欧洲战争

哥伦比亚广播公司的比尔·亨利和相互广播公司的阿瑟·曼是1939年派往前线的首批电台记者。哥伦比亚广播公司的威廉·L·夏勒和全国广播公司的威廉·C·克尔克目睹了希特勒在贡比涅的火车上接受法国投降时趾高气扬的神情。1940年底，爱德华·R·默罗每天晚上都向哥伦比亚广播公司的听众报道纳粹空袭伦敦的消息。他的"这里是伦敦"形象生动地报道了不列颠战役，给美国人的心灵造成了最大的震撼。默罗那平静而令人信服的声音把炮弹肆虐下熊熊燃烧的伦敦展现在美国人民的眼前，使仍然保持中立的美国领悟到这场战争的性质。诗人阿奇博尔德·麦克利什后来这样评述默罗的广播："你在我们的房舍里焚烧了伦敦城，我们感受到了那熊熊火焰。"

战争初期美国著名的报纸战地记者是《芝加哥每日新闻》的老记者利兰·斯托，他报道了俄国—芬兰的战争和纳粹入侵挪威，在1941年希特勒入侵俄国以后，他是第一个到达纳粹——苏联前线的美国记者。

罗斯福的第三任期竞选

当时,罗斯福正在竞选史无前例的第三个总统任期。他的对手、热忱的印第安纳州人温德尔·威尔基支持援助英国、征兵和驱逐舰交易。共和党全国委员会在电台上发出了这样的讯息:"当你们的儿子在欧洲的某个战场上奄奄一息……叫喊着'妈妈!妈妈!'的时候,不要怪富兰克林·D·罗斯福把你们的儿子送上战场,要怪就怪你们自己吧,因为是你们把富兰克林·D·罗斯福送进了白宫!"

孤立主义者和干涉主义者之间的分界线已经形成。一方是以罗伯特·E·伍德将军为首的美国第一委员会,得到查尔斯·A·林德伯格上校的支持,参议员杰拉尔德·P·奈伊和伯顿·K·惠勒也是美国第一主义者。另一方是堪萨斯州著名的报纸主编威廉·艾伦·怀特领导的援助盟国保卫美国委员会。怀特的委员会吸引了许多有影响的作家和报纸主编,他们开展了一场在报纸上刊登广告的运动,成百个地方委员会因此形成。专栏作家约瑟夫·艾尔索普、电台评论员埃尔默·戴维斯和剧作家罗伯特·E·舍伍德。

然而,选民们决定不在危机中更换领导人,罗斯福获得 2 700 万张普选票,威尔基得到 2 200 万张普选票。

民主制度的兵工厂

1940 年 12 月,罗斯福总统呼吁美国成为"民主制度的伟大兵工厂"。

1941 年的《租借法》[1]是亲盟国团体的一个胜利。该法授权总统在他认为某些国家的防御对美国的安全至关重要的时候,可以向这些国家提供物资和服务。该法案还使美国成为英国的一个非交战性盟国。

1941 年 5 月,为推进美国的动员计划,罗斯福总统宣布全国处于无限期的紧急状态。8 月,罗斯福在公海上会见丘吉尔首相,在《大西洋宪章》中阐述了他们的和平目标。但是,孤立主义者还远远没有被击败,同月,众议院以一票优势批准继续征兵。

战争在太平洋爆发

1941 年 12 月 7 日,电台广播了日本飞机轰炸美国太平洋舰队在夏威夷群岛珍珠港基地的惊人消息,随之战争所需要的团结终于达成。相互广播

---

[1] 美国国会 1941 年 3 月通过的一项法案。该法授权总统可以将任何装备出租或出借给他认为与美国防务有关的任何国家。到 1945 年底,共有价值 500 多亿美元的物资根据该法的规定提供给美国在第二次世界大战中的盟国,其中 60%的物资提供给英国,22%的物资提供给苏联。

公司播音员莱恩·斯特林在解说纽约波洛体育场一场职业橄榄球赛时插播了这一消息。下午4时22分，各通讯社播发了白宫宣布发动突袭的消息——"白宫说日本鬼子袭击了珍珠港"——并转发驻檀香山记者发回的报道。在合众社播发了第一篇关于这次袭击的直接报道后，军方新闻检察官切断了夏威夷方面的消息。

合众社驻夏威夷分社社长弗兰克·特里梅因的夫人通过电话向旧金山复述了她丈夫和其他工作人员获得的信息。其中一位名叫弗朗西斯·麦卡锡的记者发回了如下署名报道：

合众社檀香山12月7日电　今天，战争突然在太平洋爆发。日本数波轰炸机攻击了夏威夷，美国舰队则以密集的大口径海军步枪还击。

当时美国东海岸正值下午，在相互广播公司插播几分钟后，哥伦比亚广播公司的约翰·戴利在下午2时31分播送了如下消息："罗斯福总统刚刚宣布，日本人空袭了夏威夷的珍珠港，同时还袭击了主岛瓦胡岛的海军和陆军。"全国广播公司的播音员接着也反复报道了这一惊人的消息。在当天其他时间里，电台不断报道新闻简报和一些基于事实和谣传的评论。

在檀香山，《明星公报》主编赖利·艾伦及手下人马在90分钟内出了一份报道详细的号外，大标题是《战争！瓦胡岛遭日本飞机轰炸》，接着美国本土各城市也争相出版号外。第二天，79％的美国家庭倾听了罗斯福总统在国会要求对日宣战的演讲。他的开场白是："昨天，1941年12月7日，一个遗臭万年的日子……"

虽然太平洋战争因"偷袭"而爆发，但是可以说，美国与日本之间的战争是不可避免的，《纽约先驱论坛报》在日军袭击珍珠港以后说："既然冲突现在看来是不可避免的，它的发生倒使人感到如释重负了。"

12月11日，希特勒不顾许多军方首脑的忠告而对美国宣战，这使罗斯福的工作简单多了。现在，没有人再反对美国在欧洲战场作战了，反对总统的孤立主义者在震惊之后便哑口无言了。

恢复新闻检查和宣传

随着国家实行战时体制，报人们想起了1917年的《间谍法》和《与敌贸易法》。而条文更泛泛的《煽动法》已在1921年废除。与第一次世界大战时期相比，这些法律在禁止出版物的邮寄和限制言论自由方面的运用已受到很大限制，受影响的主要是亲法西斯和颠覆性的宣传品。最严重的侵犯公民权利事件发生在战争初期，居住在美国的日本人，包括许多有日本血统的美国公民，被关进了与外界隔绝的营地。

美联社执行新闻主编拜伦·普赖斯被任命为新闻检查局局长。大概没有人能像普赖斯一样得到新闻界人士的普遍尊重和信任，他从气质上和能力上都有良好条件处理他的最棘手的工作——指导这一自愿性的报界新闻检查。

1942年1月15日发布了《美国报刊战时行为规约》。该规约严格规定，所有印刷品不得刊登有关军队、飞机、舰船、战时生产、武器、军事设施和天气的不适当消息，类似的指示也下达到广播电台。该规约成为美国新闻记者的一本圣经，他们的错误往往是过分压制可能对战争努力有害的新闻。

战时新闻局的一个职能是像本市新闻编辑部一样发布国家战争新闻。与战争努力密切相关的消息，或者涉及不止一个政府机构的活动的消息，必须通过战时新闻局的新闻处发布。只有征兵广告由政府出钱，而在报纸、杂志、电台和公告牌上刊登或广播的与战争有关的所有广告的版面和时间，都由媒介或国家和地方的广告商无偿提供。

战时新闻局的海外新闻部门每天从它的国内新闻处收到3万字用电传打字机发送的新闻。设在纽约和旧金山的海外新闻分部也采用通讯社、广播网和战时新闻局自己的地方办事处发来的新闻报道。1943年，爱德华·巴雷特领导的海外新闻特稿处的活动达到高潮，每天通过电报向世界各地发送65 000字新闻，邮寄几十万字的特稿材料，航空邮递或通过无线电发送2 500张图片。战时新闻局还管理着美国之音的广播。

军方新闻检查制度

第一次世界大战结束时停止的军方新闻检查制度，在第二次世界大战中又恢复了，还要加上控制无线电广播的问题。在战争的最初几个月里，英国的新闻检查制度是粗暴而严厉的，甚至在新闻部改组以后仍然很严格。由于可以利用无线电报和无线电工具，纳粹德国在第二次世界大战中虽被盟国控制了海底电缆，却没有遭到严重打击。外国记者写的消息在发表之前，纳粹是不作检查的，但是如果记者发出的消息是约瑟夫·戈培尔博士的宣传部不希望看到的，这些记者就会被驱逐出境。

随着战争的发展，新闻记者发现英美两国的海军部最会压制关于战事的消息。美国海军对珍珠港事件和军舰在太平洋被击沉的详细情况，隐瞒了很长时间，他们的理由是不应向日本人提供如此重要的情报。

《芝加哥论坛报》卷入了两起向敌人透露重要信息的重大事件。在珍珠港事件爆发几天前，《论坛报》报道了罗斯福政府的应急"战争计划"。这篇报道表明，美国官员认为只有派出美国远征军才能挽救英国和俄国，而且应该首先在欧洲战场作战，同时把日本人遏制在太平洋。该报道使罗斯福总统非常生气，但是由于日本人轰炸珍珠港，《论坛报》的麦考密克被剥夺了利用此事大做文章的机会。后来，该报在宣布1942年6月中途岛战役胜利时，又刊登一篇报道，间接暗示美军情报机构破译了日本人的密码。这篇报道详尽描述了美军指挥官是如何得知日本航空母舰即将到达的位置的。针对这种情况，政府考虑起诉《芝加哥论坛报》，但在闹得沸沸扬扬以后又放弃了这个决定。

另一方面，英国在埃及的新闻检查，英美两国在印缅战区互相冲突的新闻检查，中国人在重庆的新闻检查，以及道格拉斯·麦克阿瑟将军在太平洋战区的新闻检查，也都遭到记者和编辑们的猛烈抨击。德怀特·艾森豪威尔将军在欧洲的做法总的说来是令人满意的。

报刊和电台报道战况

大多数观察家认为，美国报纸和电台对第二次世界大战的报道达到了有史以来最出色最充分的程度。这一成就主要应归功于通讯社、报纸、杂志和电台的驻外记者和战地记者，派驻国外的专职记者一度多达500人。另外，美国武装部队共委派了1 646名新闻人员。派出人员最多的是：通讯社和广播网，《纽约时报》和《纽约先驱论坛报》，《芝加哥每日新闻报》、《芝加哥论坛》和《芝加哥太阳报》，《基督教科学箴言报》，《巴尔的摩太阳报》，还有《时代》、《生活》和《新闻周刊》。在战争中牺牲的37名美国记者中，有11名通讯社记者，10名报纸记者，9名杂志记者，4名摄影记者，2名报业辛迪加作家和1名电台记者。

流动装备的发展和磁带录音机的使用很快使电台的新闻报道大大增加，从战场、从飞行在柏林和东京上空的轰炸机上和其他作战中心都可直接发回报道。其中有些报道特别令人难忘：哥伦比亚广播公司的塞西尔·布朗描绘了新加坡的沦陷；1943年对柏林的大空袭中，爱德华·默罗在飞机上作实况报道；欧洲登陆日，美国广播公司的乔治·希克斯冒着德军的炮火从一艘登陆舰上发回报道，赢得广泛赞誉；《亚特兰大新闻报》的赖特·布赖恩乘着运载伞兵部队的飞机在飞越海峡前线时，向全国广播公司和哥伦比亚广播公司提供了第一则目击报道。

第二次世界大战中最著名的记者，也许要算美国大兵们的朋友、专栏作家厄内斯特·泰勒·派尔。派尔为斯克里普斯—霍华德报团写的专栏文章，以及他写的《这是你们的战争》和《勇敢的人们》，使他在全美享有盛誉，并因此获得普利策奖。1945年4月在冲绳岛战役中，一名日本机枪手在伊江岛上夺走了派尔的生命，一位伟大的美国战地记者的传奇就此终结。

与第一次世界大战中一样，在第二次世界大战中也出现了士兵新闻事业。1942年复刊的《星条旗报》是美国大兵的主要报纸，后来还发行了欧洲版和太平洋版。各大单位和每个军营几乎都有自己的报刊。与第一次世界大战时不同，美国武装部队设立了大量公共关系单位，其中最得力的是海军陆战队的战斗记者（combat correspondents）。曾任职于《塔尔萨论坛报》的海军陆战队中士吉姆·卢卡斯，在美军流血最多的登陆地点——太平洋塔拉瓦岛的海滩上，写下了这次大战中最出色的目击报道之一。

通讯社拍发胜利和 FDR 逝世消息

报道欧洲战场各方面战况的美联社记者韦斯·加拉格尔，为盟军在1944年6月6日

在法国登陆做好了充分的报道准备。他写出了一篇1 700字的报道,让这一消息传遍了美国。以下是它的导语:

> **盟国远征军最高统帅部6月6日电** 美国、英国和加拿大军队今天上午在法国北部登陆,发动了有史以来最大的跨海军事作战行动。他们的最高统帅德怀特·D·艾森豪威尔将军下令,对于主宰欧陆的德国人"除了完全投降,我们什么都不会接受"。

与此同时,在太平洋战场上,麦克阿瑟将军引人注目的趟水上岸受到大肆宣扬。合众社旧金山分社从太平洋军方电台收到公报后,抢在美联社之前报道了登陆消息:

> **合众社关岛2月19日电** 在海空猛烈轰炸的掩护下,美国海军陆战队进攻8平方英里的硫磺岛。这次两栖突击战将美国在太平洋的攻势延展到距遭受轰炸的东京不到750英里的地方。

胜利在望——唯一的问题是德国人和日本人什么时候最终认输。

经过筋疲力尽的竞选,罗斯福总统终于战胜托马斯·E·杜威,开始他本人的第四个任期。罗斯福身患重病,并对战后可能出现的事件忧心忡忡,他前往佐治亚州的沃姆斯普林斯疗养所休息两周。正是在那里,1945年4月12日,美国历史上任职时间最长的总统因脑部大量出血去世,终年63岁。

由于总统外出,华盛顿的三个通讯社分社不像往常那么忙碌。当电话总机通知有紧急电话会议时,国际新闻社的阿瑟·赫尔曼、合众社的乔·迈勒和美联社的加德纳·布里奇都拿起了话筒。打电话的是罗斯福的新闻秘书史蒂夫·厄尔利。他说:"告诉你们一个消息。总统今天下午突然去世……"赫尔曼本能地冲着接线员叫道:"快讯!FDR逝世!"30秒钟以后,合众社也发了快讯,紧接着是美联社。几分钟内,新闻线路便水泄不通,消息震惊了全世界,尤其是海外,美国在海外的士兵被告知他们的最高统帅亡故了。

在沃姆斯普林斯,合众社的梅里曼·史密斯(他在18年以后因为报道约翰·肯尼迪总统遇刺而获得普利策奖)与美联社的哈罗德·奥利弗、国际新闻社的鲍勃·尼克松一起匆匆赶到总统秘书威廉·哈西特的住处。哈西特告诉他们这个伤心的消息以后,他们抢过电话,开始口授新闻。以下是史密斯的署名报道:

> **合众社佐治亚州沃姆斯普林斯4月12日电** 在美国历史上最重要的12年担任总统的富兰克林·D·罗斯福,美国中部冬季时间今天下午3时35分在此地"小白宫"中的一间小屋里去世。

杜鲁门与原子弹: 冷战开始

不到3个小时以后,哈里·S·杜鲁门宣誓就任总统,揭开了第二次世界大战的这出活剧的最后一幕：决定使用原子弹。

1945年8月6日，三架"超级堡垒"式轰炸机从提尼安岛基地起飞，在硫磺岛上空会合以后加速飞往日本。"埃诺拉·盖伊"号攻击机接近了广岛，于上午9时15分投下一枚威力相当于两万吨TNT的炸弹，60秒钟以后炸弹爆炸，原子时代从此揭开。这个只有数平方英里的城市消失了，6万多人丧命。在提尼安岛，不知道轰炸行动的记者们被告知飞机正在返航。当他们得知使用了一种不可思议的新式武器时，记者们百感交集。与此同时，杜鲁门总统在华盛顿向全世界宣布了这一事件，其他官员则透露了几周前的7月16日在新墨西哥州进行试验的详情。

3天以后，另一架飞机向长崎投下了第二枚原子弹，《纽约时报》的威廉·L·劳伦斯随机采访。几秒钟之内，一种比正午的阳光还要强烈的亮光一闪而过，使人几乎睁不开眼睛，一大团烟云随之冲上45 000英尺的高空。劳伦斯这位唯一目睹了新墨西哥州试验的记者有幸坐在"前排"，条件是对他所了解的研制原子弹的曼哈顿工程保持缄默。9月9日的《纽约时报》刊登了劳伦斯的目击性描述，其中有这样的文字：

> ……紫色的火柱达到了我们的飞行高度，这时才过去约45秒。我们怀着敬畏的心情看着这团火柱继续飞快蹿升，好像是从地球上而不是从外层空间飞来的流星。它穿过白色云层，升向天际，它已不再是烟、或者尘雾，甚至也不是一团火。它成了一个活生生的东西，一个新的生物物种，就在我们眼前令人难以置信地诞生了。

1937年获得普利策奖的科学报道专家劳伦斯，由于这篇文章和另外10篇系列文章第二次获得了普利策奖。

1945年9月2日，在麦克阿瑟将军的主持下，日本人在泊于东京湾的"密苏里"号战列舰上签署投降书，第二次世界大战就此正式结束，全国的报纸都在头版刊登了关于这个庄严仪式的有线传真照片。但是在全国上下欢欣鼓舞的气氛中，人们开始怀疑和担心俄国人的意图。杜鲁门总统认为不能信任斯大林，世界笼罩在脆弱的和平之中。

战后国内外的调整

在杜鲁门总统的领导下，国家平稳地进入了战后时期。

对国际共产主义的恐惧，苏联在美国间谍活动的曝光，以及众议院非美活动委员会的猛烈抨击，使美国的报刊和电波中充满了各种指责与反指责。像1918年至1920年"恐赤病"时期一样，恐惧取代了理性。

温斯顿·丘吉尔1946年访问美国。他在密苏里州的富尔顿与杜鲁门一起露面时，创造了"铁幕"一词。他说:"从波罗的海沿岸的斯德丁❶到亚得里亚海沿岸的里雅斯特,欧洲大陆已降下一道铁幕。"冷战言辞越来越激烈。在以后的岁月里,历史学家批评杜鲁门和其他盟国领导人没有向苏联人提出一个更具有和解性的计划,反而使他们担心,一个敌对的英美联盟被制造出来就是要破坏他们的天然利益。

总统及其顾问们对共产主义在亚洲的扩展几乎无能为力。尽管美国提供了大量援助,但面对毛泽东率领的人民解放军,军阀蒋介石的国民党军队仍然节节败退。在近乎年迈昏庸的美国大使帕特里克·赫尔利将军安排蒋介石与毛泽东会面作了一次灾难性的努力以后,杜鲁门政府派乔治·C·马歇尔将军前往中国,希望促使国共两党政权建立联合政府,结果无功而返。赫尔利辞职了,他指责国务院的中国问题专家和使馆工作人员丢失了中国。在此后的麦卡锡时期,美国思想界的整个右翼又旧话重提。当美国大学里的中国学者和在中国的美国记者客观地预测毛泽东的马克思主义军队即将战胜蒋介石的国民党时,他们同样陷入了困境。虽然有充分证据表明蒋介石政权腐败无能、不得人心,但是卢斯的出版物、斯克里普斯—霍华德报团仍然为蒋介石涂脂抹粉。在冷战的气氛中,美国公众舆论把毛泽东、周恩来和其他中国新型政治家称为"赤匪",说他们蒙蔽了美国记者。驻中国记者团的主要权威人物这样总结了他的调查结果:"如果说美国人与中国共产党人的接触改变了美国人的态度的话,那么他们与中国国民党的接触只能使他们产生反感。"他还说,在驻中国的西方记者眼里,国民党已经"腐烂透了",是"一个陈旧的独裁政权,封建、堕落,而且也许已无可救药"。

"中国观察家" 出现

埃德加·斯诺是1928年作为托马斯·F·密勒的门生来到中国的,他1938年出版的《西行漫记》一书向外部世界介绍了毛泽东。

斯诺为鲍威尔的自由派开明报纸工作,同时作为自由撰稿人向报刊投稿,还在北京的燕京大学(今北京大学)讲授新闻学。1936年,斯诺不畏艰险,探访了毛泽东和中国共产党的军队在偏远的陕西省建立的总部。当时,这支部队刚刚在6 000英里的"长征"中幸存下来,在延安建立了战时根据地。斯诺与共产党人共处了4个月,回来时已经声名远播,被《伦敦每日先驱报》任命为驻远东首席记者。他向《生活》卖了75张照片,为《星期六晚邮报》撰稿,并出版了诠释毛泽东及其政治思想的著作《西行漫记》。

❶即今日波兰城市什切青。

斯诺的妻子海伦·福斯特·斯诺在1937年避开国民党的盘查到达延安，为她本人的著作《红色中国内幕》收集素材。在那里，她在毛泽东的圈子中发现了另一名女记者——出身于科罗拉多州一个穷困的矿工家庭、只接受过小学教育的艾格尼丝·史沫特莱。史沫特莱1928年作为《法兰克福日报》的记者到达中国。在1936年以前，作为与共产党有关系的唯一一名西方记者，史沫特莱常常为其他记者牵线搭桥。她完成了因"长征"而闻名的朱德将军的传记，住在延安的一个窑洞里，帮助募集粮食和药品。1938年至1940年，史沫特莱担任《曼彻斯特卫报》记者，1943年撰写了《中国的战歌》。

安娜·路易斯·斯特朗则是一名大学毕业生和一个牧师的女儿。20世纪20年代和30年代，斯特朗以作家和新闻记者的身份旅居中国和苏联。毛泽东正是在延安接受她的采访时说出了"一切反动派都是纸老虎"那句名言。现在那个采访地点已经成为历史遗址，斯特朗也因报道这句话而名闻天下。她后来在中国安度晚年。20世纪80年代，中国人创立了三S研究会，以纪念斯诺、史沫特莱和斯特朗。

驻国民党陪都重庆的战时记者团包括《时代》的安娜莉·雅各比[❶]，她1942年与其记者丈夫梅尔从菲律宾逃到澳大利亚，梅尔在飞机失事中丧生。活跃在重庆的其他记者有《时代》杂志的西奥多·怀特[❷]、《生活》画报的摄影记者卡尔·迈登斯、《纽约时报》的蒂尔曼·德丁、《芝加哥每日新闻》的A. T. 斯蒂尔、《纽约先驱论坛报》的文森特·希恩、合众社的艾伯特·雷文霍尔特、国际新闻社的杰克·贝尔登和斯诺。在1944年6名记者突破性地赴延安采访的时候，20世纪30年代的合众社记者伊斯雷尔·爱泼斯坦代表《纽约时报》前往。

随着战争的结束，驻华记者的窘境开始了。西奥多·怀特和安娜利·雅各比在1946年出版《中国的惊雷》，报道毛泽东的实力和中国人对变革的渴望，他们遭到了美国保守派报纸和政客的谴责。他们后来与约翰·赫西一起作证说，《时代》杂志国际新闻主编、反共的惠特克·钱伯斯在亨利·卢斯的支持下大肆篡改了他们的稿件。随着麦卡锡时期迫害的变本加厉，斯诺从美国逃往瑞士。1953年，《密勒氏评论报》的约翰·W·（比尔）鲍威尔和西尔维娅·鲍威尔在美国被指控犯有煽动罪，理由是他们公布了在朝鲜战争中被中国人俘获的美国战俘的名字；曾为美国广播公司报道1949年上海陷落的作家朱利安·舒曼的命运也是如此。经过7年的指控和审判，他们最终被判无罪。20世纪80年代，舒曼在北京的英文报纸《中国日报》担任体育部主任。而两岁时就被从波兰带到中国的爱泼斯坦则创办了《中国建设》杂志，在爱泼斯坦的领导下，该杂志在20世纪80年代发展成为印刷用纸考究的多文种杂志。

1949年，毛泽东的军队进入中国首都，蒋介石逃到了台湾。美国与中

❶ 中文名贾安娜。
❷ 中文名白修德。

华人民共和国外交和新闻方面的联系中断。1949年离开中国的斯诺于1960年返回北京，他是10年来到北京的唯一一名美国记者。1970年，他与毛泽东并肩站在天安门广场上，接受群众的致敬。斯诺在理查德·尼克松总统到达中国前夕去世。这次访问预示着20世纪40年代的驻华外交官、驻华记者和在华学者将得以恢复名誉。

但是在1949年，认为战后美国应充当世界警察的那些人对这些中国支持者感到非常愤怒。后来有消息传来，胡志明的民族主义—马克思主义军队在印度支那正逐渐赢得反对美国支持的法国军队的战争，这使右翼人士更加怒不可遏。杜鲁门是坚决反共的，他在欧洲的强硬行动证明了这一点，并且在这些亚洲的内战中提供了美援，但是他又坚决反对全面干预。

纽约诸日报盛极一时

纽约的报纸最充分地体现了战后几年报业的繁荣。纽约的九大日报夸耀其每日总发行量达到600万份出头，几乎是1987年四大日报总发行量的两倍。在周日，可供读者选择的6份报纸一天能卖出1 010万份，其中包括470万份的《纽约每日新闻》，该报在1947年创下了有史以来的最高发行量纪录，其晨报日销量达240万份。

赫斯特的《美国人新闻报》周日版的销量接近130万份，平日每晚销售70万份左右，他的《镜报》更加畅销，周日版的销量达220万份，平时的晨报版略高于100万份。《时报》的周日版在前一年就突破了100万份大关，平日晨报版销量约为54.5万份。《先驱论坛报》的周日版销量为68万份，平日晨报版为32万份。另有30万人购买《午报》的周日版。

在杜鲁门总统和民主党人开始着手1948年总统竞选的时候，赫斯特报团和麦考密克—帕特森报团报纸的销量要远远高于它们的竞争对手、比较温和的《时报》和《先驱论坛报》。

杜鲁门当选：1948年的奇迹

面对1948年的选举，杜鲁门总统连任的希望不太大。共和党人感到他们能轻而易举地取胜，便提名得人心的纽约州州长，曾在1944年败给罗斯福的托马斯·杜威担任总统候选人。

整个1948年夏，全国主要的社论撰稿人和政治专栏作家大谈杜威的雄厚实力和杜鲁门无力形成一个能给他带来胜利的联盟。沃尔特·李普曼、德鲁·皮尔逊、约瑟夫·艾尔索普和斯图尔特·艾尔索普、马奎斯·蔡尔兹等人都写道，民主党即将灾难临头。但是在秋天，决心已定的总统以牙还牙，在20世纪最富有戏剧性的"逢站必停"的竞选运动中向人民宣讲其论点。随着竞选运动接近尾声，杜鲁门的支持者规模在增加，情绪也日益高涨，虽然一些在各地采访的记者注意到了这一点，但是其他人却忽视了这种气氛的变化。到11月1日，杜鲁门的支持率已经赶上杜威，但据当天早晨的《华盛顿邮报》报道，盖洛普民意测验仍然预测杜威获胜："盖洛普预测杜威将获49.5%的普选票，杜鲁门将获44.5%。"11月1日的《生活》刊登了杜威的照片，文字说明为："下任总统乘渡船行进在旧金山湾宽阔的水面上。"

11月3日，也就是选举后的第二天，当开往白宫的总统专列到达圣路易斯时，杜鲁门总统提前得到了《芝加哥论坛报》。大字标题非常醒目，令人难忘："杜威击败杜鲁门"。这家报纸从未能使人们淡忘此事。但是杜鲁门却迎来了漂亮的大逆转。

共和党人过分自信的一大证据——"杜威击败杜鲁门"，它成为历史上被引用最多的标题之一

杜鲁门与记者招待会

在杜鲁门近8年的任期中，总统与新闻界的关系发生了剧烈的变化。杜鲁门的风格，第二次世界大战后形势的复杂，以及战时和战后新闻采访机构特别是广播电视的发展，促成了这种剧变。

杜鲁门担任总统期间举行了324次记者招待会，平均每个月三到四次，这只及罗斯福总统每年举行的记者招待会次数的一半，但是比继他之后的各届总统多了近一倍。杜鲁门总统在这些记者招待会上发表的一些突然的、无法预料的评论，往往与这个受原子能的现实和冷战政治支配的时代显得极不协调。

如果记者们因为可能听到意想不到的和煽情的言论而喜欢杜鲁门的记者招待会，那么他们也渐渐认识到，这些招待会的结构正在变得更有利于政府对他们的控制。杜鲁门开始在招待会前与新闻秘书查尔斯·G·罗斯及其班子里的其他人先听会前简况简介，并开始大量采用事先小心准备好的开场白，当他不打算对某一问题作详细说明时，他就会叫提问的记者参考他的开场白。

1950年春，总统记者招待会的地点从气氛亲密的白宫椭圆形办公室迁至行政办公大楼里一个有230个座位的房间。虽然这种变化是华盛顿记者的增加带来的，但其结果使总统的记者招待会进一步正规化。新址开始使用麦克风，到1951年，在广播电视新闻节目中采用记者招待会的录音片段需要得到总统的批准。在杜鲁门执政期间，随着记者招待会日益公开化，总统不得不对它们加强控制，会前做好充分准备，会上回答问题时更加小心。但杜鲁门怎么想就怎么说的性格，或像一些批评者所谓的"信口开河"，并没有被这些新的防护措施完全掩盖。虽然事先作了准备，然而妙趣横生的、有时是令人难堪的疏漏还是时有出现。但这种加强控制的做法，却为他的继任者奠定了基础。

除了记者招待会以外，朝鲜战争期间控制消息的另一种做法引起了发行人和记者的愤怒。由于深信报纸和杂志犯有泄露大部分美国军事机密的罪行，杜鲁门总统下令所有处理军事信息的政府机构可自行决定是否属于机密并限制媒介使用。虽然批评如潮，但他的命令继续有效。

对于新闻媒介对他和他的政府进行的严厉而不断的批评，杜鲁门报以强烈的谴责。1948年在竞选中取得惊人的胜利以后，杜鲁门总统痛骂了"被人豢养的报刊和电台"。他攻击这些报刊和电台"用纯粹的推测来混淆事实，毫无疑问地误导和欺骗了读者和听众"。

只有当他在1953年1月准备离任时，媒介的一些反对者才罢休，甚至有人对他表示热情赞扬。这给了即将离职的杜鲁门意外的快乐，他后来回忆道："有的主编吃掉了乌鸦，却留下了羽毛。"

朝鲜战争（1950—1953）

1950年6月25日，共产主义朝鲜进攻韩国，合众社记者杰克·詹姆斯最先向世人发出这一快讯。那个星期天的上午，詹姆斯正准备去参加一个野餐会，在美国驻汉城大使馆偶然看到出兵的消息，经证实以后发出简讯，比大使发往华盛顿的电报早到了20分钟。

国务卿迪安·艾奇逊和杜鲁门总统作出了要求联合国进行武装干预的决定，在6月28日由安理会表决通过，而杜鲁门总统已在此前命令麦克阿瑟将军击退朝鲜军队。

随同国务院代表约翰·福斯特·杜勒斯一起到达汉城的《芝加哥论坛报》记者沃尔特·西蒙斯留在了汉城，发出了报纸记者的第一篇战况报道。各通讯社匆忙派记者赶来。国际新闻社的理查兹是第一个飞到作战区域的，他在天安与失散的一个营一起被俘，在到达战区10天后丧生。在这场战争中丧生的各国记者共有18人，其中美国记者11名。

6月27日，朝鲜战争记者团的两位最顽强、最直言不讳的名记者在战斗机护送下从东京飞抵汉城。他们是《纽约先驱论坛报》的玛格丽特·希金斯和《芝加哥每日新闻》的凯斯·比奇。《生活》画报的戴维·道格拉斯·邓肯拍下了朝鲜战争中第一张著名的照片，7月10日出版的一期《生活》把战争带回了当时还没有被电视连接起来的这个国家。

韩国人和美国增援部队被迫撤退到作为桥头堡的釜山港。更多的记者正冒着生命危险在散兵坑、稻田和偏僻的路上奔波。

麦克阿瑟将军没有被赶出韩国的桥头堡，9月15日，他从日本集结部队在仁川发动了辉煌的两栖登陆战，并于9月26日收复汉城，切断了朝鲜人与南方的联系。在场的记者之一是斯克里普斯—霍华德报团的吉姆·卢卡斯，他曾报道过塔拉瓦战役。在长期僵持期间，卢卡斯写了关于"猪排山"的诸篇报道，获得1954年的普利策奖。

美军介入朝鲜战争，玛格丽特·希金斯和霍默·比加特的报道

麦克阿瑟与新闻界：新闻检查的实施

驻朝鲜半岛联合国军司令麦克阿瑟将军，最初不愿实行两次世界大战中实行的战地新闻检查制度，听任记者们自行其是。麦克阿瑟的新闻官马里恩·P·埃科尔斯上校同记者们的关系比占领日本期间还要紧张，因为持异见的记者发现自己的记者资格有被取消的危险。

来自19个国家的近300名记者报道了联合国军向鸭绿江引起争议的挺进。此后中国军队参战，联合国部队溃不成军。凯斯·比奇报道说，在溃退的极度恐慌中，麦克阿瑟将军曾建议撤出朝鲜半岛，其他记者则批评麦克阿瑟在朝鲜分散部队指挥权的战术。这位将军的回答是，实行一种全面、正式的新闻检查制度，他声称该制度是国内报界的高级管理人员推荐的。

然而，1951年1月实行的管制之严厉超出了所有记者的想象。记者们抱怨说，连"撤退"这样的词在新闻检察官看来都是令人难堪的。新的新闻检查制度中最危险的条款是，严重违反条例的记者将受到军事法庭的审判。

杜鲁门撤换麦克阿瑟：一场总统危机

在整个战争中，杜鲁门总统和他的战地指挥官之间始终存在分歧。

麦克阿瑟将军的计划之一是动用盟军飞机轰炸鸭绿江——朝鲜与中国之间的分界线——对岸。对中国使用原子弹一事也得到充分考虑，麦克阿瑟的支持者们对此表示赞成。

4月11日，杜鲁门总统采取行动，撤销了麦克阿瑟的一切职务。

《芝加哥论坛报》在头版的社论中叫喊："弹劾杜鲁门。杜鲁门总统应该被弹劾和定罪。他草率和报复性地撤销了麦克阿瑟将军的职务，这是他一系列行动的顶点，表明无论在道德方面还是在心智方面，他都不适合担任总统。"杜鲁门在全国广播电视节目中为自己的决定作了辩护。他说，麦克阿瑟的行动可能引发一场大战——实际上是第三次世界大战。近70%的人热烈支持麦克阿瑟。数千百万人观看了麦克阿瑟在国会联席会议上的讲话，并在从旧金山开始的各大城市抛投纸袋迎宾游行中表达了对麦克阿瑟的爱戴。

多年以后，换一种角度看，杜鲁门总统的决定似乎是正确的。对此，另类新闻工作者I.F.斯通和詹姆斯·阿伦森有自己的解释。在1952年写的《朝鲜战争秘史》一书中，斯通提出证据表明，正因为麦克阿瑟危险地接近鸭绿江，因而无视缓冲地带，中国人才被迫参战；这种观点近年来得到了学术界的支持。

朝鲜停战

麦克阿瑟将军因抗令而被撤职以后，新闻检查有所缓和，尽管麦克阿瑟的首席情报官 C. A. 威洛比少将继续以"不准确、有偏见和急躁任性"等罪名来攻击哈尔·博伊尔、汉森·W·鲍德温、霍默·比加特和约瑟夫·艾尔索普等受人尊敬的记者。1952年12月，国防部发布了新的战地新闻检查指示，把新闻检查职责从情报军官员交给公共关系军官，并规定陆海空三军执行统一计划，禁止以非安全原因实施新闻检查，但是与以往一样，新闻界人士与新闻检察官员对"安全"定义的理解一直不同。

1953年7月，停战协定在板门店签署，朝鲜战争的作战阶段就此结束。这场战争给美军造成33 629人死亡，联合国军其他成员国1 263人死亡，朝鲜人的伤亡约为200万。联合国的意志不容公然藐视这个原则得到了捍卫。但是有一种观点认为，在第一次收复汉城时这个原则已经得到捍卫，因此麦克阿瑟推进到鸭绿江畔中国边境，这一行动改变了战争的性质，造成此后20年中美关系交恶。

在美国人的心目中，朝鲜战争很快与其他事件交织在一起，但是未来几代美国人将通过电视节目《陆军野战医院》来了解那些日子的悲剧、讽刺与幽默。这个节目利用朝鲜的经验来聚焦美国在越南的战争。就那些在战场上对战争的目的表示怀疑、对国内民众的不同立场发表评论的人而言，他们的党派偏见见之于这两场战争，并成为电视史的一部分。正如威廉·L·奥尼尔所注意到的那样，朝鲜僵局严重损害了美国国内的民心士气，随之打开了国防开支的闸门，并刺激了军备竞赛。对韩国人而言，战争带来的是一届又一届得到美国强烈支持的专制政府，他们以好战的朝鲜政权为借口，残酷镇压谋求基本改革的人。在停战协定签订近40年后，美国仍然在韩国保持着约4万名驻军。

第十六章

电视占据中心舞台

1950年美国无线电公司的一条电视机生产流水线

(贝特曼档案馆)

电视影响1952年竞选

艾森豪威尔与新闻界

电视网的扩展:电视的黄金时代

默罗对麦卡锡:"不忠与异见"之辩

全国广播公司新闻:亨特利与布林克利

电台适应电视

通讯社:美联社的肯特·库珀

合众社和国际新闻社合并为合众国际社

美国新闻署与美国之音

广告业:美国麦迪逊大街

公司公共关系的扩展

20世纪50年代的杂志

《哈泼斯》、《大西洋》和《星期六评论》

巴克利的《国民评论》

自由派左翼意见刊物

宗教报刊

新闻摄影事业:《黑檀》、《全国地理》和《史密森学会》

图书出版:老牌出版社引领战后繁荣

电影面临电视的挑战

一连串的警报

> 与忠实而深入浅出地处理马歇尔计划、《塔夫脱—哈特莱法》或大西洋公约相比，报道一场战役或一次轰炸要容易得多。
>
> ——爱德华·R·默罗

对于20世纪50年代，人们记忆最清晰的是：电视上的露西尔·鲍尔❶、埃德·沙利文❷和爱德华·R·默罗，政界的德怀特·艾森豪威尔、艾德莱·史蒂文森和约瑟夫·麦卡锡，纽约"扬基"队、埃尔维斯·普雷斯利❸、麦迪逊大街、呼啦圈舞、"免下车"电影、市郊开发区住宅，州际公路和喷气式飞机。这一时期后来在电视节目《快乐时光》和电影《美国风情画》中被描绘为平静而平淡的时期，而随着国家迈向爆炸性的20世纪60年代和70年代初，实际上时时刻刻对美国人都具有严重的后果。

在战后岁月里，国家进入了有史以来最长的繁荣期。消费和商业开支，加上政府支出（包括花在美国大兵身上的钱），刺激了战后的经济勃兴。然而，美国在努力解决战后调整期的种种问题，包括劳工争执、让人担心20世纪30年代艰难时光可能卷土重来的时隐时现的经济衰退和住房短缺（后者是以导致美国郊区化的大兴土木建设住宅来应对的，并最终产生了整整另外一个系列的挑战）。

未来对抗的种子就这样播下了。杜鲁门的"遏制政策"转变成艾森豪威尔和他的国务卿约翰·福斯特·杜勒斯的"战争边缘政策"。当时作出了一项决定，无视共产党游击队在印度支那取得的胜利，援助软弱的西贡政府，担当起法国在那里扮演的角色。由于麦卡锡参议员、理查德·尼克松等人富有手腕地利用这种局势，对于国际共产主义和内部颠覆的恐惧使人以邻为壑。

蒙哥马利长期受苦的黑人抵制当地的公共汽车公司，围绕小石城一所中学取消种族隔离问题的争执变成了全国性的争论。小马丁·路德·金的名字首次出现在《纽约时报》上。最高法院裁决，在美国中小学实行"分隔但是平等"原则是违宪的，这给了黑人以希望——其他门户不久就会打开。

除了另类出版物或偶尔一则新闻报道或广播电视纪实作品之外，几乎没有人谈到环境破坏、执法官员滥用权力和给予消费者更大保护的需要。然而在20世纪50年代，随着强大的商业和工业界巩固其对国家政治、经济和社会生活的控制，这些问题是一直存在的。

相反，娱乐媒介——电视、广播、电影、杂志、书籍——却企图以一种前所未有的方式对待美国的观众和读者。黛娜·肖尔❹轻声柔气地说："在雪佛莱车上看美国，美国是世界上最伟大的国家。"这类讯息打动了大家的心。美国人在经历了若干艰苦的年头之后，准备过欢乐愉快的日子。

---

❶ 露西尔·鲍尔（1911—1989），美国喜剧女演员。以长期演电视连续剧《我爱露西》闻名。

❷ 埃德·沙利文（1901—1974），美国电视明星。他在1948年至1971年主持的《埃德·沙利文秀》是美国电视史上最长久的综艺节目。

❸ 埃尔维斯·普雷斯利（1935—1977），美国摇滚歌星，绰号"猫王"。

❹ 黛娜·肖尔（1917—1994），美国女歌手、电视演员。

朝鲜战争的爆发使他们感到不安，俄国人和中国人统治着地球上的大片土地，共产党间谍窃取了原子弹秘密，而美好的生活即将来临。但这是他们争取实现美国梦的机遇，正如大众传媒上的广告天天向他们展示的和公关活动向他们证明的那样。

在单纯的美国生活开始变得复杂化并令人困惑的时候，报纸、通讯社、新闻杂志以及广播电台和电视台的新闻部面对着解释那些岁月的意义这一任务，也开始发生变化。

电视影响 1952 年竞选

在 1952 年的总统竞选中，电视成了美国政治进程中的主宰力量。这场竞争是在陆军五星上将德怀特·D·艾森豪威尔和伊利诺伊州州长艾德莱·E·史蒂文森之间展开的。

随着竞选的展开，电视向公众提供了解理想主义的自由派人士史蒂文森的机会。他是一个善于言表、说话风趣的公仆，可是公众在聆听他的优美的演说时，也看到了他的欠缺，斯图尔特·艾尔索普发表的并为其他人广为接受的贬义语，即史蒂文森是一介"书生"。共和党人在他们的反共运动中则借题发挥，他们的言下之意是：那些知识分子"丢掉了中国"并"出卖了"东欧。

史蒂文森称自己不仅是个刚正不阿之士，而且还是一位绅士和学者，而艾森豪威尔的广告专家们利用他向群众讲话时挥臂致意和他的富有感染力的真挚笑容，把他描绘成一位强有力的领袖，一位"爱好和平的人"。艾森豪威尔 30 分钟电视讲话节目包括好几分钟的开场和结束场面，而史蒂文森的演说要适应那半小时的限制却往往有困难，观众看到他在节目结束时间已到时还在讲话。

艾森豪威尔在 11 月份大获全胜，结束了民主党 20 年的统治。他在竞选期间曾保证要"去朝鲜"，当年 12 月，他视察了在那里的美军，电视摄像机拍下了他的每一个动作。

艾森豪威尔与新闻界

艾森豪威尔是一个不爱与人交往的人，他对电视感到不自在，与记者们在一起也不大轻松自如。由于这一缘故，他依靠有才干的新闻秘书詹姆斯·C·哈格蒂的辅佐，哈格蒂被他在职业争斗中击败的报人戏称为"从未当选的最出色的共和党总统"。这对哈格蒂而言是不公平的，他以懂得如何最有效地利用新闻界来为他的上司服务而自豪。

艾森豪威尔继续举行从杜鲁门开始的人数众多的正式记者招待会。他的第一次记者招待会有 250 名记者参加，最后一次有 309 人出席，8 年中一共举行了 190 次记者招待会。他允许直接引用他的话和把讲话录音供电视台以后播放，这是新闻界的新收获，不过，材料必须由哈格蒂核对。

U—2间谍飞机事件触发了新闻记者们后来称之为白宫、新闻界和公众之间的"信用差距"的开始。U—2驾驶员加里·鲍尔斯在俄国上空被击落时，美国政府发表一则声明，说他驾驶的是一架气候监测飞机，发生意外而偏离了航线。但是当俄国方面拿出供认不讳的中央情报局特工鲍尔斯公示时，处境尴尬的艾森豪威尔被迫承认他的政府撒了谎。公众的震惊反映在美国的新闻媒介中。从事秘密军事行动是一回事；对它撒谎抵赖肯定是另一回事。而人们偏偏认为艾森豪威尔是不做这等事的。在此后20年中，这种信用差距显著扩大。

艾森豪威尔总统和詹姆斯·哈格蒂
（合众国际社）

艾森豪威尔作为第一位乘坐喷气式飞机广泛出行的总统，带来了一些关于海外旅行的激动人心的电视报道。《纽约先驱论坛报》的罗伯特·J·多诺万预测："喷气机的问世……比人们的想象更多地改变了总统作用。艾森豪威尔1959年的印度之行意义重大，我采访了这次访问，而且我认为这次访问是我一生中辉煌的时刻。"

电视网的扩展： 电视的黄金时代

20世纪50年代末，86％的家庭有电视机。全国广播公司和哥伦比亚广播公司在力争增加它们的附属台数目。全国广播公司以64对31领先，后起的美国广播公司网络以15家尾随其后。杜蒙特公司试图成立第四个电视网，但于1955年退出竞争。电视网定期播出弥尔顿·伯利[1]的《德士古明星剧场》和埃德·沙利文的《城里的烤面包》这样的节目。

总共有108个电视台在播出，这是联邦通讯委员会在1948年"冻结"电视业时分配的数目。"冻结"是为了研究一些问题，特别是就彩色电视和适应未来需要的频道数目展开辩论。1952年，联邦通讯委员会规定甚高频（VHF）电视用2至13频道，超高频（UHF）电视台可用83频道。关于

[1] 弥尔顿·伯利（1908—2002），美国喜剧演员。

彩色电视，联邦通讯委员会于1953年批准美国无线电公司的兼容式彩色系统，这种系统让彩色和黑白电视机都能收看节目。

随着同轴电缆的开发，横跨东西海岸广播电视播出成为可能。

在这些草创年头里，各电视网的大部分节目是在纽约由像全国广播公司的西尔维斯特·L·"帕特"·韦弗这样的富有想象力的人安排的。《今日》和《今晚》这两个节目就是韦弗想出来的。从1952年起，许多美国人一觉醒来就听到戴夫·加罗韦这位《今日》节目第一个主持人的声音，该节目于东部时间早上7时开播。史蒂夫·艾伦是1954年第一个《今晚》节目的主持人，在随后的年头里这一节目分别由杰克·帕尔和约翰尼·卡森主持。

美国电视分布图

随着体育比赛成为电视上的特色性定期节目，年轻人说服他们的老师同意让全班同学收看世界职业棒球锦标赛❶，收看在扬基体育场❷、埃贝茨体育场❸和马球运动场举行的比赛。

在电视处在黄金岁月的20世纪50年代，1953年1月记录下了最蔚为大观的观众群，当时全国有电视机的2 100万个家庭中有72%的家庭收看《我爱露西》节目。

可是，当在20世纪50年代中期大多数制作活动从纽约转到好莱坞的演播室时，节目内容开始发生了变化，由观众喜爱的《硝烟》打头，五六部西部片先后播出。一位名叫罗纳德·里根的演员主持播出《死谷岁月》。到1959年，在另一个长期连续上演的节目《富矿带》播出时，定期播放

❶即美国两大职业棒球联赛的决赛，每年秋季进行。

❷纽约扬基队主场。

❸布鲁克林道奇队主场。

的西部片节目有 30 个。当时一大串观众喜爱的侦探节目包括《佩里·梅森》和《法网》。

当人们在 20 世纪 50 年代末得知一些答问比赛节目经过彩排时，电视遭受了一次挫折。1955 年，哥伦比亚广播公司的《64 000 美元问题》节目成了收视率最高的电视节目。但是到 1958 年，当查明存在着大肆欺骗公众的情况时，20 个答问比赛节目停播。纽约的一个大陪审团 1959 年进行的调查端出了全部详情。电视业的信誉受到了损害，但这只是暂时现象。1994 年的影片《机智问答》警示另一代人注意伦理问题。

默罗对麦卡锡："不忠与异见"之辩

20 世纪 50 年代，将新出现的电视系统与党派政治的联姻表现得最为清楚的，莫过于电视人爱德华·R·默罗与来自威斯康星州的约瑟夫·R·麦卡锡参议员之间的交锋了。两人都是在众目睽睽之下建立自己的事业的，而两人对国际共产主义问题和国内安全——还有新闻事业——诸问题的见解却大相径庭。

默罗以他对真理坚忍不拔、对英语的爱好和对美国传统中的精华的钟情，保持着负责任的广播电视新闻工作者的良知。

默罗充分展示自己风格和个性的机会是在 1951 年 11 月 18 日。那是《现在请看》节目第一次播出。

此后 7 年中，《现在请看》节目不落俗套，使美国人多次领略了货真价实的新闻事业。默罗认为，讯息比媒介更加重要。他对精心写作和仔细编辑片子所倾注的热情是感人的。

《现在请看》节目渐渐地由简略审视各种主题变为偶尔做较长的呈现。1952 年末，默罗率领一个人数众多的报道与摄制班子前往朝鲜摄制了第一个整整一个小时的《现在请看》节目——受到高度赞扬的《圣诞节在朝鲜》，取得了里程碑式的成就。这是第一个大型电视战地报道，它使国人深刻认识到，这场战争陷入了僵局。

哥伦比亚广播公司伟大的评论员爱德华·R·默罗
（哥伦比亚广播公司）

接着在 1953 年 10 月，默罗进而对那些年头中争论最大的问题麦卡锡主义进行报道。在默罗和弗兰德利准备报道年轻的空军预备役军官米洛·拉杜洛维奇时，哥伦比亚广播公司的紧张形势达到了顶点。拉杜洛维奇因为他父亲和妹妹阅读"颠覆性"报纸而被列为危险分子。默罗先前的节目往往带刺，曾在哥伦比亚广播公司内部引起问题。这一次，该电视网拒绝为《现在请看》节目做广告。于是默罗和弗兰德利便自掏腰包，拿出1 500美元在《纽约时报》上刊登广告。同时，哥伦比亚广播公司感受到广告商反对这一节目的强大压力。

默罗带着他的摄像机调查了拉杜洛维奇一家所在的社区密歇根州的德克斯特，显示拉杜洛维奇父亲所阅读的是一份支持摆脱俄国控制5年之后的南斯拉夫铁托元帅的塞尔维亚文报纸。默罗最后的话语包括请空军作出回答。接着是这样一段话：

> 在个人与国家之间的整个关系方面，无论发生什么情况，我们将自主行事。这不能归咎于马林科夫、毛泽东乃至于我们的盟友。在我们看来，也就是在弗雷德·弗兰德利和我看来，这是一个应该无止境地辩论下去的问题。

1953年，默罗开始了他的著名访谈节目《面对面》。

《面对面》节目在1959年6月26日终止前，一共邀请了500多位嘉宾。它是收视率最高的十大节目之一。当默罗香烟在手、静静地探究事理并设法使他的著名嘉宾感到自在时，多次创造了启发人们思考的时刻，他仍然对《现在请看》忠心耿耿。

1954年3月9日的那次《现在请看》是电视史上最具争论性的播出之一。默罗对麦卡锡参议员指控许多美国人从事颠覆活动所使用的伎俩感到深恶痛绝，于是使出了浑身解数。默罗在那天晚上的播出中，一面播放有关麦卡锡活动的胶片，一面说：

> 作为一个国家，我们是在稚嫩的年纪继承全部遗产的。我们自称在国外捍卫自由，实际上我们也是如此，尽管这自由已所剩无几。然而我们不能一面在国外捍卫自由，一面却在国内抛弃自由。来自威斯康星州的那位资历不深的参议员的行动已经引起我们的盟国的惊诧和沮丧，而使我们的敌人感到欣慰。这是谁的过错？其实并不是他的过错。这种人人自危的局面不是他制造出来的，他仅仅是利用了这种局面而已，而且利用得相当成功。卡西乌说得对："亲爱的布鲁图❶，那过错不在于我们的命运，而在于我们自身。"……晚安，祝你们幸运。

麦卡锡越来越不得人心，8月份的一项盖洛普民意测验表明，只有36%的公众对他有"好感"。麦卡锡因为采取恐吓手法而受到参议院同事谴责，离开了中心舞台。他死于1957年。

默罗曾设法教导公众，使他们懂得不忠诚与持异见之间的区别。但是，

---

❶ 卡西乌和布鲁图两人均为刺杀恺撒的主谋，被安东尼和渥大维联军击败后自杀。见莎士比亚戏剧《朱利叶斯·恺撒》。

无休止的紧张工作和对电视的一些趋势感到不满在影响着他的健康。1961年，默罗对电视的商业性质以及电视新闻本身也将陷入收视率争夺战的种种迹象大失所望，于是辞职而去，转任美国新闻署主管工作了。疾病迫使他于1963年12月退休。

当默罗在1965年4月过完57岁生日两天后因患癌症去世时，埃里克·塞瓦赖德是这样谈到他的这位以自己的技巧和想象力为广播电视新闻和纪实建立了今后的标准的导师的："他是一颗流星。我们将长期地生活在他的余晖中……我们再也见不到像他那样的人了。"

全国广播公司新闻：亨特利与布林克利

在从1956年的两党全国代表大会到动荡的1970年这漫长的14年内，嗓音深沉、面相粗犷的蒙大拿人切特·亨特利和玩世不恭、想入非非的北卡罗来纳籍记者戴维·布林克利出人意料地结成了般配的一对，为全国广播公司赢得了数百万观众。

1952年，哥伦比亚广播公司由默罗和沃尔特·克朗凯特组成的班子曾令全国广播公司居于下风。但是在1956年，情况却完全不同了，亨特利和布林克利十分默契，珠联璧合，而克朗凯特和默罗则相形见绌。

这对搭档一直保持到1970年亨特利退休。当亨特利于1974年死于癌症时，布林克利向电视观众谈到，年轻人曾多次对他和他的搭档说："我是和你们俩一起长大的。"

虽然勤勉的《亨特利—布林克利报道》大大增进了美国对自己的了解，但是这两个人在性格上却不那么相近。亨特利在观点上比较保守，他从本性来说是一个商人。而同样爱国的布林克利则更多地反映华盛顿的观点。

电台适应电视

许多观察家说，电视宣告了电台的死亡，但是时间证明，两者都有自己的空间。广播网电台衰落了，因为其功成名就的明星随着广告预算转到电视网去了。全国性广播电台网的时段销售额从1935年的4 000万美元上升到1948年的1.33亿美元的高峰，然后在1960年又跌至3 500万美元。但是，所有电台的时段销售实际上是逐年增长的。对于数目越来越多的小台来说，采用"音乐、新闻和体育"这一模式是成功的。连续不断地播报新闻，而不是仅仅播报那些篇幅较长和较有意义的新闻，证明是令人厌烦的，但是电台仍然制作了许多精彩的广播网新闻、地方新闻以及公众事务节目。

除了组织松散的相互广播公司外，各广播网全都进入了电视领域，但是仍然保留了电台。美国广播公司（1943年以前为全国广播公司的蓝色广播网）在1953年与派拉蒙影院公司以一项共同抵御电视的协定进行合并。1975年，美国广播公司有1 348个附属电台，分属 4 个子广播网；哥伦比亚广播公司有 258 个；全国广播公司有 232 个。为 560 个电台提供服务的相互广播公司在 1959 年破产了，但是又成功进行了重组。到 1961 年，地区性电台广播网的数目增加到 81 个。

如表 16—1 所示，由埃德温·阿姆斯特朗于 1935 年首次公开演示的调频（FM）电台 20 世纪 40 年代与传统的调幅（AM）电台一争高低。

同调频一起登台亮相的是传真广播，它的接收范围也是有限的。每天的传真广播是 1938 年由圣路易斯的 KSD 电台开始的，被视为是一种把印刷报纸发送到家庭的可能方式。但是，这一创新未能达到大规模生产应用的程度。

表 16—1

电台、电视台以及使用中的收音机和电视机数目

年份	调幅台（在播）（个）	调频台	电视台	收音机（百万台）	电视机
1930	612			13	
1935	605			30	
1940	814			51	
1945	943	53	9	60	(8 000 台)
1950	2 086	733	97	80	6
1955	2 669	552	439	115	33
1960	3 398	688	573	156	55
1965	4 009	1 270	586	228	61
1970	4 269	2 476	87	303	84
1975	4 463	3 571	962	413	120
1980	4 575	4 350	1 020	456	150
1985	4 805	5 066	1 220	489	180
1990	4 984	5 810	1 469	533	210
1994	4 948	6 595	1 516	575*	240*

资料来源：《广播电视年鉴》。1950 年，96％的美国家庭有收音机，1970 年这个比例为 98.6％。拥有电视机的家庭数：1950 年为 13％，1955 年为 68％，1994 年为 99％。在 1990 年的 5.33 亿台收音机中，有 3.43 亿台在家中，有 1.90 亿台在户外。带 * 号者为估计数。

通讯社：美联社的肯特·库珀

肯特·库珀的名字逐渐主宰了 20 世纪 20 年代美联社的历史，他对那个新闻机构的长期影响一直保持到 20 世纪 50 年代末。库珀是印第安纳州人，14 岁时开始为当地报纸作报道工作。他因父亲逝世而中断了大学学业，离开学校后到《印第安纳波利斯新闻

报》工作。后来,又从那里转到斯克里普斯—麦克雷新闻社任职,并担任了这家后来成为美联社主要对手的新闻社的印第安纳波利斯分社社长。库珀在那里想出了一个主意,以电话而不是电报传送新闻报道的系统可以更好地为偏远地区的报纸服务。1910年,他的新闻传播方法的知识给美联社总经理梅尔维尔·E·斯通留下了十分深刻的印象,遂被任命为美联社通讯主管。1920年,他升任总经理助理;1925年,他在斯通退休后出任总经理。库珀显示出优异的行政管理才能,然而他从来不是一个"报人的报人"。

库珀制订了提高美联社工作效率和质量的种种计划。许多改革是在他当权后发生的。分社的数目增加了,采编队伍扩大了,长期不受美联社重视的人情味报道得到了赞许。这一转型的标志是美联社的第一个普利策奖,它是由柯克·L·辛普森1922年一系列关于阿灵顿公墓无名战士葬礼的文章而赢得的。

其他通讯社的竞争和第二次世界大战报道的需要所形成的压力带来了进一步的发展。1934年,美联社的管理层最终废止了同欧洲通讯社作出的不准在国外出售美联社新闻的限制性安排,1946年美联社世界部开张。

在成员抗议权方面的变革并非美联社自愿实行的。根据这一权利,美联社的某个成员可以投票反对它所在城市的新申请者加入进来。推翻一项抵制,需要达到全体会员4/5的多数票,而这是极少能达到的。这一限制遭到《芝加哥太阳报》的公然反对。1945年美国最高法院裁定:美联社关于抗议权的内部章程构成了对竞争的不公正限制。美联社于是修订了它的成员资格条例,决定吸收几家原先不准加入的报纸。在另一条战线上,经过一场激烈的斗争,美联社于1940年开始向电台出售新闻报道。

尽管美联社总的说来名声极佳,但是在新闻报道方面仍然存在瑕疵。1963年在达拉斯,在肯尼迪暗杀事件的早期报道中,美联社糟糕地落后于合众国际社,并发了几条严重失实和引起混乱的报道,其中包括声称林登·约翰逊已被枪杀和一名特工人员和警察被打死的不实报道。

合众社和国际新闻社合并为合众国际社

在20世纪20年代和30年代,合众社和国际新闻社确立了具有竞争力的通讯社的地位。它们伴随着第二次世界大战的压力和战后年代大众传播媒介的成长而迅速发展,接着在1958年联合组成合众国际社——一个与美联社激烈竞争30年的新闻机构。

合众社在某些领域跃居美联社之前,正如它在开发外国新闻业务方面那样。阿克美新闻图片社于1925年开始营业,比美联社开办图片服务早两年。合众社杂志向电台提供新闻,并与国际新闻社一起,于1951年首先打入电视新闻领域。阿克美新闻图片社于1952年改为合众社新闻图片部,处理合众社的"电传图片"业务,成为美联社"有线图片传真"的竞争对手。1954年，这两家都开始用传真供应图片，合众社通过"合众传真"网，美联社则通过"图片传真"网。1951年出现了电传排字机，通过磁带自动启动排字机。合众社和美联社都为小型报纸、体育新闻社和金融新闻社设立了电传排字机电路。

合众社社长罗伊·霍华德的接班人全都是从本社工作人员中一步步提升上来的。两个强有力的人物是卡尔·比克尔和休·贝利。多年来，合众社产生的两名杰出主编是厄尔·J·约翰逊和罗杰·泰特里安。合众社还培养了一些传奇记者。其中一位是梅里曼·史密斯。他作为驻白宫资深记者，前后历时30年，采访过六任总统。另一位是亨利·夏皮罗，他从20世纪30年代起担任莫斯科分社社长一直到20世纪70年代，在斯大林、赫鲁晓夫和勃列日涅夫时代主宰了从莫斯科发出的报道。到1928年，国际新闻社总编辑巴里·法里斯为该社形成了全天24小时运作制。

1958年5月，当国际新闻社干劲十足的450名成员看到自己的机构同合众社合并时，许多人难过得说不出话来。小威廉·伦道夫·赫斯特和他的两名助手在新组成的合众国际社董事会里取得少数席位，国际新闻社的一些编辑人员加入了合众国际社。国际新闻社少数几个最杰出的明星前往新成立的赫斯特头条新闻社工作。国际新闻社从此不复存在。

美国新闻署与美国之音

1953年独立自主的美国新闻署创立。1953年以后，美国新闻署的年度预算一直远远超过1亿美元，并随通货膨胀率而调整。

20世纪50年代和60年代，一场持续斗争在两类人之间展开：一类是专业人员，他们认为美国新闻署和美国之音是从事"如实报道"型新闻工作的机构，应当恰当地阐释美国卷入重大新闻事件的情况；另一类是官员，他们希望这两个机构能反映他们的关于世界应该如何应对美国的当前政策的看法，并希望将任何与这样的看法相左的新闻减少到最低程度。白宫对越南战争越来越关注，这使得这场争论在1965年以后趋于两极化。

1977年，吉米·卡特总统宣布一项改组计划，拟将美国新闻署和国务院的教育文化事务活动合并，成立一个新设的国际交流署。美国之音和海外的美国新闻处将如同以前一样运作，广播工作者们将保证享有行动自由。但是到1982年时，人们熟悉的USIA的符号又恢复使用了。里根政府大刀阔斧地调整了该署的结构，并且由于重新展开20世纪50年代围绕美国之音节目内容的辩论而引起了争议。强化宣传方针的短暂尝试以遭到工作人员的抵制而告终。马蒂电台于1985年开始播音，这是一个针对古巴、引起争议的短波广播台。

到1990年，美国新闻署的运作预算为将近7亿美元，其中包括拨给美国之音的1.72亿美元。

到1995年，美国之音的24小时服务以45种语言播出，全世界的听众人数估计为

1.3亿人左右，比英国广播公司的听众几乎多一倍。在125个国家有美国新闻处图书馆，美国新闻署的预算超过7亿美元。随着冷战的结束，美国之音承担了宣传战的两名斗士——自由欧洲电台(1951)和自由电台（1953）——的许多技术工作。作为后冷战全面重组的一部分，这两家电台的办公地点由慕尼黑迁到了布拉格。

广告业：美国麦迪逊大街

广告业在全面发展，其总支出在电视网电视出现的头十年中增加了一倍，而麦迪逊大街是其成功的标志。

第二次世界大战期间，在消费品供应短缺的情况下，广告既树立了企业形象，又是爱国的，因而收到了一石二鸟之效。好运牌香烟原来的包装是绿色的，中间有一个红色靶心。在武装部队需要绿色染料时，好运改成白色包装，红色中点不变，它发动了一个大规模的造势活动："绿色好运打仗去了。"这家公司向海外军人捐赠了数千条香烟，销售曲线扶摇直上（女士们似乎也喜欢新的白包装烟）。最著名的企业形象广告之一是纽黑文铁路公司1942年刊登的整版广告"4号上铺的小伙子"，重复刊登了无数次。各广告公司、媒介和广告商成立了一个战时广告委员会，来为战时公债促销，推动献血、配给等事业。该委员会在战后仍然每年发起大约20多次公益造势运动。

20世纪30年代对广告提出的批评在20世纪50年代末和60年代初，又认认真真地再次出现了，并且导致人们对广告培养出的"消费崇拜"提出更深刻的质疑。

一些广告人的手法招致了批评。达彼思公司首创了"人无我有销售术"这种操纵技巧增加大规模生产的产品的销售量，而这些产品实际上和与之竞争的品牌没有多少差别（为高露洁牙膏设计的广告词是"牙齿洁净，口气清新"，为施利茨啤酒设计的广告词是"用热腾腾的蒸汽洗刷"，以赢得过分讲究的瓶装啤酒用户）。厄内斯特·迪希特的动机研究被克莱斯勒汽车公司用来向那些有包二奶这种秘密欲望的男人暗示，该公司的硬顶折篷汽车把罪恶感同安全保证结合起来。还有大量关于诉诸潜意识的广告的讨论。据说借助这种广告，瞬时刺激能引起反应。这种广告的一个例子是放映出一闪即逝的词语"可乐"或"爆米花"来刺激这些产品在电影院的销售。大学生们发现，这种研究理论展示的可能性很有趣。

在另一条研究战线上，C.E.胡珀于1948年进行了他的首次电视观众研究，克劳德·鲁滨逊博士和乔治·盖洛普博士成立了一个机构来测量广告的效果。1950年，A.C.尼尔森接管了胡珀广播收听率调查所并很快把它的业务扩大到电视领域。

广告业实行自律的第一次认真尝试发生在1952年。当时，全国广播电视业者协会在联邦通讯委员会的推动下，对节目和广告都确立了内容广泛的指导方针。全国广播电视业者协会规约局的一批专业人员开始在播出前对商业广告进行审批，每个广播电视网也审查商业广告的真实性、格调和公平性。

"4号上铺的小伙子"广告文案

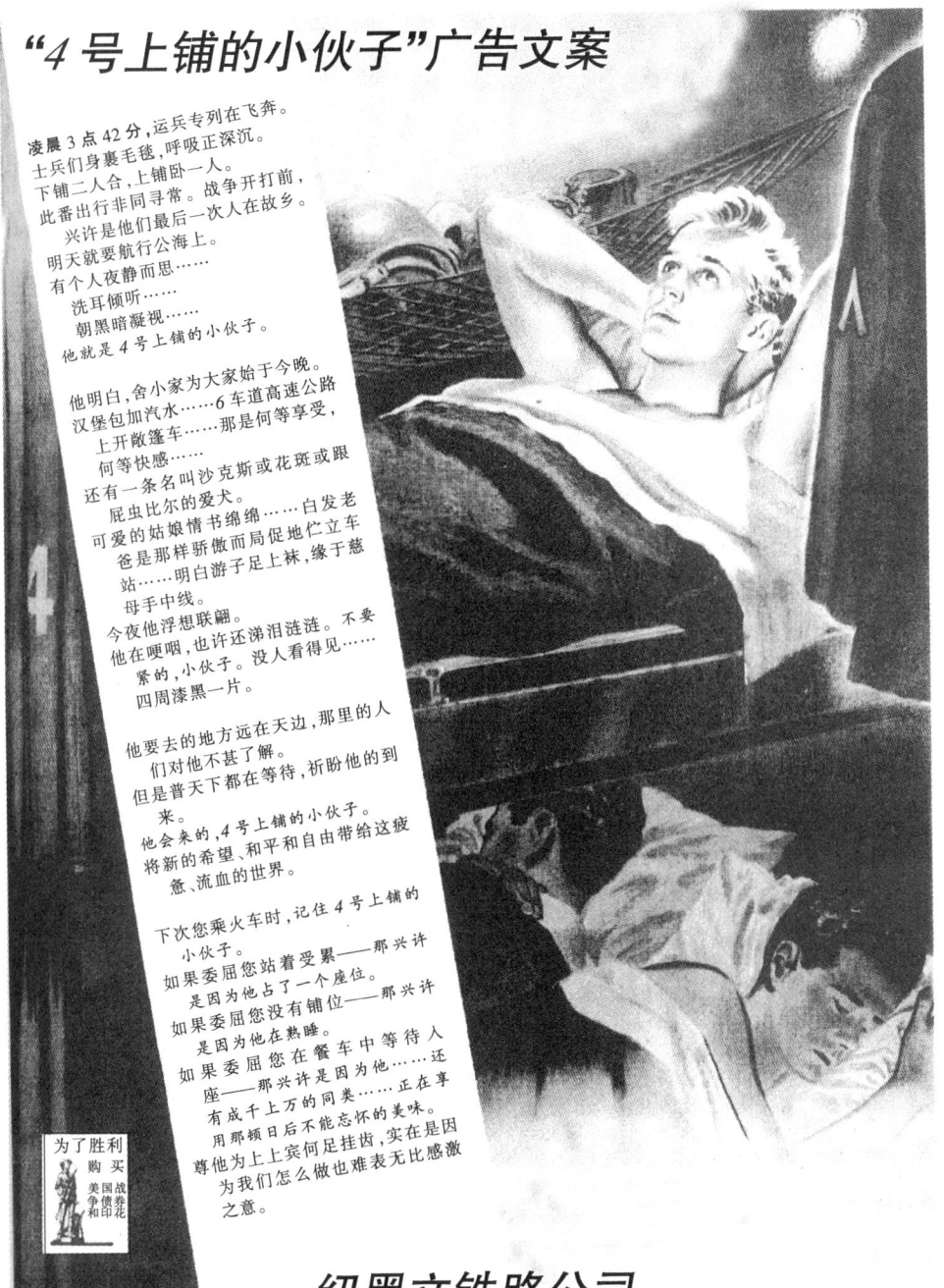

凌晨3点42分，运兵专列在飞奔。
士兵们身裹毛毯，呼吸正深沉。
下铺二人合，上铺卧一人。
此番出行非同寻常。战争开打前，
兴许是他们最后一次人在故乡。
明天就要航行公海上。
有个人夜静而思……
　洗耳倾听……
　　朝黑暗凝视……
他就是4号上铺的小伙子。

他明白，舍小家为大家始于今晚。
汉堡包加汽水……6车道高速公路
　上开敞篷车……那是何等享受，
　何等快感……
还有一条名叫沙克斯或花斑或跟
　屁虫比尔的爱犬。
可爱的姑娘情书绵绵……白发老
　爸是那样骄傲而局促地伫立车
　站……明白游子足上袜，缘于慈
　母手中线。

今夜他浮想联翩。
他在哽咽，也许还涕泪涟涟。不要
　紧的，小伙子。没人看得见……
　四周漆黑一片。

他要去的地方远在天边，那里的人
　们对他不甚了解。
但是普天下都在等待，祈盼他的到
　来。
他会来的，4号上铺的小伙子。
将新的希望、和平和自由带给这疲
　惫、流血的世界。

下次您乘火车时，记住4号上铺的
　小伙子。
如果委屈您站着受累——那兴许
　是因为他占了一个座位。
如果委屈您没有铺位——那兴许
　是因为他在熟睡。
如果委屈您在餐车中等待入
　座——那兴许是因为他……还
　有成千上万的同类……正在享
　用那顿日后不能忘怀的美味。
尊他为上上宾何足挂齿，实在是因
　为我们怎么做也难表无比感激
　之意。

纽黑文铁路公司

两家新广告公司领袖应运而生：1948年的奥美公司和1949年的恒美公司。英国人戴维·奥格威在广告攻势中强调名牌形象，由此在"商品对势利顾客的吸引力"的基础上为产品创立名声。在他设计的哈撒韦牌衬衫的广告（1951年首次出现）中，穿这种衬衫的模特儿被塑造为戴着黑眼罩、有着上流社会品位和气派的俄国贵族。据称这种形象会转移到哈撒韦牌衬衫的购买者身上，在历时 8 年的广告攻势中，哈撒韦牌衬衫的销量增加了两倍半。恒美广告公司最初 30 年富有创造性的领导人威廉·伯恩巴克则提供了一种相反的风格：低调、反讽而招人喜爱。他为艾维斯汽车租赁公司设计的口号风靡全国："我们更加努力，我们仅居第二。"他为德国大众汽车公司的甲壳虫车发起的长期广告攻势的口号"追求小巧"与美国人的购物习惯反其道而行之，但是它使大众汽车成为第一种成功的进口车。

按客户评定的名次，1962 年最大的广告公司依次是：智威汤逊、扬雅、天联、麦肯光明、李奥贝纳、达彼思、N. W. 艾尔、富康、本顿—鲍尔斯。在战后年代里，这些领先的公司在代理外国广告业务方面有了显著的扩展，尤其是智威汤逊和麦肯光明这两家公司。到 20 世纪 60 年代初，美国 20 家最大的广告公司中有 12 家在海外建立了子公司。

按全部消费支出的百分比计，广告费总金额在 1922 年达到顶峰，为 4.7%。在大萧条年代，这个百分比直线下降，然后在整个 20 世纪 50 年代，升至 3.5% 这一稳定的水平。1940 年的广告费总金额为 20 亿美元，1950 年为 60 亿美元，1955 年为 100 亿美元，1960 年为 120 亿美元。

戴维·奥格威的最佳品牌形象广告——穿哈撒韦牌衬衫的男士

公司公共关系的扩展

20 世纪 50 年代的一个特点便是公司公共关系的迅速发展。各私人公司纷纷新建或者扩大原有的公共关系部。对公共关系作为一种管理概念的认识提高了，企业和团体聘用的公共关系顾问也增多了。这一领域的主要刊物《公共关系新闻》将公共关系定义为"管理职能：评估公众的态度、使个人或组织的方针和程序与公众利益相一致并实行旨在赢得公众理解和接受的行动计划"。由乔治·盖洛普、埃尔莫·罗珀、克劳德·鲁滨逊等人于 20 世纪 30 年代开创的现代公众舆论和营销调查的发展则提供了一种手段，公共关系顾问们可以借此定量评估公众的态度，因此可以进行比他们个人对公众舆论的估计更为客观的测量。

第二次世界大战结束后，在许多制造业领域和企业出现的旺销令公共关系领域受惠。到 1950 年，估计有 17 000 名男性和 2 000 名女性作为在公共关系和造势方面富有经验的从业者受雇于人。1960 年，这类人员的统计数字为男性 23 870 人，女性 7 271 人。

另外有人估计总数为 35 000 人。数目最集中的是制造业、商业服务、金融保险、宗教和非营利性团体、公共行政管理和通信业。英国学者 J. A. R. 平洛特 1951 年写道："公共关系并非是美国特有的现象，但是它在哪里也没有像在美国那样繁荣。别的国家的这种活动却不会如此普遍、如此赚钱、如此招摇、如此体面而又声名狼藉、如此广受怀疑和如此被吹捧得天花乱坠。"

美国公共关系协会是 1948 年由当时的多个机构组成的，它在明尼苏达大学举办论坛作为其窗口。

20 世纪 60 年代初，最大的公共关系咨询公司是卡尔·拜奥尔同仁公司、伟达公司和鲁德—芬恩公司。在公共关系服务方面领先的广告公司是 N. W. 艾尔公司、智威汤逊公司和扬雅公司。通用汽车公司、美国电话电报公司、美国钢铁公司和杜邦公司建立了一些业务范围最广泛的公关部。

20 世纪 50 年代的杂志

除了《读者文摘》以外，20 世纪 50 年代最畅销的杂志还有《生活》、《展望》、《柯里尔》和《星期六晚邮报》，它们在结合号召力方面全都与电视和电影类似。只有《读者文摘》在激烈的广告竞争中幸存下来，其原因部分是由于在它 1955 年即该刊创办的第 33 个年头作出了接受广告的决定。德威特和莱拉·华莱士坚持基本的版式，从重要期刊上摘录关于信息丰富的主题和有价值观点的文章。《读者文摘》虽然因为奉行保守派的、亲政府的和商业性方针而屡受抨击，但是它的寿命却比它的许多批评者还长。

亨利·卢斯 1954 年创办《体育画报》扩大了他的时代—生活帝国。这份浮华的杂志正好赶上了 20 世纪 50 年代末和 60 年代初大联盟体育的扩展。《时代》周刊在发行量上长期领先于竞争对手《新闻周刊》和《美国新闻与世界报道》。《生活》一枝独秀，用有光纸以凸版印刷，而《展望》则采用轮转凹版印刷术。

《星期六晚邮报》的特别之处在于，它所登载的短篇小说和文章坚持以美国著名作家和新闻记者的作品为主。电视的竞争使《晚邮报》损失惨重，突然之间它由赢利转为严重亏损，而好几任的主编判断低下，既疏远了读者，又在一场大诽谤诉讼中败诉，因而困难重重。《晚邮报》在由赛勒斯·H·K·柯蒂斯买下 72 年之后，步其竞争对手《柯里尔》的后尘，于 1969 年停刊，此前《柯里尔》双周刊在出版 68 年之后于 1956 年停刊。《晚邮报》是这类刊物中的最后一家。

《哈泼斯》、《大西洋》和《星期六评论》

一度曾是一家重要文学刊物的《哈泼斯》，在 20 世纪 20 年代中期以后成了一家公众事务杂志，1950年创刊100周年。1953年，约翰·费希尔接替艾伦出任主编，他进一步提升了《哈泼斯》在高级杂志中的地位。他曾说过，他的读者群中有85％是大学毕业生，有一半以上曾修过某种研究生课业，并在接受调查的日历年度内到国外游历过。

《哈泼斯》的第八任主编威利·莫里斯组建了一个自由松散的班子。这家杂志成了关心社会和政治事务的个人新闻事业的无法预测的和富有想象力的媒介。莫里斯刊登了威廉·斯蒂伦❶的《纳特·特纳的自白》和诺曼·梅勒❷的《夜行军》的长篇摘录。但是在1971年3月，《哈泼斯》发表了梅勒论述女性解放运动的率直的文章《性的俘虏》，以维系正在下降的发行量，结果内部爆发了一场风暴。风波过后，考尔斯任命罗伯特·施内耶森为《哈泼斯》的第九任主编；该刊杰出的新班人马中多数辞职而去。

有120年历史的《大西洋》局面比较平静。在1938年由爱德华·A·威克斯取代长期的主编埃勒里·塞奇威克之后，它也转向登载公众事务方面的文章，但是程度稍轻。昔日刊登爱默生、梭罗和朗费罗投稿作品的版面仍然留给了文学大家厄内斯特·海明威、埃德温·奥康纳❸、索尔·贝娄❹和莉莲·赫尔曼❺。随着1964年罗伯特·曼宁（Robert Manning）就任执行主编，公众事务文章开始占有优势。曼宁是富有经验的报人，曾担任负责公众事务的助理国务卿。他于1966年出任《大西洋》第十任总编辑，由迈克尔·詹韦任编辑主任。华盛顿评论由伊丽莎白·德鲁撰写。

《星期六文学评论》已经将其旨趣扩大到音乐、科学、教育、通信和旅游。1952年，它将刊名简缩为《星期六评论》。它是由每月一书俱乐部首任总编辑亨利·塞德尔·坎比于1924年创办的，在1942年诺曼·卡曾斯出任主编之后开始稳步发展。1961年，这家杂志在发行量上升到265 000份之际，将其经营事务转给了《麦考尔》出版公司。卡曾斯主张有节制地追求发行量，然而《星期六评论》到1970年已拥有615 000名读者。此后，该刊在几个老板的管理下进入了一个不稳定时期，丧失了许多影响力。

巴克利的《国民评论》

美国政治舆论中极右翼的最强大、最睿智的声音是《国民评论》发出

---

❶威廉·斯蒂伦（1925— ），美国小说家，其长篇小说《纳特·特纳的自白》获1968年普利策奖。

❷诺曼·梅勒（1923—2007），美国犹太裔小说家，曾获全国图书馆和普利策奖。

❸埃德温·奥康纳（1918—1968），美国小说家，其长篇小说《悲痛的边缘》获1961年普利策奖。

❹索尔·贝娄（1915—2005），美国犹太作家，1976年诺贝尔文学奖获得者。

❺莉莲·赫尔曼（1905—1984），美国女剧作家。

的。它由小威廉·F·巴克利1955年创刊，到1960年时有32 000份销路，亏损86万美元。巴克利和保守派的政界领袖们坚持办下去，到1977年，发行量达11万份。美国右派刊物还有《别树一帜》，它由小R·埃米特·蒂勒尔主编，在印第安纳州布卢明顿出版。

自由派左翼意见刊物

在反动的20世纪50年代，面向自由派左翼的舆论杂志《民族》（1865）和《新共和》（1914）处于苦苦挣扎的境地。E.L.戈德金主编的《民族》从1881年到1934年归为维拉德家族所有，它遵循奥斯瓦德·加里森·维拉德的自由派的和平主义路线。到20世纪60年代中期，《民族》对日益扩大的越南战争进行了也许是最激烈的抨击。该刊缺乏广告，发行量也很小，每期约为25 000份。

1914年由威拉德·D·斯特雷特家族投资创办的《新共和》，在威尔逊总统时代由于主编赫伯特·克罗利和沃尔特·李普曼撰写的文章而颇有影响。该刊的一个鲜明特色是从1943年开辟的一个专栏，刊登发自华盛顿的强有力的评论，署名只用"TRB"，后来查明系《基督教科学箴言报》性情温和的编内撰稿人理查德·L·斯特劳特的兼职活动。斯特劳特一直写到1983年。《新共和》后来在政治上右转了。

马克斯·阿斯科利于1949年创办的双周刊《报道者》则没有这么幸运。该刊由于刊载高质量的研究性文章和尖锐的评论文章而得到自由派和学术界的广泛赞扬，但是当阿斯科利支持越南战争升级时，读者的热情减退了。

宗教报刊

加入自由派左翼意见杂志队伍的有一些宗教取向的刊物，它们以广受尊敬的《天主教工人报》为首。该刊1933年由多萝西·戴❶创办，她坚定地以人格主义的基督徒精神、积极的和平主义和非暴力社会正义的编辑宗旨主编该刊直到1980年。

到1970年，宗教杂志共有1 700种，其中新教杂志1 100种，天主教杂志400种，犹太教杂志200种。在过去的20年中，杂志数目一直在增长，但是销量下降了25%至50%，这在20世纪70年代初打击了多种宗教

❶多萝西·戴（1897—1980），美国女作家、社会活动家。

刊物。教派刊物的情形尤其如此。受到关注的是全基督教杂志，它们销量虽小，但是被广泛援引，在美国社会中具有影响力。最著名的是《基督教世纪》和《公共福利》。

新闻摄影事业：《黑檀》、《全国地理》和《史密森学会》

约翰·H·约翰逊于1945年创办了模仿《生活》版式的《黑檀》，印数为5万份。《黑檀》成了"美国黑人图片版名人录"，它是一份高质量杂志，瞄准中产阶级读者，但是内容从贫困到成功应有尽有。

约翰·H·约翰逊
（《黑檀》）

《生活》和《展望》停刊给杰出的摄影家留下了一种空虚感，他们中有许多人转而阅读受人尊敬的《全国地理》。这份1888年创刊的旅行见闻刊物到了20世纪50

年代成了一家特别受人喜爱的老牌刊物，但是它是随着其他杂志的停刊进入普遍兴趣层次而实现发行量飙升的。该刊由罗伯特·E·吉尔卡担任摄影部主任，还成了新闻摄影事业的一个发展中心。当《全国地理杂志》在1977年发行量达到900万份时，主编是吉尔伯特·格罗夫纳。

在《生活》停刊后流落出来的爱德华·K·汤普森把《史密森学会》办成了新闻摄影的极其精彩的样板。它由史密森学会于1970年在华盛顿创办，各个版面都有彩色图片，广告十分充盈，到20世纪70年代末，月发行量达150万份。

图书出版：老牌出版社引领战后繁荣

第二次世界大战结束后最初几年的情况表明，各大出版社和新的平装书出版商将向广大读者提供比以往更大的选择余地。老牌出版社一马当先，发掘新的作家，打入未开发的领域。最大的出版社是由弗兰克·纳尔逊·道布尔戴及其儿子纳尔逊·道布尔戴发展起来的道布尔戴公司（Doubleday & Co.），被誉为20世纪两个最伟大的畅销书出版商之一。道布尔戴公司在20世纪50年代伊始便出版了赫尔曼·沃克❶的《"凯恩"号哗变》，他后来还写出了《战争风云》。道布尔戴公司曾在1948年出版了艾森豪威尔的战争回忆录《远征欧陆》，本着这一传统，这家公司1955年推出了哈里·杜鲁门的《决策岁月》。这位前总统坐在堪萨斯城的一家旅馆里，一天中为近4 000本书亲笔签名，创下了某种纪录。道布尔戴公司作为最后一家大型的独立出版社生存了下来。

兰登书屋的活力来自贝内特·瑟夫，也许令他更出名的是他出版了许多幽默作品，但是在出版业中被公认为强有力的领头人。他把杜鲁门·卡波蒂、欧文·肖、约翰·奥哈拉❷和莫斯·哈特❸的作品纳入他的出版序列。麦克米伦公司也利用20世纪50年代的时机发展自己，该公司总裁小乔治·P·布雷特推出了阿瑟·凯斯特勒❹、玛丽·埃伦·蔡斯❺和诗人玛丽安娜·穆尔❻的作品。沃尔特·李普曼的著作是由麦克米伦出版公司推出的。

哈珀兄弟公司由卡斯·坎菲尔德主宰，他的第一个贡献是出版了罗伯特·舍伍德❼的《罗斯福与霍普金斯》。他对政治有很浓厚的兴趣，通过关系获得了约翰·肯尼迪的《勇士传略》一书的出版权。1966年，坎菲尔德因出版威廉·曼彻斯特❽的《总统之死》一书而成为这一场激烈争论的中心，该书部分内容冒犯了肯尼迪家族。

亨利·霍尔特出版公司自诩在第二次世界大战期间拥有庞大的作家队

❶ 赫尔曼·沃克（1915—　），美国小说家。长篇小说《"凯恩"号哗变》获1952年普利策奖。

❷ 约翰·奥哈拉（1985—1970），美国小说家。

❸ 莫斯·哈特（1904—1951），美国剧作家，曾获普利策奖。

❹ 阿瑟·凯斯特勒（1905—1983），匈牙利裔英国小说家。20世纪30年代曾是共产党员。

❺ 玛丽·埃伦·蔡斯（1887—1973），美国女小说家、教育家。

❻ 玛丽安娜·穆尔（1887—1972），美国女诗人。作品不多，影响颇大。

❼ 罗伯特·舍伍德（1896—1955），美国剧作家。曾三次获得普利策奖。

❽ 威廉·曼彻斯特（1922—2004），美国记者、作家。著有《光荣与梦想》等。

伍，出版的作品包括厄尼·派尔❶的书和比尔·莫尔丁❷的漫画集。得克萨斯州石油富豪克林顿·默奇森购买了霍尔特公司40%的股份，他的朋友埃德加·里格出任总裁，这家公司在它成功的杂志行列中又添加了《田野与河流》，并引人注目地开始了教科书销售，结果到20世纪50年代末，在教科书的销售上，只有麦格劳—希尔和普伦蒂斯—霍尔两家出版公司在它之上。哥伦比亚广播公司于1967年掌握了这家出版公司的控制权，派经理人威廉·S·佩利和弗兰克·斯坦顿❸出任董事。这方式是循着许多媒介复合体的兼并模式进行的，用历史学家约翰·特贝尔的话来说，以这种兼并，出版社将由"不是出书人的经理人来管理，他们认为，出版社可以像其他企业那样经营"。

威廉·约万诺维奇于1955年当选哈考特—布雷斯公司总裁。他随即将自己的姓氏加到了公司名称上，并迅速地使公司朝着高度多样化经营的方向发展。他成为安排"合作出版"的第一位现代出版家；"合作出版"是这样一种方式：杰出的编辑根据一项联合协议与他一起出书。

1957年的一个重大发展是3位出版界领袖人物创办雅典娜神殿出版社。这3人是哈珀兄弟公司的高级编辑西蒙·迈克尔·贝西、兰登书屋的总编辑海勒姆·海登和子承父业的诺夫出版公司副总裁小艾尔弗雷德·诺夫。这家公司以出版扬·德哈尔托赫❹的《警督》一炮打响，1961年又以出版西奥多·H·怀特的《总统的诞生》（获普利策非小说奖）而一举成功。弗雷德里克·A·普雷格于1950年白手起家创办他的公司，以出版休·西顿—沃森❺的《从列宁到马林科夫》这类书籍而立足于出版界。这家公司成为冷战题材书籍的首要出版商。1957年，它出版了前共产党人霍华德·法斯特宣布与共产主义脱离关系的《赤裸的上帝》以及同铁托元帅决裂的南斯拉夫人米洛万·吉拉斯❻的《新阶级》。

继20世纪40年代和50年代出现平装书出版潮之后，出版界的大公司开始拟定新的营销战略，对受欢迎的图书采取先出精装版、再出平装版的系统发行方式。后来又首创了借电影和电视制作之际搭车出版这种赢利丰厚的营销手法，为日益成长的出版业又开拓了一个领域。

电影面临电视的挑战

20世纪40年代后期，电影业仍然很繁荣。当时电视尚未成为一个危险的竞争对手。好莱坞每年拍摄400多部影片，在全世界拥有巨大的市场。

---

❶厄尼·派尔（1900—1945），第二次世界大战中美国最著名的战地记者，1944年普利策通信奖获得者。

❷比尔·莫尔丁（1921—2003），美国漫画家。以画军中漫画知名，两次获普利策奖。

❸弗兰克·斯坦顿（1908—2006），前美国哥伦比亚广播公司总裁。

❹扬·德哈尔托赫（1914—2002），荷兰裔美国作家。

❺休·西顿—沃森（1916—1984），英国历史学家、民族主义问题权威。

❻米洛万·吉拉斯（1911—1995），前南共领导人之一。

各电影制片厂利用签约演员,推出引人注目的大片,同时不断制作预算低的B级片。在8大电影制片厂中,5家拥有对新发行影片有首选权的连锁电影院,尽管它们以及独立的电影院根据整批预订制,必须不经看片就接受影片。当时仍然有将近2万家电影院,上座率也很好,尽管在1950年已从每周约有9 000万观众的高峰下降了1/3。

但是,好莱坞很快便在三重打击下变得步履蹒跚了。第一个打击是电视以出人意料之势迅猛发展。第二个打击来自联邦法院发出的一系列承诺判决令,意在破坏整批预订的做法和迫使大制片公司出售它们的连锁电影院。第三个打击主要是心理上而不是经济上的,它来自众议院非美活动委员会对电影制片业的一系列调查。从1947年开始,非美活动委员会让数百名"可疑的"自由派编剧和导演接受反诘问❶,将10人作为有敌意的证人送进监狱,并对其他许多人横加指责,迫使已成惊弓之鸟的电影制作业领袖下令将他们列入非正式的"黑名单"。

好莱坞对电视作出的一个反应是推出宽银幕电影。由于早期电视机的图像非常小,好莱坞希望能利用宽银幕影片的巨大幕布来把观众重新吸引到电影院来。自从早期的电影放映机面市以来,标准银幕一直是20英尺宽、15英尺高的长方形,宽与高的比例为1.33∶1。新的银幕宽度比过去的高度几乎增加了1倍;最成功的西尼玛斯科普系统宽银幕的比例为2.55∶1。20世纪福克斯公司于1953年发行了第一部宽银幕影片《圣袍千秋》。

这种新的银幕提供了在构图和其他制片技巧方面作进一步试验的可能性。20世纪40年代取得了重大进展,其中以导演兼演员奥森·威尔斯最为引人注目。他在1941年拍摄的影片《公民凯恩》代表了激动人心的实验,特别是在叙事技巧上,该片刻画了一个极其富有而且盛气凌人的商人,人们一眼就能看出这是对发行人威廉·伦道夫·赫斯特的心理研究之作。数十年过后,电影研究者们把它列为历来拍摄的最佳影片之一。威廉·怀勒的《黄金时代》是战后1946年的轰动一时的影片,但是很快就被非美活动委员会谴责为不爱国之作。

一些影片当时正在冲破电影业制片规约的限制。1956年,经修改的守则允许影片描写吸毒、绑架、卖淫和堕胎。1953年的影片《月光蓝蓝》描写了通奸。奥托·普雷明格的《金臂人》在1956年开辟了毒品这个题材。1960年的两部影片——《青楼艳妓》和《应召女郎》——以卖淫为题材。所有这些影片都是盖着"电影批准印章"发行的。

一些更常规的影片赢得了批评界的注意:艾尔弗雷德·希区柯克在英

❶诉讼当事人的一方向对方证人就其所提供的证词进行盘问,以便发现矛盾,推翻其证词。

国摄制了《39级台阶》(1935),他在该片中使用了把一个女子的尖叫声和火车的汽笛声结合在一起的新的声音蒙太奇手法之后于1940年来到美国。希区柯克在他摄制的3部惊险悬念片《后窗》(1954)、《眩晕》(1958)和《精神病患者》(1960)中,以最大的强度将强迫的行为传达给观众。好莱坞影片制作和"去看电影"的旧时代,是在1965年的一部永恒的票房收入冠军、朱莉·安德鲁斯主演的新片《音乐之声》的高音调中结束的,影片欢快地描写了智胜纳粹分子的过程。

到1960年,每周电影观众已下降到4 000万人。各购物中心兴建了不超过500个座位的电影院,免下车电影院遍布全国。大制片厂从1955年开始向电视台出售老片,很快便销售了总共9 000部1948年以前的影片。为了获得《乱世佳人》的播映权,哥伦比亚广播公司付给米高梅电影公司2 500万美元。由电视转播每年一度的奥斯卡金像奖颁奖仪式,这种合作有助于电影保持其形象。尽管如此,到1965年,已有6 000多家电影院关闭。雷电华、共和与莫诺格拉姆这3家电影公司已不复存在,剩下的各制片厂每年发行的影片还不到200部。

一连串的警报

随着20世纪50年代这10年的结束,美国面临的问题似乎趋向于增加的多,得到解决的少。艾森豪威尔总统由于强调要设法维护世界和平,1956年以压倒性优势击败艾德莱·史蒂文森再度当选。美苏关系出现了短暂的解冻,然而匈牙利起义使之告终。苏联在中东也很活跃。在亚洲,共产党人控制着印度支那北部地区。在非洲大地,麻烦也出现了。在20世纪60年代,民族主义力量几乎席卷了每一个国家;在古巴,菲德尔·卡斯特罗不久将获得胜利,成为美国公开的敌人;在中美洲中央情报局于1954年策动推翻了危地马拉民选政府;美国支持的尼加拉瓜独裁者阿纳斯塔西奥·索摩查残暴地动用他的国民警卫队消灭了他的反对派。在印度,贾瓦哈拉尔·尼赫鲁总理试图在世界事务中保持中立和与中国打交道,从而正在激怒美国的决策者。

在国内,南方的种族紧张关系日益加剧。大规模的民权运动行将来临,俄国人成功地发射了人造卫星,"太空竞赛"方兴未艾。又一场总统竞选正在酝酿之中,副总统理查德·M·尼克松显然是共和党人的人选。

美国人在1959年12月表示,报纸比电视新闻报道的可信度稍高一些:32%对29%,其他媒介瞠乎其后。在两年之内,情况转而对电视台有利:39%对24%。然而,在被问到如果他们只能保有一种传播媒介他们将选择哪一种时,42%的人说是电视,32%的人说是报纸,19%的人说是广播。电视作为娱乐媒介和重大新闻的发布者,其影响将在20世纪60年代为人们更强烈地感觉到。

第十六章 电视占据中心舞台

副总统理查德·尼克松与苏联总理尼基塔·赫鲁晓夫在参观美国在莫斯科举办的一个博览会家庭厨房区时展开了一场短暂的辩论。1959年7月的这场"厨房辩论"提高了尼克松的声望。站在尼克松右侧的是后来掌权的列昂尼德·勃列日涅夫

（美联社/万维图片社）

第十七章

挑战与异议

戴维·哈伯斯塔姆(《纽约时报》)、马尔科姆·布朗(美联社)和尼尔·希恩(合众国际社)在湄公河三角洲的军事行动中的空运间隙

(美联社/万维图片社)

尼克松对肯尼迪:"大辩论"

肯尼迪与新闻界:直播记者招待会

肯尼迪遇刺:"1 000 天"的终结

反种族主义、性别歧视和帝国主义抗议运动

电视新闻:克朗凯特与哥伦比亚广播公司

全国广播公司:钱塞勒与麦吉

美国广播公司新闻:沃尔特斯与雷诺兹

越南泥潭

驻西贡记者团

约翰逊与新闻界:战争升级

1968 年的芝加哥和《沃克报告》

地下报刊

另类新闻工作者

调查性报道

新新闻工作者

黑人报刊存活

黑人报纸领袖

黑人杂志

拉美裔人媒介

印第安人报纸

男女同性恋者报刊

> 美国可以离开越南，但是越南战争势将永远缠扰美国。
>
> ——弗朗西斯·菲茨杰拉德：《湖中之火》

如果一些美国人在以后的岁月回忆 20 世纪 50 年代是为了想重新获得失去的安全感和约束感，那么另一些人则是以复杂的心情回忆 20 世纪 60 年代的创伤与喜事，那是一个令全国百感交集的年代。令人震惊的刺杀、种族动乱和越战升级的新闻使人们感到愤怒、忧愁、悲痛和茫然。但是，那些支持执行新的民权法和扩大政治参与范围的人感到心满意足。在 1969 年 7 月美国人登上月球时，全国上下无不感到自豪。

文字和广播电视记者捕捉的那个 10 年的形象是令人难忘的。一幅全景图将显示：肯尼迪总统在电视直播的记者招待会上机敏巧妙地避开棘手的问题；司法部长罗伯特·肯尼迪在南部发生民权对抗期间在电话中部署对策；肯尼迪夫人带电视记者参观白宫；同一个肯尼迪夫人走下"空军一号"专机，后面是她丈夫的灵柩。这幅全景图上还有小马丁·路德·金，他在华盛顿发表《我有一个梦想》的演讲；林登·约翰逊同他的顾问在越战期间考虑下一步的行动；芝加哥警察殴打反战示威者；理查德·尼克松再次踏上竞选的旅途；女性游行要求平权；国民警卫队员挥舞着机枪，在大街小巷巡逻。这一切都始于 1960 年春天，当时约翰·菲茨杰拉德·肯尼迪参加总统预选，宣布该由新一代掌权了。

尼克松对肯尼迪："大辩论"

1960 年 6 月底，国会中止了《1934 年通讯法》的第 315 款，即要求广播电视业主给每个政党谋求公职的候选人相同广播时间的所谓均时规则。这使尼克松和肯尼迪的竞选负责人可以开始谈判，最后决定在 9 月和 10 月举行 4 场由电视直播的辩论。肯尼迪在威斯康星州和西弗吉尼亚州的预选中击败了休伯特·汉弗莱；在洛杉矶的全国代表大会上，一些代表和艾德莱·史蒂文森的支持者狂热地举行了令人难忘的示威，一时大有遏制肯尼迪之势。但是，肯尼迪在会上显示了实力，赢得了民主党总统候选人提名。副总统尼克松击败纽约州长纳尔逊·洛克菲勒，在芝加哥的全国代表大会上得到共和党总统候选人的提名。这次大会重复了 20 世纪 50 年代对中国、朝鲜以及国内安全的许多指责。

8 500 多万美国人至少看了一次肯尼迪与尼克松的辩论，首场辩论由哥伦比亚广播公司新闻记者霍华德·史密斯主持，三大电视网现场直播。这场辩论是竞选的关键时刻，正是 9 月 26 日那个芝加哥的夜晚，名气较小的肯尼迪表明，他与副总统旗鼓相当。

在两人谈论美国经济状况以及他们自己的资格时，肯尼迪看上去冷静沉着，而尼克松看上去疲惫而有些阴郁。有时镜头显示，不安的尼克松在听肯尼迪说话；几分钟以后镜头显示，信心十足的肯尼迪在听尼克松的回敬。从这一刻起，人们不再认为肯尼迪太嫩了。

肯尼迪 11 月以领先 118 550 张选票获胜，这归功于他那有利的电视形象。他 43 岁，是当选为总统的人中最年轻的一位，也是第一位天主教徒。

肯尼迪与新闻界：直播记者招待会

肯尼迪开创了电视与广播现场直播总统记者招待会的先例，这一发明有利有弊。采访白宫的记者发现，在他们把消息发回编辑部前很久，报社就已经听到、看到总统答记者问了。在椭圆形办公室举行的白宫记者招待会的神秘色彩消失了，一位老练的总统可以把记者作为陪衬或配角，有几位记者是心甘情愿地成为配角的。从积极的方面看，千百万美国人可以亲眼看到记者招待会的情况，通过现场直播或者在晚间新闻节目中的摘播。肯尼迪的记者招待会大部分在下午，沃尔特·克朗凯特和亨特利—布林克利有时间挑出最突出的部分。肯尼迪处理这种明星角色远远胜过他那个时期的其他任何一位总统。

在这个公开的肯尼迪形象的后面是一个对政府的形象极为注意的总统。他常常接受单个记者采访并与记者交友；他每天看 6 份主要报纸，对报纸的批评非常不满，有一次甚至暂时禁止《纽约先驱论坛报》出版。

关键性的首场电视"大辩论"决定了 1960 年的总统竞选（1960 年 9 月 27 日《基督教科学箴言报》头版的对等报道）

（版权所有，1960 年，《基督教科学箴言报》，经允许复制）

肯尼迪政府统一向新闻界发布消息的口径，力图控制官员与新闻界的接触。有人指责政府试图控制新闻本身。在1962年古巴导弹危机期间，肯尼迪对国人严肃地说，在古巴的俄国导弹是对美国的威胁，可能导致核战争。当时政府坚持说，危机非常严重，要求新闻界自我控制，并且私下暗示，一旦发生实际敌对行动，有可能实行新闻检查。1971年公开的"五角大楼文件"显示：到1963年时，美国对越南的介入比肯尼迪政府所承认的要深得多，包括在刺杀吴庭艳总统中起的作用；驻西贡记者抗议政府越来越深地陷入"泥潭"基本上是正确的。虽然公众舆论支持总统，但是怀疑也不少，足以表明存在着信用差距。

在执政"1 000天"中，肯尼迪表现出是一位令人激动的人物。驻华盛顿的记者们除了报道传统的话题外，对肯尼迪"家族"的报道不计其数。由于人们的普遍喜爱，肯尼迪的私生活没有受到仔细审视，从而未曾暴露可能毁掉他总统之职的色欲。电视新闻经理人对他特别感兴趣，喜欢他的风度和戏剧效果。

肯尼迪遇刺："1 000天"的终结

1963年11月，一批阴谋者——或者是一名单枪匹马的精神失常的杀手——希望约翰·菲茨杰拉德·肯尼迪死去。

出于欲参加1964年竞选的考虑，肯尼迪同意在11月到达得克萨斯州。副总统林登·约翰逊希望肯尼迪帮忙修补一些政治关系。11月22日是一个阳光明媚的日子，总统的车队在去集市的途中穿过达拉斯市中心，肯尼迪要在集市向用午餐的听众讲话。合众国际社的梅里曼·史密斯坐在"集体采访"汽车的前排靠近电话机，另外3名记者坐在后排。然后，当肯尼迪的车在行车路线的尽头慢慢转弯时，子弹出膛了。那是中午12点30分。

总统的轿车以及随行的警察和特工人员飞速离开。史密斯后来写道："我们的车大概只停了几秒钟，但就像停了好长时间。人们看到历史在眼前爆炸了，甚至对最训练有素的观察家来说，一个人的理解力也是有限的。"当集体采访车在高速路上行驶时，史密斯拨通了合众国际社达拉斯分社的电话，找到西南总分社经理威廉·帕耶特。12时34分，合众国际社"A"线发出了这样的消息：

> **合众国际社达拉斯11月22日电** 今天在达拉斯商业区，有人向肯尼迪总统的汽车开了三枪。JT1234PCS

合众国际社在纽约总部发出"达拉斯，这里给你让路"的消息，意思是其他所有分社的发稿都要限制。线路保持畅通。在集体采访车上，史密斯抓着电话不放，美联社的杰克·贝尔用劲推他的后背，大吼道："史密斯，把电话给我。"汽车开到帕克兰医院时，史密斯把电话扔给贝尔，冲向肯尼迪的汽车。他看到总统和得克萨斯州长约翰·B·康诺利倒在他们妻子的怀里。史密斯打听总统的情况，听到特工处的克林特·希尔说:"他死了。"史密斯闻讯后在一片混乱中跑进医院。他设法打通达拉斯分社的电话,开始口述后来获普利策奖的那则报道。史密斯的"快讯"和消息挤进了线路。比平时长的"快讯"有些零乱,一时失去了通讯社的正式风格。

快讯

快讯

肯尼迪严重受伤。可能严重,可能因身中刺客子弹而受了致命伤。

合众国际社19N简讯,枪击第一稿导语

肯尼迪总统和得克萨斯州长约翰·B·康诺利今天乘敞篷车视察达拉斯商业区时被刺客的子弹撂倒。

详见JT1241PCS

肯尼迪总统与合众国际社记者梅里曼·史密斯
(埃德温·埃默里私人收藏)

杰克·法龙在分社做记录,后来人们把写出这篇流畅的稿件归功于他。这篇报道匆匆送上合众国际社的广播线路,几分钟后,美联社证实了这个可怕的消息。然后在下午1时32分,美联社发了这样一条快讯:"**两位牧师说肯尼迪已经去世**。"到这时,全国的电视机都打开了。在纽约市,观众收视率从30%急升至70%。在哥伦比亚广播公司,克朗凯特急冲进新闻编辑室,开始播报第一则详细报道。现在他和其他电视网的同行都得到美联社的快讯。哥伦比亚广播公司的电台已经通过丹·拉瑟在得克萨斯的报道,宣布总统已去世。接着是美联社的报道予以证实。下午 1 时 35 分，合众国际社说："**快讯，总统去世**。"克朗凯特眼泪汪汪，其他数百万人也是这样。

那天没有别的新闻。各通讯社利用一切可能的线路把达拉斯的消息和反应送到它们的出稿站。正常的电视节目取消了，电台播放悲哀的乐曲，然后是左翼的争取公平对待古巴委员会成员李·哈维·奥斯瓦德被捕并被指控暗杀肯尼迪的消息。

人们后来说，11 月 22 日到 25 日是电视史上最好的日子。冷静、全面地报道从达拉斯到华盛顿、从肯尼迪向林登·约翰逊过渡的新闻，给了全国一种安全感。11 月 22 日晚，"空军一号"专机回到华盛顿。人们看到杰奎琳·肯尼迪还穿着那件带有血迹的粉红外衣，陪伴着丈夫的遗体，罗伯特·肯尼迪和家族的其他成员给予安慰。林登·约翰逊在机场发表了简短的讲话。史密斯和《新闻周刊》的查尔斯·罗伯茨是这次历史性飞行的集体采访团中的记者。与此同时，各大新闻机构向达拉斯增派了文字记者、摄影记者和电视记者，支援筋疲力尽的驻白宫记者。

几位年轻的记者在肯尼迪遇刺那天出了名。拉瑟超群出众，后来被指定为采访白宫的记者。哥伦比亚广播公司认为，来自得克萨斯州的拉瑟采访约翰逊可能有一些优势。《纽约时报》的汤姆·威克也在那天四处奔跑，作了令人惊叹的全面报道。

11 月 24 日，星期天，电视镜头集中到国会圆形大厅前，肯尼迪总统的遗体在那里安放了一夜，自由世界的领导人飞往华盛顿，参加星期一的葬礼。星期日是一个赞颂与祈求结束暴力和仇恨的日子。12 时 30 分刚过，奥斯瓦德被从达拉斯警察局带往县监狱。在纽约，三大电视网控制室的监视器捕捉到这个场面，全国广播公司决定立即转向达拉斯，而哥伦比亚广播公司和美国广播公司的镜头仍然停留在国会，肯尼迪夫人和她的孩子站在灵柩的旁边。

在警察押着奥斯瓦德穿过地下室大门进入达拉斯一个地下停车场时，全国广播公司的汤姆·佩蒂特离这名疑犯只有几英尺。在佩蒂特开始描述这个场面时，一个彪形大汉被连推带挤从警察和记者中穿过。杰克·鲁比❶掏出手枪，向奥斯瓦德开了一枪。人们清楚地听到了那声枪响。这是电视上第一次直接的谋杀。哥伦比亚广播公司和美国广播公司录下了这个场面，三大电视网在那天一遍遍反复播放。

奥斯瓦德在一小时后死亡，其地离肯尼迪丧命处只有 10 英尺。美国人惊愕地坐在起居室里，猜测事情意外的转折。第二天他们看了葬礼。在华盛顿的每一个主要路口都安排了电视摄像机，灵柩通过，乐队奏着哀乐，记者难以控制自己的感情。在阿灵顿国家公墓，在向肯尼迪总统最后致词后，全国默哀。军用飞机从空中掠过，一架飞机从编队中消失，象征着总

❶ 杰克·鲁比（1911?—1967），达拉斯一夜总会老板。后被判监禁，死于癌症。

统的离去。

约翰逊总统下令彻底调查刺杀肯尼迪案，成立了一个由首席法官厄尔·沃伦领导的委员会。1964年，沃伦委员会公布了调查结果：奥斯瓦德的举动是孤立的行为；他开了三枪，第三发子弹击中肯尼迪头部，造成肯尼迪死亡。这些结论立即遭到反驳，《仓促判断》一书作者马克·莱恩等批评者用达拉斯的亚伯拉罕·扎普鲁德自拍的录像来证明他们的观点。对一幅幅画面的分析表明，奥斯瓦德有4.6秒的时间发射第二颗和第三颗子弹。沃伦委员会的结论是以开了三枪这种说法为依据的。如果真是这样，有一颗子弹必须同时击中肯尼迪和康诺利，因为一颗子弹打在街上，另一颗显然击中了总统的头部。

在各新闻机构中，《生活》对证据作了最仔细的检验，这部分是因为它买下了扎普鲁德的胶片。1964年10月，《生活》这样谈到沃伦报告：“重要的……是它平息了耸人听闻的谣言和不着边际的猜测。”但是在1966年11月，《生活》依据康诺利关于他不是被击中肯尼迪的那颗子弹击中的证词，要求重新审理此案。一年后，《生活》发表了由旁观者拍摄的照片，暗示可能有阴谋，但是没有加以证明。1967年12月的一期《星期六晚邮报》声称肯尼迪是被3名从不同角度射击的刺客打死的。

一些大报则避开了阴谋论，这一来是不相信这种说法，二来是因为这种调查需要花费大量的时间和金钱。1966年《纽约时报》最后决定进行调查，由哈里森·索尔兹伯里担任记者；但是索尔兹伯里那时得到了去河内的签证，该计划因此告吹。哥伦比亚广播公司由拉瑟任记者，拍了一部纪录片，认为没有什么关于阴谋的证据。然而，约翰逊总统在1972年逝世前对克朗凯特说，他一直不相信沃伦委员会的报告。这句话是事先录制的专访的一部分，尽管克朗凯特一再要求，但是约翰逊不让播放。1978年，众议院行刺调查特别委员会就肯尼迪总统和马丁·路德·金之死举行听证会。虽然该委员会发表了令人震惊的报告，认为这两位领导人很可能是阴谋的受害者，但是没有公开任何可能导致进一步调查的确凿证据。这些年来，大量的书籍、录像和影片试图证明阴谋论。在肯尼迪被害30周年之际，许多电视新闻报道和纪录片又重新引出由来已久的争论，但是都不及奥利弗·斯通执导的电影《刺杀肯尼迪》，这部电影发出了广泛指责，并戏剧性地使用了扎普鲁德拍摄的胶片。

反种族主义、性别歧视和帝国主义抗议运动

在1963年，民权运动和新闻报道双双达到高潮。马丁·路德·金向亚拉巴马州的伯明翰宣战，他认为伯明翰是种族主义的堡垒。那里的警察局局长T·尤金·"公牛"·康纳成了南方抵制的象征。金领导了一系列静坐和游行，肯尼迪兄弟决心同抗命的乔治·C·华莱士州长摊牌，让亚拉巴马大学取消种族隔离。

华莱士站到大学一栋楼的门口，在电视摄像机前宣读禁止联邦政府插手的声明，但是黑人学生维维安·J·马隆和吉米·A·胡德在学校注了册，这是向结束学校种族

伟大的《纽约先驱论坛报》以高超的新闻技巧记录了历史（通栏大标题为"举国愕然"）

隔离迈出的又一步。与此同时，伯明翰的黑人走上街头抗议对示威者恶毒使用警犬。警察对手无寸铁的黑人使用警犬和消防水龙的照片传遍全世界，制造了一个难堪的美国形象。

1968年4月4日，马丁·路德·金在孟菲斯清洁工罢工期间呼吁克制时遇刺，许多城市发生骚乱，华盛顿和芝加哥出现不少暴力行动。电视播放了街头愤怒的夜景。

马丁·路德·金丧生增加了美国的耻辱（《新奥尔良花絮时报》1968年4月5日）

(经花絮时报出版公司概允。版权所有。经允许复制)

与民权斗争齐头并进的有"言论自由"、反战和女性运动。所谓的言论自由运动是1964年从加利福尼亚大学伯克利分校开始的，当时马里奥·萨维奥和其他学生抗议政府禁止在校园内举行集会的决定，支持校外的示威活动。在学生与政府的第一次斗争中，警察逮捕了数百名学生，这场斗争在 20 世纪 60 年代发展到其他许多学校。

领导女性平等运动的是 1966 年成立于威斯康星大学的全国女性组织。1967 年，全国女性组织为抗议平等就业机会委员会的招聘广告词，组织了第一条女性纠察线。到 20 世纪 70 年代，出现了一个有凝聚力的女性运动，它的基本思想是，提高觉悟（研究女性生活的所有方面）可以避免女性卷入单一问题的竞选，最终让女性运动得到更多人的支持。令人鼓舞的提高觉悟行动包括建立女性中心、提供堕胎咨询、拍摄电影和录音及发行女权主义报刊。

在 20 世纪 50 年代末和 60 年代，同性恋者组织了他们自己的解放运动，各大新闻机构通常不予理睬。决定性的时刻出现在 1969 年，当时纽约警察和同性恋者在一家酒吧外发生了后来被称为斯通沃尔骚乱的冲突。全国的同性恋者欢呼这次公开反对骚扰的行动，他们在为得到一个认为同性恋是荒唐之事的社会所承认而斗争。

在 20 世纪 60 年代的所有示威中，声势最为浩大和媒介冲击力最强的是 1963 年马丁·路德·金向华盛顿进军、1968 年在芝加哥举行的民主党全国代表大会期间反战示威者与警察的斗争以及 1969 年秋天在华盛顿的反战游行。

电视新闻： 克朗凯特与哥伦比亚广播公司

沃尔特·克朗凯特在 20 世纪 60 年代成为哥伦比亚广播公司新闻部的领军人物，被誉为美国最受尊敬的人。

克朗凯特以献身于硬新闻报道的精神为人所知。在通讯社传统的熏陶下，克朗凯特致力于最新新闻或者独家专访。

克朗凯特播报新闻直截了当，郑重其事，这使他在 1962 年得以主持晚间新闻节目。

1963 年劳工节那天，克朗凯特与哥伦比亚广播公司的班子，其中包括可靠的驻华盛顿记者塞瓦赖德，主持了第一个 30 分钟的电视网新闻节目。那天上午，克朗凯特在海恩尼斯港采访了肯尼迪总统，向总统提出了不断加剧的越战问题，当时已有 47 名美国人在越战中丧生。年轻的田野记者丹·拉瑟直截了当地描述了南部警察与黑人之间的一场冲突，老资格记者彼得·卡利谢尔身在东京报道。在以后几年，由于克朗凯特担任晚间新闻节目的编辑主任，哥伦比亚广播公司作为一家严肃的新闻机构的名声不断上升。

在美国卷入越南期间，克朗凯特同大多数记者一样，在 20 世纪 60 年代末以前没有认真地质疑过美国承担义务的性质。但是在 1968 年，在为一个有关新春攻势的专题节目访问越南以后，克朗凯特坚信这场战争将一无所获，他在节目最后说："看来是唯一一切合实际但不能令人满意的结论是：我们陷入了困境……唯一的合理出路……在于谈判，而不是以胜利者自居。"这是一个转折点，在以后的年月，哥伦比亚广播公司的报道带有对美国战术的更多批评。

哥伦比亚广播公司对新闻一丝不苟的态度，塞瓦赖德的理智之声，使哥伦比亚广播公司的收视率在1969年到1970年首屈一指。收视率提高的另一个原因是克朗凯特作为太空记者所显示的能力。在整个20世纪60年代，他报道了"水星"和"阿波罗"计划，他的兴趣可以同他在第二次世界大战期间为合众社报道德国火箭袭击伦敦时媲美。最后，在1969年7月20日，通常不流露情感的克朗凯特发出了对美国惊人成就的感叹。当"鹰"❶在月球登陆时，克朗凯特自言自语地说："好家伙，多么了不起的一天！"然后，同克朗凯特坐在一起的前宇航员沃尔特·希拉激动地大声说："我们成功了。"克朗凯特说："人类登上了月球……噢，好家伙！……哟！好家伙！……好家伙！看，他们坐在月球上！……飞行计划完全实现了。人类终于站在了月球的表面。天哪！"

第十七章 挑战与异议

❶"阿波罗11号"太空船的登月舱。

沃尔特·克朗凯特出色地报道了第一次载人太空飞行

（哥伦比亚广播公司）

1977年，卡特总统破例地面向公众参加一个广播脱口秀节目，那是由克朗凯特在椭圆形办公室主持的——还是那个在约翰·肯尼迪遇刺和安葬的在航天小组重返大气层的危险时刻、在人们为水门危机而焦虑之际关照

美国与新闻界

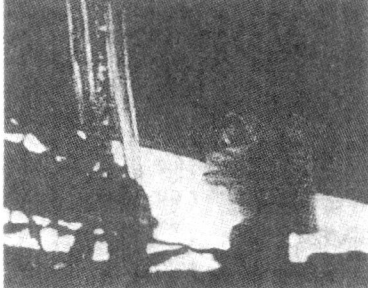

各报纷纷以头版复制具有历史意义的电视报道——1969年7月"阿波罗"登月（《华盛顿邮报》1969年7月21日）
(ⓒ1969,《华盛顿邮报》。经允许复制）

着美国人的"沃尔特大叔"。他是人们指望会坚守堡垒的人，而他也确实是这样做的，直到有一天晚上他拉长声调说："情况就是这样，1981年3月6日，星期五。我要告退了，丹·拉瑟今后将坐在这里。晚安！"克朗凯特成了特派记者，偶尔在电视上露面。

哥伦比亚广播公司的班子是强有力的。马德变成一位能服众的政治记者，弗雷德·P·格雷厄姆就法律事务提供了出色的报道，查尔斯·库拉尔特由于他的《人在旅途》节目而大受欢迎，伯纳德和马文·卡尔布对国务院的报道全面而透彻，莱斯利·斯塔尔是采访白宫的主要记者。纪实性的《60分钟》成为收视率最高的电视节目之一，令新闻节目第一次名列收视率前10名。拉瑟、迈克·华莱士和莫利·塞弗使这个节目万众瞩目，埃德·布雷德利和哈利·里森纳则在后来出现（里森纳从哥伦比亚广播公司开始其生涯，后转入美国广播公司多年）。梅拉·麦克劳克林1965年成为哥伦比亚广播公司的第一位女记者。

全国广播公司：钱塞勒与麦吉

约翰·钱塞勒是最有思想和最为认真的广播电视工作者之一。他1970年担任全国广播公司主持人，1976年，当数十家期刊就电视新闻的性质展开讨论时，钱塞勒简明扼要地解释了他那得心应手的工作：

> 你要做的是说："我今天早上10点起床，工作了一整天，阅读了所有电讯，给许多人打了电话。这样新闻就到手了。让我们一起看一看。我来给你们当向导。"

全国广播公司始终把一班强干的记者派到现场去。麦吉是这一行业中洞察力最强的人物之一。早在1965年12月20日，麦吉在全国广播公司一个有关越战的专题中断言：如果美国政府不能令人信服地说明为什么一个独立的南越对美国国家利益是如此至关重要，以至于"不容怀疑战争的合法性和道义性"，那么美国就该撤军。后来他为关于黑人和白人士兵生死与共的敏感的纪录片《同样的泥，同样的血》作解说。他还在民权斗争期间报道过南方，主播过多次太空飞行的报道，在约翰·肯尼迪遇刺那天主持了12小时之久。麦吉在1974年4月死于癌症，终年52岁。

除了一流的田野报道之外，全国广播公司还摄录了一系列令人印象深刻的纪录片，打头的是全国广播公司《白皮书》和两小时的《第一个星期二》。1976年初，全国广播公司取消了一个晚上黄金时间的所有节目，代之以一个3小时的外交政策问题分析，若爱德华·默罗在天之灵有知，当会大哭一场。后来公司推出了杂志节目《全国广播公司杂志》来与《60分钟》竞争，尽管取得了一些成功，收视率却没有显示出大量的公众支持。

为全国广播公司工作的女性中有波林·弗雷德里克，她在1948年成为采访两党全国代表大会的电视网女记者，在 1974 年以前一直担任驻联合国记者；《今日》节目的著名主持人巴巴拉·沃尔特斯，她在转入美国广播公司以前是全国广播公司的人物专访专家；取代汤姆·布罗考任驻白宫记者的玛里琳·伯杰、高级政治记者和评论员凯瑟琳·麦金。杰西卡·萨维奇和宗毓华成为全国广播公司有影响的主持人。

> 20 世纪 60 年代全国广播公司由切特·亨特利和戴维·布林克利联袂主持大选之夜的报道
> （全国广播公司 1999 年，版权所有）

美国广播公司新闻：沃尔特斯与雷诺兹

1976 年的一个早晨，电视新闻界一觉醒来发现，全国广播公司《今日》节目的明星巴巴拉·吉尔·沃尔特斯以 5 年 500 万美元的合同加入了美国广播公司。然而最大的新闻是，这位工资最高的新闻界人物要同老资格的哈里·里森纳共同主持晚间新闻节目，而里森纳马上表示不悦。哥伦比亚广播公司的克朗凯特和全国广播公司的钱塞勒也感到吃惊，批评家们立即批评说，美国广播公司把新闻当作娱乐业来对待。美国广播公司的经理们出来辩解，指出沃尔特斯有长期当撰稿人和采访要人的记录。

除了雇用沃尔特斯来提高收视率外，美国广播公司还开始试验大量运用特稿材料。20 世纪 70 年代初，美国广播公司系统鼓励它的地方台采用所谓的快乐谈话形式，引起因循守旧者的强烈批评，他们认为，玩笑和轻松交谈是离经叛道。

美国广播公司大肆为沃尔特斯与里森纳的"联姻"造势,但是正如一位批评家所说的那样,人们一开始便怀疑,"曼哈顿的泼辣与艾奥瓦❶的冷嘲的混合物能否融为一体"。除了晚间新闻外,沃尔特斯还主持多个专访节目。她的制片人露西·贾维斯是接到中华人民共和国邀请前去拍摄新闻纪录片的第一个美国人,她在1973年1月为全国广播公司制作了《紫禁城》。

沃尔特斯—里森纳的试验失败了,沃尔特斯离开主播的位置,专门从事人物专访。她录制的不仅包括与政界和娱乐界的名人,而且还有与埃及总统安瓦尔·萨达特等国际人物的重要谈话。她的年薪超过130万美元,仅次于丹·拉瑟的160万美元。里森纳及时离开美国广播公司,重新加盟哥伦比亚广播公司,赶上了1978—1979演季,任职于名列前茅的《60分钟》节目。

❶里森纳为艾奥瓦州人。

如日中天:哥伦比亚广播公司评论员埃里克·塞瓦赖德和记者莱斯利·斯塔尔
(哥伦比亚广播公司)　　　　　　　(哥伦比亚广播公司)

全国广播公司新闻主播约翰·钱塞勒和美国广播公司新闻部记者宗毓华
(©全国广播公司,1999.版权所有)　　(唐娜·斯文内维克/©1998,美国广播公司)

美国广播公司新闻主播弗兰克·雷诺兹和美国广播公司人物专访记者巴巴拉·沃尔特斯
（史蒂夫·芬恩/美国广播公司）　（克雷格·肖丁/ⓒ大都会/美国广播公司。版权所有）

鲁尼·阿利奇以《万维体育天地》、《星期一晚间橄榄球》和壮观的奥林匹克运动会，特别是1972年的慕尼黑奥林匹克运动会报道，将美国广播公司的体育报道带上了第一位。阿利奇在1977年成为美国广播公司新闻部主任。

南希·迪克森和利萨·霍华德也在首批女记者之列。其他许多女性也加入进来，包括第一位由电视网分派采访白宫的安·康普顿。前驻越南记者马林·桑德斯成为副总裁和纪录片部主任，她是那个领域的佼佼者。

越南泥潭

在印度支那——越南、柬埔寨和老挝——历时30年的战争中，美国参与的那个阶段大概是有史以来报道得最充分的一次。当然，对它的道义探讨也比以往任何时候都多，到美国1975年撤离时，它似乎反映了冷战精神的突变和"显然天命论"的衰落。这在很大程度上归功于采访这场战争的报刊、广播电视和摄影记者，其中包括50多位殉职者，以及少数在国内通过发表异见澄清问题的人。

到1960年，在南越的美国军事顾问有686人。到肯尼迪总统的第一年任期结束时(1961)，随着反叛的日增，美国军事顾问增加到3 200人。在西贡政变后三周，一名新总统入主白宫。

驻西贡记者团

到吴庭艳倒台时，驻西贡记者团已经成为一个杰出的群体。记者团首要人物是当时已转入《纽约时报》的霍默·比加特，他的尖锐分析刺痛了华盛顿方面。三位指出泥潭危险的领袖人物是1961年到越南的美联社记者马尔科姆·布朗、1962年4月到越南的合众国际社记者尼尔·希恩和在5月顶替比加特的《纽约时报》记者戴维·哈伯斯塔姆。

他们和其他一些记者报道的是有关战争的进展、吴庭艳政府的虚弱和任何人要实现美国政府在越南的目标的能力一类的坏消息，但是军事指挥部以及使馆和援助使团的文职人员的情绪往往是："我们有政策，只要我们足够努力，它就会起作用。"谁要是报道与此相反的事实，他就会被指责为不合作。1963年1月，希恩和哈伯斯塔姆目击了北村的一次军事惨败，它证明美国军事顾问要给他们的盟友灌输一种胜利的精神还须花很大气力，这二人报道了南越军队的失败。但是美军司令部说成是胜利，对驻西贡记者团名声的破坏开始了。

在佛教徒自焚和反对吴庭艳独裁政权压力增大的同时，驻西贡记者团内部也出现了矛盾。多次到西贡、逗留时间不一的记者有：专栏作家约瑟夫·艾尔索普；《纽约先驱论坛报》的报道过二次大战和朝鲜战争的老记者玛格丽特·希金斯、《芝加哥每日新闻》的凯斯·比奇和斯克里普斯—霍华德报团的卢卡斯（他后来在1964年因越南报道而获得厄尼·派尔奖）。艾尔索普、希金斯、比奇和卢卡斯对布朗、希恩、哈伯斯塔姆和卡利谢尔的报道和解释的批评将有地位的驻西贡记者团置于易受外界攻击的境地。

1963年，攻击越来越多了。记者们此前已经拒绝接受1962年由卡尔·T·罗恩发布的国务院《新闻界指南》，这个指南说："新闻记者应该被告知，对吴庭艳政府进行鸡毛蒜皮或不假思索的批评会使美国难以与吴庭艳保持适当的合作。"到头来在1963年，吴庭艳的警察动手劈头盖脸地殴打他们，并且砸碎了他们的相机。1963年9月，新闻界内部炸开了锅，《时代》周刊攻击驻西贡记者团是阴谋推翻吴庭艳政府的蛊惑人心的宣传家，还攻击它通过歪曲报道"加剧了该为国内读者澄清的混乱"。《时代》顽固不化，继续对驻西贡记者的分析持怀疑态度，直到这些记者对泥潭下的定义被所有越战的公正观察家接受后很久才发生改变。

对新闻界诚实性的攻击促使哈伯斯塔姆、希恩、布朗以及后来的其他人承担起活动家的角色。他们在国内写书、演讲，探讨越南冲突的性质和"不惜代价求胜"的政策对美国国家利益的危害。哈伯斯塔姆和布朗双双获得1964年普利策国际报道奖。希恩在1964年加入《纽约时报》编辑部，1971年为该报公布"五角大楼文件"发挥了作用。这些文件是根据五角大楼研究人员的秘密分析整理而成的，它们证实了1961年到1965年间驻西贡记者团的报道。由此引起的愤怒以及"信任差距"问题成了一个影响美国生活各个方面的两极分化的问题，它不仅影响约翰逊和尼克松总统，而且影响大众传媒。

在越南，中心问题不仅是军方蓄意制造假信息，而且是它经常地扣压不利于人们保持对美国政策最终会成功的信心的消息和精心炮制统计数字来证明白宫和五角大楼政策的正确性。在被记者们诨称为"5点钟发傻会"的西贡每日新闻发布会上，总要宣读关于前一天战况的公报，记者团说，参加这种新闻发布会是愚蠢的，因为新闻发布军官只知道公报上的东西。批评记者的人认为，记者还是把充斥着他们也怀疑的点尸的报道作为重大新闻事件发了回去，制造出一种除了在人造的情景之外子虚乌有的常规战争的幻觉。

约翰逊与新闻界：战争升级

没有哪位总统比林登·约翰逊总统更努力满足白宫"记者"的采访要求了。他不喜欢即时举行电视直播的记者招待会，而那是肯尼迪的拿手好戏。于是，他把20来名记者召到办公室，给他们提供食物，回答他们的问题。他带着他们到他的得克萨斯州的牧场野餐；他在白宫花园的人行道上与他们争论；他同他们一起在游泳池里游泳；他甚至举行了135次定期的记者招待会，平均数比艾森豪威尔和肯尼迪的还稍高一些。1964年，约翰逊凭自己的能力以创纪录的多数票当选总统，得到全国除12家以外的所有大报的支持。第二年，他的"伟大社会"立法加强了国家希望在民权、教育援助、医疗补贴等社会问题上取得的成就。然而尽管如此，由于越战升级，信任差距仍在扩大。

这个时期的两大争论不是发生在记者与军方之间，而是发生在记者与公众之间。1965年8月，哥伦比亚广播公司新闻部的莫利·塞弗和两名越南摄像师拍摄了《火烧锦尼村》一片。美国海军陆战队员在该地区受到枪击，作为报复美军（在越共溜走后）夷平了这个有150户人家的村庄。"越南的战争就是这样，"塞弗站在燃烧的房子前说，"越共早就跑了……这次战斗打伤了三名女性，打死了一名婴儿，打伤了一名海军陆战队员，掳走了4名老人。"沃尔特·克朗凯特采用了这个片子，引起轩然大波。批评者说片子太实了，不应该批评美国士兵，报道是片面的、消极的。为此，想显示战争不人道一面的塞弗差一点丢了饭碗。

但是，更大的轰动发生在1966年12月。《纽约时报》的资深编辑兼记者、受人尊重的哈里森·索尔兹伯里得到签证，开始从河内发出报道。索尔兹伯里的系列报道加上详细的观察和照片，与美国声称的美国轰炸计划取得成功的说法截然相反。轰炸没有针对军事目标，许多较小的城镇被夷为平地；飞行员为了减轻载荷而到处乱投炸弹；最糟糕的是，空前的轰炸对北越的运输和作战补给能力几乎毫无影响。索尔兹伯里和《纽约时报》受到愤怒的指责，评审委员会拒绝给他普利策奖，尽管多数报人承认，索尔兹伯里在1966年作了出色的新闻报道。

政府声称正在取胜，国防部长麦克纳马拉可以看到"隧道尽头的一线光明"，这句话后来成为漫画家们辛辣讽刺的对象。约翰逊总统1966年底访问金兰湾时劝士兵"把墙上那张浣熊皮带回家"，他的指挥官也在这么做。由于锲而不舍的报道而在1966年获

1966年10月26日《芝加哥每日新闻》头版通栏标题："LBJ（即林登·B·约翰逊）去越南"；自信的约翰逊总统勉励说："把墙上那张浣熊皮带回家。"

得普利策奖的美联社记者彼得·阿内特说，威斯特摩兰处于"危险的境地"。《华盛顿邮报》记者沃德·贾斯特说，政府报告的所有统计数字勾画的是一幅虚假的形势图；如果你不能在道路上行走，那么这个国家就不太平。《纽约时报》的小R.W.阿普尔说："胜利不是在望，很可能遥不可及。"

凡是看过并相信驻西贡记者团的这些主要成员报道的人，对于1968年1月底新春攻势的猛烈，就不像多数公众、在西贡的美国指挥官和华盛顿的官员那么吃惊。

此时参议员尤金·麦卡锡❶的反战运动正在迫使约翰逊退出总统竞选。3月31日，面临威斯康星州预选失败的总统在电视上宣布退出，令广大观众大为惊讶。

政府推出的候选人是副总统休伯特·H·汉弗莱。汉弗莱尽管在国内

❶ 尤金·麦卡锡（1916—2005），前美国民主党参议员（1958—1970），1968年和1976年两度竞选总统。

第十七章 挑战与异议

实现了自由派的一些目标，但是继承了约翰逊的战争政策衣钵。

1968年的芝加哥和《沃克报告》

1968年底，当汉弗莱竞选总统的希望由于在芝加哥举行吵吵嚷嚷的民主党全国代表大会期间所造成的形象而归于破灭以后，一份有关那次大会的调查以《沃克报告》为名发表了。芝加哥律师丹尼尔·沃克的这份报告是为全国暴力成因和预防委员会准备的。他的工作人员收取了1 410名目击者和参与者的证词，查阅了联邦调查局进行的2 000多次访谈记录。《沃克报告》称这一事件是"警察骚乱"，它说情况比媒介描述的还要坏。1969年12月完成的最后报告说，芝加哥警方不仅对挑衅者，而且对和平示威者、被动的旁观者以及新闻记者和摄影记者过度使用了武力。

如果这些是由约翰逊总统任命的有声誉的全国委员会根据大量纪实文件作出的结论，而此人正是1968年芝加哥不满的主要对象的话，那么媒介的公众形象是如何受损的呢？

在这里，威廉·斯莫尔的警告完全应验了：公众宁愿"杀死信使"，也不接受现实。信使首先是电视。当哥伦比亚广播公司的新闻主播沃尔特·克朗凯特看到（像观众看到的一样），大会的一名保安人员毫无理由地殴打哥伦比亚广播公司记者丹·拉瑟时，他怒火冲天，但是他后来又逆来顺受地采访芝加哥的政治老板、对利用"法律和秩序"来制造混乱负主要责任的市长理查德·J·戴利。指责媒介的信件大量涌至，以至于联邦通讯委员会不得不对电视网有关报道开展调查。各电视网勉强同意合作，1969年9月，联邦通讯委员会报告说，电视网的报道是公正的。

多数美国人收看了一个17分钟的电视片，它报道了召开全国代表大会那一周的星期三夜晚在康拉德·希尔顿饭店前面警察与群众的对峙。《沃克报告》说，在那里，在小街上，警察的残暴达到了顶点。在这吵吵嚷嚷的一周，电视网报道暴力的时间仅为1%多一点，99%的时间用于报道场内事件、讨论以及政党代表大会的枯燥乏味。

然而，公众批评媒介过度注重示威者，暴力报道太多。《广播电视》杂志的一项调查估计，星期三晚上的观众有9 000万，其中21.3%的人认为警察过度使用了武力，56.8%的人认为并非如此。只有13%的人认为，大会现场没有理由采取那么森严的保安措施，尽管一位批评家说，汉弗莱是"在严密的围栏内"获得提名的。新闻媒介——电子和印刷媒介各占一半——总共有70人被警察打伤，但是没有什么人注意到他们。埃里克·塞瓦赖德把这种困境总结如下：

> 原因显而易见。多年来，公众对大叫大嚷的好斗分子、满口脏话的示威者、纵火者和抢劫者的不满，在全国形成了一股压力。芝加哥事件使它一下子爆发出来。

千百万人流露的情绪早在芝加哥事件以前很久就产生了。够了，够了，警察一定是对的。因此，报道必定是错的。

这对媒介来说是一种令人清醒的经验。这个星期对民主党和休伯特·汉弗莱来说是灾难的一周，汉弗莱的竞选在芝加哥一败涂地。共和党人理查德·尼克松精明地利用电视报道，以微弱的多数入主1960年将他拒之门外的白宫。

地下报刊

20世纪60年代中期蓬勃发展的"地下报刊"运动，可以从美国新闻史上所有激进分子的言论中找到其源头，早年有詹姆斯·富兰克林，后来有1948年在纽约市创刊的激进的《前卫报》周报和《I.F.斯通周报》。这个运动是在阿伦·金斯伯格❶、鲍伯·迪伦❷、杰克·克鲁阿克❸、伦尼·布鲁斯❹和诺曼·梅勒等人的激励下开展起来的。直接的刺激来自四字母粗俗下流词运动、性革命和开创了反权势集团时代的代沟与信任差距，最重要的是以向五角大楼进军为象征的强烈的反战抗议。

以胶印廉价印刷的地下报纸文风和内容大胆泼辣，图表设计不受限制，观点无拘无束，而且大多也是不盈利的。它们不仅反对全国的权势集团，而且反对大众传媒。最好的地下报纸在对两者提出批评方面都卓有成效，同时给20世纪60年代死气沉沉的美国社会和政治状况注入了新的活力。到20世纪70年代中期，这个运动失去了很多活力。

一位研究地下报刊的历史学家罗伯特·格莱辛在1970年出版的一本书中列出了457家报纸的名称，说这些报纸来也匆匆，去也匆匆，简直来不及记载。他列出的报纸中包括55家军队报纸以及校园、黑人和奇卡诺人办的出版物。他估计，中学的地下报纸有3 000家。

第一家地下报纸是《村声报》，它的创办者是担任主编的自由撰稿人丹尼尔·沃尔夫、担任发行人的心理学家爱德华·范谢尔和小说家诺曼·梅勒。它代表的是反权势集团的民主党人的政治观点，它展示了格林尼治村对书籍和艺术的兴趣，它最大成功是打破了四字母粗俗下流词的障碍。它为漫画家朱尔斯·法伊弗开创了事业，帮助杰克·纽菲尔德成名，许多在《老爷》、《纽约》和《哈泼斯》等新新闻主义专栏上发表文章的人，也给它投稿。到20世纪70年代，它扩版到厚厚的48页，发行15万份，在地下报刊中居首位。

❶ 阿伦·金斯伯格（1926—1997），美国诗人，"垮掉的一代"的代表人物之一。
❷ 鲍伯·迪伦（1941— ），美国流行歌星。
❸ 杰克·克鲁阿克（1922—1969），美国诗人兼小说家，"垮掉的一代"的代表人物之一。
❹ 伦尼·布鲁斯（1926—1966），美国流行喜剧演员。

20世纪60年代真正激进的地下报刊发行人中最成功的是前机工阿尔特·孔金。他在1964年以15美元创办《洛杉矶自由新闻报》。到1970年发行量估计有95 000份。孔金每周都要刊登反对警察的漫画、大量的分类广告以及对政客和社会名流的讽刺。他的报纸由于对全国性和地方性问题的严肃评论而格外引人注目,不管其语言是多么惊人。他自己为得到采访证与洛杉矶警察进行的长达4年的斗争于1971年3月结束。

最有名、最成功的校园地下报纸是《伯克利芒刺报》。它于1965年夏天诞生。

另类新闻工作者

无与伦比的I. F. 斯通只同妻子以及一位临时研究助手一起工作。他在1953年开始发行《斯通周刊》,针砭麦卡锡主义的支持者。他把这份新闻信一直办到了1971年,先后就朝鲜战争引起的争议、黑人问题、早期越战和反越战示威期间对私人权利的不断侵犯等问题撰写文章。斯通的曝光文章有根有据,常常取自政府的印刷文件,为其他许多作家和活动家提供了炮弹。他与《民族》周刊的凯里·麦克威廉斯和《天主教工人报》的多萝西·戴一起,成为美国最杰出的始终如一的新闻工作者。他们不得不满足于小小的发行量,但是在得知其忠实的读者中包括一些最终在20世纪70年代转而反对现状的活动家和决策者之后,他们感到欣慰。斯通退出作战第一线,担任《纽约书评》的撰稿主编,继续从事批评性写作,直到1989年逝世。

另类新闻工作者I. F. 斯通和多萝西·戴
(美联社/万维图片社)　　　　　　(马基特大学档案馆)

凯里·麦克威廉斯1955年接替弗雷达·柯奇韦担任《民族》主编。柯奇韦领导这家杂志渡过了资金短缺和因对苏联的方针引起的危机。麦克威廉斯保持了生气勃勃的自由派立场，到1965年《民族》创刊100周年时，在美国所有出版物中，这家刊物发起了以事实为依据的对越战最尖锐的社论攻击。在"水门事件"中，麦克威廉斯继续从事他的调查性报道，将《民族》再次推到了猛烈攻击的最前线。

同斯通一样，多萝西·戴显示了一种令人敬佩、不屈不挠、始终如一的新闻工作目标。她的影响远远超越了《天主教工人报》的发行范围。《天主教工人报》是一家月报。该报培养的天主教工人运动成了美国社会良知的催化剂，在20世纪80年代，它为穷人提供的施汤所和住处遍及受经济衰退打击的美国，就像它们在大萧条年代所起的作用那样。南希·罗伯茨教授总结说，《天主教工人报》超过其他所有出版物之处在于，它的社论方针在半个多世纪中始终如一：宣扬以个人行动主义（"个人人格至上论"）来实现非暴力的社会正义、矢志于和平主义和鼓吹公有社会的基督教哲学。多萝西在1980年逝世前，显然是这个运动及其报纸的精神和世俗领袖。

戴出生于一个报人家庭，18岁离开大学，成为《社会主义号角》和《解放者》的热衷于行动的记者，在格林尼治村与尤金·奥尼尔❶和哈特·克兰❷等年轻作家过从甚密，为《群众》撰稿，为争取女性选举权而在白宫设置纠察线。她在1927年皈依天主教，1933年与法国天主教空想哲学家彼得·莫兰共同创办了《天主教工人报》，到1938年时发行量达19万。戴是坚定的和平主义者，与多数美国天主教徒在西班牙内战时支持佛朗哥和在第二次世界大战中支持美国军事行动的态度格格不入，《天主教工人报》的发行量因此降至5万份。戴的目标是改革天主教会，而绝不是与之决裂，她敦促天主教会抵制资产阶级文化，恢复早期的激进和纯洁。左派强烈抨击她反对革命的阶级斗争，右派则因为她的和平主义和对穷人的关心而决意避开她。《天主教工人报》反对1940年的征兵、库格林神父的反犹主义、加州的日本人拘留营、原子弹、1948年的和平时期征兵、朝鲜战争和处决罗森堡夫妇❸。20世纪50年代，戴仍然为维持和平运动而奔走，4次因为反对强制性的民防演习、视之为军国主义活动而坐牢。

随着越战期间和平主义的再度流行，《天主教工人报》的发行量最终反弹到10万份，并一直保持到20世纪90年代初。《天主教工人报》支持焚烧征兵证，但不支持捣毁征兵局办公室，戴认为，那样会引起暴力行动。戴的反战立场与教皇约翰二十三世不谋而合；她同托马斯·默顿、罗伯特·德里南神父、菲利普和丹尼尔·贝里根❹以及自由派的教会报刊《公共福利》、《大赦年》、《批评家》和《全国天主教报道》站在一起。戴75岁

第十七章 挑战与异议

❶尤金·奥尼尔（1888—1953），美国剧作家。1935年获诺贝尔文学奖。

❷哈特·克兰（1899—1932），美国诗人。后因未实现创作目标而投海自尽。

❸指埃塞尔·罗森堡（1915—1953）和朱利叶斯·罗森堡（1918—1953）夫妇。二人被控向苏联泄露原子弹情报，于1951年4月15日被判死刑，1953年6月19日在纽约辛辛监狱被处决。

❹两名积极参加20世纪60年代反越战运动的兄弟。

时因为在加利福尼亚同塞扎·查维斯❶一起组织纠察线而被捕。逝世前她被圣母大学授予莱塔尔奖章，奖励她对她的国家和教会的影响。要求把戴封为天主教圣徒的一场运动已经开始。

支持地下报刊革命的是它的通讯社。其中之一的解放新闻社是编辑过大学报纸的研究生雷·芒戈和马歇尔·布卢姆1967年向华盛顿进军时创立的。另一个是地下报刊辛迪加，1966年由汤姆·福凯德组建并加以发展，成为同业协会的信息交换站和报纸的广告代表。福凯德后来争取到了采访国会的权利。

在20世纪60年代和70年代诞生的、传统的和女权主义的女性杂志中，影响最大的是格洛里亚·斯坦纳姆主编的《女性》(Ms.)❷。莱蒂·波戈雷宾、帕特里夏·卡宾等十几位积极的撰稿人在这个非常民主的群体中帮助日常编辑工作。《女性》不仅攻击白人男性权势集团，而且对理财、两性、心理和家庭问题广泛发表各种观点。到1983年卡宾任发行人时，《女性》的发行量达到50万份，但是接下来广告收入摇摆不前，在几家女性杂志的发行人戴尔·兰改版之前两次易主。1990年7月，他将《女性》作为不登广告的精致月刊重上报摊。到1994年，其发行量达166 000份，主编是罗宾·摩根。

调查性报道

挖掘五角大楼、中央情报局、联邦调查局、卡车司机工会、犯罪集团和腐败政客的活动的，是20世纪60年代和70年代所谓的调查性新闻记者。调查报道是指利用长时间内积累起来的足够的消息来源和文件，向公众提供对某一事件的强有力的解释。在西摩·赫什揭露了越南美莱屠杀的真相并及时加入《纽约时报》调查中央情报局的问题后，"调查性"一词变得极为流行。《洛杉矶时报》的杰克·纳尔逊帮助消除了联邦调查局局长J·埃德加·胡佛的神话，《华盛顿邮报》的鲍勃·伍德沃德和卡尔·伯恩斯坦在"水门事件"期间成为全国的英雄。但是，基于本身的性质，真正的调查性报道只能由那些资本最雄厚、影响最大的媒介来进行，而它们很少接受这一挑战。

然而，调查性新闻事业并非始于20世纪60年代。它是从未真正消亡的黑幕揭发传统的延续。从20世纪20年代至今，像《民族》和《新共和》这类低发行量的杂志一直在宣扬改革思想。马修·约瑟夫森1956年在《民

---

❶ 塞扎·查维斯 (1927—1993)，墨西哥裔美国农业季节工人领袖。

❷ 在英语中，男士是Mr，女士是Miss、Ms. 意谓男女没有性别差异，权利平等。

族》上攻击大规模的军备开支，同年弗雷德·J·库克写了《纽约的耻辱》。主编凯里·麦克威廉斯1958年出版了关于联邦调查局的特刊，1962年出版了关于中央情报局的特刊。拉尔夫·纳德1959年在《民族》发表第一组文章，其中包括《你买不到的安全车》；早在1953年，麦克威廉斯就把香烟与肺癌联系起来了。

除了杂志以外，书籍也作出了重大贡献。凯里·麦克威廉斯的《田野工厂》和约翰·斯坦贝克的《愤怒的葡萄》使美国人在20世纪30年代注意到农业季节工人的处境。后来，迈克尔·哈林顿、德怀特·麦克唐纳和赫尔曼·米勒等作家帮助发现了被遗忘的穷人。在越战和"水门事件"时期，有大量书籍揭露了政府的欺骗、白领犯罪和有组织犯罪以及普遍忽视生活质量等问题。在广播电视领域，哥伦比亚广播公司一马当先，先是爱德华·R·默罗的纪录片，随后是《美国的饥饿》和《五角大楼的出卖》。所有三大电视网和公共电视都探究毒品、犯罪、过度富有和腐败等问题，但是总的来说，调查性新闻是电视新闻最大的弱项。

新新闻工作者

20世纪60年代初，"new journalism"一词再次为人使用。在普利策和赫斯特的年月，它指的新闻采集的一种全新方法。后来，在幻灭的时代，汤姆·沃尔夫、琼·迪迪恩❶、吉米·布雷斯林❷、盖伊·塔利斯、杜鲁门·卡波蒂和诺曼·梅勒等作家开始试验一种后来被称为"新式非虚构报告文学"或曰文学新闻的文体。虽然它有各种不同的表现形式，但是一般说来，它是指利用感知和采访技巧获取对某一事件的内部观点，而不是依靠传统新闻事业中常用的采集信息和提出老一套问题的标准手法。它还要求利用写小说的技巧，把重点放在写作风格和描写方面。

所谓的新新闻工作者大部分是报社记者，他们把大量业余和工作时间花在向《老爷》、《纽约》、《纽约人》等杂志出售文章上。这些记者把对人物和生活方式不落俗套的描写投给《老爷》是很自然的。该刊由阿诺德·金格里奇1933年创办，多年来一直发表美国著名作家的署名文章，同时放弃了色情材料填充版面的习惯。在新新闻工作者之前有海明威、福克纳和斯坦贝克。

新新闻工作者运用景象、音响和人物内心的思考，以各自的风格表现了各种各样的题材。作家唐·韦克菲尔德在1966年6月的《大西洋》上撰

❶ 琼·迪迪恩（1934— ），美国女小说家、记者。
❷ 吉米·布雷斯林（1930— ），美国记者、作家。1986年普利策评论奖获得者。

文赞扬沃尔夫的《糖果色橘片流线型婴儿》和卡波蒂的《残杀》使文学界把新新闻主义看做一种严肃的艺术形式。

尽管新的非虚构性报告文学出现在各种杂志和书籍中，这场写作运动没有扩大到报纸上。大多数报纸主编对新新闻主义技巧皱眉蹙额，错误地把它们与"鼓吹式"或"行动主义式"报道联系在一起。除了这种混乱之外，另一个群体声称它找到了解决报道问题的答案，他们被称为"精确新闻记者"，其学习榜样是为奈特报团报道华盛顿事务和在1991年撰写《精确新闻学》一书的菲利普·迈耶。

黑人报刊存活

在第二次世界大战结束的时候，《芝加哥保卫者报》自诩发行257 000份，《匹兹堡纪事报》202 000份，《非洲裔美国人报》137 000份。两次世界大战的冲击以及黑人大批向北部工业城市迁移造就了这种发行量高峰，但是不出几年就开始普遍下跌，全国发行的报纸的地位被社区报纸挤占，在20世纪60年代争取民权斗争期间，只有一小批稳定的报纸幸存了下来。

总的看来，在20世纪60年代，多少有些保守的老牌黑人报纸被一系列事件和黑人的好斗行动抛在了后面。在许多城市，小型组织的报纸所发表的观点是不囿于既存的白人或黑人报刊的。例如，在芝加哥，向《芝加哥保卫者报》挑战的许多报中就有《黑人真理报》、《黑人解放者报》和《黑人女性委员会新闻》。黑人报刊集中于社区日常报道，对年轻的黑人提出的直接行动的要求具有矛盾心理。一些黑人报纸担心失去新近获得的白人广告，因而不能更积极地参与黑人革命。

黑人报刊经受了经济困难和社区政治压力之后幸存了下来。到1970年，《芝加哥保卫者报》的发行量降到33 000份，《匹兹堡信使报》降到2万份。发行量最大的是发行全国的《穆罕默德讲话》周刊，它是马尔科姆·X在1961年创办的黑色穆斯林运动的喉舌，估计发行量为70万份。

黑人报纸领袖

1970年，《芝加哥保卫者报》的主编兼发行人、森斯塔克报团的主管约翰·森斯塔克被选进美国报纸主编协会董事会。他是第一个享有这一荣誉的黑人主编，对他个人的承认反映了森斯塔克报团的地位。1994年，发行量约为28 000份的《芝加哥保卫者报》是《主编与发行人》列出约185家黑人报纸中的两家黑人日报之一。该报在1956年改为日报。另一家日报是布鲁克林的《纽约挑战日报/非洲裔人时报》，发行量为78 000份。

《芝加哥保卫者报》报团主管约翰·H·森斯塔克
(《芝加哥保卫者报》)

第十七章 挑战与异议

《芝加哥保卫者报》的头版（1975年10月8日）

同正规周报一样，黑人周报通常在周四出版。广告约占总版面的 1/3，其中 2/3 以上是地方性广告。大多数全国性黑人报纸和最大的周报订阅合众国际社提供的有关它们所在州、地区、全国和国际新闻。最有名的专业通讯社是克劳德·A·巴尼特在 1919 年创立的黑人联合通讯社。1945 年它的订户达到顶峰，在美国有 112 家。第二次世界大战后，巴尼特多次去非洲，除了开发非洲新闻之外，还在那里增加了 100 家订户。但是到 1966 年黑人联合通讯社因为在报道黑人新闻方面遇到激烈竞争，因而倒闭。1947 年创办的全国黑人通讯社得到了较大的黑人报纸的支持，路易斯·劳蒂尔任驻华盛顿记者，1960 年停办后于 1974 年重新开业，委派小约翰·刘易斯为外派记者。

据相关领域研究中的佼佼者亨利·G·拉布里第三在这方面的调查，在 1974 年到 1979 年间，黑人报纸从 213 家减少到 165 家。他在早些时候的研究中发现，自有印刷设备的黑人报纸不到 40 家，只有少数几家的发行量得到报刊发行审计局审计的确认。唯一全国发行的报纸是《比拉利安新闻》，这家正统穆斯林出版物的前身是《穆罕默德讲话》（如今以《穆斯林新闻报》知名）。

黑人杂志

20 世纪 80 年代末，约翰·H·约翰逊的《黑檀》发行量达到 190 万份，吸引的主要是城市中产阶级黑人。在 1945 年创办《黑檀》之后，约翰逊很快发现煽情主义得不偿失，而高质量的照片和对黑人生活的严肃描述效果颇佳。伊拉·贝尔·汤普森在这家杂志任主编超过 1/4 世纪。在 20 世纪 60 年代的动乱时期，《黑檀》更加关心黑人的问题，除了照片和漫画外，还就这些题材发表了大量文章。约翰逊另一份重要刊物《黑玉》发行量达 100 万份。它开始创办时只是袖珍型新闻周刊，刊登不适合见诸《黑檀》的东西。1986 年，约翰逊又给他的帝国增加了男性时尚杂志《黑檀男性》。除了掌管盈利甚巨的约翰逊出版公司之外，他还是三家广播电台的总裁，并参加其他企业的工作。1987 年，他任命他的女儿琳达·约翰逊-赖斯任约翰逊出版公司总裁，与她分享权力。

处于领导地位的黑人女性刊物是 1970 年创办的《精品》。到 20 世纪 90 年代中期，它的发行量上升到 100 万份以上。在最初 10 年中，《精品》由马西娅·安·吉莱斯皮任主编，坚持扎根于 20 世纪 60 年代的黑人权力运动。其目标是表现黑人女性的生活，让广告商知道它的读者群的潜力。1998 年，约有 31 万非洲裔美国人男女企业家阅读《黑人企业》（1970）；民权和种族关系的鼓吹者是《危机》（1910）的忠实读者；大学生可以买《黑人大学生》（1970），知识分子阅读《复兴》（1990）。

拉美裔人媒介

20世纪60年代，在塞萨尔·查维斯的领导下，拉美裔人的觉悟不断提高，几十家致力于把拉美人组织成敏感而进步的社区报纸应运而生。在查维斯带领联合农场工人工会反对圣华金山谷势力强大的加州葡萄种植者时，1964年在德拉诺一间简陋的小木屋出版的《被劫者》成为工会的喉舌。该运动从田野发展到城市，1967年《种族》在洛杉矶问世，它为增加教育机会、改善住房和结束年轻的拉美裔人所诉说的警察骚扰而大声疾呼。这些抗议所遵循的是早期墨西哥裔人报纸的传统。

拉美裔人是美国增长最快的少数族裔。拉美裔人分布在全国各地，主要在市区。近80%的人说他们讲双语——西班牙语和英语。然而，作为一个群体，拉美裔人旧有的教育、医疗和就业问题现在仍然存在，其中一些是由于政治代表不平等造成的。

研究家费利克斯·古铁雷斯认为，20世纪60年代全国性媒介发现了以前看不见的拉美裔人，那是因为在20世纪头70年的报道中他们"几乎不存在"。对全国和地方报道的研究发现了一种与黑人类似的格局："在墨西哥劳工或移民影响国家政策或者拉美裔人参与内乱时"——例如20世纪40年代初洛杉矶波乌科族人的种族骚乱，或者政府试图封锁美墨边界以阻止移民时——才构成头条新闻。

几家报纸估计到广告的潜力，开始吸引拉美裔人。《迈阿密先驱报》在1976年推出西班牙文版，1981年《芝加哥太阳时报》和《亚利桑那共和报》采取了同样的做法。《洛杉矶时报》推出了名为《诺斯特罗时代》的月刊。甘尼特公司在1981年买下了西班牙文日报《新闻日报》，此前它对拉美裔人媒介的习惯与态度作了广泛的研究。全国广播公司在纽约、芝加哥和洛杉矶的几家电视台开始与当地西班牙语广播电台联播晚间新闻，其他许多电视台纷纷效仿。还有其他积极反应。《纽约时报》因约翰·克鲁登对移民问题的调查获普利策奖，《洛杉矶先驱考察家报》的默尔·沃林本着赫斯特时代的安妮·劳里的精神，假扮成无身份证件的工人，对洛杉矶服装加工区做了系列报道，受到了广泛赞扬。《洛杉矶时报》几位墨西哥裔记者的一组系列报道获普利策奖。

然而，同黑人和其他少数族裔一样，拉美裔人发现难于进入主流记者和编辑行列。在广播电视方面，由于有联邦的管制和1977年联邦政府一项研究的压力，情况稍好一些，这项名为《装饰门面》的报告指出了少数族裔在雇用和晋升方面的不平等。到1998年，《主编与发行人年鉴》列出117家拉美裔人报纸，包括以下发行量领先者：波多黎各圣胡安的《发言人报》，259 000份；洛杉矶的《新闻》，113 000份；《意见报》，102 800份；《先驱新报》，10万份；迈阿密的《美洲日报》，68 000份；纽约的《日报/新闻报》，49 700份；纽约的《世界新闻报》，25 000份。

在杂志方面，面向拉美裔人的英文杂志《展望》夹在报纸里发行，声称发行量有1 075 000份。其他综合性英文杂志有在得克萨斯州奥斯汀出版的《拉美裔人》。英文专业杂志有在加州圣巴巴拉出版、全国发行的《拉美裔人商业》（20万份）。此外，《世界主义者》、《家政》、《父母》等大型杂志出版西班牙文版。

大型媒介公司显然认识到了拉美裔受众的广告潜力——在美国市场上增长最快。最令人激动的是广播电视，环球电视公司有22家全功率电视台以及另外27家附属台。通过遍布全国的无线和有线附属台，它在黄金时间拥有约175万成年观众。另一家以美国为基地的电视网——世界电视公司——有7家全功率电视台加上118个直属有线系统。各有线系统加上墨西哥电视网特莱维萨公司的系统，将节目播向全国各地。

印第安人报纸

20世纪90年代的美国印第安人报刊几乎清一色是用英文印行的。印第安人新闻工作者协会（前印第安人报业协会）列出的报纸有220家，分布在32个州和加拿大。

小蒂姆·A·贾戈在1981年创办了《拉科塔时报》，现名《今日印第安乡村》，将它办成了南达科他州最大的周报。该报发行量超过17 000份，是印第安人在美国拥有的最大的独立报纸。

在印第安人报纸中，周报不到1/4，大多数是月报或周期更长的报纸。一些报纸是真正独立的，但是有许多为部落拥有。这些报纸在方针上是编辑部自主，但是并非始终能做到这一点。

两家全国发行的报纸是发行1万份的《阿奎萨斯内札记》和双月报《瓦萨贾》。

印第安人的第一张报纸《彻罗基凤凰报》，1828年到1832年间在佐治亚州出版。

印第安人的报纸为资金有限、缺乏编辑

纽约主要拉美人日报《日报/新闻报》

《瓦萨贾》双月报头版

经验和部落冲突（如莫霍克族的那些冲突）所困。但是它们以事业为重，以增进印第安人的福利和自豪感、保持和恢复印第安人的传统和发表自己的观点为己任，进而成为反映它们所属族群及读者的镜子。

男女同性恋者报刊

在 21 世纪来临之际，男女同性恋者报刊继续蓬勃发展，成为广告商有利可图的一个领域。在新一代畅言无忌的男女同性恋者的领导下，全国约有 850 家男同性恋者的周刊、双周刊、月刊和季刊为至少 200 万读者报道地方事件和新闻。另外一些，如在洛杉矶出版的反映男同性恋者生活方式的杂志《流派》在全国有 10 万读者，刊登绝佳牌伏特加酒广告和哥伦比亚音像公司的唱片俱乐部等全国性的公司的广告。发行量最大的 3 家是《旧金山湾时报》、《西雅图男同性恋新闻》和《华盛顿刀锋报》。一些出版物传统上是在酒吧里赠阅的，在很大程度上依赖性取向广告，但是越来越多的出版物力求树立更加主流的形象。其中之一是纽约的《另类》，它自称是"男女同性恋者的《米拉贝拉》❶或《老爷》，略带一点男女同性恋者的《宇宙》的色彩"。到 1998 年，它付费发行量超过了 136 000 份。

成立于 1990 年的全国女性和男性同性恋新闻工作者协会鼓励在主流媒介工作的男女同性恋新闻工作者公开身份，以消除同性恋的神秘感，改进对有关问题的报道。安德鲁·科普凯因德是最有影响的同性恋新闻工作者之一，他于 1994 年逝世，终年 59 岁。他长期从事新闻工作，先后在《华盛顿邮报》、《时代》周刊、《村声报》、《新共和》和《民族》任职。在报道民权和反战运动方面，他走在前面。科普凯因德的朋友亚历山大·科伯恩称他是"当代最优秀的激进记者兼作家，最优美的文体家；从精神上讲，他是我见过的最不愿随波逐流的人"。

❶ 美国一份以时尚、政治、旅游和艺术为主旨的杂志。

第十八章

信任危机

报道水门事件的鲍勃·伍德沃德和卡尔·伯恩斯坦

尼克松与阿格纽
事先约束:"五角大楼文件"案
"水门事件"报道
记者团:获奖与伤亡
在越南实施的军方新闻检查
失败与投降
越南反思:战争的教训
中国与环太平洋地区
总统竞选
卡特年代:伊朗危机
里根与媒介:争取享用的斗争
伊朗—尼加拉瓜反政府武装丑闻
在中美洲和加勒比海的干预行动
布什与"世界新秩序"
美国在中东的作用增长＆海湾战争
克林顿争取获得支持

公众对新闻媒介信度的看法
对电视新闻的批评
电视的最大受众群
哥伦比亚广播公司新闻
全国广播公司新闻
美国广播公司新闻
有线新闻电视网
福克斯广播公司
联合派拉蒙电视网和华纳兄弟电视网
公共广播电视:麦克尼尔—莱勒
少数族裔的雇用
对电视节目的担忧
联邦通讯委员会与广播电视业者:营业执照发放
联邦通讯委员会的公正原则
隐私问题

> 报纸要为被统治者服务，不要为统治者服务。
>
> ——最高法院法官雨果·L·布莱克

到1970年，根深蒂固的信用差距在美国生活中已极为明显。在总统与人民、总统与新闻界、新闻界与人民之间存在着信用差距。除此之外，还有老年人与青年人、黑人与白人、知识分子与沉默的大多数人之间的差距。

使总统遇到困难的一个理由是：对不信任的迷信情绪日益增长。参议员约瑟夫·麦卡锡在他最为得意的时候，使半数美国人相信了他的话，这就是说，他们相信他们的政府是共产主义与腐败的结合体——麦卡锡说，甚至连陆军都包庇叛国活动。那位参议员没有能够打倒战争英雄艾森豪威尔，艾森豪威尔受到信用差距的影响比他那些继任者要少。约翰·F·肯尼迪继承了古巴危机；新闻受到控制，许多人不相信政府的解释。沃伦委员会听证会没有做到使美国人不再怀疑关于肯尼迪总统遇刺的报道，这种怀疑随着岁月的消逝反而有所加强。参议员巴里·戈德华特可以提供令人懊丧的证词，说明他在1964年那次不幸的总统竞选中所遇到的不信任的程度。参议员尤金·麦卡锡发现，在1967至1968年的冬季，约翰逊总统得到的公众支持只是个空架子；他的"儿童福利改革运动"以及越南的新春攻势粉碎了人民对战争努力的信任。由于林登·约翰逊的个性所形成的信用差距一直延续到问题成堆的理查德·尼克松的任期内，部分原因同样归之于他的个性，也有部分原因是：这种信用差距就是美国生活方式的一个组成部分。

使总统和报界都遇到困难的另一个理由是，尽管有多年的繁荣与突出成就，但是表明20世纪50年代和60年代特点的一些坏消息却接踵而来。美国人不愿听到这种说法：他们必须在朝鲜处于僵持状态——1952年用来解释那些坏消息的一个竞选口号是："共产主义、腐败和朝鲜问题"，而不是有着一支强大的中国军队作为对手这一严酷的事实。20世纪50年代末期的经济衰退；副总统尼克松甚至总统艾森豪威尔在国外遇到的怀有敌意的接待；以及戴高乐对美国威信的挑战都是令人不快的问题。到了20世纪60年代和70年代初，问题更是成了堆：猪湾事件、柏林墙、总统遇刺、越战、大城市中的种族骚乱、大学校园里的暴乱、参议员罗伯特·肯尼迪和马丁·路德·金遇刺、在越南取胜诺言的破产、留长发问题、性问题和在大庭广众中说四字母粗俗下流词的问题、吸毒、州立肯特大学事件、美莱事件、濒临经济萧条的状态以及"水门事件"等。按照传统情况，一位总统总是要对不利的消息（特别是有关经济问题的消息）在政治上付出代价的。但是正如哥伦比亚广播公司记者威廉·斯莫尔的一本书的书名所说的，公众似乎愿意像古代的国王那样去"杀死信使"，而这次，这个信使就是给他们带来坏消息的哥伦比亚广播公司和其他电视网、《华盛顿邮报》和其他自由派报纸，甚至那些想作客观报道的通讯社。

对于蛊惑人心的煽动家来说，时机是成熟的。有许多坏消息，人们不愿意相信；有许多现实问题，他们不愿意其存在。一部分人不相信总统，另一部分人不相信新闻界。而总统和新闻界都鼓励人们不要去相信对方。像现在这样，争辩说报道坏消息是不爱国，这很容易；说那些制造了坏消息——如发生在州立肯特大学或在芝加哥大街上的——的人是非美的，是罪有应得的，也很容易。自由的捍卫者唯一的安慰是：这种信

两年之久持续调查性报道的高潮——《华盛顿邮报》1974年8月9日报道尼克松宣布辞职

(©1976年，《华盛顿邮报》)

用差距以前也存在过,只要有决心,这一次的差距是可以克服的。然而在1986年至1987年的"伊朗门"丑闻和向尼加拉瓜反政府武装提供武器的丑闻中,里根总统的信誉下降到新的最低点。当然,对于1998年1月爆发的克林顿—莱温斯基丑闻,媒介也有它们的一份耻辱。

为了了解信用差距的发展情况,需要继续书写总统与新闻界的关系的记录,研究对新闻界的公开打击事件,估计新闻界和人民之间存在差距的程度,还要记录下政府与新闻界之间的冲突,这些冲突导致涉及新闻自由的立法和法院判决。

在20世纪90年代,信用差距继续存在。新闻博物馆在1997年进行的一项调查发现,尽管有80%的美国人相信媒介对于一个自由社会是至关重要的,但是有64%的人说新闻过于煽情。人们认为新闻记者不够敏感和具有偏向性,不到1/3的人信任报纸记者。新闻记者被视为在伦理道德上等同于带有议程的个人,就像政客、律师和公司经理一样。该调查中最惊人的也许是,它发现如果今天对宪法所保障的新闻界的各种自由进行全民公决,那么这些自由就有可能不保。

尼克松与阿格纽

理查德·尼克松很少举行正规的记者招待会,其次数只及近几届总统举行记者招待会次数的1/3。相反,他却使用约翰逊在宣布轰动的战争消息时使用的方法,要求在电视节目的黄金时段安排简短的露面。他在任期内使用这一方法37次,比任何一位总统出现在电视上的次数都多。尼克松在入主白宫头两年,平均每年举行11次定期记者招待会,后来次数越来越少,最后的总数共为38次。由3家曾经支持尼克松的保守派报纸(《基督教科学箴言报》、《华盛顿明星报》和《费城公报》)的负责人组成的美联社编辑主任协会下属的一个委员会,批评他利用记者招待会"提出关于新闻界信誉的问题"。

副总统斯皮罗·阿格纽在1969年末挑起了一场激烈的辩论,他当时声称,拥有多种媒介的广播电视网和报纸(他最喜欢攻击的目标是:《华盛顿邮报》、《新闻周刊》和凯瑟琳·格雷厄姆的几家电视台)对公众舆论起着极其重要的影响,因而应该尽力做到不偏不倚和公正地报道与评论国家大事。阿格纽特别批评电视网的管理部门不该使用有"东部权势集团偏见"的评论员,还批评他们没能在新闻与评论之间建起一道"隔开的墙"。

一份调查报告抽样选取了1969年和1970年报道政府活动的一周新闻节目进行对比研究,它证实了这一论点:阿格纽提出的批评对新闻广播产生了影响,使它们向"保险"的处理方向发展。

尼克松在这一时期的主要成就是帮助拨开了"竹幕"。1971年,一个美国乒乓球队应邀到北京进行比赛,关注中国问题的记者例行公事地要求陪他们同行,居然有几人获准,这使他们大为惊讶。美联社记者约翰·罗德里克在相隔23年后再度访问中国,全国广播公司资深记者约翰·里奇和《纽约时报》资深记者蒂尔曼·德丁也访问了中国。

尼克松 1972 年访华时，有一大批记者随行，电视网利用卫星多次传送，进行实况传播。美国与中国的旧日恋情死灰复燃，但由于台湾问题的存在，双方仍心怀疑虑，而台湾问题不时会成为头条新闻。

事先约束："五角大楼文件"案

1971 年 6 月，美国政府试图对美国报界施用事先约束，它成功地在 15 天中制止美国最有影响的日报之一发表一条极为重要的新闻。在那 15 天里，时钟被倒拨到亨利八世的时代，这位君主在 1534 年对英国报界实行事先约束。事先约束于 1694 年在英格兰、1721 年在各殖民地宣告结束，在整整 250 年后，它却一度得以复活。

1971 年 6 月 30 日，最高法院出面挽救了新闻自由和宪法《第一修正案》所提供的保障，它撤销了 6 月 25 日发布的临时中止令，以及低级法院早些时候发布的命令，这一做法使人们略为放心。然而，尼克松总统曾指示司法部长约翰·米切尔到法院去谋求对出版工作施用事先约束的事实对新闻自由的概念造成严重损害，这一概念是自从 1694 年以来通过历史演变和一些法律决定才很不容易形成的，在这个共和国的历史上，还没有另外一位总统这样做过。

"五角大楼文件"案将以其政治含义，而不是其法律地位而较长时间留在人们的记忆之中。如果再有一位总统面临"五角大楼文件"案类似的情况，只要有正当理由，他可能会谋求在出版后提出刑事诉讼，而不会再次对出版业实行事先约束。从这个意义上说，这一案件是值得仔细研究的。

1971 年 3 月，《纽约时报》获得一份长达 47 册的研究报告，题为《关于越南政策的美国决策过程史》，它是根据前任国防部长罗伯特·麦克纳马拉的命令为五角大楼编制的。其内容均系史料，而且是非军事性的，但是从政治和外交利益上看却具有爆炸性。根据 1953 年的一条行政命令，所有这些文件均标明"绝密"。《时报》记者尼尔·希恩曾代表合众国际社参加最早的驻西贡记者团，1971 年负责采访五角大楼，他在为这份报纸撰写"五角大楼文件"案连续报道的事件中是一个关键人物。编辑主任阿贝·罗森塔尔指派《时报》的几名主要采编人员躲在一家饭店的客房里，埋头苦干了好几个星期。6 月 13 日，《时报》刊出了连载的第一部分。

司法部长米切尔要求《时报》停止连载，遭到了拒绝。于是政府去找刚刚由尼克松总统任命的一名联邦地方法院法官，这位法官第一天上任就被要求发布史无前例的事先约束令。法官默里·格法因 6 月 15 日发布了一项临时约束令，迫使《时报》在发表第三部分后停载。6 月 19 日，法官格法因拒绝发布一道永久约束令，他说，政府除了提出"令人难堪这个一般性理由"的申辩外，未能证明其立案理由，但是他听任那道临时命令继续生效。6 月 23 日，纽约的美国上诉法院推翻了格法因的决定。与此同时，《华盛顿邮报》开始刊登它自己的连载，法官格哈特·A·格塞尔裁定，政府不能"对基本上属于史料的材料施用事先约束"，这时《华盛顿邮报》大获全胜。哥伦比亚特区的美国上诉法院支持格塞尔，这两起案件于6月25日被提交给美国最高法院。由于最高法院法官布莱克、道格拉斯、布伦南和马歇尔持有异议，法院以5票对4票通过听取证词的决定，并继续维持临时性的事先约束。

就在这时，这一案件作为法律上的一个里程碑，却垮了下来。最高法院以5票对4票的不利表决，继续维持临时性的事先约束，这一情况使代表报界的律师们发生动摇，他们拒绝提出宪法《第一修正案》禁止在任何或所有情况下实行事先约束，认为这样抗辩是孤注一掷。相反，他们宁愿以政府无法证明本案涉及国家安全为根据，把这场官司打赢再说。他们以6票对3票的法院即决表决，做到了这一点。早些时候的《尼尔诉明尼苏达州案》的裁决成为具体的"五角大楼文件"案和总体的事先约束的裁决：

在本庭面前，对表达观点施用事先约束的任何制度都带有违反其宪法效力的自行其是的推断性。

因而，政府就承受了为强制实行这种制止令而提出正当理由的沉重负担。

人们担心，在政府骚扰的情况下，这些案件产生的结果可能是更多的自我新闻检查。

"水门事件" 报道

美国历史上传播最广的政治腐败事件包括十几件可以笼统列在"水门"大标题下的重要新闻，这一事件迫使理查德·尼克松辞职，并使得已经由于没完没了的越南战争、党派政治和经济混乱而遭受到打击的公众更加愤世嫉俗。尼克松在1972年至1974年为了想保住总统职位而绝望挣扎期间暴露了一些非法活动和欺骗行为，其范围及程度令共和党人和民主党人同样感到震惊，大多数人都不愿相信，那些根据严格的"法治"政纲进入白宫的人竟然滥用了他们的权力、金钱和公众信任。

"水门事件"不是偶然的过失。如前所述，其深刻的根源在于前几届政府的错误行为。但是由于尼克松及他的几位最亲密的顾问为了败坏对手的声誉和保持他们追求已久的对美国命运的控制而使用的极权主义手段的范围之广和程度之深，使这些具体事件成为前所未有的事件。

尼克松在1969年3月决定秘密轰炸中立的柬埔寨，这对于以后发生的一些事件起了决定性作用。当参议院两次驳回尼克松为最高法院提名的人选时，白宫和国会之间的敌意和不信任心理加强了。以后又发生了反对公开侵略柬埔寨和抗议杀害4名州立肯特大学学生的大规模群众示威活动。白宫气氛变得紧张，泄露出来的一些消息又加强了这种压力。

1970年6月，尼克松同意白宫助手汤姆·休斯顿提出的一个计划，要求由白宫、联邦调查局、中央情报局和其他政府机构的代表组成一个国内安全小组。在必要的情况

第十八章 信任危机

《纽约时报》报道该报胜诉；左下角图文：弗兰克·斯坦顿和哥伦比亚广播公司避免受到公开谴责

（ⓒ1971年，《纽约时报》）

下，为了提供有关不忠于政府者的情况，这个小组得到授权可以进行电话窃听、闯入他人房屋行窃并可进行其他违法行为。联邦调查局局长 J·埃德加·胡佛心怀嫉妒，想保护他控制国内情报收集工作的权力，因而拒绝合作，于是尼克松撤回了他给其他组织的备忘录。白宫从此事得到一个教训，今后如果要执行高度机密的任务，要由与任何官方机构没有关系的人去承担。

由于不存在任何这种秘密小组，尼克松在1969年5月至1971年2月授权联邦调查局对4名记者和13名政府官员进行电话窃听。国务卿基辛格担心他手下的人可能会泄露消息，对某些电话窃听活动给予鼓励。1971年6月，随着"五角大楼文件"的发表，出现了一个转折点，尼克松担心，包括轰炸柬埔寨在内的他自己的秘密外交活动可能会被泄露。他批准成立了一个白宫监视组——后来被称作"管子工"，他们的主要任务是堵住秘密情报的漏洞。1971年9月3日，这个小组的几名成员闯入了丹尼尔·埃尔斯伯格的精神病医生的办公室，企图寻找可以损害那个把"五角大楼文件"交给《纽约时报》发表的人的名誉的私人材料。

在同一星期内，尼克松最亲密的亲信之一、白宫助理查尔斯·科尔森把一份列有20名"政敌"的"重点名单"交给总统法律顾问约翰·迪恩。这份名单以后又加以扩充，包括了新闻工作者、政治家、电影明星和其他美国著名人士的名字在内。从这时起到1972年6月，与白宫有联系的人雇用了私家侦探，企图破坏民主党候选人、特别是公认处于领先地位的参议员埃德蒙·马斯基的竞选活动。他们的目的是使马斯基失去候选人资格，而期望另一位更容易招致攻击的候选人、参议员乔治·麦戈文在1972年的选举中充当尼克松的对手。尼克松的白宫办公室主任H. R.（"鲍勃"）霍尔德曼一直得到有关这些活动的情报，这些活动后来被称做"肮脏的把戏"。

1972年6月17日，正是这些白宫的"管子工"闯入了位于水门大厦的民主党全国委员会总部。华盛顿警察当场逮捕了5个人，这些人正在民主党主席劳伦斯·F·奥布赖恩办公室里安装窃听器。后来确定这次闯入是侦察民主党领袖的一项大规模计划的一部分，这一计划是由争取总统连任委员会得到的捐款（其中有些捐款是非法的）中拨给经费的。

《华盛顿邮报》6月18日在第二条重要新闻的位置刊登了一条83英寸长的消息，把破门而入水门大厦者詹姆斯·麦科德和中央情报局联系在一起。《纽约时报》像许多报纸一样，在里页刊登了一条13英寸长的消息。由于"水门事件"发生时是一条地方新闻，《邮报》分配几名本市记者去采访这一消息，其中有鲍勃·伍德沃德和卡尔·伯恩斯坦。正是伍德沃德在一个破门盗窃者的通讯录上发现了一个叫E·霍华德·亨特的人，随后顺藤摸瓜查到了白宫的一个办公室。

新闻界的报道很快有了发展。由于《邮报》继续发表了伍德沃德和伯恩斯坦在神秘情报来源"深喉"❶的帮助下撰写的一些消息，白宫发言人说这些消息是捏造的或骗人的。这些官方的反驳比原来的消息更得到人们的注意。

---

❶ 对内情提供人的隐匿称呼。"深喉"是当时美国一部黄色电影的片名，这里是借喻，指白宫某一位不愿透露姓名的神秘人物，向《华盛顿邮报》记者伍德沃德和伯恩斯坦提供了许多关于"水门事件"的内幕情况。

10月份,《邮报》取得了重大突破,伍德沃德和伯恩斯坦撰文说,"水门事件"只不过是白宫进行大规模侦查和政治间谍活动计划的一部分。但是对1972年秋天的新闻报道的研究表明,大多数新闻媒介都不大注意"水门事件"。一位批评家所作的统计表明,在本来可以采访这一消息的433名驻华盛顿的记者中,只有15人奉命这样做了。电视网也把这条新闻按照例行公事对待,盖洛普民意调查公司的民意测验表明,只有52%的美国人知道"水门"这个词。

尼克松就是在这种气氛中重新当选的。当《华盛顿邮报》、《纽约时报》、《路易斯维尔信使新闻报》、《圣路易斯邮讯报》和《明尼阿波利斯论坛报》大声疾呼反对尼克松的政策时,大多数报纸向他祝贺,包括《洛杉矶时报》在内,它们最终会对自己的决定后悔。

"水门事件"成了1973年的最大新闻,这不仅仅是由于调查性报道的缘故。1月份在法官约翰·T·赛里卡的法庭里,开始对这些入室盗窃者进行审判;2月,由来自北卡罗来纳州的参议员小萨姆·J·欧文领导的参议院总统竞选活动特别委员会开始听取证词。美国公众开始用数百小时时间观看电视节目。但是在这一切情况的背后,在联邦调查局和司法部的人员中,反对尼克松的情绪不断增长,最后,曾经支持过尼克松的共和党国会议员和报纸也反对他了。

掩饰事件的盖子捂不住了。新闻媒介加强了压力,许多报道提到对一些严重不轨行为的指陈。《纽约时报》的西摩·M·赫什、《洛杉矶时报》的杰克·纳尔逊以及《时代》和《新闻周刊》撰稿人也加入进来。哥伦比亚广播公司的丹·拉瑟同尼克松在记者招待会上几度交锋。但是最惊人的发现是在7月16日获得的,那天,总统助理亚历山大·巴特菲尔德对参议院特别委员会说,自从1970年以来,尼克松把他所有的谈话都秘密地录了音。

"录音带之战"愈演愈烈,直到1974年7月24日,最高法院以8票对0票的表决,迫使尼克松将他所有的录音带都交给法官赛里卡。在这次危机当中,副总统阿格纽在表示对逃避所得税的指控不作申辩后提出辞职。尼克松挑选杰拉尔德·福特来取代他,并使自己逃避了对他的一直平静不下来的弹劾要求。

1974年初,闸门被冲开了。尼克松同霍尔德曼谈话的录音带上有奇怪的18分半钟的空白,这段空白是人工抹去的。众议院以410票对4票的表决,开始了弹劾总统的听证会。这一行动在7月末达到高潮,由两党成员组成的众议院司法委员会投票通过弹劾总统的3条罪状:妨碍司法程序,滥用职权和因不肯交出录音带而犯有蔑视国会罪。

8月5日,尼克松遵照最高法院的命令,交出1972年6月23日同霍尔德曼的谈话记录,这时,司法委员会里几位最坚定支持他的共和党人也放弃了对他的支持。正是"还在冒烟的枪"❶证明了这一点:两年来,在尼克

❶ 指确凿的证据。

松不知道闯入办公室的说法上，尼克松向公众，向他的支持者，甚至向他的律师说了谎话。

8月8日傍晚，尼克松如同他在26个月痛苦经历中多次做过的那样，为他总的业绩进行辩解，随后对目瞪口呆的全国人民说，他将辞职，辞职在第二天中午生效，至此这一事件遂告一段落。第二天上午，他召集了他的内阁成员和工作人员，举行了一次充满感情的告别会，电视转播了告别会的情况。几分钟以后，杰拉尔德·福特宣誓就任总统，他为了使全国人民安心，在讲话中说："我们国家漫长的噩梦已经过去了，我们的宪法在起作用。"

记者团：获奖与伤亡

报道越南新闻的记者很多，即便只谈几个人的成就，也是件不可能的事。如果只考虑资历而不考虑其他因素，那么在任何名单上名列前茅的人都会是像凯斯·比奇和彼得·阿内特这样的记者。大多数记者，甚至有些非常著名的记者，都曾在越南有过短暂的经历。马尔科姆·布朗于1965年转到美国广播公司工作，以后又加入了《纽约时报》编辑部。希恩也加入了《纽约时报》。戴维·哈伯斯塔姆曾短时期在《哈泼斯》月刊任撰稿编辑，以后致力于著书立说和撰写文章。

一些摄影记者因在越南进行的报道而获普利策奖，出生在德国的霍斯特·法斯1965年获奖，从一开始他就使美联社的报道增色不少。他于1967年负伤，在新春攻势发生危机时，他尚处在恢复过程中。合众国际社记者泽田教一拍摄了一张一家越南人一起泅水渡河的照片，照片上孩子们的头在水面上浮动，他因这张照片而成为1966年普利策奖获得者。泽田还获得许多其他奖，后来于1970年在柬埔寨被打死。界敏夫1968年为合众国际社作报道。美联社的爱德华·T·亚当斯以他拍摄的西贡警察头子在新春攻势中处死一名越共的照片，在1969年各项竞赛中获奖。《生活》的戴维·道格拉斯·邓肯获得了1967年的罗伯特·卡帕奖，美联社的一位自由撰稿人凯瑟琳·勒鲁瓦获得海外新闻俱乐部奖。

摄影记者中有许多人殒命。除泽田外，还有两名获奖者死亡：一名是《生活》的拉里·伯罗斯，他从1962年以来一直在越南，曾两次获得卡帕奖；另一名是昂利·于埃，他为合众国际社和美联社工作，曾获卡帕奖。

研究印度支那战争的著名历史学家伯纳德·福尔1967年丧生。《展望》杂志主编萨姆·卡斯坦于1966年被打死。

第十八章 信任危机

《洛杉矶时报》1970年5月将柬埔寨战事与州立肯特大学事件相提并论

在越南实施的军方新闻检查

对驻西贡记者团实行的新闻检查是很少的,这要归功于美军驻西贡司令部,驻西贡记者团遇到的主要麻烦在于南越政府和国内的批评家。随着伤亡人数的增加,每日的新闻简报中不再报道确切的伤亡数字,而只报道每周的总数,这引起小小的抱怨。在新春攻势和限制美国军事行动后,实行了简单的战地新闻检查制度,而记者们欣然接受。在1970年和1971年入侵柬埔寨和老挝之前实行新闻封锁期间,记者们十分不满。

在越南实行的主要检查制度也影响到士兵报纸《星条旗报》以及为军队提供电台广播节目和新闻的武装部队越南广播网。武装部队广播网特别受到美军司令部新闻处的严密控制,新闻处极力要删去那些会使南越政府感到尴尬、或者会对士气产生不良影响的报道。其结果是新闻工作者表示反抗,他们指责说西贡司令部违反了国防部的规定和政策。争执意见慢慢平息下来,新闻检查员仍旧控制着新闻报道。《星条旗报》经受住了人们对它的指责:由于它"如实地"报道了越南的生活,造成士气低落。在越南受到最严格新闻检查的报纸当然是西贡的地方报纸,其采编人员中因为有人被指控为援助敌人的异见人士,而常常被清洗出去。

失败与投降

历时30年的战争是戛然而止的。1975年4月30日,一小群记者站在西贡闹市区著名的卡拉维尔饭店的屋顶上,观看几架直升机将最后一批撤离人员从美国大使馆的屋顶上运走。他们报道说:"星条旗"不再在这个战火纷飞的城市的上空飘扬了,西贡已经投降。1973年3月,美国人民怀着错综复杂的心情观看了遣返美国战俘的情景,但是战斗人员失踪问题扩大了以下争论:战争应该如何结束?美国是否应该出钱来重建这片它曾帮助破坏的土地?

人们注意到,大多数美国新闻工作者——另类和地下出版物的撰稿人和编辑除外——迟迟未能真正理解越南的经验是毫无意义的这一点。大多数平民也是这样,国会则更为迟钝,然而对新闻媒介最严厉的批评可能是:他们没有从历史角度报道这次战争。除了偶尔的"巨型炸弹"式的解释性文章或电视新闻纪录片以外,美国新闻工作者报道了有关战争的一切情况,然而就是没有触及实质性问题:为什么要打这场战争?戴维·哈伯斯塔姆强烈地感觉到这一点,毫无疑问,他以下这段话就是代表20世纪50年代和60年代初企图解释这一点的人数不多的新闻工作者说的:

问题是，每天都要把某件事作为新闻来报道，而事实上，问题真正的关键在于这场战争只不过是法国人打过的印度支那战争的延续，那场战争已成历史。所以在每一条新闻中你本来都应该加上一个第三段："……这一切都毫无意义，因为我们正在步法国人的后尘，我们是他们的经验的奴隶。"但是由于有报纸报道规则的约束，你不可能真正这样做。对一个记者来说，通常不是这样的问题，但是我认为，我们在越南被过去的阴影所困扰，的的确确做了过去的俘虏，已达到令人难以置信的程度了。

越南反思：战争的教训

在西贡投降8年之后，一群几乎不可能聚集在一起的人在洛杉矶聚会，讨论越战的教训，其中有前驻越南记者、反战活动分子、间谍、将军、政府的新闻发言人、退伍军人以及越南人——全都是美国的亚洲噩梦的参与者。与会者对这场战争的起因和战略持有不同看法，但是很显然，创伤没有愈合，越南的确已成为一个神话，注定会对今后几代人的行动产生影响。

哈里森·索尔兹伯里警告大家不要接受以下这种"修正主义"观点：战败的原因不在于盲目的、帝国主义的动机，而在于"自由派的"报道。索尔兹伯里称越南为"例外"，并且说，美国人不应该把下面这一点看做是理所当然的：即在今后的冲突中，他们的政府将允许对其行动进行公开批评。他说，"越南模式"人人都看得见，包括那些不尊重新闻自由的人。

参与了为批评性报道辩解的人还有：戴维·哈伯斯塔姆、莫利·塞弗、约翰·劳伦斯、彼得·阿内特和加里克·厄特利。令他们回忆更加辛酸的人有格洛里亚·埃默森、弗朗西斯·菲茨杰拉德和杰克·兰古思，后者曾任驻西贡首席记者，1965年回国后为《纽约时报杂志》写了一篇严厉谴责美国政策的文章。

哈伯斯塔姆说，回想起来，他希望记者团在1962年至1964年战争开始的那个时期能够提出更多的批评。索尔兹伯里同意这个意见，他注意到一些记者如何夹在当中，在国内两面都不讨好。哈伯斯塔姆说，20世纪40年代末和50年代将进步分子清洗出国务院的行动使驻西贡的记者无法从大使馆人员那里得到无偏见的消息来源，本来利用这些消息来源可以写出一些比较有分析性的、真实的消息。他说，另一方面，记者们一般说来的确是在美国顾问团，而不是在更高的司令部中找到这些消息来源。人们注意到，在同国务院驻中美洲官员打交道时也发生了类似情况。20世纪80年代初在中美洲，同样是这些军事和外交计划人员中的一部分人，他们重复使用了曾在越南遭到失败的战术。

《重大报道》反映的彼得·布雷斯特拉普的以下论点遭到劳伦斯和阿内特的愤怒驳斥：驻西贡的记者没有如实报道1968年的新春攻势，帮助导致了美国使命的失败。迈克尔·阿伦在他的书中杜撰了"起居室战争"一词，他警告不要继续在美国的新闻报道中表现得那么目光短浅，仅仅从美国利益的角度为一些事件下定义，如同在越南那样。电影制片人彼得·戴维斯注意到，在一次长时间的表达清楚的报道后，观众往往对明星电视记者了解得更多一些，而不怎么注意影片中的越南家庭，这一批评意见后来得到证实。报道亚洲最年长的老手凯斯·比奇对于把越南丢给共产党人表示惋惜，他说，一般而言，新闻报道一直是"反对"美国为稳定这一地区所作的努力的。

很明显，20世纪60年代初的内部新闻战争至今还没有结束，整个国家则一直忽视了战争的受害者——越南人和退伍军人。越南难民已成为美国城市贫民中的一部分，成千上万名愤怒的退伍军人要求在改善医疗条件和福利方面得到认可。林登·约翰逊的新闻秘书乔治·里迪和剧作家阿瑟·米勒的论点是，美国人对越南也分担着罪责，战争景象将继续产生问题，直到政治领导人和教育家能够认真对待这一现实。里根总统关于越南曾是一项"崇高事业"的说法受到嘲笑。相反，西摩·赫什气愤地说，这场战争是"种族主义的"，他的这种看法得到其他人的赞同。

1983年秋，美国人急切地在公共广播公司（PBS）的电视台上观看了一部13集纪录片《越南：电视史》。这是公共广播公司所摄制的最为雄心勃勃的工程，耗资近500万美元，历时6年完成。批评家们称它为一部惊人杰作，是编辑得最好的一部战争编年纪录片。执行制片人是理查德·埃利森，首席记者是长期采访越战消息的斯坦利·卡诺。在此之前，观众曾观看了一部加拿大摄制的系列片《越战10 000天》，也是一部佳作。

1985年4月，即在越南战争结束10周年之际，150多名美国记者从胡志明市（西贡）发出了广播电视和文字报道。具有讽刺意味的是，对越南官员访谈的卫星直播报道成为那些年代痛苦回忆的一部分。到20世纪80年代中期，主要的大学设立了新的越南奖学金，用于全面研究导致美国众多分歧的未吸取的经验的成因和影响。此外，从1965年至1975年，晚间电视新闻节目放映了上万段录像中的一部分。放映时配上戴维·道格拉斯·邓肯给人以强烈感受的黑白照片，越南形象以一种难以动摇的控制力更加强化了。

年复一年，电影和电视剧对越战的解释成倍增加，这激发了一些新的洞见和剖析。然而在21世纪来临之际，持续最久的越南神话坚持认为，新闻媒介通过对政府战争行为的全力的批评性报道，让美国输掉了战争。理查德·尼克松在他的回忆录中动情地表达了这种观点：

> 在每天晚间的电视新闻中，在每个早晨的报纸上，战争被一场场战斗地逐一报道。但是关于战事的基本的目标意识则很少或没有得到传递……电视比以前更多地表现恐怖的人类苦难和战争的牺牲，其结果是国内战线上民心士气严重受挫，提出了美国是否能够再次在海外同一个敌人战斗而又能在国内保持团结和显示目标的力

量的问题。

在尼克松和其他许多人看来，电视是一扇"透视现实的窗户"。但是正如克拉伦斯·R·怀亚特在一篇专文中所指出的那样，"对最近几年的研究表明，这种信念是误置的。对报纸和电视报道的内容分析显示，新闻界在报道官方的信息、声明和观点时更经常的是几乎不持异议"。丹尼尔·D·哈林开展的一项经典研究《"未经新闻检查的战争"：传媒与越南》中揭示了这一点，至少适用于哥伦比亚广播公司和《纽约时报》。

然而流行看法坚持认为，越战期间美国鸽派记者将反战抗议者捧为英雄，这加快了战争的结束。情况并不是这样，正如托德·吉特林在他的里程碑式的研究《全世界都在观看：大众传媒与新左派的诞生和消失》中所揭示的那样。近期由梅尔文·斯莫尔的学术研究决定性地打破了这个神话。例如他发现，大众传媒频频传播一种与反战示威相关的暴力的前景。"古怪或反文化行为"的存在或不存在还经常是对新闻报道作出评论的依据，而大多数记者完全错过了反战示威者的全部理由在政治上的错综复杂性。

在此考虑布里吉特·莱本斯·纳科斯的如下论点是有帮助的：在"极度危机"时期，"当关键时刻来临时，当国家面临紧急事态时，新闻界——无论它先前的社论立场是什么——倾向于像政治精英那样作出反应，或是合力支持首席行政长官，或是缄默它的批评。"

因此具有讽刺意味的是，在战争和其他危机时期，国家安全的种种需要也许要限制记者的自由，他们也许自愿（经常是无心地）放弃那种自由中的某些东西以支持国家政策。越战中的情形似乎就是这样。

中国与环太平洋地区

1950年后，美国的大部分注意力集中在朝鲜战争和越南战争，但是人们也越来越认识到被称为"环太平洋地区"的重要性。日本和菲律宾与美国的利益密切相关，东京和马尼拉以及香港和新加坡，都是美国媒介的新闻中心。但是在20世纪70年代，中华人民共和国成为媒介的故事。

毛泽东在1949年战胜了蒋介石的国民党，中国参与了朝鲜战争，对美国人来说，中国就是置身于竹幕之后。毛泽东和周恩来在20世纪60年代与苏联关系恶化，但是历时10年、混乱的"文化大革命"的开始推迟了和解。中国在1971年进入联合国，随后尼克松总统在1972年对中国进行了为时一周的访问，关系逐渐解冻。吉米·卡特总统在1978年年底对中国给予外交上的承认，随后为在北京设立美国新闻机构、互派学生和教职人员上开辟了道路。

当美联社记者约翰·罗德里克与合众国际社记者罗伯特·克雷布1979年3月到达北京时，他们发现那里约有50名外国记者。多伦多的《环球邮报》于1959年开设了西方国家驻中国的第三家新闻办事处；埃德加·斯诺在20世纪60年代时住在北京；到1980年8月，那里已有10名美国记者，其中有《纽约时报》的福克斯·巴特菲尔德[1]、《洛杉矶时报》的琳达·马修斯和她的丈夫、《华盛顿邮报》的杰伊·马修斯以及《华尔街日报》的秦家骢。合众国际社的艾琳·莫斯比和美联社的维多利亚·格雷厄姆曾接管这些办事处。其他早来的人还有《巴尔的摩太阳报》、《新闻日报》、《芝加哥论坛报》及奈特—里德报团的记者，此外还有一些电视网和新闻杂志的记者。同时，彭迪[2]在华盛顿开设了新华社分社，于恩光为驻白宫记者。在一次记者招待会上，于恩光成了消息灵通人士。

20世纪70年代，香港的中国观察家是重要的媒介解释者。其中有《洛杉矶时报》的罗伯特·S·埃勒根特、《芝加哥每日新闻》的凯斯·比奇、《华尔街日报》的彼得·卡恩、《纽约时报》的约瑟夫·莱利维尔德和《纽约人》的罗伯特·沙普伦。1975年对美国媒介驻环太平洋地区记者的总数进行了详细统计，共计136人，其中48人在东京，40人在香港。1986年，美国报纸在亚洲5个城市共派驻29名记者：东京13人，北京8人，马尼拉3人，香港2人，曼谷3人。

1986年，北京共有150名外国记者，其中有29名美国人。中华全国新闻工作者协会开办了一个非正式的新闻中心，鼓励中国政府各部举行西方式的记者招待会。工作卓有成效的记者有：《华盛顿邮报》的丹尼尔·萨瑟兰[3]、《基督教科学箴言报》的朱利安·鲍姆[4]和《洛杉矶时报》的詹姆斯·曼[5]。福克斯·巴特菲尔德写的一本关于中国的书令东道国不快；接替他担任《纽约时报》记者的约翰·F·伯恩斯因违反旅行规定被监禁和驱逐出境。马克·霍普金斯是美国之音一位足智多谋的分社社长，美国之音的广播在中国颇有影响。

《纽约时报》的夫妻搭档尼古拉斯·D·克里斯托夫[6]和伍洁芳因他们对数月来抗议活动的解释以及关于天安门的报道而获得普利策奖。前去采访戈尔巴乔夫总理访问的电视新闻主播及其工作人员使美国电视屏幕上大量出现了抗议高潮的情景以及恐怖场面。哥伦比亚广播公司的丹·拉瑟和有线新闻电视网（Cable News Network，CNN）的伯纳德·肖由于在北京政治动乱期间进行的现场直播报道而获得特别认可。

美联社记者约翰·E·庞弗雷特[7]和美国之音的马克·霍普金斯及艾伦·裴新因违反新闻检查制度而遭驱逐。1990年，北京有170名外国记者，其中有34个美国人。

这种总体局面继续维持，东京显然成了西方新闻工作者的总部。尽管中国非常重要，但是驻那里的美国记者的人数减少了。电视网以预算问题

---

[1] 中文名包德甫。
[2] 原文为 Peng Li，有误。
[3] 中文名邵德廉。
[4] 中文名包竹廉。
[5] 中文名孟捷慕。
[6] 中文名纪思道。
[7] 中文名潘文。

为由撤出了他们的人员。通讯社驻北京的骨干力量报道基本的政府新闻，而一小批顶尖日报的记者则有时到各省去旅行，采集迫切需要了解的有关中国经济和社会生活的消息。

总统竞选

福特继承的局面是：从越南脱身、通货膨胀率居高不下以及公众对政客冷嘲热讽。正是在福特的任期内，这个国家的一些机构，包括新闻界在内，对于基本价值观进行了全面的重新评价。在"水门事件"之后的这个时代，福特受到人们的称赞，说他把一个时期以来白宫缺乏的谦逊作风又带到了白宫。

福特在他忙忙碌碌的两年半任期内，举行了39次正式记者招待会：1974年5次，1975年19次，1976年15次。他性格固执，说话直截了当，简单明了，保持着他的保守派特色。赦免尼克松一事损害了他的威信。他挑选纳尔逊·A·洛克菲勒作为副总统，这是走向使他的党和他的国家实现团结的一个步骤。在这方面，福特使全国感到宽慰。

1976年的大选在8月份开始，福特在争取连任的竞争中落后13个百分点。最后，佐治亚州前州长吉米·卡特以2％和297张选举人票的极为微弱的多数当选。

20世纪70年代的总统竞选旷日持久，令人筋疲力尽，耗费了大笔广告费为候选人做包装以便上电视节目，新闻界的许多人注意的是竞选者的个人风度，而不是思想实质，这些情况对竞选都产生了不好的影响，成群的疲惫不堪的新闻工作者从清晨到午夜，从一个州跑到另一个州追赶着同样筋疲力尽的政治家们，有时报道新闻的人自己成了新闻人物。到了20世纪90年代中期，情况更为糟糕。

记者们报道基本相同新闻的这种趋势，引出了"成群"和"结队"这样的新闻学词句，而许多内容轻松的报道又被人们批评为"鸡毛蒜皮新闻"和"垃圾新闻"。人们把关于最新的民意测验的新闻报道称为"赛马"报道。虽然有调查表明，大多数选民都是按照传统方式投票，而不是在实际的竞选运动中打定主意或改变主意的，但是票数接近的选举的次数（1948、1960、1968、1976）表明，新闻媒介的影响是至关重要的。

在20世纪70年代，对巡回记者团的报道产生最大个人影响的报纸记者是《纽约时报》的小R·W·（"约翰尼"）·阿普尔，他昼夜不停地工作，为《时报》提供最新消息和新颖观点。

随着岁月消逝，老资格的报纸记者大大减少了花在追踪竞选运动上的时间，电视台记者也开始将镜头转向别处，而不是紧紧盯着一位候选人。由于人们对电视的关注，辛迪加专栏作家和政治撰稿人不得不致力于特别安排的访谈。有时，这些为某些挑选出来的撰稿人专门举行的"独家访谈"可以达到同正式的记者招待会一样的目的。它们也是候选人控制新闻流动的一种方法。

白宫演说词撰稿人佩吉·努南（里根的一些著名的"警言"就是他撰写的）和批评家马克·赫茨加德写了几本描述媒介如何受操纵的畅销书。特别令人沮丧的是，许多顶级新闻工作者承认，记者团作为一个整体，在1988年已不再向总统候选人乔治·布什提出有关棘手的"伊朗门"和向尼加拉瓜反政府武装出售武器的问题，因为他们认为，人民对这个问题已经厌倦了。巡回采访的新闻工作者们则成为他们自己的技术、政治问题民意调查专家和他们的主编以及制片人的谨小慎微作风的牺牲品。1992年的总统候选人比尔·克林顿知道，如果在奥马哈有线新闻电视网上很快地说句俏皮话，或是在MTV电视网上露一下面，抵得上对农场组织发表十几次准备周密的谈话。

1997年由自由论坛进行的一项研究披露，新闻界对1996年总统选举的报道减少了：关于候选人和选举的头版报道不多，电视网的新闻播报减少了43%。同样令人不安的是选民公众的冷漠——1996年大选中合格选民的投票率不足50%，低于70多年来的任何一次总统大选。当然，制造或破坏一个候选人并不取决于媒介。然而，1996年大选提出了许多关于媒介对塑造候选人当选的可能性的有趣问题。

卡特年代：伊朗危机

吉米·卡特在1976年的总统竞选中涉险获胜，他把一种新的作风带到了白宫。具有宗教思想的卡特公开表明自己对公众绝对忠诚，不失时机地继续推进由福特开始的鼓励人们信任这个国家备受珍视的制度的工作。他开始每隔两星期举行一次正规的记者招待会，尽力避免他在竞选期间因回答问题不够明确而经常受到的指责。

1979年11月，美国驻德黑兰大使馆被伊朗精神领袖阿亚图拉·霍梅尼的支持者占领，大使馆内的美国人成为人质，这时公众对卡特的信任程度进一步下降了。这一耻辱事件显得美国没有采取行动的能力。总统笨拙地陷入了灾难，在已经考虑到有被接管的可能性后，既未能保卫大使馆，也未能撤走使馆人员。1980年4月，他曾企图用直升机去解救这些人质，但这次使命以在伊朗的沙漠中发生一次空难而告结束，8架直升机中的3架出现机械故障，卡特不得不放弃这次任务。在撤离的混乱中，两架直升机相撞，8名美国人身亡。人们还严厉地批评卡特在霍梅尼夺取政权以前没有设法去支持伊朗国王。

1980年，爱德华·肯尼迪向卡特挑战，争取获得民主党总统候选人提名，这招致了白宫的愤怒。在这一承受巨大压力的时期，卡特一方面要每天监视伊朗局势，一方面又不得不对付肯尼迪的威胁。卡特表现出了有些人称之为"讨厌"的倔强。他战胜了肯尼迪，后者无法摆脱查帕奎迪克❶

❶ 马萨诸塞州一个岛屿。1969年7月19日，爱德华·肯尼迪驾车通过当地的一座桥时汽车冲出桥外，同车一女子身亡，肯尼迪安全脱险，但在事后10小时才报警。

的形象。

在1980年秋季的竞选活动中，卡特面临的对手是罗纳德·里根，卡特企图把里根描绘成一个危险人物，他会把国家引向战争的边缘，并以宗教和种族画线使国家分裂。但是这一做法却搬起石头砸了自己的脚，因为里根在电视上显得和悦可亲，坦率真诚。最后在10月28日，里根和卡特面对面展开辩论。卡特设法在核扩散和社会安全等问题上，在他自己和这位前加州州长之间划一条明显的界线，但是里根却能够把整个竞选活动归纳为最后一系列问题："你现在过得比4年前好吗？……美国在全世界是否还像以前一样受到尊重？你认为我们的安全可靠吗？我们和4年前一样强大吗？"（以后才透露出，里根的班子在这场辩论之前就看到了卡特的汇报文件和一些绝密文件。）

在电视广告中，选民们被要求在这个基础上做出选择，他们决定下一届总统应该是罗纳德·里根。最后出现了戏剧性情景，伊朗人惩罚了卡特，他们直到1981年1月20日里根宣誓就职时，才释放了52名人质。《纽约时报》进行了概括："里根宣誓就任第40届总统；保证进入'国家复兴的时代'；几分钟之后，在伊朗的52名人质在经受444天的苦难后，飞返自由。"

里根与媒介：争取享用的斗争

驻华盛顿记者团让罗纳德·里根过了一个长时间相当快乐的蜜月。总统平易近人，笑容可掬，是个讨喜的人物。但是到了10月，即在里根执政8个月以后，可以明显看出，里根是现代几位总统中最不易接近的人（"水门"时期的尼克松除外）。他在这段时期只举行了3次记者招待会，而卡特曾举行了14次，福特12次。里根平均每年举行约3次。

里根记者招待会记录之所以不佳是他自己知道他常常给新闻记者不好的印象。卡特在记者招待会上列举事实和数字，里根与他不同，他设法对付那些看来他不准备回答的问题，有几次，他出了历史方面的错误。里根的助手设法保护他，不让他在机场或在公众场合露面前会见记者，因为他即席说的一些话往往会成为令人尴尬的新闻标题。反过来，里根对于有关他政府的报道，特别是电视报道不满意。他有一次问道："南苏科塔什有几个人被解雇，这是新闻吗？"他这番话是指电视上经常播放同失业工人的谈话和显示失业人数增加的图表。《洛杉矶时报》回答说："答复是：这是新闻，这是洛杉矶、底特律、纽约的新闻，是的，这是南苏科塔什的新闻。失业就是新闻。"社论的标题是："让他们吃掉苏科塔什吧。"旁边配有保罗·康拉德的一幅漫画，标题是《里根国》，画中一幅标语写道："欢迎到南苏科塔什来，人口：900万失业者。"

从1981年起，这种讽刺性的社论日益增多，看来里根已失去对事态的控制。经济衰退先是加剧，然后开始趋稳，进入一个不确定的时期。职业新闻工作者协会（西格马·德尔塔·凯）在其1982年的信息自由报告卡上，为总统打的分数是"F"。这一美国最大的新闻界同仁协会指出，里根总统使一项议案得以通过，它规定对于报道中央情报局一位过去或现在的特工人员姓名的任何人给予重罚,而无论这一信息是否已经公开,或者有什么价值。

里根同白宫记者正式会见的次数逐渐减少,记者们只能同副新闻秘书拉里·斯皮克斯(布雷迪仍保留他的头衔,但因为头部伤势严重不能工作)会见。而斯皮克斯极力解释总统对一些事件的反应,这是一件吃力不讨好的工作。美国广播公司的萨姆·唐纳森、合众国际社的海伦·托马斯和其他记者抱怨总统不露面。然而人们注意到,新闻界在解释总统为什么同公众疏远方面做得不好。

里根的官员们说,他们认为:苏联正在发展"第一次打击能力",正在加强国防力量,这样,俄国就可以进攻美国,而不用担心在不可避免的反击中被摧毁。里根的战略家们表示,他们认为美国可以经受住这种打击,在一次核武器交锋中,可能有一个"胜者",因此美国可以开始计划"第一次打击能力",这是过去的防务计划者所不敢想象的,他们主张的是"缓和",而不是核边缘政策。《洛杉矶时报》记者罗伯特·希尔拿出同里根、副总统乔治·布什及其他人多次谈话的笔记和录音带,证明这个国家的一些高级领导人正在思考"无法想象的事"。

里根总统与夫人南希
(合众国际社图片)

公众看来已接受这一事实:这位总统对公共事务领会得不深,有时对一些事件的叙述有错误,但是他非常懂得如何利用他的职位去制造戏剧性时刻,特别是在全国电视节目上。一个悲哀的注脚是,在里根去职数年以后有人披露他患有早老性痴呆症。这引起了关于在尚未确诊的情形下此种状况是否可能影响他作为总统的认知能力的推测。

总统还有其他问题。他两次为最高法院的空缺职位提名都没有成功；贸易赤字达到创纪录的水平；在美国军舰"斯塔克"号被一枚炸弹击中、37名水兵身亡后，波斯湾危机加剧了。但是在1987年10月19日股市暴跌500点、即所谓令人惊惶失措的"黑色星期一"之后，上述那些问题都黯然失色了。投资者的损失几乎是1929年历史上有名的"黑色星期一"损失的两倍。I.F.斯通在《民族》上写道："整个国家都在负债。供给经济学给人一种错觉，即大幅度减税会导致储蓄额猛增。"

伊朗—尼加拉瓜反政府武装丑闻

但是在1986年年底，当里根政府的屋顶坍塌时，这种高信誉一落千丈。10月5日，桑地诺民族解放阵线部队的一名士兵击落了一架为尼加拉瓜反政府武装运送武器的C—123运输机。两名美国驾驶员身亡，但是来自威斯康星州的一名雇用兵尤金·哈森富斯被俘。在飞机上找到的文件和哈森富斯在马那瓜受审时的供词，成为全世界新闻媒介的头条新闻，这些消息谈到，在向尼加拉瓜反政府武装提供军事援助时期，绕过国会而建立了一个秘密供应网，这种做法是违反美国法律的。以《洛杉矶时报》、《华盛顿邮报》、《纽约时报》和《迈阿密先驱报》为首的一些主要新闻机构刊登了一些权威性的调查性报道，用文件证明政府的非法计划。白宫否认与这架飞机有任何关系。

1986年10月31日，贝鲁特杂志《帆船》刊登了一则消息，报道里根政府如何秘密出售武器给伊朗，以交换人质，直接违背了美国政府向其盟国宣传的美国政策。美国驻中东的记者几天后报道了这一消息。到11月初，举国哗然，政治家、公众和新闻机构要求进行全面调查。白宫认为，运送武器是为了同伊朗国内的一些人进行对话，而这些人在霍梅尼去世后可能担任伊朗的领导人。然而，美国出售武器给伊朗一事在美国各地引起愤慨，外交政策机构也分崩离析。当有消息透露说，以色列人也卷入了运送武器的行动，几年来一直出售武器给伊朗，人们更是怒不可遏了。

几个月以后，人们得知里根曾主持11月10日的一次白宫会议，他告诉其他人说，在向伊朗运送武器一事上"不要谈论细节"，并且不断说"绝不同恐怖分子讨价还价"。一个与会者作的笔记说明了《华盛顿邮报》所谓的掩饰手段的详细情况。里根争辩说，他始终希望他的武器运送能使更多的人质获释，而不仅仅是3名人质（不久，又有4名美国人质取代了他们）。包括司法部长埃德温·米斯在内的另一个白宫小组指导中央情报局局长威廉·J·凯西如何向众议院情报委员会提供掩饰真相的证词。凯西在1987年初因患脑癌去世，他曾在同以色列关系的问题上误导这个委员会，里根则断然否认同以色列的关系。

里根和他的发言人在几篇讲话中企图弥补这种损害，但是徒劳无功。这一插曲导致晚间电视节目中出现了许多讽刺性的笑话，包括"伊朗杀人狂"、"骗子门"，以及更多的细节泄露后出现的"反政府武装门"等。民意测验表明,许多美国人认为总统没有说真话。11月19日,里根在一次向全国进行电视转播的记者招待会上为他的决定辩解,他在这次记者招待会上受到白宫记者向一位总统提出的毫无疑问是最无情的盘问。以合众国际社记者海伦·托马斯和美国广播公司记者萨姆·唐纳森为首的一些记者指责他口是心非,对他的声誉提出疑问,使他无法镇静自若。保守的《华尔街日报》和赫斯特报团的记者也同样尖刻地提出批评。

海伦·托马斯直率地要求里根:"鉴于你同伊朗进行秘密交易、(在利比亚问题上)搞假情报、以萨哈罗夫❶交换丹尼洛夫❷等问题上长期欺骗国会和公众,请对你自己政府的信誉进行评价。"里根否认信誉有损,但是在询问里根如何"能为这种口是心非辩解"之后,唐纳森质问道:

> 先生,如果我可以这样说的话,民意测验表明,许多美国人简直不相信你了。你曾拥有的、比任何其他事情更支持你的一样东西——你的信誉——已受到严重损害。你能弥补吗?对你以后的总统任期,这会意味着什么?

总统镇静回答:"哦,我想我是这里唯一想要弥补我的信用的人,我同损害信誉没有任何关系。"

6天以后,司法部长米斯举行了一次记者招待会,宣布从出售武器中得到的利润已转给尼加拉瓜反政府武装。这一惊人的新闻导致总统的国家安全顾问、海军上将约翰·波因德克斯特辞职;曾在秘密供应网中起重要作用的、全力以赴的海军陆战队中校奥利弗·L·诺思被解职。漫画家和专栏作家得到了一个大肆嘲讽的机会,纷纷表述透露出来的这些新闻同1971年至1974年的"水门事件"新闻何其相似。

然后到了12月,一些主要的新闻工作者对于新闻媒介过于咄咄逼人开始感到恼火。有些主编和广播电视业者谴责所谓的水门"过激行为"。但是有些记者不但没有过于咄咄逼人,反而在至少3年中没有调查诺思的活动,因为他们很愿意把他看做不准公开发表的消息的来源。众议院和参议院都指定了特别调查委员会,一位特别检察官被授予调查整个丑闻的广泛权力。第100届国会在1987年初开幕。

即便消息来源仍然像通常那样受到限制,但是,媒介的措辞是直截了当的。《纽约时报》的社论说:

> 整个事件,从以色列运送武器到利用瑞士银行账户来津贴反政府武装,都是没有法治的表现……昨天在白宫透露的最令人寒心的不是一件事实,而是判断力及价值观垮台的例证……不良的政策可以更改,鲁莽的助手可以替换。但是信任却替代不了,现在追踪的痕迹已通到了椭圆形办公室。

---

❶即根纳季·萨哈罗夫,为苏联驻联合国代表团成员,1986年在美国因"间谍罪"被捕。

❷即尼古拉·丹尼洛夫,为美国《新闻周刊》驻莫斯科记者,在萨哈罗夫被捕后,丹尼洛夫于1986年8月30日因在苏联"搜集关于阿富汗战争的情报"而被捕。

刘易斯·拉帕姆❶在《哈泼斯》的"安乐椅"专栏上发言,他把里根说成"一个上了年纪的、受女影迷欢迎的男演员,同任何受女戏迷欢迎的男演员一样,对历史和地理十分精通";他把中央情报局局长威廉·凯西说成"一个腐败无能的独裁者";把白宫办公厅主任唐纳德·里甘说成"一个以傲慢和愚蠢闻名的恶霸"。拉帕姆又说:"里根政府自从1981年冬在华盛顿执政以来,毫不掩饰它轻视诸如法律正当程序那样胆小的和非美的任何东西。"

参议院和众议院的特别调查委员会于5月25日开始举行联合听证会,诺思的出席是高潮。他是可以说总统曾知道此事的人(但是他没有说)。他为时一周的证词已成为电视节目中的重要新闻。他全副武装,佩戴了几行勋章,看上去是个地地道道的爱国者。《纽约时报》记者小R. W. 阿普尔说:"他身上有许多地方像加里·库珀❷,一个孤独的美国西部牛仔;也有许多地方像吉米·斯图尔特❸,一个挫败腐败政治家的诚实的人;还有一点像哈克·费恩❹。"

诺思在被委员会折磨了两天之后,发现提问题的人比较能接纳意见了,很快就控制了电视转播的进程。他说,一个伊朗军火商曾提出把出售武器的利润转移给尼加拉瓜反政府武装的主张,他微笑着说:"把霍梅尼的钱转给反政府武装力量,一个绝妙的主意。"他夸口说,本来可以成为证据的几叠文件已被撕碎。他眨眨眼,自称"奥利"❺。

第十八章 信任危机

❶刘易斯·拉帕姆 (1935—),美国记者、作家。长期担任《哈泼斯》杂志主编和专栏作家。

❷加里·库珀(1901—1961),美国电影演员,擅长扮演西部牛仔。

❸吉米·斯图尔特(1908—1997),旧译史都华,美国著名电影演员,专演诚实正派青年角色。

❹马克·吐温小说《哈克贝利·费恩历险记》的主人公,渴望过自由生活,一心追求浪漫冒险生活,而且见义勇为。

❺奥利弗的小名。

❻加比·海期(1885—1969),美国电影明星。

❼里根被一些作家称为"一代沟通大师"。

该死的,南希,这些小丑正在滚片头字幕,第二盘胶片还没有走到一半呢!

〈演员表〉
总统 …………………………… 罗纳德·里根
副总统 ………………………… 乔治·布什
阿亚图拉 ……………………… 已故加比·海期❻
罗宾汉 ………………………… 奥利弗·诺思中校
第一国家安全顾问 …………… 迪克·艾伦
第二国家安全顾问 …………… 比尔·克拉克
第三国家安全顾问 …………… 巴德·麦克法兰
第四国家安全顾问 …………… 波因德克斯特海军上将
第五国家安全顾问 …………… 弗兰克·卡卢奇
人质 …………………………… 他们自己
制片人对南方航空运输公司
在让空战得以发生的过程中所给予的
帮助与合作诚表谢意
剧 终
漫画作者:《芝加哥论坛报》杰弗里·麦克内利

关于旧电影的最后一个笑话是有关"一代沟通大师"❼本人
(ⓒ芝加哥传媒社。版权所有。经允许复制)

当这一切结束以后，大多数美国人仍然说，在里根是否知道为反政府武装转运武器的问题上，里根是在撒谎（53％）。47％到33％的人答复是：前国家安全顾问约翰·波因德克斯特在谈到没有告诉里根此事时，他是在撒谎。但是70％的人认为诺思的证词是真实的（虽然61％的人说他不是民族英雄）。委员会最后的报告说，由于一些文件已撕碎，凯西又已去世，因而有关里根在为反政府武装转运武器一事中的作用的记录不完整。但是报告说"如果总统不知道他的国家安全顾问在做什么事的话，那他是应该知道的"。委员会说，秘密出售武器给伊朗和支持尼加拉瓜反政府武装是里根自己的政策，其他人跟着他干。委员会驳斥了里根的谎言。

一直延续到布什时代的最引人注意的谣言是：1980年10月18日至19日曾在巴黎做成一笔交易，根据这笔交易，在11月选举之前不释放美国人质。其目的是不让卡特从人质获释中得到好处而连选连任。如果这是真的话，参与此事的人就犯有叛国罪。这一消息刊登在几份另类刊物和欧洲报纸上，但是美国主流媒介没有认真看待此事。

当报纸记者——主要是为另类出版物工作的报纸记者——继续追查里根和布什同"伊朗门"和向反政府武装提供武器事件的关系时，比尔·莫耶斯1990年11月在公共广播公司他的《重罪与轻罪》节目中，全面揭露了政府的违法行为。莫耶斯认为，里根和布什在他们是否参与的问题上都说了谎话。

在中美洲和加勒比海的干预行动

整个20世纪，北美一直对中美洲和加勒比海地区进行干预，以支持美国的公司投资和贸易利益，这种干预往往以同国际共产主义斗争为借口。在第二次世界大战结束以后的时期，艾森豪威尔政府于1954年派遣中央情报局人员去危地马拉，以推翻一个经民主选举产生的自由派总统。肯尼迪总统1961年对古巴进行的倒霉的猪湾入侵没有能推翻菲德尔·卡斯特罗，在整个拉美世界产生了适得其反的结果。大规模的颠覆活动持续了多年，其中涉及破坏性的袭击和假情报。约翰逊总统1965年派部队去多米尼加共和国，支持右翼的独裁政权。

尼克松总统是20世纪50年代的这种干涉主义政策的缔造者之一，他使中央情报局参与了1973年推翻民主选举产生的智利左派政府的行动，并继续支持尼加拉瓜、萨尔瓦多和洪都拉斯的独裁政权，这一切行动成为20世纪80年代的头条新闻；在一个较为光明的时期，卡特总统通过谈判使参议院批准了一项条约，把巴拿马运河的主权归还巴拿马，此举在以后几年赢得广泛的支持。

里根总统于1983年下令进攻加勒比海中的小岛格林纳达，声称古巴人正在建立一个可以动摇这一地区均势的空军基地，并允许军队指挥官们不接见试图报道最初军事行动的美国记者，这是美国历史上第一次出现这样的新闻检查。支持者们声称，数以千计的北美人战胜一小撮古巴和格林纳达的士兵及数百名古巴建筑工人的"胜利"表明美国已从越南的失败中恢复过来。然而在电视转播的回国情景产生政治效果之后，五角大楼的事后报告表明，整个行动配合得很不好。有关这一情况的新闻报道导致人们要求全面改变美国的计划，并对政府有关成功的热情洋溢的报道持怀疑态度。

关于这些干涉行动，大部分新闻媒介的报道一般说来按照国际报道的模式，没有为读者或观众提供对具体形势作出判断所必要的背景资料和解释。由于没有具体资料，包括历史先例，因而读新闻的人就成为令人怀疑的政府声明的牺牲品。然而到20世纪80年代中期，情况有了很大的改善，尼加拉瓜和萨尔瓦多的革命已成为全世界的新闻，因为美国决心控制这一地区的命运。

布什与"世界新秩序"

当乔治·布什在1988年大选中战胜马萨诸塞州州长迈克尔·S·杜卡基斯当选总统，他无法想象的是，在他执政的第一年中世界会有多么大的改变。

苏联的东欧集团——从波兰到罗马尼亚——已经解体，传奇性的柏林墙被推倒了。

《纽约时报》于1989年4月2日宣称"冷战已经结束了"，"苏美之间那种可厌的感情……（和）国内的政治歇斯底里"结束了。苏联军队在作战10年后开始从阿富汗撤军，这又是一件令人宽慰的事。与此同时，在多年占领之后，越南保证从柬埔寨无条件撤军，苏联人已经与古巴分手，中国国内发生了巨大的变革。

华盛顿对东欧的瓦解暗自感到高兴，有些人不恰当地吹嘘说，西方式民主正在席卷全世界。

1990年，戈尔巴乔夫访问华盛顿，签署了重要的军事和贸易协定，布什因此赢得了高分。笑容满面的巴巴拉·布什和赖莎·戈尔巴乔夫使美国人对于美苏关系的真正进展感到放心。然而，批评他的人指出，布什没有明确的国内政策议程，他的外交政策模式鼓励采取秘密行动和操纵手段，以达到美国在国外的军事和经济目标。

1990年，当布什决定在"沙漠盾牌"行动中派美军去沙特阿拉伯，作为把入侵邻国科威特的伊拉克军队赶出去的第一步时，有人提出对他曾许下的提供"更为仁慈和更为温和的美国"的诺言进行仔细审视。

美国人不但没有能欣赏全世界最后摆脱东西方紧张关系的果实和来自南非及智利的积极的消息，反而发现他们处于一场重大危机之中。虽然大多数人支持布什的行动，但是许多人对于美国政策的目的感到困惑。布什走的是最有把握的捷径，声称这正是"世界新秩序"的时期，美国在维持政治和经济稳定方面起着领导作用。

美国在中东的作用增长 & 海湾战争

阿拉伯人和犹太人之间存在着看来无法解决的分歧，特别是在控制阿拉伯人称作巴勒斯坦和犹太人称为以色列的圣地的问题上的分歧，在整个20世纪一直是全世界新闻和社论的主题。在所有的主权要求、对于不公正的指责、向联合国的呼吁和宣传攻势中，只有两个事实最为明显：犹太人有自己的民族家园和政治国家，而巴勒斯坦人民没有。在20世纪90年代初期，这仍然是威胁世界和平的令人痛苦的僵局中的难题。

未来战争和日益严重的难民问题的模式已经确定。美国人在新闻纪录片中看到加沙地带可怕的巴勒斯坦人的形象，或是偶尔读到报纸上的消息，但是得不到了解这一事件复杂性所需的背景知识。以色列政府在成就显著和勇气可嘉的岁月里，在美国政治家和若干组织的大力支持下，创造出一种有利的媒介形象，而另一方面，阿拉伯世界尽管取得了许多成就，却仍然保持着有骆驼和持剑酋长的土地的形象。一些研究报告已经证明，对阿以冲突的报道不平衡，普遍对阿拉伯人抱有成见，与前几个世纪中犹太人所遭受的苦难没有什么不同。

几乎每日发生的冲突很快把几个大国和全世界的报界卷了进去。1956年，英法两国人串通以色列人，得以占领苏伊士运河。

在1967年的战争中，以色列人从约旦得到了东耶路撒冷和约旦河西岸，从叙利亚得到了戈兰高地，从埃及得到了西奈半岛附近的加沙地带。

1988年11月15日，巴勒斯坦解放组织主席阿拉法特在阿尔及尔宣读了《巴勒斯坦独立宣言》。12月1日，他公开承认以色列的生存权利。正当全世界越来越同情长期以来被西方新闻媒介忽视的巴勒斯坦事业的时候，以色列人在美国前国务卿亨利·基辛格的鼓励下，实行了严格的新闻检查，经常不让记者到发生激烈冲突的难民营和村庄去。

1993年9月13日出现了一个重大的突破，阿拉法特和以色列总理伊扎克·拉宾在白宫握手，相互予以承认。虽然实现法律认可的和平仍然有许多障碍，特别是以色列非法建立居民定居点和被占领的东耶路撒冷的最后地位等问题，但是以色列人和巴勒斯坦解放组织在保持敌对将近30年后，已经开始公开打交道。

美国在海湾战争中战胜伊拉克，取得了胜利，在这之后的一段混乱的日子里，那些关心布什总统的"世界新秩序"意义的新闻工作者和民众，开始评价进行电子控制的"闪电战"的后果，这场"闪电战"使伊拉克退回到工业化以前的时代。尽管在华盛顿官方宣布的政策同在科威特和伊拉克造成的后果之间有着错综复杂的矛盾，但是有几件事情可以看得很清楚。

首先，在可预见的未来，美国和英国可以完全地控制盛产石油的海湾地区中的一些事件；巴勒斯坦问题重又列入中东议程的前端。作为世界上仅存的超级大国，美国愿意对干涉其长期经济目标的任何国家使用大规模武力；继续对报道海外争端的美国记者实行广泛的新闻检查的先例已经创下；美国政府对于使用中央情报局和心理战假情报的情况十分满意。

从最初的时刻起，大部分美国媒介如实地报道了白宫、国务院和五角大楼对日益增长的危机的解释以及对萨达姆·侯赛因的妖魔化，而轻视了那些参加了规模虽小、但意义重大的反战人士的努力。当首批美军——最后增加到43万多人——到达沙特阿拉伯时，五角大楼宣布了一个复杂的新闻界联合报道计划，其目的是削减媒介的活动和控制流回国内的新闻。

虽然在记者和新闻官员之间、在联合报道组中争夺有价值地点的记者之间多次发生冲突，但是新闻媒介系统的老板和经理们没有提出什么抗议。正相反，他们表现出了顺从，默认五角大楼掌握权力，并认为如果政府实行更多的新闻检查，主战的公众也会接受。

公众很快就熟悉了驻沙特阿拉伯、约旦、以色列以及后来驻科威特、伊拉克和土耳其的美国记者团的面孔及署名报道。随着1月初紧张局势加剧，电视的危急时刻到来了，当炸弹落在巴格达时，电视的战争开始了。

美国广播公司的加里·谢泼德是在巴格达的拉希德饭店的房间里向主播彼得·詹宁斯作实况口播时最先报道火光的。当天是1991年1月16日（东部标准时间）下午6时35分。"像是7月4日[1]的烟花，还要大100倍！"几分钟以后，美国广播公司和其他机构的电话都中断了，但是有线新闻电视网（CNN）事先做了安排，以每月16 000美元的价格租用了一条连通约旦首都安曼的电话专线，再通过卫星进行转播。这种先见之明确立了有线新闻电视网在广播电视新闻史上的地位。

当巡航导弹和F—15E战斗轰炸机各中队飞临伊拉克领空时，有线新闻电视网记者彼得·阿内特和约翰·霍利曼正在巴格达他们的房间里同主播伯纳德·肖在一起，等待对萨达姆·侯赛因作专访。他们报道说，火光闪烁长达15或20分钟。下午7时，霍利曼说："战争已在巴格达开始。"美国各地正在吃晚饭或正驱车回家的人听到了最初的消息，一小时内，大多数美国人都在收听阿内特、霍利曼和肖的报道。他们用第二次世界大战时的风格——如果不是爱德华·R·默罗的散文体的话——描述闪耀着高射炮火光的天空。背景声中可以听到雷鸣般的爆炸声，当炸弹击中市中心附近时，有时还可以听到记者发出"哦"的惊叫声。没有受到任何限制的报道中夹有咯咯的暗笑和神经质的大笑。当天傍晚，布什就单一新闻事件向电视史上人数最多的观众发表了讲话，估计有6 100万个家庭在收看。

美国广播公司播放了由世界电视新闻社摄影记者拍摄、由谢泼德发出的有关进攻的第一批画面。第二天，霍利曼和肖同另外40多名新闻工作者一起离开，留下阿内特和两名技术人员。在整个战争期间阿内特仍然同亚特兰大的编辑部保持接触，最后得到一个碟形卫星天线，这样他同他的小组工作人员可以传送实况图片了。由于阿内特报道了炸弹造成的破坏情况，他成为某些人士极端敌视的目标。他的勇气和他对局势的冷静的评价得到了大多数同事的赞扬。他对观众说，有新闻检察官同他在一起。但是甚至他自己的有线新闻电视网主播有时也被他的报道弄得十分尴尬。阿内特的说法有时还同五角大楼相抵触，五角大楼宣称，非军事目标的破坏只是"枝节性"的或意外损

第十八章 信任危机

[1] 美国独立纪念日。

伤，同军方新闻发布官在沙特阿拉伯首都利雅得的美国中央司令部中心所作的轻描淡写一样。

空中战争的真实性质是很难掩盖的，在2月中旬一架美国隐形战斗轰炸机炸中巴格达的一个防空掩蔽所，躲避在内的300多名伊拉克平民被烧死时更是如此。当阿内特和其他记者报道这次屠杀时，美国军方发言人坚持说，掩蔽所是一个军事指挥部。但是，以色列和沙特阿拉伯对伊拉克"飞毛腿"导弹的警戒由电视进行了实况转播，在以色列造成的伤亡和破坏在美国引起了极大的同情。以色列人和戴防毒面具电视记者的画面把战争的恐怖带回国内，然而，在伊拉克没有摄像机，这意味着全世界观众看不见数以千计的阿拉伯人死亡的情景。

在战争的大部分时间里，美国各媒介对伊拉克的伤亡不怎么关心，甚至不想了解。后来，联合国在1991年3月的一份报告详细叙述了伊拉克基础设施遭到的破坏，称之为"近似世界末日的灾难"。新闻媒介的报道这时开始援引空军的统计数字，说明投掷的大多数炸弹都不是精确制导的，其中70%没有击中目标，另有10%的"灵巧炸弹"装有使观众感到敬畏的摄像机。

由白宫和五角大楼高层指挥的这场战争在刺耳的音调中结束。中东的稳定程度并未加大，萨达姆·侯赛因仍在掌权，他的数十万军队逃脱了厄运。科威特的非民主统治者卷土重来，对被控以从事颠覆活动的数百名巴勒斯坦人和其他人进行审判。以色列人由于在战争期间没有对伊拉克采取报复行动而期望得到特别待遇，郑重宣告要在被占领土安置俄罗斯犹太人，为美国鼓励的同阿拉伯国家和巴勒斯坦人和谈制造障碍。

事后看来，这场战争是由大规模的宣传闪电战组成的，伴之以装饰着黄丝带的欢迎参战士兵回国的游行队伍。但是正如《华尔街日报》总结的那样：

> 在萨达姆·侯赛因入侵科威特之后一年，失败以及在生命、生计和自尊心方面的破坏这种挥之不去的气氛掩盖了阿拉伯人对危机的想法……从美国的观点来看，令伊拉克威信扫地可能是一个胜利，但是对阿拉伯人来说，这一胜利是用可怕的代价换来的。

在1990年10月军力集结时期，民意测验表明，布什的支持率高达78%（美国广播公司—《华盛顿邮报》）。空袭前夕，这一比例仍然高达69%。但是随着战争的结束，美军仍然驻守在伊拉克北部，而巨额债务困扰着国内经济，他的支持率开始下降了。至于新闻媒介，1991年初进行的一系列民意测验表明：89%的人把电视当作战争新闻的主要来源，67%的人说，报纸上的后续报道为他们提供了同样的基本信息；绝大多数人对新闻媒介关于战争的报道表示满意（91%对电视，85%对报纸）。

在消极的方面，39%的人说，当时给了萨达姆·侯赛因过多的机会来证明他有道理；44%的人说，新闻媒介经常是不准确的；64%的人说，新闻媒介使美国官员很难指挥战争；只有51%的人每天读报，这一事实凸显了电视新闻报道的重要性。

克林顿争取获得支持

继肯尼迪和里根之后，比尔·克林顿成为征服电视的神秘感与恐惧感的第三位总统。克林顿从1992年争取民主党提名活动开始，就表现出对摄像机的爱好，他面带无拘无束的笑容，以一种迷人的"质朴谦卑"的方式发表讲话。

总统女新闻秘书，前后任职两年。克林顿使人们把他同他少年时代的偶像肯尼迪相比较——他十几岁时曾到白宫见过肯尼迪——把他的妻子希拉里·罗德姆·克林顿同埃莉诺·罗斯福相比较。

竞选成了一个三方角逐的竞技场，得克萨斯州亿万富翁罗斯·佩罗展开的是一场全面的无党派竞选。佩罗的主要目标是布什，他长久以来就对布什心怀嫌隙。与此同时，克林顿——这个电视之子——打破传统，在音乐电视网上露面，而且只要有可能，就在电台和电视台的脱口秀节目中出场，甚至在阿塞尼奥·霍尔❶的节目中演奏萨克斯管。克林顿对外交政策不甚了解，也没有经验，但是他可以流利地辩论。他雄辩地主张削减高达万亿美元的赤字，在不断扩大的联邦政府内部进行改革，对中产阶级实行减税。

令人费解的是，布什的竞选运动进行得死气沉沉，浪费了他在海湾战争后赢得的非常热烈的支持。

佩罗也自己毁自己，他在《拉里·金直播》❷和其他脱口秀节目中表现出是一个非常顽固的人，总是在说教，而没有具体建议或答复，尽管如此，幻想破灭和四分五裂的选举人仍使佩罗得到19%的选票。

克林顿轻而易举地打败了布什，43%对38%，但他肯定是一位少数派总统。克林顿任总统时46岁，他是第一位在大分界线即第二次世界大战之后出生的总统，"生育高峰时期出生的一代人"中的一员。他的就职典礼象征着他所追求的一个多种多样的、公正的社会的梦想。

随后，克林顿度过了一位现代总统最短的蜜月，白宫的工作人员和记者几乎立即开始相互诽谤。

克林顿在就任的前两年中，在立法方面取得了几次微弱但有意义的胜利，包括削减赤字的预算、禁止使用进攻性武器（受到全国最强大的院外活动集团全国步枪协会的反对）和几项教育计划。最为雄心勃勃的计划是由口才很好且精力充沛的第一夫人主导的，其目的是全面改革美国的医疗保健体系。但是当国会的民主党领袖向各种敌对力量投降时，两年的努力白费了。

尽管遭到挫折，但克林顿仍在慢跑时和临时会见中对记者持愉快的态

第十八章 信任危机

❶阿塞尼奥·霍尔（1956— ），美国电视、脱口秀节目主持人。
❷美国有线新闻电视网的政治性脱口秀节目，由家喻户晓的拉里·金（1931— ）主持。

度。他和第一夫人对复杂的问题做出很长的详细的答复，博得大家的赞扬。

克林顿总统
（迈克尔·埃默里摄）

据了解，在私下里，克林顿会为一些新闻报道而发火，他不止一次地——通常是在电台的访谈节目中——表示，他认为新闻媒介不欣赏他，他承担了棘手的任务，而完成的任务远远多过公众的了解，他说，这是因为"媒介没有告诉他们"。在一些大报中，《华尔街日报》的社论对总统的批评最为强烈。

从一开始，总统自己制造的问题之一是：尽管他有能力控制正式的记者招待会，但是并不经常举行（在他就任的前20个月里只有3次），他宁愿绕过白宫记者团，在电视节目中同普通公民交谈，回答问题，或是在脱口秀节目中露面。《洛杉矶时报》华盛顿分社社长杰克·纳尔逊说：

> 他已变成最激进的、胸怀壮志的、引起争议的、不循规蹈矩的、拖拖拉拉的总统之一……他参与每一件事，几乎件件事都延误，甚至连发表国情咨文也延误……他的一个助手说，他在发明一种对他有利的新式的混乱……尽管他有异乎寻常之处，并且几经沉浮……但是我认为，即便批评他最严厉的人也会同意，他履行了他的一两个主要诺言。无论你喜欢他还是不喜欢他，他已经实现了多样化，他已实现了改革。

1994年，失业人数下降了，国民经济有可喜的成长。克林顿的外交政策记录基本上是积极的。他的政府力争在后冷战环境伦理更为实用的世界上奉行一贯的政策。克林顿在公众场合露面后，在欧洲和亚洲都受到尊重；他支持引起热烈辩论的北美自由贸易协定（NAFTA）；他是创立世界贸易组织的一个领导人，该组织是为了指导商业而成立的一个新的国际机构。

华盛顿1995年最大的问题是：克林顿是否会从他的政治创伤中恢复过来，争取连选连任。答案为是。

但不幸的是，在克林顿总统的第二任上，他的职位中最突出的方面是他与名叫莫妮卡·莱温斯基的21岁白宫实习生的风流韵事。在大陪审团面前作证（电视直播，创下先例）时，克林顿没有就他与莱温斯基作出直接回答，这引发了关于他违反誓言而撒谎的指控，导致了国会大体上按政党划线的一次历史性弹劾表决。1999年初，同时出现了要求克林顿辞职的呼声和一名在任总统可能以这种方式被罢免的不安表示；参议院努力就弹劾聆讯行为的程序规则达成一致。最终缺乏足够的票数将他罢免。克林顿继续坚定地完成了他的第二个任期，他声称他的行为尽管令人不快，却犯不上遭到弹劾和可能的罢免，而公众强烈肯定他的工作表现。

公众对新闻媒介信度的看法

在20世纪80年代和90年代进行的一些重要的研究使人们更加了解新闻媒介的信度。罗珀民意调查公司的民意测验表明，电视在1963年时已胜过报纸，成为主要的消息来源。其他民意测验表明，新闻媒介的信度胜过其他机构——学校、当地政府、警方、商界和有组织的宗教——尽管对它抱有幻想。

最为广泛的新调查是受时报—镜报公司委托、由盖洛普民意调查公司进行的。全面的衡量说明，公众的支持是广泛的，但是并非毫无保留。公众表示，他们欣赏新闻界所起的监督政府的作用胜过了对于新闻媒介一些做法的不满。在可信性方面，公众给新闻媒介打的分是"良"，而不是"优"。调查人员谨慎地指出，批评新闻媒介的人吹毛求疵的程度要胜过支持新闻媒介的人表示拥护的程度，这说明在全面支持方面还有弱点。时报—镜报公司的调查最后说，在政府有不轨行为时，公众是站在新闻界一边的：

> 公众对正式的新闻检查说"不"，对事先约束说"不"。公众对要求新闻报道公正的政府说"不"。公众对政府要求所有的政治候选人在电视上有同样长的广告时段、在报纸上有同样多的版面说"不"。公众对公布诸如"五角大楼文件"这类的报道大声说"对"。

总部设在明尼阿波利斯的明尼苏达民意研究公司为美国报纸主编协会进行了一次针对成年人的调查，题为《报纸的信度：建立读者信任》。这项研究较多地强调公众的不满，发现有3/4的成年人在新闻媒介的信度方面有意见，而1/6的人对新闻媒介表示失望。

报纸和电视的信度比率不相上下。令人感兴趣的是，时报—镜报公司的研究表明，对于作为一种社会公共机构的新闻界非常尊重的读者却对其表现批评得比较严厉。45%的人说，报纸在政治上有偏见，34%的人说，报纸往往不准确。基于这些原因，在"高度可信"一栏中，报纸稍逊于电视（见表18—1）。驻白宫记者低于新闻主播，里根总统的总体可信性比率为68%，大大低于媒介名人和机构，后者的比率为80%以上（见表18—2）。

由明尼苏达民意研究公司为美联社编辑主任协会进行的第三次研究，对随机抽取的51家报纸的1 333名新闻工作者的看法进行了汇总。其目的是分析许多新闻工作者所认为的存在于他们和读者之间的信任差距。这份报告名为《新闻工作者与读者：弥合"信任差距"》。该研究揭示了对新闻媒介和公众信任的强烈担忧，尤其是来自高级主编们的担忧。新闻工作者认为，他们的报纸比读者在美国报纸主编协会的研究中所表明的要更为可信和更准确，同时他们几乎一致认为，信度是一个严重问题。新闻工作者的一大担心是：对于报业体系的生存至关重要的问题，公众缺乏了解和兴趣。其他调查的结果也证实了这种担心。在时报—镜报公司调查的对象中，只有45%的人认为宪法《第一修正案》或《权利法案》规定了新闻自由。

表18—1

可信性排名（时报—镜报公司）

新闻设置	高度可信	可信性总分	新闻界名人	高度可信	可信度总分
《华尔街日报》	45	87	沃尔特·克朗凯特（CBS）	57	92
《读者文摘》	40	81	丹·拉瑟（CBS）	44	89
有线新闻电视网	38	84	麦克尼尔—莱勒（PBS）	43	83
地方性电视新闻	36	85	特德·科佩尔（ABC）	41	88
《时代》	35	85	彼得·詹宁斯（ABC）	40	90
全国性电视新闻	34	87	约翰·钱塞勒（NBC）	39	89
《新闻周刊》	31	86	戴维·布林克利（ABC）	38	90
电台新闻	30	84	汤姆·布罗考（NBC）	37	88
地方性报纸	29	84	迈克·华莱士（CBS）	35	83
全国性报纸	25	78	巴巴拉·沃尔特斯（ABC）	30	78

表 18—2

公众对报纸的态度（时报—镜报公司）

对报人的态度赞同的百分比	对报纸的态度不赞同的百分比
79 关心工作质量	73 侵犯他人隐私
78 对里根总统公正	60 坏消息太多
72 高度专业化	55 试图文过饰非
55 澄清是非曲直	53 偏袒一方（有偏见）
52 拥护美国	53 往往受权势者影响

对电视新闻的批评

20世纪60年代的激动情绪招致了对电视新闻的第一次强烈批评。

但是从20世纪70年代开始一直持续到20世纪90年代，批评主要集中在电视新闻的实质上——也就是使其形成那种状态的可变因素上。伊迪丝·埃弗龙1971年撰写了《新闻歪曲者》一书，试图使一些主要的电视网名声扫地；然而1973年，媒介批评家爱德华·J·爱泼斯坦发表了他的学术著作《乌有乡新闻》，他直率地说明，经济和后勤方面的因素同主观判断一样，会严重妨碍电视新闻的报道范围和质量。

有线电视和独立电视台的发展使各电视网地位脆弱，这种情况令人烦恼。电视网的收视率在1994年至1995年演季下降至57%，平均每年下降约4%。1995年，美国广播公司在各项评比中领先，而哥伦比亚广播公司的观众人数的下降到了惊人的程度。

丹·拉瑟在1993年回顾广播电视新闻史时，对广播电视业的经理们说，集体性地缺乏勇气——他所崇敬的英雄爱德华·R·默罗曾表现出的那种勇敢无畏——是广播新闻消亡的原因。在丹·拉瑟看来，新闻和文娱节目之间的界线之所以消失是因为：

> 我们已变成好莱坞了，我们已经屈从于新闻的好莱坞化了——因为我们担心不是这样。我们化重要为琐碎。我们通过Cuisinart❶放录像带，以赶上高速的音乐电视式的交叉剪接。而仅仅为了掩饰我们的愚行，我们将最好的时段给了闲言碎语和奇闻。

有线新闻电视网向全世界直播了O.J.辛普森1994年在高速公路追逐战后被捕的过程，产生了数周不停顿的新闻报道，令来自华盛顿、波斯尼亚和朝鲜的新闻黯然失色。电视给辛普森的时间超过了给海湾战争的时间。

❶一种厨房机械品牌。

在一场美国历史上最张扬的审判中,全世界都被以下猜测吸引住了:这个潇洒的前橄榄球巨星和好莱坞名流可能谋杀了他的漂亮前妻和一个青年男子,并留下泄露天机的种种线索。每当辛普森的律师走过或一个新传言出现时,群集在洛杉矶法庭之外的媒介把那个区域变成一个马戏场。虽然有关法庭诉讼程序的报道一般说来处理得当,但是媒介传出了许多对辛普森有害的传言,结果证明为子虚乌有。

布罗考同丹·拉瑟和詹宁斯一样,愿意就他的晚间新闻节目中出现的一些煽情化报道承担他应负的责任。但是他担心新闻界中有太多的人满足于"只靠O. J. 过日子":

> 我们正在成为一个部落式美国……每一个族裔的、金融的、文化的、政治的和宗教的团体都只顾自己的利益,每个团体都试图利用对方的弱点……这是一个将在O. J. 辛普森审判结束后很久仍会继续下去的故事——它将对这个国家产生更大的影响。

1997年8月,威尔士王妃戴安娜在巴黎的一起车祸中悲惨而不合时宜地去世,结果媒体蜂拥而上。美国广播公司、全国广播公司和哥伦比亚广播公司在那一周给了这个故事197分钟,在当时仅次于1991年对反对米哈依尔·戈尔巴乔夫的政变的报道(225分钟)。

人们打开电视,如饥似渴地读报,以了解王妃的最后时光。有线新闻电视网报道说,在1997年8月31即戴安娜的逝世日,收视群达到峰值的460万个家庭。《时代》杂志关于戴安娜的第一期在报摊上卖出了86万份(比平时高出65万份)。《今日美国报》的发行量在车祸后那一周上升了数十万份。超过5 000万人观看了8月31日那期《60分钟》的戴安娜专题报道。

公众关于王妃的新闻消费无法满足,随之而来的是对媒介、特别是对帕帕拉齐[1]的强烈针砭。

一年多以后,戴安娜去世报道就相形失色了,因为媒介与公共事务中心(Center for Media and Public Affairs)报告说,美国广播公司、全国广播公司和哥伦比亚广播公司在最初7天中对克林顿—莱温斯基事件的报道要多于它们在第一周中对戴安娜出事和去世的报道。三大电视网将它们67%的总报道时段献给了这起突现的丑闻。

1999年7月,当小约翰·菲茨杰拉德·肯尼迪的小飞机在靠近马萨葡萄园的大西洋上坠毁、他和妻子以及弟媳妇丧生时,对媒介炒作的熟悉的批评再次出现。

与此同时,在代理人和媒介顾问的时代,对高薪的当地新闻主播的追逐仍在继续。在各大城市,一些新闻主播的年薪达100万至200万美元已属常见,另一方面,主管人员把精减新闻编辑的原因归咎于收入减少。到

---

[1] 一译"狗仔队"。

20世纪90年代初,大多数电视台新闻编辑室士气低落已经成为主要话题。当然也有例外:有些大型市场的电视台,如达拉斯—沃思堡的WFAA台,保持着高度的专业性;而中等市场和小型市场的许多其他电视台则有值得赞扬的业绩。

但是总体而言,人们在谈论地方性新闻时,谈到的是用直升机报道的高速公路上的追逐、又一次驾车开枪后大街上遗留的尸体以及汽车破碎的外壳。从电视网到小城镇电视台,在各个层级上,有关全球经济压力的影响、公共教育的衰败和社区暴力起因的条理清晰的报道都不见了。

电视的最大受众群

广播电视及其伴随的经济力量的发展是惊人的(见表18—3),如同其关于公共事件的报道一样。在1991年海湾战争的第一天,有超过6 100万个家庭——约1.5亿人——收看了布什总统的讲话,这是美国电视史上收视率最高的单一新闻。

1986年1月28日,"挑战者"号航天飞机在升空几秒钟后爆炸,机组人员全部丧生,这证明了人们对电视的依赖。在30分钟之内,美国有69%的成年人得知了这一悲剧,来源分别为口传(37%)、电视(36%)或电台(22%)。但是有83%的人说,他们最后是从电视上得知大部分消息的。1963年,当人们得知肯尼迪总统被暗杀的消息时,纽约市的电视观众从30%猛增到70%,在举行葬礼、全国默哀几分钟内高达93%。

在非新闻领域,1976年有1.1亿人观看了《乱世佳人》;第二年是《根》这一部追溯黑人历史的连续剧,它为那个时期创下了一些纪录。在连续播放《根》的8个晚上,观众估计达1.3亿。电视史上创最高收视率的单一节目是哥伦比亚广播公司历时11年的电视剧《流动陆军外科医院》的最后一集,1983年2月8日播放,长达两个半小时,收看电视的全部美国家庭中有77%收看了它。从技术方面说,创下空前纪录的单一节目当属1953年1月的《我爱露西》节目。然而,当时全国只有2 120万台电视机。

表18—3

广播电视的成长

	1961年	1985年	1997年
在播调幅电台	3 539	4 805	4 863
在播调频电台	815	4 888	7 271
在播电视台	583	1 194	1 554
有收音机的家庭	49 500 000	86 700 000	98 800 000
有电视机的家庭	47 200 000	85 900 000	97 000 000
接通有线电视的家庭	725 000	34 740 000	64 020 000

资料来源:《广播电视和有线电视年鉴》,1997。

哥伦比亚广播公司新闻

丹·拉瑟在签订了 800 万美元的 5 年合同后，于 1981 年接替沃尔特·克朗凯特主持《哥伦比亚广播公司晚间新闻》节目，他立即感受到设法保持哥伦比亚公司收视率领先地位的巨大压力。在丹·拉瑟慢慢进入状态后，让观众习惯他的深刻和快速播报之后，哥伦比亚广播公司连续 213 周收视率居于首位，从 1986 年 6 月开始下滑。丹·拉瑟显然很容易和他的观众相处。他的标志是他的真诚可掬的笑容和他的羊毛套衫。

在 1988 年竞选中，拉瑟成为争执的中心。当时他就候选人乔治·布什同"伊朗门"以及向尼加拉瓜反政府武装出售军火丑闻的关系咄咄逼人地向他质问，结果副总统在这一问题上发起严厉反击。在一次激烈的交锋中，布什为早些时发生的一件事责备拉瑟，而当时拉瑟面对杂乱的情景发了火，他从哥伦比亚广播公司主播位置上走开，令该电视网尴尬地空场了几分钟。他的制片人设法找到他。然而，许多新闻工作者赞扬拉瑟在向布什质问他与"伊朗门"事件的神秘牵连时所表现出的勇气。后来得知，布什其实在很大程度上卷入了"伊朗门"的众多方面。

杂志型节目《60 分钟》仍然是最赚钱的，在收视率方面，它是电视史上最受欢迎的新闻节目。执行制片人唐·休伊特在哥伦比亚广播公司中工作的资历可追溯到道格拉斯·爱德华兹和爱德华·R·默罗的时代。凭借他的讲故事和从事引人注目的调查的本领，《60 分钟》节目成为激动人心、经常被引用的节目，常常给观众带来意外。他在收视率方面取得的成就很容易让他顶住了批评意见。有人批评他说，这个节目利用了记者们的名声，而且太煽情了。

在哥伦比亚广播公司从其内部斗争中摆脱出来以后，该广播公司显然不再能够压倒其对手了。时代已经变化了。事实上，三个晚间新闻节目在内容、质量和著名人物方面是类似的。1986 年至 1987 年的收视率也是不相上下。哥伦比亚广播公司和全国广播公司各为 12%，美国广播公司 10.6%。

拉瑟在哥伦比亚广播公司已经工作到第四个十年，继续主持他的《48 小时》（48 Hours）杂志型节目。敏感而有诗人气质的查尔斯·库拉尔特为哥伦比亚广播公司工作 37 年后，在那一年退休了，他担任《星期日早间》节目主持人的记录堪称出类拔萃。丽塔·布雷弗的白宫报道是可靠的。

各电视网在争取生存的激烈斗争中，毫不犹豫地互挖墙脚，拆散一些旧的报道班子。一家电视网的熟悉面孔很快会突然在另一家电视网的节目中出现，这表明后者付出了上百万美元的工资。

两度被拉到哥伦比亚广播公司的几个人中，有一个是林登·约翰逊的前新闻秘书比尔·莫耶斯，他以对生活的坦诚态度、敏锐的感觉和得克萨斯平民的作风，成为最受尊重的电视观察家之一。他在 1986 年离开哥伦比亚广播公司，成立了自己的制作公司。他可能重回公共电视业。他说，哥伦比亚广播公司不常播出评论，所给的"时间只能表达你的观点,而不能说明你的理由"。

在有成功前景的几位哥伦比亚广播公司记者中,黛安娜·索耶是在早间节目中和作为《60 分钟》节目的固定成员而知名的,索耶的敏锐才智、谈话技巧和平易近人的态度受到赞扬,她给哥伦比亚广播公司的节目编排带来独特的魅力。后来,她离开该公司加入了美国广播公司。尼克松当政期间,她曾在白宫工作,是华盛顿政界的一名老手。这个情况最初令她的一些新同事感到吃惊,但是她以公正的报道赢得了他们的尊重。莱斯利·斯塔尔和史蒂夫·克罗夫特后来都曾填补过受重视的《60 分钟》的空缺,而安迪·鲁尼继续发表他的幽默评论。

佩利在经营他创建的哥伦比亚广播公司 54 年后,于 1982 年 9 月退休。此前,以哥伦比亚广播公司的传统训练新记者是他的一贯作风。佩利多年来一直十分关注新闻部,先后同埃德·克劳伯、保罗·怀特和弗兰克·斯坦顿共事,组建起高水平的新闻班子。他也不是没有缺点的,但是总的来说,佩利是一位强有力的领导人,他帮助哥伦比亚广播公司新闻部的雇员建立了供其他人仿效的标准。

哥伦比亚广播公司主播丹·拉瑟
(©哥伦比亚广播公司新闻 1996 年)

美国广播公司的黛安娜·索耶
(©美国广播公司 1999 年)

全国广播公司新闻

汤姆·布罗考在 20 世纪 70 年代初成为《今日》节目的主持人前曾是同丹·拉瑟争夺独家新闻的驻白宫记者。他于 1983 年 7 月被任命为《全国广播公司夜间新闻》的唯一主播。

尽管彬彬有礼的布罗考未能做到在收视率追逐方面跃升首位,但是他使全国广播公司保持着很高的信誉,而且一般说来避免了批评,虽然在里根时代有人抱怨说,他对政府过于吹毛求疵。

朱迪·伍德拉夫领导着全国广播公司的白宫报道，然后去了公共电视台。哥伦比亚广播公司的迈克·华莱士之子克里斯·华莱士成为驻白宫的固定记者。宗毓华在1983年曾担任早间新闻节目主播，后来晋升到关键的晚间新闻节目主播的位置上，以后又转到哥伦比亚广播公司。

约翰·钱塞勒离开新闻主播位置时，希望该电视网的新闻能延长到1小时。他感到遗憾的是，在选择报道和提供足够的重要事实以帮助观众理解这些报道方面，电视的能力不够高强。"我们可以每天有一档长达3小时的节目，但是不能充分报道新闻中我认为重要的一些因素。不论船有多大，设计它并不是为提供方位服务的。"

全国广播公司在晚间新闻收视率上取得的成功可同其早间的《今日》节目相媲美，1980年，《今日》曾落后于美国广播公司的《早安，美国》。1986年初，布赖恩特·冈贝尔和简·波利搭档，在收视率上超过了对手戴维·哈特曼。然而好景不长，收视率下滑了，从1990年开始，波利的职位成为一扇旋转门。在一次令人尴尬的内部争吵后，她被人取代了。她推出自己的新闻杂志型节目，并经常给布罗考作替补；而《今日》节目又开始有起色，由凯蒂·库里克与冈贝尔搭档。

另外还有一些争执。1985年底，通用电气公司以62.8亿美元买下了全国广播公司的母公司美国无线电公司，这是美国历史上规模最大的一次媒介购并。通用电气公司董事长小约翰·F·韦尔奇以大刀阔斧地削减成本闻名。为了对付通用电气公司不断削减成本——像电视网的两个老对手有线电视和福克斯广播公司一样——新闻部为《发自全国广播公司》节目增加了播出时间，在三个晚上播出这一节目，主播以波利和斯通·菲利普斯为主，布罗考、冈贝尔、库里克和玛丽亚·施赖弗也兼任主播和参加报道。

全国广播公司不乏才俊。布赖恩·威廉斯是一名受到高度赞扬的驻白宫记者，他接替了不知疲倦的安德烈亚·米切尔，后者成为首席外事记者。蒂姆·拉塞特是主要的政治评论员，他担任《会见新闻界》节目的主持人，这个节目自1947年11月6日开播，是历时最久的电视节目。总是沉思有时有激动人心的新意的比尔·莫耶斯1995年担任晚间新闻评论员，填补了钱塞勒退休后出现的真空。

全国广播公司主播汤姆·布罗考
(©全国广播公司1999年，版权所有)

美国广播公司新闻

在主持人弗兰克·雷诺兹去世后，有15年外事报道经验的加拿大人彼得·詹宁斯于1983年9月被任命为美国广播公司的《今晚世界新闻》节目主播。调查表明，观众相信詹宁斯对国际事务的知识和他以不具有威胁性的态度报告令人不安的消息的能力。人们列举了他在报道许多中东危机时的洞察力和敏感性，特别是海湾战争——他和其他主持人是从战区报道的。

美国广播公司新闻部总裁鲁尼·阿利奇是个引人注目的人，他把记者、撰稿人、制片人和主播组成一个令人印象深刻的班子。詹宁斯主持晚间新闻节目，特德·科佩尔主持《夜线》，黛安娜·索耶令《黄金时间直播》节目增添光彩，巴巴拉·沃尔特斯和休·唐斯则主持《20—20》节目。

科佩尔是美国广播公司最振奋人心的人物。他是出生在英国的一名新闻工作者，1963年23岁时成为电视史上最年轻的电视网记者。科佩尔在尼克松和福特时代报道越南和国务院新闻，随后成为《夜线》节目严肃的主持人，这个节目从东部时间晚11时30分至午夜，同全国广播公司约翰尼·卡森的节目竞争。《夜线》在1980年3月开播时是一个15分钟的节目，播出伊朗人质危机的最新消息。该节目报道当下新闻中的一个事件或一个人物，往往同当天的头条新闻有关。其主要特色是直播的访谈，由科佩尔来回走动，向持有相反看法的众嘉宾反复提问题。

在以后几年中，观众已习惯于科佩尔对附属台说，节目将会重播。观众们知道，在播出重要消息的当天晚上，科佩尔及其搭档将会补充新闻内容，而不仅仅是重复。除了参与许多重大事件的报道之外，他还主持美国广播公司的《观点》。

美国广播公司主播彼得·詹宁斯
(ⓒ1999，美国广播公司)

美国广播公司著名主持人特德·科佩尔
(ⓒ1999，美国广播公司)

美国广播公司同其在电视战中的对手一样,也遭受了一些挫折。多年来虽然手头拮据,但仍然没有掉队,这得益于它的几位新闻评论员:以惯用简洁明快的短语著称的霍华德·K·史密斯,在第二次世界大战中建立声望的昆西·豪和美国广播公司一流政治记者之一雷诺兹。1985年初,大都会通信公司出资35亿美元买下美国广播公司,并在1986年1月掌握了控制权。其后实行了一项严格的削减成本的计划。

在阿利奇时代的创新中,有慢动作镜头和即时回放,这些技巧后来成为常用的手法。评论员霍华德·科塞尔是美国广播公司最著名的体育报道名家。然而在1984年洛杉矶奥运会时,阿利奇受到批评说,报道是沙文主义的,制片人只选播美国运动员的特写镜头,而无视外国运动员的杰出成绩。冷嘲热讽的人说,美国广播公司是"美国的广播公司"。

休·唐斯主持的《20—20》杂志型节目是为了同哥伦比亚广播公司的《60分钟》竞争。此后,沃尔特斯同他搭档,节目很受欢迎。美国广播公司在1975年推出《早安,美国》,同全国广播公司的《今日》争夺收视率。美国广播公司自1961年以来的固定新闻访谈节目《问与答》在1981年被《本周与戴维·布林克利共度》取代。这个节目也因唐纳森、全国公共广播电台的科基·罗伯茨和保守派辛迪加专栏作家乔治·威尔而知名,成为星期日上午吸引观众的主要节目,收视率居于《会见新闻界》之上,也超过了《麦克劳克林小组》。

美国广播公司同其竞争对手一样,在大都会/美国广播公司的所有制结构之下也要削减开支,该公司的行政官员抱怨阿利奇把新闻部推上第一把交椅时挥金如土。然而在1994年,有足够的钱让美国广播公司出价高于全国广播公司,同索耶续签合同,年薪估计为600万美元。除了《黄金时间直播》外,索耶还同沃尔特斯及福雷斯特·索耶一起参加其他杂志节目。凯瑟琳·克里尔曾是得克萨斯州的一名法官,后来成为有线新闻电视网受欢迎的新闻主播和脱口秀节目主持人,她后来参加了《20—20》节目班子,出任主要的主持人。美国广播公司同英国广播公司建立了伙伴关系,共享全世界范围的电视和电台新闻报道,此举又给全国广播公司一个打击。这两家公司除了交换胶片和录像带之外,已达成一致意见,共同制订报道计划,共同调配记者和制作小组,为节省开支作出巨大的努力。全国广播公司和哥伦比亚广播公司将继续与英国广播公司有限度地交换新闻录像。签订此类合同也是为了削弱有线新闻电视网在世界报道方面的领先地位,因为英国广播公司积极筹划同有线新闻电视网竞争。

有线新闻电视网

亚特兰大的"超级台"WTBS的创始人特德·特纳在第一次利用卫星向有线电视台传送体育节目和影片重播之后,于1980年6月创建了他的有线新闻电视网。

有线新闻电视网提供 24 小时服务，包括每小时一次的新闻综述，重头的体育和商业报道、专题新闻和贯穿全天的就各种主题展开的长时间访谈，对于既有的 3 家电视网构成了直接挑战。最初的试验得到的评论褒贬不一：批评者抱怨图像质量不佳，记者没有经验。然而许多观众对于能迅速获知新闻和直接而严肃的作风感到高兴，全面的报道给他们以深刻印象。

到 20 世纪 80 年代末，有线新闻电视网对国际和国内事件的报道得到专业人士的充分认可。对于那些已经注意到有线新闻电视网的一连串成功的人来说，它在海湾战争期间的成就并不出人意料。第一个成功是在 1981 年取得的，有线新闻电视网是第一个报道里根总统在暗杀未遂事件中受伤的媒介。有线新闻电视网由于在其他电视网恢复正常节目编排后仍能播出很长时间，因而开始有了一批忠实的观众。

虽然有线新闻电视网很受欢迎，但还是有一些人批评它仅仅是信息的"共同载体"，像是一个通讯社，传送直播的记者招待会和最新的突发性新闻，而没有提供大量的背景性解释。为它辩护的人则说，诸如《拉里·金直播》和《世界报道》等都是最好的电视节目，还有范围广泛的综合性新闻、商业和体育节目。1990 年它的声望又提高了，汤姆·约翰逊辞去《洛杉矶时报》发行人一职，担任有线新闻电视网的总裁兼首席执行官。

有线新闻电视网之所以受人欢迎，还有一个奇怪的特点。一个国家的某个人打电话给某个身处世界性危机现场的另一个国家的人，却得知那个人正在从有线新闻电视网了解到主要情况，这已是屡见不鲜的事了。1989 年入侵巴拿马时就是这样，巴拿马城的居民看到有线新闻电视网报道的射击情景离他们居住的公寓只有几个街区。海湾战争期间，整个中东的外交家和将军们，以及五角大楼的人都收看有线新闻电视网的最新报道。最高的赞赏来自全国广播公司的汤姆·布罗考，他在海湾战争的第一个晚上就把有线新闻电视网在巴格达的班子介绍给他的观众。在放映了有线新闻电视网的录像并同有线新闻电视网的伯纳德·肖通话以后，布罗考说："有线新闻电视网过去被称为小电视网，它现在不再是了。"

它的确不是一个小电视网。它在亚特兰大有一个向四面延伸形状的电视中心，在华盛顿驻有大队人马，在美国有 8 个分社，海外还有 20 个分社。1999 年，有线新闻电视网及与其

> 有线新闻电视网评论员克里斯琴·阿曼波尔
> （1999，图片由有线新闻电视网惠供。时代—华纳集团分公司。版权所有）

独立的头条新闻频道通过超过11 000个有线客户传送到7 600万个和7 100万个美国家庭。有线新闻电视网国际频道是世界上唯一的24小时全球新闻电视网，通过12颗卫星传送到200多个国家和地区，估计有观众1.5亿人，包括数以千计的饭店、政府机构和企业。有线新闻电视网国际频道的许多节目是在伦敦安排的；亚洲的制作设备在香港。该公司相信美国观众希望得到更多的外国新闻，于是在1995年让国内客户也可收看有线新闻电视网国际频道。从亚特兰大向外延伸的4条国际馈线为北美、拉美、欧洲和亚洲的观众服务。

总的说来，有线新闻电视网自诩在全世界有800多个附属电视台，超过其他任何新闻集团。它的采编人员超过3 500人，两倍于其竞争对手。但是它的工资水平较低，因而导致一些有才干的新闻工作者流失。然而，有这样一个忠诚胜过金钱的个案：有线新闻电视网的明星驻外记者克里斯廷·阿曼波尔在结束该公司与其他电视网的竞价时说，她喜欢在有线新闻电视网找到的自由。

位于运作中心的是有分寸的大牌冷面主播伯纳德·肖，他曾在哥伦比亚广播公司成功地工作数年。在全世界的观众中闻名的有：新闻主播朱迪·伍德拉夫、法律分析家格里塔·范萨斯特伦、驻白宫的约翰·金、驻国务院的安德烈亚·科佩尔、驻五角大楼的杰米·麦金太尔和电视脱口秀节目大牌主持人拉里·金。在突发重大事件时，如果期待即时报道的话，许多观众会本能地转到有线新闻电视网上。

有线新闻电视网新闻主播朱迪·伍德拉夫
（1999，图片由有线新闻电视网惠供。时代—华纳集团分公司。版权所有）

伯纳德·肖
（1999，图片由有线新闻电视网惠供。时代—华纳集团分公司。版权所有）

第十八章 信任危机

特德·特纳
（1999年，有线新闻电视网慷慨提供。时代—华纳旗下公司。版权所有）

亚特兰大的有线新闻电视网总部
（1999年，有线新闻电视网慷慨提供。时代—华纳旗下公司。版权所有）

福克斯广播公司

鲁珀特·默多克和巴里·迪勒在1987年创办了福克斯广播公司。在福克斯问世之初，大多数观察家对第四家电视网的概念不屑一顾。但是当各家老电视网故步自封时，它由于敢于冒险而赢取了值得尊敬的电视网高收视率。事实上，根据尼尔森媒介研究公司（Nielsen Media Research）的数据，尽管福克斯在1998演季的黄金时间收视率仍然排在第四位，但是它在黄金时间的每小时平均观众达到1 200万人，而全国广播公司为1 540万人，哥伦比亚广播公司为1 390万人，美国广播公司为1 370万人。

福克斯愿意发出其他电视网通常回避的挑战，它以怪诞的动画片《辛普森一家》和跌宕起伏的《X档案》等长盛不衰的节目证明了自己的实力。福克斯还将它的部分节目表特别瞄准了非洲裔美国人；在这方面，它的引人注目的产品之

有线新闻电视网法律分析家格里塔·范萨斯特伦
（1999，图片由有线新闻电视网惠供。时代—华纳集团分公司。版权所有）

福克斯新闻的布里特·休姆
（福克斯新闻）

一是《活色生香》，包括多数是通过模仿对非洲裔美国人作幽默讽刺的短剧。福克斯还以《艾莉的异想世界》、《五口之家》、《贝佛利山庄90210》等节目来吸引较年轻的人群。事实上，福克斯在赢得较年轻观众方面表现优异。在18岁到45岁这个年龄段上仅次于全国广播公司，而与美国广播公司同居第二位。福克斯还试图同哥伦比亚广播公司争夺全国橄榄球联赛比赛报道权。

当福克斯庆祝它创办10周年时，它已经在成为第四家电视网的潜力方面证明否定者是错误的。它对于媒介和社会具有影响力。正如一个评论员所说："它是为音乐电视这一代人办的第一个电视网。它在扩散作为20世纪90年代年轻人音响和风格的嘻哈音乐和邋遢摇滚方面发挥了影响力。"福克斯也为新电视网联合派拉蒙电视网和华纳兄弟电视网的开办打下了基础。

联合派拉蒙电视网和华纳兄弟电视网

联合派拉蒙电视网和华纳兄弟电视网都是在1995年1月开办的，但是它们的理念大相径庭。华纳兄弟电视网定位于特殊人群，而联合派拉蒙电视网的节目则针对非常广大的观众。一开始，联合派拉蒙电视网的战略似乎更加光明，它的收视率持续高过华纳兄弟电视网，其附属台是后者的两倍。但是快到1998年末的时候，华纳兄弟电视网大举反击，收视率开始反超联合派拉蒙电视网。作为回应，联合派拉蒙电视网重新调整了节目安排，定位于更为特殊的目标人群，但是在电视网节目安排中仍然坚持适应"共享经验"的需要。

这两家电视网都将相当大的一部分节目时段投向非洲裔美国人和较年轻的人群。华纳兄弟电视网的节目包括《恋爱世代》、《魔法奇兵》和《青春无罪》。联合派拉蒙电视网有一颗皇冠明珠——《星际迷航记》系列中的第四部《星际迷航记之重返地球》。这两个或其中一个初出茅庐的电视网能否生存下去，还有待观察。

公共广播电视：麦克尼尔—莱勒

1967年，在美国建立和其他国家水平相当的公共广播电视事业的长期努力得以稳定下来，国会特许成立公共广播公司，由它拨付经费建立统一的全国性和地方性节目安排体系。最早的节目有许多是由运营良好的全国教育电视台安排的。1970年以后，全国非商业性的和教育性的电视台通过公共广播社联结起来，它们满怀希望地自称"第四广播电视网"。在广播电台方面，许多电台是通过全国公共电台网联结在一起的。

由公众提供资助这种方式的未来前景仍然存在问题，这主要是因为众议院议长纽特·金里奇发出了威胁，他发誓要停止联邦政府对公共广播电台和电视台的拨款，把公共广播公司出售给私人企业。保守派的政客们说，公共广播电视在政治上倾向左派，而批评公共广播电视的自由派人士则说，这是一派胡言。削减预算的威胁年年出现，导致了保守派色彩节目的增加。

另外，除了政治干预的威胁以外，预算削减和内部财政争议也威胁着公共广播电视事业的生命力。公共广播社和全国公共电台受到很大压力，它们被要求设法增加私人投资，以补足很少的预算。公共广播社的预算只有约15%来自政府。关于各公共电台是否应该接受广告，有过多次讨论。支持者倾向于由公司长期赞助主要节目；而反对者说，公共广播电视的纯洁性不容侵犯，有关广告的问题仍然悬而未决。

公共电视最知名的成就是《芝麻街》，它从1969年第一次播出起，就迷住了全国的儿童。青蛙克米特及其伙伴大青蛙布偶是吉姆·亨森（他为克米特配音）自发的创造物。在大青蛙布偶闻名世界后，亨森又以《大青蛙布偶秀》愉悦成年人。还有一些创新节目，例如一次法庭审判的实录和《地球村》节目。在这方面率先做出努力的两个教育台是波士顿的WGBH台和旧金山的KQED台。

1975年，罗伯特·麦克尼尔和吉姆·莱勒把他们在报刊新闻事业的经验带到了公共电视上来，推出了聚焦于一个主要话题的30分钟节目。1983年，该报道延长至一小时。这一节目得到公共广播公司、美国电话电报公司和公共广播社成员台的支持，成为电视新闻的标兵，获得了多项奖。麦克尼尔于1955年在路透社开始了他的职业生涯，他于1995年退休。这一年出现了一场争执，该节目的制作者麦克尼尔—莱勒制片公司把它2/3的股权出售给电信公司的子公司自由媒介公司。电信公司是美国最大的有线电视公司，以其无情的商业策略闻名。当公共广播社欢迎为《新闻一小时》节目注入资本时，批评者担心施行政治压力的可能性，特别是在他们了解到微波通信公司计划更多使用金里奇和像"媒介准确性"这样的保守派团体主持的全国授权电视台的节目之后。

公共广播社的首席记者为夏莱恩·亨特-高尔特和朱迪·伍德拉夫。亨特-高尔特以其深入的国内外报道著称，而前全国广播公司驻华盛顿记者伍德拉夫则为晚间新闻节目作报道，并主持调查性节目《前线》，这个节目以其有力的报道而受人欢迎。她在1993年加入有线新闻电视网，在晚间节目中的职位被《新闻周刊》的玛格丽特·沃纳所取代。

《吉姆·莱勒新闻一小时》执行主编兼主播吉姆·莱勒
（公共广播社／唐·珀杜）

夏莱恩·亨特-高尔特
（公共广播社／克里斯托弗·利特尔）

一项研究表明，公共电视台晚间节目中有60％是全国性非公众事务性的，33％属于全国性公众事务范畴，只有7％是地方性节目，这是这个全国性系统中的大缺陷，主要原因是地方台资金不足。

少数族裔的雇用

毫无疑问，公众对于电视屏幕上出现的暴力行为产生愤怒反应，部分原因是新闻和公众事务节目中报道了城市和学校中发生的骚乱，报道了黑人社区的动乱和骚动，报道了一些暗杀悲剧。在纽瓦克和底特律成了遭受破坏的现场后，约翰逊总统任命了由伊利诺伊州州长奥托·克纳任主席的民间骚乱全国咨询委员会。该委员会1968年3月报告的第十五章谈到了大众传媒以及总统提出的一个问题："大众传媒对骚乱产生了什么影响？"这些回答为今后提供了教益。

克纳委员会说，总的说来，新闻媒介尽可能对1967年的骚乱进行了公平和真实的报道。有一些煽情的、歪曲的和不准确的报道：枪击事件大部分是国民警卫队和警察干的，而不是黑人干的；不存在有组织的、鼓动骚乱的阴谋，闹事的是一帮持敌视态度的黑人聚居区的青年；财产损失被夸大了，美联社发自底特律的一条电讯甚至夸大到10倍。之所以出现许多错误的报道，是因为新闻媒介依赖的是警方提供的信息。克纳委员会的意见在1971年得到了生动的证实，当时官方的不真实的声明说，纽约州阿蒂卡监狱的看守是被割断喉管而死亡的，而事实上，他们是被前来施救的人枪杀的。一个勇敢的验尸官和一些坚定的新闻记者为黑人囚犯说了公道话，迫使不真实的声明立即被撤销。

电视台在报道骚乱方面做得很好。委员会工作人员查看了955个新闻镜头，认为其中494个镜头是"冷静"处理的，而262个镜头"带有情绪"。电视播放的温和的黑人领袖镜头是暴乱参加者镜头的三倍。由于大多数士兵和警察是白人，电视中骚乱实况有可能使观众认为他们是在目睹黑人和白人的一次对抗，而实际上骚乱发生在黑人贫民区。克纳委员会的报告说，总体而言，电视网和当地电视台的报道都是谨慎而有节制的。

但是，委员会对大众传媒进行了断然的指责，这也是对美国社会的指控，因为媒介的做法在很大程度上反映了当前公众的态度。委员会说，传播媒介——

> ……没有向大多数观众——这里指的是白人观众——传达生活在黑人区中蒙受屈辱、处境悲惨和绝望无援的感受。它们没有向白人传达在美国一个黑人的困苦失望的心情。他们没有表示理解或承认——因而也没有传达——黑人的文化、思想或历史的意识……当白人报纸提到黑人和黑人问题时，它们往往做得好像黑人不是读者的一部分那样……这样一种态度，在这样一个敏感和容易激动的领域里，助长了黑人的疏远情绪，并加深了白人的偏见。

委员会说，对黑人社会没有严肃认真的报道，黑人记者很少，种族问题专家更少。报告说："装点门面的做法——如雇用一名黑人记者，甚或两三个——再也不够了。黑人记者是必不可少的，而黑人主编、作家和评论家也是必不可少的。"

委员会也承认有良知的记者所面临的问题。它说：

> 过去几年发生的事件——瓦茨骚乱、其他的动乱和民权运动日益增长的势头——决定了读者和观众的答复，并加强了他们的反应。公众对去年夏天看到和读到的情形产生了激动人心的反应，留下了生动的印象，这些反应和印象不能完全归因于材料本身。

哥伦比亚广播公司新闻部1968年的调查突出地反映了公众的这种恐惧；70%接受调查的白人认为，警察在镇压骚乱方面应当更强硬些。在瓦茨事件中，白人社区后来否认这一地区急需医院设备，即便《洛杉矶时报》因分析瓦茨问题而获得了普利策奖——那是在骚乱结束之后。

其他研究证明，克纳委员会关于大众传媒缺少黑人参与的说法是正确的。1977年，美国报纸主编协会的一项调查得到了28%的日报中至少16 000名雇员的回应，他们报告说，这些报纸的新闻编辑室有563名黑人，占3.5%。他们当中有：辛迪加专栏作家卡尔·T·罗恩、《华盛顿邮报》专栏作家威廉·拉斯伯里、《纽约时报》的夏莱恩·亨特（后称亨特-高尔特）、《芝加哥每日新闻》专栏作家小L. F. 帕尔默和波特兰《俄勒冈人报》本市新闻主编威廉·A·希拉德。希拉德后来担任主编，1994年成为美国报纸主编协会的第一位黑人会长。

1994年，美国报纸主编协会报告了调查史上最大的成就之一。在美国报纸新闻编辑室工作的6万多人中，约10.9%是少数族裔：非洲裔约占5%，其次是拉美裔、亚裔和印第安人。新闻编辑室的监察员中约6%不是白人，没有少数族裔新闻工作者的报纸数约为50%。大多数较小型报纸仍是同一族裔在控制。统计数字表明，在电视台和电台新闻领域中，少数族裔分别占14%和10%，但是这些数字包括许多没有晋升机会的低级工作。

黑人报刊新闻工作者中最著名的是罗伯特·C·梅纳德，他于1983年成为俯瞰旧金山湾的《奥克兰论坛报》主编、发行人兼业主。梅纳德是领导一家普遍发行的大都市日报的第一个黑人。

梅纳德因债台高筑，于1992年将这家报纸出售给附属于辛格尔顿联号企业的阿拉梅达报团。珀尔·斯图尔特被任命为主编，她是领导一家重要的大都市日报的第一名黑人女性。梅纳德于1993年去世。甘尼特报团在1981年任命帕梅拉·麦卡利斯特·约翰逊为一家发行量很大的日报、纽约州《伊萨卡新闻报》的第一位黑人女发行人。甘尼特报团各报新闻编辑室中的文化多样性胜过任何其他机构，少数族裔占19%，女性占44%。

少数族裔在电视网电视上比较引人注目，首先是美国广播公司的马克斯·鲁滨逊，其后是全国广播公司的布赖恩特·冈贝尔和有线新闻电视网的伯纳德·肖成为新闻主播。许多地方台至少有一名少数族裔主持人。电台和电视台中的少数族裔问题仍在于撰稿和制作领域，他们很难得到决策性的工作。一种批评意见是，在镜头上"利用"少数族裔，但是不允许他们左右报道。全国黑人新闻工作者协会（NABJ）于1975年成立；到1999年，它拥有3 000名成员，有74个附属职业分会和51个学生分会。

罗伯特·C·梅纳德
（《奥克兰论坛报》）

与此同时，拥有2 400名会员的全国黑人新闻工作者协会1993年的一项调查表明，会员们感到，他们面临"晋升障碍、缺乏导师和角色模范"。美国报纸主编协会1997年的报告《20世纪90年代的新闻业者》称，少数族裔的代表性继续落在了他们所占全国人口比例之后，只占11%（而在全国人口中占26%）。然而，该调查表示这比1988年以来有所增长。

对电视节目的担忧

从希腊戏剧家们的时代到《纽约重案组》节目的时代，暴力一直是无数戏剧、小说、电影、连环画册和电视剧本的一大主题。电视在20世纪60年代报道了大量来自战场和城市骚乱的真实暴力，但是节目中也有不少幻想中的暴力。

宾夕法尼亚大学安嫩伯格传播学院的荣誉院长乔治·格伯纳博士对电视中的暴力进行了20多年的研究。1994年，他估计平均约为16岁的人在电视上目击了20万次暴力行为，包括33 000次谋杀。他说，在20年中，电视网平均在黄金时间每小时播放大约5次暴力行为。星期六上午是儿童看电视的时间，电视上每小时大约出现25次暴力行为——约为20世纪70年代初播放数的一半。福克斯电视网播放的暴力行为略多于其他电视网，但是有线电视节目的比例最高。

国会于1993年就电视节目中的暴力行为举行了听证会，导致全国又一次审视这种情况对儿童可能产生的影响。大多数调查人员说，从统计数字看，观看暴力行为与实际实施暴力之间有重要的联系。但是，围绕在多大程度上暴力行为要归因于电视这个问题存在着不同意见。有些人说，成年人时期的暴力行为可以追溯到儿童时期看到的太多暴力行为，格伯纳认为，虽然只有5%的人可以归因于电视，但是观看暴力行为太多会犯有"卑鄙世界综合征"，他们患了这种病就会过高估计实际犯罪的程度，买枪以求自保，并有一种不安全感，从而导致一种"自我强化的循环"。罪魁祸首就是当地的新闻节目和娱乐节目。

引起人们对电视十分愤慨的一个事件是俄亥俄州的一个两岁的女孩被她5岁的哥哥用火烧死。这个男孩在音乐电视频道的一个动画节目《比维斯和大头蛋》中看见两个人在玩火，并咯咯地笑着说，用火烧东西是多么好玩。音乐电视台对批评的答复是，取消这个节目在下午7时的播出，而保留晚上10时30分的播出。一些人认为联邦通讯委员会应该限制上午6时至晚上10时之间电视播出暴力行为的次数。另一些人主张安装一种电子锁定装置，让父母可以控制电视机，但是，在没有监督的情况下看电视是问题的主要根源。

虽然各大电视网是主要的批评对象，但是更坏的违规者是有线电视台和独立的辛迪加经营者。他们似乎无视有多大一部分观众对于在电视上听到和看到的暴力、性行为、裸体、下流行为、吸烟和酗酒越来越不自在。多年来，情况没有什么变化。1975年，联邦通讯委员会鼓励电视网和全国广播电视业者协会采用"家庭观看时间"，后称"家庭时间"。这一建议是主张在儿童们上床以前不要播放大量有关性行为和暴力的节目，如《奇探科贾克》❶、《夏威夷警骑》和《霹雳娇娃》❷等。

在暴力行为升级的同时，对某些娱乐节目的禁令却越来越被抛在一旁，就像在1975年和1976年轰动一时的影片《玛丽·哈特曼，玛丽·哈特曼》所表明的那样。获得1977年学院奖❸的影片《荧光幕后》提高了公众对这

第十八章 信任危机

❶美国电视侦探片，主角科贾克是一个体格魁梧的秃顶侦探。

❷美国流行女侦探电视系列片。

❸即奥斯卡奖。

个问题的认识，这部影片尖锐地抨击了收视率制度。1978年，《达拉斯》开始了在黄金时间播送充斥性行为、暴力和欺骗的肥皂剧的时代，这一节目一直播放到1991年。但是有些节目赢得了最顽固的批评家的赞赏，其中之一是《陆军野战医院》。

哥伦比亚广播公司新闻评论员埃里克·塞瓦赖德出面维护美国的电视制度，他列举了电视的成绩，并承认了它的一些缺点。塞瓦赖德指出了印刷与电子新闻事业之间的对立关系，要求那些批评电视的报刊记者们也检查一下他们自己的产品：

> 不要发表冠冕堂皇的社论和批评文章来苛责电视台在娱乐节目中播放文化价值低劣的共同性的事物，然后又在你们的每周电视副刊（几乎每周都有）的封面上大登特登最新的电视摇滚乐歌星或侦缉犯罪团伙的人物。或者你们应该老老实实地承认，你们是这样做了，承认你们迎合大众口味，是出于同电视台一样的理由——有利可图。不要训斥电视网在屏幕上过分地（的确如此）宣扬暴力，然后又在城市里登出大幅介绍充斥着大量暴力行为的电影广告，登出最色情的影片和戏剧广告，而电视台却没有这样做。

除了描绘暴力和女性外，批评家们还注意有关少数族裔的节目。全国广播公司的《天才老爹》成为全国受欢迎的节目之一。美国广播公司的《家事》也受人欢迎。而由福克斯娱乐电视网制作、通过辛迪加在多家电视台同时播放的喜剧和杂耍节目《活色生香》，由于其率直的讥讽而得到有好有坏的评论。

女性在一些节目中成为主角，包括《推理女神探》和《金发女郎》。游戏节目非常受欢迎，如同20世纪50年代后期的情况一样，《幸运转轮》是最早播出的。6位有权势的牧师在有线电视网中起了很大作用，他们讲道的目的是消除其他频道的性行为和暴力节目的影响，并为他们的事业筹募数百万美元的捐款。

1990年，国会通过了《儿童电视法》，这一法案即便有任何影响的话，也是微乎其微的。具有讽刺意味的是，许多最好的儿童节目都是公共电视台播出的，但是联邦政府定期减少对它的拨款。而在这个时候，下午和黄金时间的肥皂剧比以往更加放肆，日间的脱口秀节目则暴露出人的最低档次行为，深夜的脱口秀节目使每个人都听到了各种各样的低级笑话，有线电视上的喜剧演员嘲笑每个族裔和各种文化流派的人，《凡夫俗妻妙宝贝》、《飞越情海》、《护滩使者》和《公路巡警真人真事》等定期节目迎合了人的本能。此外，无论是好是坏，有线频道的增加毕竟使人在家中看到了先前30年的电视片和电影。

国会在1996年通过了《电讯法》，它包含一个要求安装被称为"暴力过滤芯片"的技术装置的条款。这种装置能够帮助家长阻断他们认为儿童不宜的分级电视内容。到2000年1月，所有超过13英寸的新电视机都要安装该芯片。已经有一种分级系统投入使用，它由电视网开发、联邦通讯委员会批准。当有些人欢呼这种将儿童所观看内容的控制权交给家长的方法时，批评家们则声称，建立分级制度是政府的一种形式，因而是不能接受的。内容供应商也许担心，如果因暴力和色情内容而获得高评级，那就要导致它们的节目受到拒斥，这样就可能实行自我检查。

联邦通讯委员会与广播电视业者：营业执照发放

电台和电视台通过联邦电讯委员会仍然处于公共管理之下，但是政府在20世纪80年代里根和布什执政时期放松了控制。个人可以拥有18座调幅电台、21座调频电台和14座电视台。电视台只能向全国25%的观众播出。在少数族裔拥有半数以上所有权的电台电视台投资的广播电视集团可以拥有21座调幅电台、21座调频电台和14座电视台，可以向30%的潜在电视观众播送。

对于跨媒介的所有权有许多限制。报业主不能在同一市场地区购买一座电视台，一家电台业主不能购买一座电视台，一家电视台业主也不能拥有一个电台。电视台业主不能拥有地方有线电视专营权；各大电视网不得拥有任何有线系统。

另一方面，联邦通讯委员会主席马克·福勒主管的放宽管制的政策对广播电视业者十分宽松，允许他们用最少的时间播放新闻和"公益服务"节目。其中可能包括儿童节目、宗教节目和公众事务的报道。联邦通讯委员会则增加了可用于商业广告的时间，福勒曾说过："电视只是另一种电器，它是有图像的烤炉。"他敦促该委员会采取进一步的措施。电视台的营业执照期限从3年延长到5年，电台从3年延长到7年，业主受到保护，免遭到非难，因为取消了要求他们保有可以用于评估的日志的规定。

电视业还要受其他一些规章的限制。基于健康原因，国会通过立法，从1971年起禁止在电视屏幕上播出香烟广告（杂志上的香烟广告立即翻了一番，报纸上的香烟广告也有所增加）。广播电视业的广告收入随即将减少2.25亿美元，除非这些时段卖给其他广告商。联邦通讯委员会还投票决定，把最大的50个市场中的电视网所属台黄金时间的节目限制为3小时（这种黄金时间接触规定迫使一些台煞费苦心争夺在东部标准时间每晚7时30分至8时之间30分钟补缺节目）。

根据里根政府在1981年确定的总体原则，联邦通讯委员会又批准125家调幅电台的营业执照，加剧了这一领域的竞争，随后让放宽电视业管制的努力付诸实施。作为一项最初的行动，它批准建立低功率的电视台，使没有得到很好服务的一些社会阶层可以收看到电视。20世纪90年代中期，大多数低功率电视台建在阿拉斯加州。联邦通讯委员会批准了图文电视业务，重要的是直接从卫星向家庭播出。

著名电视批评家莱斯·布朗等人强调指出，放宽管制后，人们主要担心的是电视网和个别电视台可能利用这种局势，而不遵守公正的概念。福勒主张"无须提出换新执照的申请，没有追查行动，无须规限内容，除了普遍适用于媒介的限制外没有对所有权的限制，自由转售财产，不拒绝陈情，做对了没有称赞，做错了不摇手指"。他的这番话引起了人们的不安。布朗回答说："没有裁判的电视是一种谁都可以参加的商业活动，是一种无赖的体育竞赛。"

1996年，国会通过了《1996年电讯法》，它是对《1934年通讯法》的第一次动真格的全面修改。总体来说，跨市场准入障碍取消了，购并规则放宽了。该法案被捧为消费者的福音，因为它旨在培育额外的竞争，向消费者提供选择电信服务供应商的机会。

该法案在放宽广播电视台的所有权限制方面走得更远。如今，一个实体可以在全国拥有数目不限的电视台，只要其观众总数不超过35％就行。在地方上，联邦通讯委员会取消了一个业主一个台的限制，而考虑采取其他办法加以管制。在全国范围内，一个实体可以拥有数目不限的电台，而对其在地方上的限制则根据市场规模有所放宽（例如，在一个有45个或更多个电台的市场上，一个业主最多可以拥有8个台，其中的调幅台或调频台都不得超过5个）。联邦通讯委员会还可以放弃对电台的这些限制，以增加某个地区的电台数目。对跨媒介所有权的限制（电视/有线电视、报纸/广播电视）也放宽了，条件是这种放宽可能会让所在社区听到额外的声音。

在20世纪90年代，人们预测联邦通讯委员会面临的最大挑战是在技术领域，处理有关使用光纤的争执、频谱空间的扩大以及其他有关卫星发送的高清晰度电视（HDTV）信号和数字音频广播（DAB）的因素，广播电视业者说，数字音频广播是一种可以取代调幅和调频系统的技术。在20世纪90年代末，国会、联邦通讯委员会和法院围绕这些问题仍然在明争暗斗，然而在《电讯法》的有效性上意见不一。批评家表示，尽管国会的意图是以鼓励竞争来让终端用户获得实惠，但是该法案有利于全国各家大型公司收购电台（事实上到了这样的程度，以至于联邦通讯委员会仍然在试图决定如何避免以同样的方案处理电视台所有权的解除管制问题）。一些评论员称，现在要说该法案的其他条款——例如涉及电话业的——对美国电讯业的面貌是否会产生冲击还为时过早。

联邦通讯委员会的公正原则

广播电视中的社论化和公正地呈现公共问题的各个方面，这些是几十年来牵扯到电视台和联邦通讯委员会的其他问题。联邦通讯委员会在1941年的一项裁决中说："广播业者不得成为鼓吹者。"这一裁决被称作"'五月花'裁定"，因为它涉及五月花广播公司在波士顿的一座电台的营业执照换新问题。电台的支持者们提出种种论点反对这一政策，联邦通讯委员会于是在1949年决定，广播业者可以而且应该"以公正的精神发表社论"。电台业主小心谨慎地响应了这一号召。但是到1967年，一项调查表明，57％的电台和电视台通过社论发表观点，其中1/3或者每天一次，或者每周一次，其余只是偶尔发表一下。这个数字不断增长。1959年，真正的新闻广播和新闻节目不受联邦通讯委员会"均时"原则的约束了，政治报道方面的一些问题因此得以解决。但是，就获得广播机会和呈现有争议问题所有方面而言，如何做到"公正"这一基本问题依然故我。

"公正"的要求基于两种论点：根据国会的法案，电波是公共财产，而联邦通讯委员会有权根据"公众利益、公众便利、公众需要"的原则向广播电视业者颁发营业执照。联邦通讯委员会认为，如果多种观点都有机会利用电波，公共利益就得到了维护。

广播电视业者说，从法律的角度是难以为"公共利益"下定义的。他们还说，在平衡社论意见和解释性纪录片方面，已经作出了极大的努力。按照联邦通讯委员会的意思，如果一个台为了做到公正，就每一个问题四处寻找至少另一方面的话，那它就寸步难行了。如果这"另一方"是带着受害或得益的群体安排节目的要求的话（就像越南战争和活动分子抵制战争那样），那么这个台的时段将充斥着大多数观众不感兴趣的问题（任何一个报纸主编都知道，很大一部分公民对某一特定的社会问题或政治问题并不感兴趣，民意测验证实了这一点）。

联邦通讯委员会另一项裁定也同使用电波和开展公众讨论有关，它收回了鼓励反吸烟群体、环境保护主义组织和其他集团寻求利用媒介的政策。联邦通讯委员会缩小了先前做出的一旦出现争议，一切广播电视广告必须遵循"公正原则"并必须用"反广告"加以平衡的裁决。新的裁决是：仅仅为了销售产品的广告不必用反面观点加以平衡，但是涉及议题的广告仍须遵守要求平衡的规定。然而联邦通讯委员会和最高法院裁定，不能要求广播电视业者向任何有钱的人出售广告空间，而只能期望他们做出"真诚的努力"来确保整个节目安排的平衡，而不是某一个节目中的平衡。聆讯调查是为了解决营业执照纠纷引起的问题，据认为不同于"回复权"和"均时"问题。

1978年，最高法院扩大了管理广告的规定的范围。它裁定，联邦贸易委员会有权强行要求刊布更正广告。根据要求，发布虚假广告的广告商在今后发布广告时，应拨出一定的比例来承认以前的虚假行为。最高法院同意广告中的这种公正概念。

然而到20世纪80年代中期，反对公正原则的呼声日益高涨。正如所预料的那样，广播电视经理们是反对继续奉行这一原则的。他们争辩说，电视网应该自由报道引起争执的问题，而不用担心政府干预。但是主要的新闻工作者——包括许多同情那些往往得不到机会的人——也同意废除公正原则。沃尔特·克朗凯特和埃里克·塞瓦赖德说，普通公民有许多途径听取不同的观点，因而没有理由让电视网拥有在限制广播电视频率时代那么大的权力。

最后，联邦通讯委员会自己也抨击公正原则。该委员会1985年8月说，这一规定不再能为公众利益服务，因为它违反了宪法《第一修正案》对言论自由的保证，但是将继续实施。国会在1987年投票赋予公正原则以法律效力，但是里根总统否决了这一方案。联邦通讯委员会因此废除了公正原则。

一些批评家说，公正原则只是政府对新闻自由的又一种管制，而它被废除这件事本身就值得庆贺。

隐私问题

在20世纪90年代，有关保护个人数据的种种问题随着越来越多的在线数据库投入使用而产生。家长们担心的是，其子女会访问某个索取关于他们和他们的家庭的私人信息的网站，以交换免费物品。1998年，联邦贸易委员会发表了名为《隐私在线：致国会的报告》的报告。联邦贸易委员会在报告中强调，它一直在追踪公民对在线数据隐私的关切；它调查了超过 1 400 个网址，记录了它们对数据隐私采取的方针。它发现，在所有网站中，有 85% 采集关于其访问者的私人信息，其中只有 14% 的网站发出告示说他们在这么做。大多数儿童网站（89%）还采集上网冲浪儿童的信息，其中大多数网站既没有要求儿童在提供信息之前获得家长的允许，也没有要求儿童就所采集的信息知会家长或者由家长来控制从子女那里采集来的信息。

该报告总结说，儿童和成人消费者的隐私都没有得到充分保护。国会的反应是在 1998 年通过《儿童在线隐私保护法》，它责成联邦贸易委员会要求商业性网站"遵循如下公正的信息行为：这些行为与采集和使用与来自 16 岁以下儿童的私人信息相关联，包括获得家长对采集、使用和披露来自 13 岁以下儿童的私人信息的可确认的同意。"联邦贸易委员会无疑将鼓励通过其他法律来保护成人网上冲浪者的隐私。

第十九章

改进传播媒介的努力

在1986年的美国报纸发行人协会大会上,《华盛顿邮报》的凯瑟琳·格雷厄姆迎接理查德·尼克松

(《报业时代》/图片)

报界在总统选举中

报业公会

美国报纸发行人协会 / 美国报纸协会

美国报纸主编协会、全国广播电视业者协会与《行为规约》

全国社论撰稿人联合会、美联社编辑主任协会和电台—电视台新闻部主任协会

改进的努力:报业评议会

改进的努力:公共 / 公民新闻事业

媒介中的女性

划时代的诉讼案:诽谤

淫秽与色情作品

媒介内容检查

商业言论

公众享用媒介

新闻自由,公正审判

知情权

如果撰写新闻的男男女女生活在对工作保障的忧虑中,那就既没有一个自由的新闻界,也没有新闻的完整性可言了。

——海伍德·布龙

下面的照片象征着传播媒介历史上的变化,是在美国报纸发行人协会1986年年会期间拍摄的,照片上的《华盛顿邮报》董事会主席凯瑟琳·格雷厄姆在欢迎午餐会演讲人理查德·M·尼克松,她的报纸曾在1974年逼迫这位总统下台。尼克松笑着说:"我要这一张。"《华盛顿邮报》发行人唐纳德·格雷厄姆评论说:"过去的事情过去了。"(他母亲是担任美国报纸发行人协会会长的第一个女性,这是变化的另一个证据。)

媒介批评在20世纪30年代逐渐积聚力量,从20世纪60年代初开始又不断加强;这些年来,始终存在的一个问题是新闻界卷入党派政治,这使媒介在公众心目中难以保持信誉。在1986年春的保守气氛中,格雷厄姆的姿态彰显了这种忧虑。

但是,如果说业内人士对外界施与印刷媒介和广播电视媒介受到的压力作出回应,那么他们也给自己造成一些压力。他们的反应采取如下形式:改善职业工作条件,成立有效的媒介协会,制定自愿性的行为规约,发展致力于实现新闻事业的崇高目标的职业组织,鼓励新闻学教育,支持报业研究,创办报业评议会和新闻学评论刊物,提高少数族裔和女性的职业地位,保护报纸抵御法律的和政府的压力。本章将详述改进媒介的这些努力在多大程度上取得了成功。

报界在总统选举中

自20世纪30年代以来,对报纸的批评特别集中于它们在政治竞选中的社论立场上。回顾历史可以发现,在社论版上支持总统候选人的日报,多数是站在共和党一边的,尽管只是略占多数。当富兰克林·罗斯福在1932年参加他的四次总统竞选中的第一次竞选时,他得到全国38%的日报的支持,而胡佛总统则获得55%的日报的支持。1936年,罗斯福得到34%的日报的支持,而支持共和党人艾尔弗雷德·M·兰登的日报占60%。这些数字是《主编与发行人》采集的近似值;该刊从1940年开始,就报纸在社论版上对总统候选人的支持进行了全面的选举前调查。

当1948年哈里·S·杜鲁门意外地击败杜威和民意调查人员而赢得连任时,报刊批评家们得意地大笑了。杜威曾获得对《主编与发行人》的调查作出回应的报纸中65%的支持,它们占作出回应的报纸总发行量的78%;而杜鲁门只得到其中15%的报纸支持,其发行量创新低,不到总发行量的10%。这是得到社论支持的领导人连续第五次在选举中失败。

但是在1952年,非常得人心的德怀特·D·艾森豪威尔既得到报纸社论的支持,又在选举中战胜了知识分子的宠儿艾德莱·E·史蒂文森。艾森豪威尔一路领先,获得占发行量80%的日报的支持，而史蒂文森为10.8%。1956年的结果如出一辙。

约翰·F·肯尼迪在1960年险胜理查德·M·尼克松，尽管他处于这样的不利条件：他获得仅占总发行量15.8%的报纸的支持，而尼克松为70.9%。但是，肯尼迪在全国得到了自1944年以来比任何民主党候选人都要多的大报的支持。

此后发生了由于肯尼迪总统遇刺而出现的政治动荡。他的继任者、得克萨斯州的林登·约翰逊成为现代史上第一个赢得民主党总统候选人提名的南方人。约翰逊的对手巴里·M·戈德华特参议员代表失望的共和党右翼。面对这样的人选，报纸发行人和主编们选择支持约翰逊总统连任。天平发生了根本性的转变。在1960年，在发行量超过10万份的日报中支持尼克松的有87家，支持肯尼迪的有22家。4年后，约翰逊争取到82家报纸站在他一边，而戈德华特只得到12家的支持。约翰逊获得占总发行量61.5%的报纸的支持，这个数字是民主党人历来的最高纪录；戈德华特获得21.5%的支持，创下了共和党历来的最低纪录。

4年之后又发生了更多的动荡——参议员罗伯特·肯尼迪遇刺，尤金·麦卡锡的改革运动迫使约翰逊总统退出民主党内的竞选，休伯特·汉弗莱和理查德·M·尼克松获得提名以填补空缺。天平又摆了回去，大型日报中有78家支持尼克松，28家支持汉弗莱。支持汉弗莱的报纸仅占总发行量的19.3%，而支持尼克松的占70%；但是，汉弗莱差一点就坐上了总统宝座。

1972年，轮到民主党人从党内极端派中挑选一位候选人了，被提名的是乔治·麦戈文参议员，他只在一个州获胜。只占总发行量2/3的日报对调查作出了回应。大型日报中有66家支持尼克松，9家支持麦戈文，麦戈文只得到占总发行量7.7%的报纸的支持，这是历来最低的。

接着发生了水门丑闻。尼克松总统和斯皮罗·阿格纽副总统被迫辞职，这导致许多尴尬的共和党报纸避免对1976年的总统候选人给予支持。在发行量超过10万份的114家日报中，有50家支持杰拉尔德·福特总统，21家支持民主党总统候选人、佐治亚州的吉米·卡特，43家不表态。卡特当选了，虽然他只获得作出回应的占总发行量22.8%的报纸的支持；福特的支持率为62.2%。

20世纪80年代，总统选举受电视支配，对报纸支持哪个候选人的兴趣不大，只有半数的日报对《主编与发行人》的调查作出了回应。不表态的日报从1980年的40%上升到1988年的55%，罗纳德·里根在1980年轻而易举地击败了卡特，虽然他只获得作出回应的占总发行量48.6%的报纸的支持。民主党人沃尔特·蒙代尔尽管得到一批有声望报纸的支持，但是在1984年只在一个州击败里根。1988年对《主编与发行人》作出回应的日报中，有428家不表态，241家支持副总统乔治·布什，103家支持马萨诸塞州的民主党人州长迈克尔·杜卡基斯。杜卡基斯惨败，虽然他得到了15家主要报纸中的9家支持，而布什只得到了2家的支持。

4年后，公众和报纸社论对布什总统的支持都随着遭受衰退损害的经济而猛降。《主编与发行人》1992年的一项调查显示：在作出回应的报纸中，45%选择不支持，有35%支持民主党人比尔·克林顿，19.6%支持布什——比此前戈德华特得到的共和党最低的支持率还要低2％。在15家主要日报中，克林顿获得11家的支持，而布什只得到了《芝加哥论坛报》的支持（《洛杉矶时报》、《迈阿密先驱报》和《华尔街日报》未予支持）。只有半数的日报参与了调查。

《主编与发行人》在1996年报道说，共和党挑战者罗伯特·多尔获得了大多数日报的支持——111家对克林顿的65家。自由至上党候选人哈里·布朗也得到了一家的支持，这是不支持主要政党的唯一一家日报。另外166家日报不打算支持任何人，249家报纸没有选择支持哪位候选人。不过克林顿赢得了连任。

在1994年的中期选举中，明尼苏达州的投票人数创下历来最低纪录，尽管有几场激烈的竞逐。此后，明尼阿波利斯《明星论坛报》华盛顿分社社长汤姆·汉伯格草拟了《明尼苏达契约》。这种自愿性"试验"要求所有选举参与者——从候选人到媒介再到选民——事先进行宣誓，在选举时节努力达到较高的标准。该契约建议：停止在电视上播出抨击性广告；媒介承诺提供有实质内容的选举报道，抑制"走马式"报道；候选人参加辩论和社区讨论；公民介入对议题讨论和候选人的思考。为了贯彻该契约的价值观，一个由公民团体、商业社团、新闻业者和教育工作者组成的联盟在1996年成立。尽管该契约尚未得到广泛认可，但是《华盛顿邮报》的小E. J. 迪翁在他所写的一篇社论版对页文章中为这一概念喝彩，并想知道如何将它运用到总统选举中。

报业公会

在1933年这个危机年，报人为自身获得足够的收入和工作保障成为首要目标。虽然报社印刷厂的其他工人早就成立了工会，但是编辑部的雇员仍然没有组织起来，而且相对收入低微。1933年的《全国工业复兴法》第七条第一款为他们提供了机会。因为该条款保障了集体谈判的权利。《全国工业复兴法》还包含某些特许条款，这得罪了美国报纸发行人协会保守的领导人。结果，根据"蓝鹰"❶条款制订一项日报准则就成为一场令人精疲力竭的斗争。定稿的准则规定，在较大城市中实行每周40小时工作制、最低工资制和一项无论是不是工会会员都同样雇用的制度。但是，该准则规定每周最低工资为11美元到15美元，这对提高新闻工业的职业地位或给予工作人员以经济保障没有起任何作用，纽约各报记者认为，在当时周薪40美元是公平合理的。

全国各地的记者和编辑人员在1933年夏开始谈论成立集体谈判小组一事，当时关于准则的谈判趋势已经明朗。《纽约世界电讯报》好斗的自由派专栏作家海伍德·布龙发出了采取行动的号召，1933年8月7日在他的辛

❶《全国工业复兴法》试图复兴工业的标志。

迪加专栏上开始了化议论为行动的步骤。布龙巧妙地责难他的报业同仁没有成立一个像报酬较高的印刷工人工会那样的组织，并温和地责备那些担心一旦组织起来就会失去"游戏的浪漫色彩"的人。然后，他以典型的布龙式风格总结说：

> 报社的主编和老板固然都是温文尔雅的人，但是这一事实不应成为组织报纸撰稿人工会的障碍。应该有一个工会，从10月1日上午9时开始，我将尽我所能为此效劳。我想，如果我有幸看到沃尔特·李普曼向《论坛报》报社的窗户里扔砖头，掷向一个被叫去就金本位问题撰写当期的《今日与明日》专栏文章的非工会雇员，那么，即便我在总罢工爆发之日告别人世，虽死也能含笑九泉了。

谨小慎微的李普曼对布龙的战斗号令置若罔闻，但是全国各地读到布龙的专栏文章的报人却并非如此，他们甚至等不及到10月1日才行动。克利夫兰的记者是最先响应战斗号令的，他们在8月20日成立了报业公会的第一个地方分会。"双子城"明尼阿波利斯和圣保罗以及纽约紧随其后。

以布龙为首的纽约新闻记者于1933年11月23日出版了第一期《公会记者》，并呼吁12月15日在首都华盛顿举行一次全国代表大会，来自30个城市的代表响应了号召，布龙当选为主席，他担任这个职务直至1939年去世。乔纳森·埃迪成为首任执行秘书。新闻记者们宣称，他们是在寻求"通过集体谈判维护会员的职业利益和改善他们的工作条件，并且提高新闻工作的标准"。

到1934年6月在圣保罗举行首届年会时，报业公会已拥有8 000名会员。但是，只有一个地方分会与发行人签订了合同。1934年的报业公会代表大会要求签订更多的合同，就最低工资、最高工时、带薪假期和休假、加班费、病假、辞退金以及其他通常的工会合同条款作出规定——这些迄今仍然是报社普通采编人员争取的目标。代表大会通过了一项道德守则，列出报业公会认为有害的办报行为，这加大了本来就不喜欢看到报业公会采取工会组织形式的那些发行人的对立情绪。后来，报业公会在同雇主打交道时咬定工资和工作条件这两项不放。

报业公会早期最大的一次胜利是在涉及美联社编辑部成员莫里斯·沃森的诉讼案中取得的。沃森在1935年被美联社解雇，他坚称他是由于参加报业公会的活动而被解雇的。他向全国劳工关系委员会提

海伍德·布龙

出申诉，要求它根据1935年的《瓦格纳劳工关系法》的条款强令资方恢复他的工作。当全国劳工关系委员会于1936年作出有利于沃森的裁决时，美联社就这一案件向最高法院上诉，认为《瓦格纳法》违宪，在任何情况下都不适用于报纸和通讯社。

最高法院在1935年和1936年对许多"新政"立法作出否定裁决，而它在1937年4月宣布的一系列判决确认《瓦格纳法》符合宪法。其中之一就是莫里斯·沃森案。法官休斯和罗伯茨转向自由派阵营，同法官布兰代斯、斯通和卡多索一道，下命美联社恢复沃森的工作。5位法官裁决，沃森是因从事工会活动而被非法解雇的，这个案件是依据这一点而改制的。但是大多数法官同时也认为，"报纸发行人并不享有免受通用法律制约的特权"。

坚持《瓦格纳法》是报业公会的一大胜利。这一行动确保了报业公会有了在报界占有永久性的一席之地。该公会在一些较大的城市中赢得了合同，其中包括同《纽约时报》签订的一个，该报编辑部长期以来一直对该公会持怀疑态度。但是，道路仍然是崎岖不平的。1937年至1939年的衰退造成报纸普遍停刊，采编人员大量裁减，数以千计的报人失业，致使合同谈判困难重重。

第二次世界大战全面"冻结"了劳工关系活动。战争结束伊始，报业公会的目标是在所有合同中规定最低周薪为65美元。其后在1946年，它将目标定为似乎不可能达到的100美元周薪。到1954年，这个目标轻而易举地实现了，于是又制定了新的目标。1977年，《华盛顿邮报》突破了周薪500美元的水平，而最高的最低周薪超过1 000美元。报业公会那些创始人若地下有知，也会为此目瞪口呆。根据报告，1994年平均最低周薪为715美元（年薪37 180美元）。凡为报业公会会员的记者起始周薪平均为457美元（年薪23 764美元），其中20%的合同为周薪500美元以上，《纽约时报》平均为1 238美元。当然，新闻编辑室的其他雇员的工资更高，例如，编辑主任的全部报酬平均约为6万美元。应该注意到，尽管报业公会在为其会员增加薪酬方面取得了进展，但是它的影响力大大下降了。

虽然报业公会原本想影响新闻工作标准的希望被搁置起来，但是它在20世纪60年代重新关注这个问题。它成立了"梅利特争取自由和负责的报业基金会"，资助地方社区的报业评议会。它鼓励创办批评性的媒介评论刊物，报业公会会员谨慎地争取在就办报方针向报纸管理层提供意见方面有更多的发言权。报业公会关注的其他问题包括种族歧视、记者的特权、对新闻界的限制以及对记者的人身骚扰。为了纪念其创立人，报业公会在1941年设立了一项"本着海伍德·布龙精神"的报纸作品年度奖。

1995年，报业公会赞成与美国传播工作者协会合并，并选出了它的第一位女会长琳达·弗利。这次合并发生在1997年，它是对传播技术对报业所起的越来越重要的作用的一种承认。

美国报纸发行人协会/美国报纸协会

美国报纸发行人协会作为日报的同业协会创立于1887年，到20世纪30年代已发展到拥有850名会员。同它对报业公会所持的立场截然相反，美国报纸发行人协会在1900年以后曾经倡议奉行一种同印刷工会实行自愿仲裁的富于想象力的方针。它的"广告局"从事《报纸阅读持续研究》项目。它曾经主持对印刷工序的研究，并在新闻纸关税和邮资方面维护了报纸业主的利益。

到斯坦福·史密斯在1960年接管时，美国报纸发行人协会成了一个具有进步性质的典型的同业协会。其会员增加到1200家日报。

这些发行人曾长期支持一个致力于研究改进印刷工序的工务部门，这一部门在快速蚀刻、照相排版、胶版印刷、可塑印版、数字计算机、彩色油墨和苯胺印刷方面取得了印刷技术的突破。20世纪80年代中期，协会的年度"工务会议"吸引了1万多人参加。

1961年，旨在为延伸项目募集资金的美国报纸发行人协会基金会特许成立。到1987年，它有一笔超过600万美元的捐赠。在会长朱迪思·D·海因斯的领导下，该机构赞助研究项目，同新闻教育工作者合作，举办专业高级讲习班，帮助少数裔族在报社创造工作机会，并指导加强言论和新闻自由的活动。

国会经过为时3年的辩论，通过了《报纸保护法》，这是美国报纸发行人协会在立法方面取得的最大胜利。该法准许22个城市中44家报纸采取的联合印刷业务免受反托拉斯诉讼，并推翻了最高法院所作的一项关于在图森解散联合经营活动的裁决。反对者说，尼克松总统在1970年签署的这项新法律将使现状永久化。

美国报纸发行人协会从1992年6月1日起不复存在，它同报纸广告局和另外5个其他协会合并为美国报纸协会，这个非营利组织为美国和加拿大的1050家报纸服务。1998年，美国报纸协会的成员包括几乎占90%的美国日报以及范围广大的非日报和许多加拿大与外国报纸。它目前在努力保有和加大报纸的广告份额和销售，支持宪法《第一修正案》，鼓励增加报纸劳动力队伍的多样性，研究成长和发展的新机会，并为报纸服务于读者提供技术指导。1999年的领导层包括主席理查德·戈特利布和会长兼首席执行官约翰·斯特姆。

美国报纸主编协会、全国广播电视业者协会与《行为规约》

美国报纸主编协会是为满足长久以来感觉到的需要，于1922年在《圣路易斯环球民主党人报》的卡斯珀·S·约斯特领导下组织起来的。正如这个组织的章程所指出的："虽然新闻艺术在美国已蓬勃发展了200多年，但是美国较大报纸的主编们至今依然没有联合起来组成协会，以便考虑他们的共同问题和倡导他们的职业理想。"州和地区的报业协会曾考虑新闻和社论问题，但是美国报纸发行人协会实际上将除经营主题之外的一切都摒除在它的议程之外。

美国报纸主编协会的会员资格仅限于报纸总编辑、社论版主编以及在人口10万以上的城市中出版的日报的编辑主任，不久，这个数字就下降到5万。为数有限的较小型报纸的主编在后来几年被接纳为会员。

一场激烈的辩论使这个协会早期的会议开得颇有生气，辩论围绕着该组织是否有权开除一名会员——《丹佛邮报》的弗雷德·G·邦菲尔斯——展开的，此人被指控敲诈同"蒂波特圆丘丑闻"有牵连的石油业百万富翁哈里·辛克莱。协会一度曾通过投票作出将其开除的决议，其后取消了这一表决，准许这位丹佛的主编辞职。后来，美国报纸主编协会对其出于正当理由开除会员的权力进行了澄清。但是邦菲尔斯事件表明，该协会并不打算充当一个监察组织。

在该协会1923年召开的首届年会上，有人提交了一项被称为道德准则的《新闻规约》。主要执笔人是《纽约环球报》的创办人H.J.赖特。摘录一些重要段落如下：

> 除了对公众福利的考虑以外，任何事情都不能对报纸所拥有的吸引和保有读者的权利施加限制。一家报纸是如何利用它从公众方面得到的那份注意，可以用来判断它的责任感，这种责任感是它同每一位采编人员共有的。为达到自私的或其他卑鄙的目的而运用其权力的新闻工作者是不会忠于高尚职守的。
>
> 新闻自由应该作为人类至关重要的一项权利而受到捍卫。对任何未经法律明文禁止的事物进行讨论、其中包括任何限制性法令的明智性，是无可置疑的权利。
>
> 除了忠于公共利益以外，不受任何义务约束的自由是至关重要的。
>
> 在蓄意背离事实真相的社评中，党派偏见破坏了美国新闻事业的最佳精神；在新闻栏里，它违背了这一职业的基本原则。

美国报纸主编协会年会每年4月通常在华盛顿举行。会议议程在1923年开始出版的题为《新闻事业问题》的一套丛书中有所报道，这些丛书提供对职业事务的重要讨论的情况。在月刊《美国报纸主编协会公报》中可以看到生动的辩论。

职业新闻工作者协会《伦理规约》的第一个版本就借鉴了美国报纸主编协会1926年的规约。1973年，职业新闻工作者协会自定规约，并在1984年和1987年加以修订。职业新闻工作者协会在1999年使用的《伦理规约》版本是在1996年9月通过的，它向新闻工作者提供了四项需要遵守的伦理原则：探询事实真相并加以报道；将伤害减到最低限度；独立行事；可以问责。每项原则都有一系列的实践方式跟随其后。这种简洁的规约挂在记者和编辑办公桌的上方，并经常被新闻机构全文采用。

美国报纸主编协会最为雄心勃勃的计划是"新闻事业信用工程"，它始于1997年并且在继续实施中。这项研究试图帮助报纸主编更好地理解公众对新闻事业信任的日益丧失。该工程的最初发现包括公众对不准确报道、炒作某些故事和被认为影响新闻报道的偏向性的关切。

广播电视业的行为规约是由其同业团体全国广播业者协会制订的。该协会是1923年在无线电台业主与美国作曲家、作家和出版商协会之间就后者坚持要求对播放美国作曲家、作家和出版商协会会员的音乐支付报酬的问题发生冲突后成立的。保罗·克卢是该协会的首任主管。这个同业协会的职能扩展到处理同广告业的关系，后来又越来越多地将同联邦通讯委员会的关系也包揽进去。

《全国广播业者协会伦理规约》和《全国广播业者协会商业行为规约》在1929年3月获得通过，成为对广播业者自愿实施的第一批规章。后来又增添了内容更加详尽的文件，即《全国广播业者协会电台规约》和《全国广播业者协会电视规约》。在所有商业无线电台和电视台中，约有一半签署了这些规约。还有另外一些重要的规约和声明，特别是电台—电视台新闻部主任协会的规约和声明以及各广播公司和许多私人电台电视台的节目标准。

1997年，一个由全国广播业者协会、美国电影协会和全国有线电视协会组成的联盟共同致力于创造和实施一套适用于所有节目的分级办法。与《1996年电信法》配套的"电视家长指导原则"制订出来了。该法案还包含如下条款：到2000年1月以前，13英寸或更大的电视机必须安装一种被称为"暴力过滤芯片"的装置。这种芯片预计在1999年的某个时刻上市，根据设计它允许家长安排电视节目，以阻断他们所发现的不良分级的内容。这些指导原则包括描述暴力、骂人话和性场面等类别的分级办法，它们在1998年得到了联邦通讯委员会的批准。各广播电视网已经将这些分级办法吸收进它们的节目中。

全国社论撰稿人联合会、美联社编辑主任协会和电台—电视台新闻部主任协会

一些社论版主编和社论撰稿人希望有一个比拥有450名会员的美国报纸主编协会规模更小、更精干的"工作"组织，于是在1947年成立了全国社论撰稿人联合会。从1947年开始每年举行年会，年会以小组评议为特色，会员们在会上对他们的同仁在社论版中作出的努力评头论足，并出版了一本名为《报头》的季刊，发表会议记录。一项原则规约在1949年获得通过，并在1975年修订，"以激励美国社论版的良知和提高其质量"。这个文件在1975年修订时易名为《原则声明》。6篇文章概括了如下法律和伦理考量：公共责任；新闻自由；新闻独立；不偏不倚；致力于事实真相和准确性。该声明以如下表述作为结论："这些原则旨在保有、维护和巩固美国新闻工作者和美国人民之间的信任和尊敬关系，而这种关系对于维系开国元勋们托付给上述二者的自由是至关重要的。"

新闻主管们发现，美国报纸发行人协会和美联社的年会对改进新闻栏的内容关心太少，于是在1931年成立了另一个重要的全国性组织——美联社编辑主任协会。在1947年之前，美联社的新闻报道在历届年会上受到口头分析和批评，而在此后，则由一个

"持续研究委员会"起草了一份书面报告。虽然对美联社的新闻报道的各个部分进行的研究颇为深入,足以促使美联社管理层作出答复,但是,直到1948年才开始以《美联社编辑主任协会红皮书》为名公布了这些研究报告。

广播电视业与此相应的相同组织是广播电视新闻部主任协会,该协会是1946年以全国广播电台新闻部主任协会的名称创建的。在早期领导人中有明尼阿波利斯WCCO电台的西格·米克尔森和得梅因WHO电台的杰克·谢利。该协会的出版物是《广播电视新闻部主任协会公报》。这个组织制定了广播电视新闻标准,并同各新闻学院开展了密切的合作。

改进的努力: 报业评议会

英国报业评议会于1953年成立,根据为保护编辑和公民双方的权利而精心制定的规则听取对报界的诉怨,这个成功的范例导致在美国创建报业评议会的运动。最早出现的是20世纪60年代末在报业公会的梅利特基金会支持下组建起来的一批地方报业评议会。

1971年,通过明尼苏达报业协会、报业公会、职业新闻工作者协会、其他媒介领导人和政府官员的努力,明尼苏达州创建了第一个全州范围的报业评议会。它由州最高法院的一位法官担任会长,会员由媒介和公众的代表对等组成。

1973年,随着全国新闻评议会的建立,为创建一个全国性报业评议会所作的努力有了成果。一个由20世纪基金会资助的特别工作组将该理事会的工作目标确定为"对涉及美国新闻报道的准确性和公正性的诉怨进行考查并提出报告,对涉及新闻自由的问题进行研究并提出报告"。起初,全国新闻评议会在新闻界的重要领导人中遭到冷遇,但是在对10位公众会员和8位专业会员提交给它审议的问题进行处理后,评议会赢得了支持。威廉·B·阿瑟担任执行会长,诺曼·E·艾萨克斯担任主席,后来由理查德·萨伦特接任。从1977年开始,该评议会的报告先是刊登在《哥伦比亚新闻学评论》上,后来刊登在《羽毛笔》上。但是由于资助逐渐减少,该评议会在1983年关闭了。但是近期以来一直有恢复全国性新闻评议会概念的呼声,其中最引人注目的呼声发自迈克·华莱士,他在1996年明尼苏达新闻评议会成立25周年纪念活动中出现,鼓励媒介考虑创办一个新的全国性新闻评议会以支撑其正在下降的信誉。

改进的努力: 公共/公民新闻事业

在过去的数年中,一种被称为公共或公民新闻事业的新型新闻事业流行起来了。它的两名缔造者和捍卫者是纽约大学的公共生活与新闻界工程主任杰伊·罗森和《威奇塔鹰报》主编戴维斯·"嗡嗡"·梅里特。在罗森看来,公共新闻事业的主要诉求是媒介能够而且应该改进公民讨论和促成社区问题的解决。根据这一观点，媒介已经变得超然于它们所服务的公众之外，而公共新闻事业就是重新联系这两者的一种途径。公共新闻事业的多个项目已经就提出犯罪和教育等议题的社区圆桌会议或资助选民登记运动之类大事聚集了人群。

许多报纸或是承担了公共新闻事业项目，或是重组了它们的新闻编辑室，以反映一些公共新闻事业确定的关切问题。例如，《波士顿环球报》和多家地方广播电视台协作，就1994年的大选向他们的公民发出一种声音——"人民之声"。在威斯康星州的麦迪逊，人们参加由《威斯康星州新闻报》和其他媒介机构组织的名为"我们人民"的市政厅会议和辩论；广播电视台向其他数千个台重播了这些事件。

公共新闻事业的支持者声称，新闻事业和公共生活从历史上就是互相交织的，应当以这种方式联系起来。他们说，新闻记者总是卷入公共生活，这一点今天也无异。反对者则断言，公共新闻事业抛弃了客观性。新闻记者不再是观察家和报道者，不是去报道公共讨论和行动，而是去帮助它们设置议程。传统的新闻记者去报道游行，而公共新闻记者则随游行队伍行进。尽管在美国的新闻记者中存在这种分歧，公共新闻事业的实践尚未达到其巅峰期，可能的情况是，更多的报纸将就这一概念进行尝试，试图与他们正在丧失的读者公众建立更密切的联系。

媒介中的女性

女权运动的压力增加了女性在媒介中的代表性。尽管有证据表明已在若干领域取得进步，但是在20世纪90年代，仍然有更多的工作要做。在报纸领域，新闻、广告和发行部门的经理中只有不到20％是女性。虽然有凯思琳·布莱克这样的《今日美国报》发行人，但是主管美国日报的女性不到60人（仅占7％）。女经理或女主编只在分类广告领域、商务部门、特稿和生活方式组占多数。新闻编辑室中大约有30％到40％的人是女性。

领头人是《基督教科学箴言报》主编凯瑟琳·范宁和《洛杉矶先驱考察家报》主编玛丽·安妮·多兰。

凯思琳·布莱克在1995年末成为赫斯特杂志集团的总裁。她在这个职位上预见到了《世界主义者》、《老爷》、《家政》、《哈泼斯市场》和《红皮书》之类杂志的财政表现和发展。她被当年的《财富》杂志列入美国商界最有影响的25名女性顶级人物。

自由论坛的媒介研究中心于1992年委托戴维·韦弗和G·克利夫兰·威尔霍伊特进行了一次调查。根据这项名为《20世纪90年代的美国新闻工作者》的报告，性别鸿沟正在收窄。女新闻工作者人数占34％，这个数字10年来没有变化。但是她们的平均工资为男同事的81％，增加了10％。据报道，越来越多的女性担任一定的管理职务。在报界，女性在发行量为2.5万到10万份的报纸中拥有最高的就业百分比，但是即便如此，很少人能登上最高领导职位。在积极的方面，越来越多的女性活跃在政治新闻事业和国外报道领域。

有趣的是，美国报纸主编协会1997年的研究表明，男女在工作满意度、离开报业的理由、对主管的评价以及新闻编辑室的需求等方面没有什么差别。但是女性比男性更有一对一交流的愿望，她们向往的是新闻编辑室中的职务而不是发行人的高位。

在广播电视方面，受雇的各级女性人数逐渐增多。对电视网夜间新闻节目的调查表明，女记者写的报道篇数从1990年到1993年增加了87%。总的说来，女记者报道的晚间新闻大约占1/4，并构成全国晚间新闻记者团的大约1/4。富有经验的驻华盛顿记者玛丽·蒂洛森主持《有线新闻电视网之友》这个受欢迎的全女性新闻脱口秀节目。在广播方面，收听某个女性播出新闻已成为家常便饭，越来越多的女性担任新闻部主任。在电视方面，在几乎每一个社区都能看到女记者和新闻女主播，而且，女性开始进入制作部门，但是男性仍然支配着经理办公室。

在黄金时间娱乐节目领域，女制片人、女导演、女剧作家和女作曲家仍然为数寥寥。在该产业的主要部门中，女性在公共关系和广告方面取得了最大的成功，她们在这些行业往往是最高行政主管或业主。杂志领域也更加开放，如同图书出版业一样。每月一书俱乐部的总编辑南希·埃文斯成为道布尔戴出版公司的出版商。在电影业这个历来是意志铁一般坚强的男子长期占据的一个堡垒，女性难谋取最高职位。总的说来，联网在为女性提供成功机会，但是在决策和报酬方面的真正平等还远远没有达到，性骚扰案频频提醒注意这个挑战。然而，长远的预测表明情况会有所改善，因为这个国家攻读新闻学的学生中有60%以上是女性。为在媒介工作的或教授新闻学的女性提供帮助的刊物是唐娜·艾伦创办的国内历史最悠久的《媒介致女性的报告》，还有新闻学和大众传播学教育协会女性地位委员会出版的《女性的话》。

划时代的诉讼案：诽谤

使公民有办法对付报纸上人格中伤的历史性法律，始终可以对那些成为新闻人物时处于众目睽睽之下的人作出公正的评论和批评。但是在20世纪60年代，最高法院阐明并扩大了媒介免受诽谤罪起诉的保护，以至于一个被称为"诽谤公法"的新理论应运而生。最高法院还将诽谤纳入宪法范畴，使它成为宪法《第一修正案》所管辖的内容。根据这个理论，公职官员和公众人物不能从诽谤起诉中获得赔偿，除非他们能证明蓄意编造谎言或极端轻率地未经核实就予以发表。这项规定被称为"实际恶意"，它必须由提起诉讼的人加以证明。

具有里程碑意义的案件是1964年裁决的《纽约时报公司诉沙利文案》。1960年，《纽约时报》刊登一则广告，抗议警察在亚拉巴马州的蒙哥马利对小马丁·路德·金牧师的追随者所采取的行动，警察局长沙利文在一个州法院提出诽谤罪诉讼，并经裁决获得50万美元的赔偿金。最高法院推翻了这一裁决，它认为那则广告中所包含的错误并非出于恶意，而且宪法《第一修正案》保护就公共问题进行"不受约束、直言不讳和完全公开的"辩论,而无须对事实真相进行任何核实,这成为著名的"《纽约时报》理论"。

不过,诽谤对媒介仍然是一个不确定的领域。诽谤让媒介组织付出的代价持续增大——尤其是惩罚性损害赔偿,它们意味着处罚违法者。1997年,得克萨斯州的一个大陪审团裁决《华尔街日报》就一家陷入困境的休斯敦证券交易公司发表的报道支付2 270万美元实际赔偿费和惊人的2亿美元惩罚性赔偿费,这是迄今最大的一项同类裁决。原告MMAR集团指控说,《华尔街日报》可能明知报道中的信息不实而执意发表它,该信息的危害足以导致几个客户撤回其业务。几周以后,MMAR集团停业了,随后赔偿数目降低了。被告就该陪审团裁决提出上诉❶,但是媒介得到的讯息是清晰的:诽谤如果能被证明,就将受到严厉惩罚。

在另外一个媒介法发展的有趣方面,有原告绕开了传统的宪法《第一修正案》问题(它通常要求原告承受沉重的举证责任),而根据雇用法和非法侵入罪名提起诉讼。1992年,美国广播公司新闻杂志节目《黄金时间直播》的两名雇员以伪造的简历假扮成熟食店工人,在雄狮食品公司一家商店谋得工作,偷拍该连锁企业对不洁食品的处理过程。《黄金时间直播》用偷拍机拍摄了数小时的录像,试图挖出雄狮食品公司的不轨行为,并播出了其中的节选。雄狮食品公司指控说,录像被剪辑过和调整过宽高比例,以显示《黄金时间直播》想显示的东西,这样就绕过了传统的诽谤诉求,而代之以欺诈、非法侵入和失信诉求,声称《黄金时间直播》的雇员通过撒谎谋得工作。1997年,北卡罗来纳州的一个大陪审团裁决雄狮食品公司只获得1 402美元的实际赔偿,但是获得超过550万美元的惩罚性赔偿❷。然而许多人发现,如果这种趋势继续发展下去,那么原告别出心裁地绕过困难的宪法《第一修正案》路径去自找依据以攻击媒介,就成了一种令人不安的现象。

直到最近,在线诽谤仍然是一个困难而未能解决的领域。较低级的法院无法就在线服务运营商是否被裁定对用户发布的诋毁性陈述负有责任达成一致。然而,涉及在线服务提供商美国在线公司的案件似乎一劳永逸地解决了。在1995年起诉超凡公司的案件中,国会通过了《传播庄重法》的补充条款"行善者"条款(第230条)(在《雷诺诉美国公民自由联盟案》中,该部分未被最高法院裁定为违宪)。这一条款确立:在线服务提供商既不是经过其系统的内容的发布者,也不是这类内容的言说者,因此不能指望在线服务提供商监视那种海量内容。法院对第230条进行了解释,旨在让在线服务提供商获得对第三方所提供内容的绝对豁免权。

❶此案名为《MMAR集团诉道—琼斯公司案》。
❷此案名为《雄狮食品公司诉大都会公司/美国广播公司案》。

淫秽与色情作品

长期以来，法院一直就性材料的管制和界定进行着努力。"色情作品"和"淫秽作品"二词经常被交互使用，而它们在法律上不是一回事。这两者都意味着性内容，而如果法院认为某材料符合"米勒检验"三步骤（下文将详述）所概述的标准因而是淫秽的，那么它就得不到宪法《第一修正案》的保护，也就可以接受检查。色情作品则受到宪法《第一修正案》的保护，因为尽管它带有性挑逗性质，但是不符合"米勒检验"的标准。

然而，判断什么是淫秽出版物并不是一件容易的工作，美国社会对这个问题的标准在20世纪60年代和70年代变化很大，因为这些标准涉及报纸、杂志和电影。在四字母粗俗下流词和裸体画领域尤其是这样。可是，最高法院却迟迟未能找到明确的指导原则。1957年，发生了一起划时代的诉讼案——《罗思诉美国案》❶。罗思出售令人厌恶的材料，根据联邦反淫秽物法规被判有罪。最高法院支持对他的判决，但是为验证淫秽出版物规定了一条新标准："用当代社会准则，不管是否对普通人，从整体来看材料的主题是否迎合淫秽的兴趣。"对此，最高法院在后来作出的裁决中增添了"挽回重大社会影响"的检验标准；如果存在这个检验标准，则不需要实施这项法律。根据这一解释，《范妮·希尔》❷得以开禁。

立法机构和法院都在抓住在线性材料问题不放。由于儿童可以轻易使用计算机和互联网，因此许多家长希望有能力去非常谨慎地控制他们的子女在上网时看到的东西。国会管制在线性材料的第一次尝试部分体现在《1996年电讯法》中。《传播庄重法》将故意向18岁以下的任何人传递性材料定为刑事犯罪，并就什么东西构成被禁止的性材料作了宽泛的界定。一家地区法院以过于宽泛和模糊为由推翻了《传播庄重法》，而最高法院在1997年对此表示赞同。

最高法院拒绝将互联网的内容减少到只适合儿童的地步。史蒂文斯写道："为了不让未成年人接触具有潜在危害的言论，《传播庄重法》实际上压制了大量成年人根据宪法权利应接受并彼此传递的言论。"此案之所以重要，还因为最高法院拒绝将传统上适用于广播电视媒介的强力管制运用于互联网。然而，最高法院拒绝特别制定一个据以裁断互联网的标准。

1998年末，国会通过了《儿童在线保护法》，它要求提供接触色情材料机会的商业网站采用某种年龄确认方法，否则将受到制裁。

1999年2月初，《儿童在线保护法》由于从宪法的角度看存有瑕疵而

---

❶ 罗思即塞缪尔·罗思（1893—1974），原为纽约市格林威治村的一名售货员，1956年因邮寄色情材料被判监禁，1957年向美国联邦最高法院提出上诉。

❷ 英国作家约翰·克莱兰（1710—1789）写的一部色情作品，全名为《范妮·希尔》，又名《一位快乐女性回忆录》，原为禁书。1966年，最高法院在《一本名为约翰·克莱兰的〈一位快乐女性回忆录〉的书诉马萨诸塞州司法部长案》中裁决该书不属于淫秽作品。

被否决了。那名地区法院法官以一道初步禁止令取代了先前的限制令,以阻止该法的实施,声称"我们将伤害美国未成年人,如果他们随着年龄的增长而充分享受的宪法《第一修正案》被以保护的名义剥皮抽筋的话"。政府计划向第三联邦上诉法院提起上诉❶。

媒介内容检查

最高法院于1988年考虑报刊检查问题。最高法院在《黑泽尔伍德校区诉库尔迈耶案》中裁决,密苏里州一所学校的管理部门可以检查学生的某些"与学校基本教育使命不一致的言论"。一些学生和媒介代表攻击这项裁决限制了学生记者探究诸如吸毒、酗酒、艾滋病、少女怀孕和离婚对儿童的影响一类问题的机会。有几个州制订了特别保护学生报刊的法律以对抗《黑泽尔伍德案》裁决,但是大多数州没有这样的法律。

在21世纪来临之际,对互联网的检查仍然是法律界最热门的话题之一。不仅是具有性的性质的材料被《传播庄重法》一类法律锁定,而且含有仇恨性讯息的网站也受到了威胁。不是每一个人都与推销反犹以及其他种族主义观点的网站的价值看法一致。一些人认为,过滤软件是一种选择,有了它就可以将性材料和仇恨性言论统统屏蔽。这些程序带有被阻隔的搜索条目和网址一览表,以防止某个用户试图接触它们,有一些则可以按用户的要求制造。在理论上,这些软件帮助家长对子女可以接触哪些网站加以控制。然而,许多专利过滤公司不发布其被阻隔的网站和搜索条目一览表,而一直有人暗示,一些阻隔行为是带有政治动机的。在20世纪90年代末的国会中拟议的各种议案,就包括希望选民公共图书馆在可以上网的计算机上安装过滤软件的要求。

商业言论

在另一个值得注意的宪法《第一修正案》领域,存在着对政府扩大管制广告和其他促销活动领域的关切。最高法院的介入可以追溯到1942年,当时,它在《瓦伦丁诉克里斯坦森案》❷中裁决,宪法对政府管制商业言论不加约束。到20世纪70年代,多项裁决赋予管制者对诸如上门兜售和在一些情况下散发广告传单之类事情以相当广泛的管制权。1975年至1979年间出现过一次短暂的逆转,当时,最高法院保护了处方药价格广告和人工流产信息的流通。但是在1980年《中央赫德森煤气与电力公司诉公共服务委员会案》❸中,最高法院为未来的商业言论诉讼案通过了四项检验准

---

❶ 2003年3月6日,第三联邦上诉法院裁定《儿童在线保护法》违宪,因为它不适当地限制了接触对于成年人来说是合法的大量言论,进而违反了宪法《第一修正案》。

❷ 纽约市警察局局长刘易斯·J·瓦伦丁因佛罗里达州公民F.J.克里斯坦森以印发传单的方式在纽约市为他个人拥有的老式海军潜艇做参观广告而提起的诉案,最高法院于1942年4月13日裁决上诉人胜诉。

❸ 因纽约州公共服务委员会禁止电力公司为鼓励用电做广告引起的诉案,最高法院于1980年6月20日裁决被上诉人纽约州公共服务委员会违反了宪法《第一修正案》和《第十四修正案》。

则❶，这样做就取消了在先前 5 年中给予的某些保护。

20 世纪 90 年代见证了商业言论利益集团的损益。在 1996 年的一起案件中，最高法院推翻了罗得岛州一部除了销售地点外禁止标明零售酒类价格广告的法律。约翰·保罗·史蒂文斯法官运用了 1980 年《中央赫德森案》中概述的检验方法，他总结说，禁止向公众提供关于标明零售酒类价格广告的准确信息是对言论自由的违宪限制。他说，像罗得岛州这样的全面禁止只有在具有特别关照的必要性时才可以考虑，而证明这些法律具有正当性的沉重责任就落在了州方的身上。罗得岛州承担不了这种责任❷。最高法院还强调了广告及其他商业言论在现代社会中的重要性，以及随之而来的对于获得宪法《第一修正案》保护的需要。但是最高法院在一年以后的 1997 年说，要求水果种植者出钱为转基因桃、蜜桃和李做广告——不仅为他们、而且也为他们的竞争者促销的广告——并不违反宪法《第一修正案》❸。这似乎从最高法院扩大宪法《第一修正案》对商业言论保护的立场上后退了一步。

公众享用媒介

第 18 章已经讨论了"公正"的概念，这个概念涉及各个人以及各种思想观点利用广播电视媒介的权利。法学教授杰罗姆·A·巴伦 1967 年在《哈佛法学评论》的一篇文章中提出了公众享用印刷媒介的权利的理论，这篇文章设想宪法《第一修正案》含有双重意义，它不仅禁止政府限制观点的表达，而且在某些情况下授权政府采取积极措施，让公众得以享用媒介。

在对佛罗里达州于 1913 年制定的一项法律进行宪法检验时，巴伦的概念遭到最高法院的一致拒绝。那项法律赋予一位政治候选人回应一家报纸对他的历史进行的批评和攻击的权利。首席法官沃伦·伯格在 1974 年的《托尼洛案》❹中代表最高法院裁决说，强行给予享用媒介的权利是违宪的："一个负责任的新闻界无疑是可欲的目标，但是，新闻界的责任不是由宪法强制给予的，而且如同其他美德一样，它也不能通过立法产生"。

虽然媒介的那些发言人一致认为，应该作出努力为个人、少数族裔团体、非流行的观点以及完全不一致的想法提供更多的时段和版面，但是他们对强制一家电视台、报纸或杂志接受提供给它的一切的主张，却又畏缩不前。有人发起过让媒介更加可以被享用的运动，正像本章前面部分所注意到的那样，报刊评议会、伦理规约和新闻监督申诉专员之类机制是增加公众享用媒介机会的传统方法。公共新闻事业则是旨在将媒介与它们所服务的公众更紧密地联系起来的新运动。

---

❶ 四项检验准则为：(1) 确定用语是否应该受到宪法《第一修正案》保护，据此商业性用语至少必须事关合法的商业活动，而且不具有误导性；(2) 确定该州受到维护的利益是否具有实质意义；(3) 如果双方调查产生的是肯定性的答案，确定管制是否直接增进该州受到维护的利益；(4) 确定服务于那种利益是否超出了必要的范围。

❷ 此案名为《第 44 号酒类超市诉罗得岛州案》，最高法院于 1996 年 5 月 13 日作出裁决。

❸ 此案名为《格利克曼诉怀尔曼兄弟与埃利奥特公司案》，由美国农业部长丹·格利克曼诉加州一家桃和蜜桃种植商，最高法院于 1997 年 6 月 25 日作出裁决。

❹ 此案全名为《迈阿密先驱报出版公司诉托尼洛案》，最高法院于 1974 年 6 月 25 日作出裁决。托尼洛即帕特·托尼洛，原为佛罗里达州戴德县课堂教师协会执行会长、州众议院议员候选人。

新闻自由，公正审判

自由报业及其读者的权利与某位被告享受公正审判的权利孰轻孰重，这仍然是 20 世纪 80 年代和 90 年代的一个重要问题，而 O.J. 辛普森刑事审判案使这一问题引起了许多公众的关注。在这方面，各法院显然有其一定之规，而最终往往是新闻界大体上同意，对记者、摄影师和广播电视工作者实行限制是有正当理由的——只要这些限制产生于合作性协议，而不是来自司法命令。

早期的行动集中于法庭上有摄影记者在场的问题。整个 20 世纪 50 年代，美国报纸主编协会、全国摄影记者协会和全国广播电视业者协会为报纸和电视台的摄影师获得进入法庭的权利而战。它们提出的摄影记者不会妨碍审判的论点自有其道理，因为拍摄照片时可以做到既无声音又无光。但是律师们说，拍照会引起公众注意，会吓住证人和被告，影响陪审团，并破坏司法气氛。

与此同时，另一些重大事件大大扩大了关于"新闻自由、公正审判"的辩论。肯尼迪总统的遇刺，以及杰克·鲁比在一个挤满记者的地方杀害被告时那种乱哄哄的场面，促使沃伦委员会提出了一项进行改革的请求。

1981 年出现了一项突破。那年，最高法院在《钱德勒诉佛罗里达州案》中一致裁决，即便被告反对，各州也有权允许对刑事审判进行电视、广播和摄影报道。这项裁决支持了媒介要求准许带照相机和电视摄像机进入初审法院和上诉法院的努力。

在 1972 年的另一起《布兰兹伯格诉海斯案》中，最高法院裁决，记者负有同其他公民相同的义务，即必须对合法的大陪审团发出的合法传票作出回应，并回答与调查犯罪有关的问题。其时有 3 名记者拒绝就他们秘密获得的信息出庭作证这项裁决违背了许多州通过的新闻来源保护法的观念，这些法律允许记者对消息来源保密。这些法律中有许多运用三项标准来检验其相关度、是否存在令人信服性的公众需要和是否在布兰兹伯格案的一项异议中引证缺乏替代性的消息来源。尚无联邦消息来源保护法，但是许多联邦管辖区以及没有消息来源保护法的 19 个州中的一些州承认这三项检验标准。各州的法律在关于哪些种类的信息以及它们在什么情况下应该得到保护方面差异极大。

1976 年在内布拉斯加州进行的一起谋杀案审判导致新闻界与司法界的又一次对抗，当时，初审法官下了一道命令，并经州高等法院修改，禁止新闻媒介进行报道：（1）被告向执法官员或除新闻界以外的第三方作出的任何口供或认罪；（2）这些口供或陈述的实质性内容；（3）"紧密牵连"被告的其他事实。这道命令旨在遵循《谢泼德案》中关于审判前不要大肆宣扬的指导原则，一俟任命了陪审团，它即失去效力。

首席法官伯格代表最高法院发言，推翻了这道命令。他说，媒介有权对在一次公开举行的预审中提出的证据进行报道，而且，对于报道"有牵连的"消息的禁令"过于含糊不清和漫无边际"，是经不起对宪法《第一修正案》权利所施加的限制进行缜密的考查的[1]。然而，新闻界的这场胜利多少被冲淡了，因为最高法院否决了一项要求加速审理上诉的动议，一直到已时过境迁后才开庭，此外还由于在措辞上并不排除将来下达"封嘴"的命令，新闻界的这一胜利多少打了几分折扣。伯格写道："我们无需排除将来有可能要让大家看到公正审判权受到某种威胁，而这种威胁足以肯定采取约束措施是正当的，"但是，"防止实行事先约束的障碍依然很大，反对援用这种约束的意见依然纹丝不动。"

知情权

在法庭上进行的争取出版自由和批评自由的斗争是重要的。但是为争取获得采集新闻的权力而进行的斗争同样重要。因为如果新闻来源枯竭了，发表新闻的权利就毫无价值可言。

美国报纸主编协会、美联社编辑主任协会、广播电视新闻部主任协会和职业新闻工作者协会从20世纪40年代末共同开展了争取信息自由和公开记录的运动。通过它们和其他的努力，到1970年，除5个州外，其余所有州都已拥有某种法律，规定要公开公共事务记录和公开涉及公共事务行为的会议情况。

1955年，众议院成立了以来自加利福尼亚州的众议员约翰·E·莫斯为首的政府信息小组委员会，此举导致一场联邦一级的反对保密的运动。1958年，在各新闻媒介组织的帮助下，莫斯委员会赢得对1789年"内务法规"的修改，以制止利用这一法规不让人们查阅记录。古巴导弹危机期间，肯尼迪政府同新闻界发生了尖锐的对立，这种状况有力地推动了为争取通过《信息自由法》而作出的努力。它获得了通过，并由约翰逊总统于1966年7月4日签署。该法规定，如果某个联邦官员任意扣压不属该法律明确豁免的特殊领域的关于公众事务的信息，某个公民有权在一年后向法院提出诉讼。这样的领域共有9个，其中包括至关重要的"国防或外交政策"领域。其结果是既有助于记者，同样也有助于商人和普通公民从联邦机构寻求信息。

尽管《信息自由法》强调及时作出回应，政府机构继续对查询久拖不答，有时一拖数年，原因是忙于《信息自由法》的人手不够，而查询则与日俱增。1996年国会通过了《信息自由法电子诸修正案》。《信息自由法》的这些修正案旨在让公众享用电子形态的信息，以加快冗长和经常是难以操作的《信息自由法》执行过程。国会承认，政府机构的大多数档案被保存在电脑磁盘和只读光盘里，而不是旧纸堆中。正如其名称那样，《信息自由法电子诸修正案》规定，符合《信息自由法》的公开要求的档案，凡是以电子形式保存的，根据《信息自由法》都要可查可用。查询者可以以政

---

[1] 此案名为《内布拉斯加州报业协会诉斯图尔特案》，最高法院于1966年6月6日作出裁决。

府机构保存的任何形式查询档案。政府机构还必须作出适当努力来提供其他形态的档案以回应查询。

国会通过一项《阳光下的政府法》，并在 1977 年初生效，这是在这场为争取知情权而进行的斗争中出现的另一个令人鼓舞的迹象。这项法律规定，50 多个拥有两个或两个以上成员的联邦部门和联邦机关举行会议要公开。《阳光法》允许由于某种特殊原因而召集秘密会议，但是要求召集任何秘密会议所依据的理由都必须得到该机构的首席法律官员或法律总顾问的认可。1995 年，全部 50 个州都有了公开记录和公开会议的法律，虽然各州法律的措辞大不相同。

第二十章

结语：21世纪的挑战

位于加州莫哈韦沙漠的戈德斯通太空通信站是构成美国宇航局太空通信网的3大通信站之一，另外两个分别在澳大利亚的堪培拉和西班牙的马德里。太空通信网为美国宇航局的所有星际宇宙飞行器提供无线电通信保障，还被用于对太阳系和宇宙的无线电天文学和雷达观察

(美国宇航局/喷气推进实验所/加利福尼亚理工学院收藏)

20世纪90年代的美国
新闻事业令人不安的趋势
互联网
特纳广播公司

国际新闻流通
美国的通讯社：美联社与合众国际社
世界新闻新秩序
技术时代的教益

> 地球上的每一家公司都打算将信息处理过程的每一步骤——从"产品"的原创到向公众传播媒介讯息的现代技术的各种方法——都置于它的控制之下。
>
> ——本·巴格迪基恩[1]

电子奇迹的时代也是矛盾的时代。尽管有成千上万的人既可以通过卫星获得即时的世界新闻，也可以使用双路数据处理系统在他们的彩色电视屏幕上播放信息，但是也有人深切地担心各阶层之间的距离将会拉大，也就是说，新的信息机器不会使社会中那些急需帮助来渡过生活难关的下层人受益。同时人们还担心，新闻部门将会萎缩、堕落或者至少缺乏一种执著精神和职业自豪感的驱动，而这样的东西在同追求政治与社会权力的货币经纪商竞逐时是必须具备的。计算机时代的道德和法律问题就像闯入赚钱的新领域有多大把握一样令人困惑。

20 世纪 90 年代的美国

美国是在一种不确定的状态下度过《权利法案》诞生 200 周年的。在政府和私人生活的各个方面都能明显地感觉到价值观的混乱，前后不一的问题需要予以解决。由于巨额贸易逆差和与外国对手竞争的能力下降，有史以来世界上最富有的这个国家已正式加入了债务国的行列。银行存款和贷款结构在一系列史无前例的丑闻中崩溃，迫使漫不经心的联邦政府不得不把数千亿美元的额外债务加到未来纳税者的头上。

海湾战争每天花费纳税者的钱高达 10 亿美元，而联邦、州和地方的健康和教育项目投资则被削减。从第三世界涌入美国的贫困移民人数不断增加，其中 85% 来自亚洲和拉丁美洲；与此同时美国的武器商又向这些国家出售高科技武器，烟草公司花费上百万美元在国外做广告，向儿童们促销他们的致癌产品。数以百万计的美国人自发地拯救环境，但是美国政府却顽固地拒绝参加全世界拯救海洋和空气的计划。詹姆斯·A·米切纳[2]将 20 世纪 80 年代形容为"丑陋的十年"，这种说法也同样适合 20 世纪 90 年代。可是如此尖锐的问题却被"普遍的无知"这句话搪塞过去了。

乐观主义一直是美国生活方式的一个特点，但是也有人非常担心美国的健康和未来。乔纳森·科佐尔所著《文盲美国》一书描写了一个不懂书面语的民族。书中说，全国 2.5 亿人中有 6 000 万成年人不能阅读和理解《权利法案》。美国在文化教育方面远远落后于世界上其他发达国家。在福利开支、意外事故、丧失了的经济机会方面，每年的损失估计高达 1 200 亿

---

[1] 本·巴格迪基恩（1920— ），美国报人、普利策新闻奖获得者、媒介批评家。曾任《华盛顿邮报》助理编辑主任和加州大学伯克利分校新闻研究生院院长，著有《传播媒介的垄断》等书。

[2] 詹姆斯·A·米切纳（1907—1997），美国小说家，以写远东异国风情出名，曾获普利策奖。

美元。政府的一项研究报告说，约有1 700万到2 100万成年人不能通过一次简单的考试。这些人中，只有41%居住在大都会地区，41%是说英语的白人，40%的人年龄在20到39岁之间，正处于青壮年时期。许多人大声疾呼对教育系统进行改革，并制定特别的文化教育计划，因为未受教育的下层社会的存在是对民主的一个威胁。这一现象也阻碍了人们为赶上欧洲人和亚洲人前进的步伐所需的广泛技术变革而作的任何努力。

这部分人口的构成和地理分布状况在20年的时间里已发生巨大变化。6 000多万人居住在佛罗里达、得克萨斯和加利福尼亚这三大阳光地带。洛杉矶已超过芝加哥，成为仅次于纽约的第二大城市，它的居民来自四面八方。有3 000万居民的加州是人口最多的州，占全国新移民大多数的亚裔和拉美裔人大多居住在这里。

人口的多样化既是优势又是弱势。优势在于各种新老文化的丰富性以及所有群体都决心为实现他们的目标而努力奋斗；弱势在于人们之间的交流变得更加困难。例如，大选到来的时候，政客们越来越多地诉诸华而不实的电视包装来影响分散化了的受众。各种层次的选民已不大忠诚于政党，而更加关心他们自己的特殊利益。

尽管里根—布什时代为期很长，共和党人1994年又在国会中占有多数席位，但是大多数选民是否已经重新组合成一种可预测的右翼或中右政治的模式，这个问题仍然不明。参加投票的人少得令人难堪；院外游说集团无处不在，从市政厅到白宫都可以看到他们的身影；上百个机构向普遍陷入混乱的公众倾泻令人困惑的信息。很显然，在解释这些信息的过程中，新闻媒介的作用比以往任何时候都更重要，也正因如此，媒介在处理这些信息时带有偏见的问题引发了大量的争论。

在技术时代，有组织劳工运动的力量下降了。解除管制已成风尚，公司合并接二连三。正当需要采取创造性的改革措施来帮助美国中部长期受苦的农民和东部"锈蚀地带"老城市中的工人时，普通美国人面对来自国外的挑战却越来越采取孤立主义的态度。这些挑战包括：保护主义、恐怖主义和反美主义等等。美国人不是积极投身到激烈的竞争中去，而是让自己去适应现状。

里根和布什政府要实现的目标之一是：在通过对格林纳达、利比亚、巴拿马和伊拉克采取强硬外交和军事行动来复活民族自豪感。此外，美国人对他们的国家在登月、火星探测、运载航天飞机等方面取得的成就也津津乐道。1986年1月，电视上播放的"挑战者"号航天飞机被炸成碎片并化作一团浓烟，这一图像仍然深深地印在美国人的脑海里。7名机组人员死了，随之消失的是人们对美国技术无懈可击和太空优势的坚定信念。直到1990年，"旅行者"号太空探测器完成了历时12年、行程44亿英里的航行到达海王星，并发回几十张近距离彩色照片，人们的信心才又恢复了。

种族主义和种族歧视在美国生活中司空见惯，美国的少数族裔抱怨他们在教育和就业方面的机会逐渐减少。在1986年庆祝自由女神像落成100周年后，黑人女性罗莎·帕克（1955年对她的逮捕，导致了具有历史意义的对蒙哥马利市公共汽车的抵制）说："我们还有很长的路要走。"全国都市联盟称，生活在贫困线以下的黑人的百分比正在不断升高，虽然就种族问题展开的争论日益激烈，但是总的说来女性状况显然已有所改进。职业人士（白领阶层）中女职员超过半数。在美国的大学中，1/3 的医科学生是女性，40％的工商和法学学生、1/3 以上的计算机专业学生和近 1/5 的工程学学生也是女性。新闻学——大众传播学的学生中有 60％是女性。

其他变化引发了强大的宗教学尤其是基督教福音派运动。电视在其中起到了重要作用。这种对生活的原教旨主义方式否定那些在堕胎、节育、性教育、同性恋和离婚方面争取自由化的人的价值观。随着主张堕胎合法化与反堕胎两种主张间的斗争日益升级，健康诊所里的暴力事件增多，恐吓甚至谋杀等暴力行为经常成为新闻和访谈节目的素材。宗教组织就一部分似乎不需承担责任的有线电视系统播放 X 级、性暴露、过度暴力化的影片是否恰当的问题发起了一场争论。这些内容在商场的磁带销售部就能买到，用家用录像机放映即可观看。这些倡导者遭到一部分人的反对，他们担心限制这些影片的发行将导致滥用宪法《第一修正案》的权利，而把检查制度扩展到政治领域。

20 世纪 90 年代见证了作为一种用语言对抗刻板成见尝试的"政治上正确"[1]的兴起。许多人对他们认为会贬低女性、男女同性恋者、少数民族与族裔和残障人士的社会地位的术语感到忧虑。这导致了语言向性别中性化用法的持续变移，例如 flight attendant（空中乘务员）、chairperson（主席）、workers' compensation（工资）［分别取代 stewardess（空中小姐）、chairman 和 workman's compensation］以及改用 Afican American（非洲裔美国人）、Asian American（亚洲裔美国人）和 Native American（土生美国人）等词来反映这些群体的完全的公民身份。Black（黑人）和 queer（怪人、同性恋者）逐渐多少带上了一点激进的口吻，而非洲裔美国人要求在他们中为 nigger（老黑）正名，将它用于政治和文化声明中。但是，当威斯康星和斯坦福等大学校园执行限制性言论规约、此后在诉讼中被驳回和推翻时，"政治上正确"也受到了抨击，被认为是一种高级的新闻检查。一些人对语言到了因过敏而出错的地步。1999 年 1 月，华盛顿特区市长办公室的一名管理员在形容给两名非洲裔美国人助手的预算时因使用 niggardly（意为"吝啬的"、"抠门的"）一词而遭解雇。他因舆论大哗而辞职，但是有色人种协进会和其他人出来为他辩护，鼓励特区市长安东尼·威廉斯恢复他的职位。

总之，尽管参与的方式各有不同，但是美国人仍保持着同宗教的联系。新技术的出现使科学和健康领域发生了惊人的变化。它们给治愈癌症和致命的传染病艾滋病带来了希望。这两种疾病目前仍无法控制，已夺去了成千上万人的生命。

"挑战者"号航天飞机仍然是人们心目中希望和觉醒的象征，它代表了所有非凡的东西，同时也包含着致命的无法更改的缺陷。虽然美国社会和

---

[1] 美国流行的新名词，它与字面意思不同，不是指正确的政治立场，而只是一种在公共领域反对歧视各种社会弱势群体乃至动物和自然界的话语姿态，也就是说，要做一个政治上正确的人，必须对多种对象不持任何歧视性的态度。这突出体现在对黑人的称呼上。本书的较新版本已经改用了若干"政治上正确"的话语。

迅速变化的传媒界中有许多东西需要更改，但是新闻工作者詹姆斯·赖斯顿所援引的一段话值得人们注意。在美国自由女神像庆典大会上，他引用了亚历克西·德·托克维尔在他所著《美国的民主》一书描述19世纪30年代美国状况的一段话：

> 你一踏上美国的土地，就会对这里的吵吵嚷嚷感到震惊，到处都能听到令人迷惑的各种呼声，一千张嘴同时发出要求满足他们社会需求的呼声。你周围的一切都在动。

新闻事业令人不安的趋势

《我们时代的谎言》

对《纽约时报》和其他媒介提出不引人注目却是强有力批评的《我们时代的谎言》杂志，由于财政困难而行将消亡。在它1994年出版的最后一期中，高级编辑爱德华·S·赫尔曼和他的同事们说："《我们时代的谎言》所针对的主要媒介中存在的习惯性偏见这种邪恶在过去5年中并未减少，现在依然如故，今后随着媒介越来越集中在跨国联合大企业手中仍将如此。"

过去是个人新闻事业时代，如今则变成了公司决策的时代。在个人新闻事业时代，有权力的个人和他们的家族无论如何是能比较容易地控制他们的产品的，而在公司决策时代，到20世纪90年代中期，大约25家联合大企业以相互联系的联盟控制了美国大部分报纸、杂志、书籍、广播、电视、电影和电子信息服务业，其中有多家还在国外企业中控股。

前文已经详述了新闻史上为好新闻而作的努力。它们时而明示时而暗示，获得普利策奖或其他奖项奖励的公益服务，既受说出事实真相这一强烈的内心倾向的驱使，也受个人或公司动机支配。对最好的职业新闻记者来说，"客观性"显然是一个神话，是一种违法者欲隐藏的东西；而唯一可接受的目标就是追求准确、全面，最重要的是公正对待消息来源和受众双方。

对美国传媒体系存在的严重缺陷，通常听到的一个合理解释如下：这是资本主义带来的必然的副产品，并且利大于弊。但是赫尔曼和他从事媒介分析的伙伴、麻省理工学院的诺姆·乔姆斯基这样的反对者却争辩说，只有在公众意识到媒介的谎言"不只是字面上的错误"时才会发生变化，"它们包括被忽视的主题、伪善、误导性的重点以及被隐藏的前提——所有这些偏见系统地影响报道"。

有些批评是属于哲学范畴的。迈克尔·马辛❶认为，大量涌现的对黑人社会表示同情的报纸文章、书籍和电影，实际上产生了对市中心贫民区

❶美国当代作家，自由撰稿人，前《哥伦比亚新闻学评论》执行主编。

的集体性的否定态度,因为在这些好心的描述中,成年黑人几无好人,给人们造成的印象是其孩子的命运基本上是他们的错误所致,因此局面毫无希望。这种似乎把新闻工作者置于必败之地的批评提高了人们的认识。

对理查德·赫恩斯坦和查尔斯·默里所著并被大肆宣扬的《钟形曲线》❶一书发表的大量文章和评论也属于这一类。该书认为黑人天生是下等人。对这些优生学家及其同僚的宣扬招致了许多激烈的批评和质疑。你怎样能讨论一个令人反感的信条,而又不冒犯受害者和他们的保护人呢?新闻媒介何时才能承担责任、把潜在的有害思想清除在萌芽状态?许多出版物拒绝接受对犹太人惨遭大屠杀的真实性提出质疑的广告,声音媒介没有责任去传播谎言。这些行动得到普遍的支持,但是一些宪法《第一修正案》的支持者却说这是一个坏先例。

人们产生以下这种担心是有道理的,即"政治上正确"的观念将会不合理地扩展到新闻和评论栏,从而对女性、少数族裔、男女同性恋者和残障人士作出非常敏感的报道。如果各种私利集团——无论是自由派的或保守派的——进一步提出要求,那么难题更会增多。目前存在的一个问题是报道被强奸者的名字,例如在威廉·肯尼迪·史密斯一案中,美联社、《纽约时报》和全国广播公司屈服于自己造成的竞争压力,披露了受害者的身份❷。

在洛杉矶,辛普森审判案再次暴露了这个问题,报道把个人的私生活细节公之于众,不管他们是名人还是凡人,同时又在尚未确定陪审团人选和审判前,传播那些真假未辨、没有事实根据的传言。对克林顿总统任内的报道证明,将来没有哪一位白宫主人能逃脱受到极度监视的命运——所有官员的隐私界限已经消失了。另一方面,奥利弗·诺思则从新闻媒介对他的大量新闻报道中受益,差一点就赢得参议院的一个席位。这些报道提到了他对国会说谎,但是对他在长期非法支持尼加拉瓜反政府武装战争中所扮演的角色却一笔带过,在那场战争中,许多无辜的尼加拉瓜人被美国支持的代理人杀害。

国际新闻的缺陷

人们对于国外新闻报道提出了许多担心。由于各种原因——其中大多数涉及时段和版面的问题,关于美国政策和军事行动的报道很少被置于历史的情境之中,也很少以一种可表露美国政府的可疑动机的形式来安排。没有几个美国人知道他们的国家是世界上最大的武器供应国,与一些世界上侵犯人权情况最严重的国家进行武器交易,从而赚取巨额钱财和政治影响;也很少有人知道,尽管不断有关于外援反对者的新闻报道,这个世界

---

❶ 该书为1994年畅销书,认为黑人智商低下,但亚裔人智商高于白人。

❷ 1991年4月,在一名女子指控著名的肯尼迪家族成员、参议员爱德华·肯尼迪的外甥威廉·肯尼迪·史密斯(1960—)强暴她之后,全国广播公司在新闻节目中打破美国主流媒介的传统,未经指控者同意就披露了她的姓名——帕特里夏·鲍曼。《纽约时报》次日也公布了她的姓名,声称全国广播公司的披露已经将她的姓名变成了公共知识。此举在这两家媒介和整个新闻界引起了激烈的内部争论。1991年12月12日,一个大陪审团裁决史密斯的强暴罪不成立。

历史上最富有的国家向其他国家提供的外援占它整个国民生产总值的百分比在世界上的排名为倒数第二，仅比爱尔兰高一点。

国际新闻报道中的缺陷主要应归咎于美国本土的主编和制片人，而不是那些经常在新闻检查制度和不利的个人条件下进行现场采访的男男女女。到20世纪90年代中期，驻外记者一般都是受过良好教育、为采访新闻随时准备承担个人风险的和掌握多种语言的观察家。尽管如此，还是有驻外记者轻易上当受骗，听信当地美国大使馆对某一事件的说法，或者过分维护美国在该地区的商业利益。

这种对新闻的歪曲根子主要在于太多的国内新闻编辑部门中的本土性地方主义。那里的人既没有多少世界历史知识，也不了解外国最近发生的事件，却在编辑来自国外的稿件和录像带。例如，当美国的显赫朋友、苏联总统❶鲍里斯·叶利钦决定推迟大选时，美国媒介没有作出认真的评论，并且几乎一篇报道也没有，只是在叶利钦对想独立的车臣共和国发起武装进攻时才引起一些人的批评。对美国媒介圈来说，以色列干预巴勒斯坦人计划中的选举从而造成推迟选举一事也是可以接受的。但是如果尼加拉瓜的桑地诺分子们考虑推迟1990年大选的话，报纸就会以醒目的大标题加以报道，晚间电视新闻也会以头条抢先播出。

臆断、成见，有时是纯粹的种族和政治偏见经常会战胜要求了解"另一面"的本能。这种状况经常因多年来美国政府的错综复杂而朦胧不清，以至于东帝汶、亚美尼亚和卡拉巴赫、加沙、克什米尔和洪都拉斯等地受压迫的人民难于得到关注，即便他们进行反抗压迫者的战争和起义。奇怪的是，尽管在历史上享有支持受压迫者的好名声——又一个破灭的神话——美国和它的媒介系统却经常站在那些最有势力和最富有的权力掮客一边。

国内的主编们有责任提供必要的背景性补充报道，并把相关事情的来龙去脉编入国外报道中。广播电视制片人的职责是力争播出深夜新闻特别节目，而不是把已在晚间新闻中播出的录像改头换面重播一次。社论撰稿人、专栏作家和漫画家们需要不失时机地使人领会卫星传回的大量报道中的遗漏或误解之处。美国自越南战争结束后已经不再卷入外国的事务，海湾战争是一个例外，它只不过是一时的转向。卷入中美洲在很大程度上是已经公开的秘密行动，尽管有许多新闻报道以及后来曝出的丑闻，但是人们对它不感兴趣。

最能说明美国不参与世界事务的例子，是在上一届冬季奥运会期间曾引起全球关注的萨拉热窝遭到了罪恶炮轰一事。尽管《纽约时报》的约翰·伯恩斯、有线新闻电视网的克里斯廷·阿曼波尔、《夜线》以及美国和欧洲的同行们对此事进行了充分的报道，呼吁以人道的名义进行干预，但是公众或政客们没有作出什么重大反应。

❶应为俄罗斯总统。

洛雷娜·博比特审判案[1]获得了相等的时段。1999年春，美国是对前南斯拉夫进行为期3个月的空中打击行动的主要参与者，轰炸曾由于上一年秋季尝试所有的外交解决方法被推迟。在1998年和1999年的许多时间里，尽管巴尔干危机在升级，这一重要的国际新闻在很大程度上被连篇累牍的克林顿性丑闻和最终的弹劾程序报道冲淡了。此外，美国在巴尔干几乎没有人员伤亡，这支持了如下自明之理：在电视对外国事件的报道方面，如果美国人的生命处于危险中，电视对政策的影响就会增大。为保持与新的投资领域相协调，各大媒介公司不断增加对海外工商业新闻的报道量，却削减了对外国事件的定期报道。事实上，有线新闻电视网记者彼得·阿内特在《美国新闻学评论》1998年11月的一篇文章中注意到，外国新闻正在从许多美国报纸上消失，他暗示说："一个不涉及炸弹、自然灾害或财经灾难的外国故事几乎无缘进入美国人的意识。"大多数日报世界报道的数量微不足道，其中大部分来自美联社或其他通讯社。阿内特还观察到，越南战争之后，公众对地方性的和服务取向的特稿的欲求排挤了本已萎缩的国际新闻时段和版面。

然而这里面有一个矛盾，尽管对世界重要性的理解不断增强，读者的兴趣也不断增大，但是总体上看，记者们还没有作好完成这项任务的准备。

经济新闻差强人意

有线电视提供了一些与工商业有关的新节目，然而有证据表明，各大新闻机构是不注重报道全国经济政策的基本内容的。1995年，奈特—里德、纽豪斯、甘尼特、斯克里普斯—霍华德、科普利和考克斯等大型报团都没有专门负责报道美国联邦储备委员会和有关机构的专职记者。《波士顿环球报》、《芝加哥论坛报》和《巴尔的摩太阳报》也没有这样的专职记者。《纽约时报》、《洛杉矶时报》、《华尔街日报》和《华盛顿邮报》这4家最大的报纸和《达拉斯新闻晨报》填补了这一空白。《新闻晨报》经常把记者罗伯特·道奇的报道刊登在头版上。除此之外，各大报的辛迪加和通讯社也报道主要的经济新闻。简短的晚间电视新闻报道让人们了解主要的事态发展，而不是提高对经济复杂性的认识。

人们公认，这是一项困难的任务。在华盛顿从事了30年经济报道的资深记者艾琳·沙纳汉指出，国际贸易和竞争的加剧、制造业广泛裁员造成的后果以及工作和投资习惯的其他变化应引起人们的注意。缺乏经验和兴趣是新闻媒介未能使公众清醒地认识到存款和贷款业丑闻的原因，尽管《休斯敦邮报》的皮特·布鲁顿作出了努力。他首先报道了事情的原委，而当他暗示在白宫和美国联邦调查局中有罪犯时，就遭到了越来越强大的

---

[1] 指拉美裔女子洛雷娜·博比特（1970— ）因声称不堪性虐待而阉割其丈夫约翰·博比特而受审的案件。1995年1月24日，弗吉尼亚州的一个大陪审团裁决，洛雷娜·博比特由于"一时神志不清"，其行为不属于"故意伤人"。

反对。

另外，在加州奥兰治县发行的主要报纸《纪事报》和《洛杉矶时报》未能理解和解释提供给它们的以下实质性证据：该县司库的不寻常的高投资冒险可能使该县遭到毁灭。在美国历史上最糟糕的灾难之一中，该县1995年宣布破产。在积极的方面，《克利夫兰实话报》把一个类似的高风险投资计划曝光，从而为纳税人挽回了一笔相当大的损失。所有层次的经济—工商报道都需要坚持由伦纳德·西尔克制定的标准。他在20世纪60年代到90年代初为《商业周刊》和《纽约时报》撰写社论和专栏文章时，率先把这些复杂问题化繁为简。这位经济学博士因其清晰地说明问题和解释其意义的能力知名。

调查性报道与新闻监督

寻找调查性报道的消费者从许多杂志电视型新闻节目中看到了样本。虽然《60分钟》、《20—20》、《前线》和其他节目偶尔会就一个重要话题报道令人震惊的新消息，但是这些消息经常同已经出现在新闻中的令人不安的报道有关——诸如殴打儿童、贫民窟犯罪、就业歧视等或者是从一个轻松、休闲的角度谈论这些问题。当然对轻松话题可以进行报道，但是在现代新闻报道中存在着一个令人烦恼的趋势，即很少有媒介机构在他们的社区、在华盛顿或在国外着力于率先报道有重大政治、社会、经济影响的和有关严重不道德行为、虚伪、盗窃的新闻。《时代》和《新闻周刊》陷入了封面故事（和封面配套的文章）的竞争，它们经常肤浅得令人失望，只是把读者已经在电视或日报上看过的新闻改写一下，而很少作解释。

因此不足为奇的是，美国人中很少有人知道，在美国做生意、资产在2.5亿美元以上的公司中，有40%的公司不缴纳所得税或者只付不到10万美元的所得税。然而《民族》作了报道，《进步》月刊、《Z杂志》❶、《号外！》等其他监督性媒介以及一些高质量的新闻信和小出版公司也竖起了耳朵。在保守派方面，《媒介准确性》继续不断发炮，它现在得到了拉什·林博和"震撼大侃"霍华德·斯特恩等电台和电视脱口秀节目明星们的支持。

媒介批评

致力于媒介批评的杂志包括《美国新闻学评论》和《哥伦比亚新闻学评论》，两者都以该产业为目标，分别发行约3万份。新的《布里尔要旨》在1998年8月问世，它常常引起轰动，目标读者为普通受众。第一个封面故事"新闻门"指称，独立检察官肯尼思·斯塔尔不适当地向一些记者泄露了信息，在对克林顿—莱温斯基丑闻的调查中违反了法律。斯塔尔在一

❶1988年在美国创办的一家月刊，其宗旨为"批判性地思考美国的政治、文化、社会和经济生活"。

封刊于该杂志第二期的冗长投书中否认这种不适当和泄密的违法性。但是一些评论员注意到，当史蒂芬·布里尔声称要曝光其他媒介时，这位《布里尔要旨》主编兼发行人以及"新闻门"的作者［法庭电视台（Court TV）和《美国律师》杂志的前业主］已经掉进某种伦理陷阱，例如利益冲突和令人生疑的报道手法。

总的来说，人们所称的"新闻业"卷入了席卷全国的文化变革之中，这是因为电影明星、运动员和电视名人最引人注目，也是因为经济上的生存或出人头地的压力超过了对公民的基本需求的满足。这些需求是：理解权利和责任所需的教育、为在选举时作出正确决策而收集信息的能力以及有效地呼吁改善对身心健康和安全所不可缺少的机会。

在"窥视者汤姆"式的小报新闻事业和一味牟利的时代，美国的新闻机构未能兑现它们承担的义务，这种情况在21世纪即将来临之际是十分明显的。事实上，"埋伏新闻"在1997年威尔士王妃戴安娜死亡之后是如此遭人诟病，以至于《个人隐私保护法》（新闻界起的绰号为"帕帕拉齐法"）被提交给了国会。该法规定，跟踪个人、为了商业目的而"以导致他们产生合理的身体伤害恐惧的方式"记录和拍摄要接受刑事惩罚。

新闻记者在写作、摄影、录像剪辑、图表制作等许多方面都很出色。人们称赞他们比他们的前辈所受的教育更好、新闻敏感性更强。这确实令人鼓舞。他们现在所需要的是管理层作出如下承诺：基本的新闻和强有力的解释仍然很重要，并且为全面呈现提供所需要的宝贵版面和时段。

互联网

1966年，4台计算机通过电话线连接起来了。两个基本概念孕育了互联网的雏形：（1）阿帕网，它是一个"并联"系统，以确保一旦某台计算机出故障其余的单位不至于丧失通信功能；（2）它将各台计算机联为一体，而不考虑它们的品牌或型号。最新的大众传播媒介和20世纪90年代的传播源泉——互联网——便从这个适度的开端兴起了。任何人只要有一台计算机、一只调制解调器和电话线，都可以就任何可能想象到的主题拨号登录海量信息库。图书馆、政府办公室以及公开招股和私人公司建立了它们的网站，上面尽是历史、信息和各种资源。个人也可以以前所未有的便捷进入这种大众传媒——人们也争先恐后地这么做了。含有个人信息、图片和更多东西的数以百万计的个人网页出现在遍布世界的地方服务器上。

互联网由许许多多不同系统构成，其中包括电子邮件、聊天室（在那里参与者可以向一个或更多的其他个人键入可供他们实时阅读的评论）、新闻组（在那里用户可以发送供其他人作后续评论的讯息）和万维网，它包含了采用HTML（超文本标记语言）形式的数以百万计的个人网页，成为在线显示文本和图像的标准。

互联网服务供应商（ISP，即向上网用户提供通道的公司）中的佼佼者有：美国在线公司、上网服务公司、网通公司❶和美国电话电报公司。地方性互联网服务供应商也可以参与这种行为；事实上，在全部通过互联网进行的商业联系中，有38%是由地方公司提供的，其中美国在线占26%，上网服务公司等其他公司各自所占份额不到10%。美国在线最近突破了1 000万用户大关，成为全国最大的全面服务供应商。在销售方面，电子商务开始成为正经的竞争者，据估计到2000年将达到300亿美元。

许多桌面出版包和文字处理机也可以用超文本标记语言制作网页，因此个人得以便捷地进入在线环境。有了 Microsoft FrontPage 和 Adobe Page-Mill 这样的独立网页设计软件，任何人只要有计算机和调制解调器，几乎都可以从事网页出版。一些中介性在线公司还向意欲就几乎任何所选择的主题出版其个人页面的用户免费提供服务器空间。主要选择包括 Geocities、Tripod、Angelfire、Virtual Avenue 和 Xoom。事实上，大受欢迎的 Geocities 在1998年6月拥有200万成员，占1998年互联网点击总数的26.8%。

特纳广播公司

有线新闻电视网在全球取得的惊人成就使虚张声势的特德·特纳不顾一切地想打入其他的事业，他的股票在上涨，收入源源不断落进他的腰包。特纳广播公司又增加了一个新的娱乐频道，被称为特纳网电视，据说它还将增加一个西班牙语娱乐频道。另一个试验是看完结账频道，在超级市场上，可以从这个频道观看有线新闻电视网的节目。

有线新闻电视网扩大了其驻外分社，并且利用卫星同时把节目传送给全世界的观众。当这家电视公司在海湾战争中的采访远远超过现有的其他电视公司时，他的努力得到了回报。接着，海外有线电视的业务扩大了，更新颖的国内有线节目增加了，其他电信公司又列入了特纳广播公司的财产表。特纳在公开场合讲话时并不咄咄逼人，他不断强调他的这样一个信念：电视可用来为和平服务，用来拯救环境，使人们团结起来。他使人们想起了以前的时代，他是残酷无情的商界中一位不寻常的人物。

其他一些企业家也意识到了现有电视网的不足之处，因此就利用卫星通信方面的研究成果为他们服务。卫星新闻采集合作团体争先恐后提供通讯社惯常提供的录像，以引起电视网附属台和独立台的注意。其中的领先者有哈伯德广播公司的美国大陆传播公司系统以及W集团的新闻大餐。创建于1981年的《芝加哥论坛报》的独立电视网新闻公司热情地为美国60多个客户服务，并从1987年开始每日向少数欧洲客户提供节目。广播电视的开拓者斯坦利·E·哈伯德的儿子斯坦利·S·哈伯德在1984年创办了地

❶美国最大的互联网服务供应商之一，网点遍及近2 000个城市，拥有25万用户，总部设在加州圣何塞。

方台联营企业美国大陆传播公司。哈伯德经营这些电视台、移动式设备、配备有摄影机的车队、编辑设备和卫星传输。在发生重大事件后的几分钟内，一个三人小组便可以向利用新研制成功的 Ku 波段系统通过两颗卫星上的 10 个频道中的任何一个频道发送实况报道（用比传统的 C 波段小的卫星天线可以传输和收到 Ku 频段[1]的频率，而且一般说来接收情况更好）。美国大陆传播公司在圣保罗的总部收到这些报道后，通过卫星传输给订购节目的电视台。美国大陆传播公司的美国用户已发展到 110 多个，并且扩展到澳大利亚、亚洲和欧洲。不久，4 家主要电视网加入了这家公司，它们把一些生意交给附属台去做，以共同分担采集新闻的费用和协调移动式设备从采访车上发出的新闻的卫星传输[2]。

多年来，采访车一直被用来把信号传回一家主要的制作室，但是卫星新闻采集这个新方法使当地的广播电视业主可以同全国那些不想依赖电视网获得某一条消息的同行们共同分担它们的工作。电视网附属台也加入到订阅一家合作团体节目的电视台行列，但他们争取的主要对象是日益增多的独立电视台，它们约有 250 家并拥有大约 20％左右的听众。最终打入娱乐界并再次对电视网节目提出挑战，这正是哈伯德的梦想。

电视网对正在兴起的有线电视业的第一个反应是同它们进行面对面的竞争。它们开始向在大多数人睡觉时看电视的几百万夜猫子推出彻夜新闻节目。所有三大电视网都投资于有线电视的文化、体育或电影节目。

电视网也为保留它们同职业体育联赛的合同而展开激烈竞争，它们拿出几十亿美元签订多年的合同。尽管作了所有这些努力，这些电视网占有的收视时间仍在减少。由于有线电视的运营者和节目辛迪加经营者也加入到这个行列，利润因此开始下降。地方电视台从广告中获得利润的百分比保持不变，在这些变化中遭受损失的是电视网。

国际新闻流通

在第二次世界大战后的年代中，由于媒介技术奇迹般的发展，存在着一种国际性的新闻流通，它即便不是瞬间完成，也是越来越及时的。同样也明显存在着这样一种需求，即更好地采集、撰写和传播新闻和信息，以便在世界范围内更均衡地为人类服务，既承认他们的利益，又认识到他们的需求。

对传播作这些改进也存在障碍，其中之一是美国及其西方盟国与苏联及其东方集团之间长期冷战。在这两大集团之外还有众所周知的不结盟国家，它们提出了建立世界新闻新秩序的号召，要求第三世界全面参加新闻与信息的交流。在联合国教科文组织的支持下，庞大的不结盟国家集团引

---

[1] 即 12 千兆赫，被规定为卫星广播业务的优先使用频段。

[2] 美国大陆传播公司已于 2002 年秋季倒闭。

发了关于这个问题的一场全面辩论,并以更有力的行动敦促西方改善其新闻和信息系统。

有一种文献也发展起来了,它考察了美国媒介在世界其他国家的文化和政治发展中所起的作用。有些人认为,美国媒介是美国经济和军事帝国主义的帮凶,一方面歪曲美国公众所接收的关于国外事态和其他强国的政策,使美国公众无法了解真实情况;另一方面又试图向生活在国外的人"兜售"美国社会和政治信念的优点。无论何处才能找到这种真理的平衡,美国新闻媒介——尤其是它的通讯社、新闻杂志和广播节目——在世界所有地区都具有重大影响这一点是显而易见的。因此,其他国家的媒介越来越多地引起美国媒介人士、政界和教育界领导人以及消息灵通读者的注意。

当然,互联网拓宽了提供给国际性论坛的新闻的范围。人们随时随地都可以接触互联网,这一点再加上有线新闻电视网海湾战争报道中的成功,大大缩短了新闻周期。如果说过去有足够的富裕时间在以任何形态刊播之前去充分拓展新闻故事的话,那么如今就有了一年365天、一周7天、一天24小时的新闻周期的压力。一些批评家称,这种周期给新闻记者制造了紧紧追赶的时间压力问题,并导致事实未经充分核实就匆匆刊播,因而增加了错误和伦理问题。然而,这种趋势是不大可能改变的,因此新闻记者将不得不设计出应对这种与日俱增的压力的方式。

美国的通讯社: 美联社与合众国际社

在合众社和国际新闻社合并后,美联社与合众国际社之间的竞争随之加剧了。到20世纪70年代末,美联社和合众国际社在美国均租用长达40万英里的电话线路传送新闻和图片。它们都使用卫星频道、无线电传打字机和海底电缆,向100多个国家传送它们的新闻报道。合众国际社在应付费用猛涨以及世界范围的、在国内加剧了的经济衰退的影响时遇到了极大的困难。

1992年6月,中东广播中心有限公司出面收购合众国际社,从而使它免于被送上破产法庭。

合众国际社拥有的最大的一笔财富也许是它驻白宫记者海伦·托马斯。她是在传奇人物梅里曼·史密斯于1970年去世后继任的。托马斯是出任驻白宫记者协会会长的第一位女性,并获得了许多荣誉,她自己也成了一位传奇人物。在1991年就海湾战争举行的一次记者招待会上,布什总统按照惯例首先招呼"海伦",但是这一次提问的还有《纽约时报》、《华尔街日报》和美联社的女记者。托马斯在1999年仍然在报道白宫,她在1998年10月接受了第三枚来自丹佛大学的年度爱德华·W·埃斯特洛自由之砧奖,表彰她在贯彻宪法《第一修正案》方面的优异表现❶。

❶海伦·托马斯2000年以80岁高龄辞去在合众国际社的职务,转任赫斯特新闻社专栏作家。

在美联社内部，基思·富勒接替韦斯·加拉格尔担任社长兼总经理，1984年他又被路易斯·D·博卡迪取代。在博卡迪的带头倡导下，美联社努力取得技术突破。

博卡迪寻求改进美联社的新闻报道和写作，但是他强调财经、气象和选举方面的新闻报道。美联社提高了国际题材激光照片的质量，成为第一家拥有卫星发射机应答器的通讯社。它增加了一个电子暗房、全数字图片系统以及美联电视部——提供全球新闻图像的部门。美联社在向新闻服务的龙头老大迈进，到1991年已经拥有美国1 540多家报纸成员。

但是，尾随着竞争强手合众国际社财产转让而来的，是人们表达的种种担心。对此，《洛杉矶时报》的新闻批评家戴维·肖有如下概括：

> 批评者说，无论从新闻、政治还是从风格上看，美联社的写作中淡而无味且缺乏想象力的太多了，美联社的报道中敢于冒真正风险的又太少了。美联社的国内外分社把太多时间花在改写当地报纸的报道上，而用于从事他们自己的报道的时间却不足……
>
> ……美联社从前和现在的许多采编人员都说，美联社对"水门事件"、美莱和柬埔寨的新闻报道所表现出来的一个基本问题今天依然如故……有些种类的报道现在仍然是美联社不乐意采写的。他们说，其中包括挑战白宫以及让美国人在全世界人的眼中看上去像坏蛋的报道。

合众国际社驻白宫记者海伦·托马斯
（合众国际社）

美联社社长路易斯·D·博卡迪
（明尼苏达大学西尔哈中心）

世界新闻新秩序

国家之间的新闻流通在20世纪70年代成为一个越来越敏感的国际问题；第三世界领导人大声疾呼，他们谈论的显然是迫切需要重建国际传播体系，以更好地实现信息平衡。到20世纪80年代中期，西方国家对第三世界的关切有了更好的了解，即便并不愿意接受所谓的世界新闻新秩序的主张。

在全世界众多的通讯社中，西方四大跨国通讯社——美联社、合众国际社、路透社和法新社——以及苏联的塔斯社提供每日的国际新闻总量的90％以上。在利用电信频道（包括卫星）方面，西方大国也是最先进的；1982年，占全球人口70％的发展中国家拥有的电视发射机只占5％，电视接收机只占12％。不结盟国家和其他一些国家认为，西方国家对传播频道的垄断是殖民主义的残余，遏制了它们在文化、政治和经济方面的发展。它们说，不建立新闻或传播新秩序，就不可能实现1973年宣布的建立国际经济新秩序的目标。

同世界经济新秩序一样，世界新闻新秩序实现起来困难重重，这些困难是由于南北经济对抗和东西方政治对抗而引起的。美国在1985年退出联合国教科文组织，使问题陷入了僵局；尽管联合国教科文组织中的第三世界成员全面退让，但是这个僵局在1995年仍未打破。

1998年9月，联合国教科文组织向世界报刊评议协会表示，反对制订一套全球性媒介伦理指导原则和创办世界报刊评议会以倾听针对媒介行为的跨国投诉。伦敦《泰晤士报》强烈建议英国报刊投诉委员会远离世界报刊评议协会的议程，担心这可能会重蹈世界新闻新秩序的覆辙。

技术时代的教益

在这个强权和实力的时代，在技术变革浪潮中工作的男男女女千万不要忘记，言论自由和写作自由绝不是牢靠的，绝不是确定的，它们随时有可能会丧失。美联社社长兼总经理路易斯·D·博卡迪提醒新闻记者记住他们的权利和责任。他说，维护权利是与媒体的信誉相联系的。采集和传播信息的自由取决于一个社会的容忍程度。他对媒介管理者说，他们受到的商业压力在成倍增加，但是他们面临的主要挑战是保有公众的支持。

新闻记者们需要有人对他们的不足之处不时加以提醒。过分依靠匿名消息来源会伤害信誉。依靠"煽情小报消息来源"也是如此。同固执的新闻报道一样，大量的诽谤案可能是热情过度的一种表现。就国家安全对新闻自由展开辩论的双方都有道理。正确地看待事情是困难的。博卡迪敦促新闻记者们不要冒险以大量缺少有意义的背景和解释的信息来吓唬受众。

他在表述对技术时代的惊异时说："在会议中心的停车场，卫星天线林立，数量多得惊人。"但是他也警告说，如果媒介的信誉下降，那么法院、立法机构，甚至制宪会议都可能制定新法律，最后的结果是自由到头来所依赖的公众可能转变方向。这种关于媒介自由面临危险的警告应受到认真的对待，但是不仅是由于存在大量的不良行为。新闻史表明，通常负责而警觉的媒介是暴虐的领导人首先要打击的目标。

然而仍有理由保持乐观。今天的报刊和广播电视新闻管理者利用尖端的电子设备，向全国报道了宪法诞生200周年庆典，并向全世界转播了奥运会。它们仍然面临的挑战是如何帮助人民更好地理解当代迫切的经济、军事和社会等问题。

公民的权利与他们捍卫这些权利的意志是一样强有力的，这包括他们保护无私地向他们提供新闻和意见的那些人的意愿。从印刷商詹姆斯·富兰克林到广播电视工作者爱德华·R·默罗，男男女女们都是那么努力去实践的。

Authorized translation from the English language edition, entitled The Press and America: An Interpretive History of the Mass Media, 9th Edition, 9780205295579 by Michael Emery, Edwin Emery, Nancy L. Roberts, published by Pearson Education, Inc, publishing as Allyn & Bacon, Copyright © 2000, 1996, 1988, 1984, 1978, 1972, 1954 by Pearson Education, Inc.

All rights reserved. No part of this book may be reproduced or transmitted in any form or by any means, electronic or mechanical, including photocopying, recording or by any information storage retrieval system, without permission from Pearson Education, Inc.

CHINESE SIMPLIFIED language edition published by PEARSON EDUCATION ASIA LTD., and CHINA RENMIN UNIVERSITY PRESS Copyright © 2014.

本书中文简体字版由培生教育出版公司授权中国人民大学出版社合作出版，未经出版者书面许可，不得以任何形式复制或抄袭本书的任何部分。
本书封面贴有Pearson Education（培生教育出版集团）激光防伪标签。无标签者不得销售。

图书在版编目（CIP）数据

美国与新闻界/（美）埃默里等著；展江译. —北京：中国人民大学出版社，2014.6
（明德书系·文化新知）
ISBN 978-7-300-19453-0

Ⅰ.①美… Ⅱ.①埃…②展… Ⅲ.①新闻事业史-研究-美国 Ⅳ.①G219.712.9

中国版本图书馆CIP数据核字（2014）第113167号

明德书系·文化新知

美国与新闻界

　　　　迈克尔·埃默里
［美］埃德温·埃默里　著
　　　　南希·L·罗伯茨

展　江　译

钟婧怡　翟江虹　改编

Meiguo yu Xinwenjie

出版发行	中国人民大学出版社				
社　　址	北京中关村大街31号		邮政编码	100080	
电　　话	010-62511242（总编室）		010-62511770（质管部）		
	010-82501766（邮购部）		010-62514148（门市部）		
	010-62515195（发行公司）		010-62515275（盗版举报）		
网　　址	http://www.crup.com.cn				
	http://www.ttrnet.com（人大教研网）				
经　　销	新华书店				
印　　刷	涿州市星河印刷有限公司				
规　　格	190 mm×260 mm　16开本		版　次	2014年6月第1版	
印　　张	25　插页3		印　次	2014年6月第1次印刷	
字　　数	501 000		定　价	45.00元	

版权所有　侵权必究　　印装差错　负责调换

文化新知
爱文化 学新知

媒介即生活　　　　　　　　　[美]查尔斯·斯特林

媒体的良心　　　　[美]克利福德·G·克里斯琴斯 等

最有效的沟通　　　　　　　[美]约瑟夫·A·德维托

▶ 美国与新闻界　　　　　　[美]迈克尔·埃默里 等

我们身处的世界：
　　波普诺社会学　　　　　　　[美]戴维·波普诺

何以为人：
　　科塔克人类学　　[美]康拉德·菲利普·科塔克

越轨：
　　人为什么干"坏事"？　　　　[美]亚历克斯·梯尔

医疗与社会：
　　我们时代的病与痛　　　　[美]威廉·考克汉姆

孤独的人是可耻的：
　　人际交往的艺术　　　　　[澳]约瑟夫·P·福加斯

成长不困惑　　　　　[美]詹姆斯·W·范德赞登 等

人文·书托邦

总　策　划：潘　宇　刘　汀
策划编辑：翟江虹
责任编辑：翟江虹
装帧设计：

新闻史中的美国：从殖民地时代到21世纪

- 一部自1954年首版后轰动美国并影响到西方其他国家的经典。
- 一部被广泛参阅和引用的解释性新闻与大众传播史力作。
- 一本影响美国众多著名高校的新闻史读本。
- 本书第一版曾获得众人向往的美国职业新闻工作者协会全国研究成果奖。

▶ 内容简介

哪位总统发表"炉边谈话"提振大众信心？哪位总统在电视辩论中脱颖而出？有关"水门事件"的调查报道将哪位总统掀下了台？本书为你揭示200多年来新闻界对美国的影响。

本书从社会、政治、经济情境中解释新闻事业的发展，强调媒介与社会的互动关系，着力解释大众传播与政治、经济、文化、社会、科技潮流的关联。这种互动一方面揭示了新闻传播事业对美国200多年来的发展历程发生的影响，另一方面论述了每一历史时期的具体社会历史条件对新闻传播事业的制约。

▶ 迈克尔·埃默里

加利福尼亚州立大学新闻学教授。著有《在前线：20世纪的美国驻外记者》一书，与人合编《大众传播学读本》和《1690-1970年美国报纸头版新闻》。他曾是《新闻史》杂志的撰稿主编，并担任自由论坛的新闻博物馆项目的顾问。曾任合众国际社记者和自由撰稿驻外记者，从中东、南斯拉夫和中美洲为《乡村之声》、《洛杉矶时报》等媒介撰稿。

PEARSON
www.pearson.com

著作权合同登记号
图字：01-2002-3255

ISBN 978-7-300-19453-0

定价：45.00元